« RÉPONSES »
Collection créée par Joëlle de Gravelaine,
dirigée par Nathalie Le Breton

JANUSZ KORCZAK

COMMENT AIMER UN ENFANT

suivi de

LE DROIT DE L'ENFANT
AU RESPECT

traduit du polonais par Zofia Bobowicz

Préface et postface du Pr. S. Tomkiewicz

Nouvelle édition

ROBERT LAFFONT

La première édition de *Comment aimer un enfant* est parue en 1978
et celle du *Droit de l'enfant au respect* en 1979 aux Éditions Robert Laffont.

COMMENT AIMER UN ENFANT
Titre original : JAK KOCHAĆ DZIECKO
© The Polish Book Institute
Traduction française : Editions Robert Laffont, S.A., Paris, 1978

LE DROIT DE L'ENFANT AU RESPECT
Titre original : PRAWO DZIECKA DO SZACUNKU
© The Polish Book Institute
Traduction française : Unesco, 1979

ISBN 978-2-221-10746-1

Préface de S. Tomkiewicz
Directeur de recherche honoraire INSERM

On ne peut exiger l'amour, ni contraindre à aimer; pas plus un homme, une femme, qu'un enfant. On peut tout au plus conseiller, indiquer, inviter à aimer « mieux », avec davantage d'égards pour l'autre, sans vouloir l'absorber, l'avaler, au figuré et quasiment à la lettre, sous un flot de baisers et de caresses étouffants. D'où le titre du grand ouvrage qui suit, *Comment aimer un enfant*, titre qui implique que le lecteur aime, mais peut-être pas toujours comme il faut.

Par contre, on peut, on doit exiger le respect. On peut et on doit dénoncer le mépris et même le non-respect. Le cinquième commandement ordonne depuis trois mille ans à tous les croyants, juifs, chrétiens et musulmans : « Tu respecteras (tu honoreras) ton père et ta mère. » Il a fallu attendre le XXᵉ siècle, la révolution démographique, la baisse drastique de la mortalité infantile et de la fécondité pour qu'un médecin polonais et juif, imprégné de morale judéo-chrétienne, ose, peut-être le premier au monde, compléter ce commandement vénérable et proclamer très haut, dans son manifeste *Le Droit de l'enfant au respect :* « Tu respecteras l'enfant. »

C'est donc une initiative particulièrement heureuse que de réunir en un seul volume cet important ouvrage et ce petit texte. Ils forment un tout : pas d'amour oblatif, épanouissant, exaltant, sans respect.

Si aimer l'enfant paraît un truisme, une banalité, la chose la mieux partagée au monde (et il faut une réflexion douloureuse et une longue expérience pour accepter que c'est très loin d'être toujours vrai...), respecter l'enfant n'est absolument pas évident. Encore aujourd'hui, ce « droit au respect » est loin d'entraîner l'unanimité et hérisse plus d'un adulte, qu'il ait ou non le courage d'affirmer tout haut son désaccord. Korczak le sait mieux que quiconque et les deux premiers chapitres de sa brochure nous montrent exactement le contraire : mille raisons pour ne pas respecter *ce petit qui vaut moins qu'un grand, ce faible dont on vient facilement à bout, ce pauvre, ce maladroit...* Korczak « comprend », voire fait semblant de justifier, tel un fin psychanalyste, pourquoi et comment *ces enfants que nous aimons tels qu'ils sont* nous gênent, nous déçoivent, nous embêtent, déjà avant de naître et tout au long de leur croissance : *l'enfant n'est pas souvent ce que nous voudrions qu'il soit,* il exige trop et ne répond pas à nos attentes.

C'est à mi-texte que Korczak fait un renversement spectaculaire, une véritable révolution copernicienne annoncée par une question rhétorique : *Et si cette image que nous nous faisons de l'enfant n'était qu'une illusion ? Peut-être se dissimule-t-il, peut-être souffre-t-il en secret ?* Korczak déclare : *au fil des années de travail, une conviction naissait de plus en plus ferme :* OUI, LES ENFANTS MÉRITENT NOTRE RESPECT. C'est en fait l'adulte, parent ou éducateur, qui est la source des malentendus, des conflits qui l'empêchent de le respecter, de l'aimer : *il cherche à modeler tous les enfants sur un même patron,* il ne sait pas se fier au groupe, ni apprécier son état, il ne comprend pas ce que l'excitation, la confusion ont *d'ensoleillé* et il punit au lieu de consoler et de déculpabiliser *la gueule de bois,* l'autodépréciation qui font suite à chaque écart. En peu de lignes, le « vieux docteur » dénonce et démolit l'éducation millénaire, classique et autoritaire : *Au lieu de leur permettre de juger par eux-mêmes, nous leur imposons un respect aveugle pour l'âge et pour l'expérience... nous ne leur donnons pas les moyens de s'organiser... nous avons l'audace de les accuser...* de nos propres défauts et des méfaits d'une toute petite minorité d'entre eux et, finalement (et là aussi, on croit lire un psychanalyste des années 1960), nous les serrons dans nos bras, nous quémandons leurs baisers... *parce que je suis triste !* Et il conclut : *C'est de l'égoïsme et pas de la tendresse.*

Et pour terminer, douze pages très denses, où Korczak fait défiler pêle-mêle les différentes formes que doit prendre le respect de l'enfant. En voici quelques-unes :

• Une plus juste répartition des biens matériels entre les adultes et les enfants, avec par exemple l'attribution d'un salaire à tout écolier ! (La Convention n'a jamais osé accepter une proposition aussi révolutionnaire, qui aurait plu assurément aux lycéens de 1968...).

• Une pédagogie plus conviviale, mieux adaptée aux rythmes et aux besoins de l'enfant, *sans ordres despotiques, sans rigueur imposée ni contrôle méfiant.*

• Respect du *passé*, des *souvenirs*, de *méditations profondes et solitaires.*

• *Respect pour son ignorance* et, en même temps, pour sa *laborieuse quête de savoir.*

• *Respect pour ses échecs et pour ses larmes*, pour sa *propriété et* son *budget.*

• Respect pour *les minutes du temps présent, ne pas en faire un esclave du lendemain* (il me semble qu'avec sa lourde insistance sur les *intérêts supérieurs de l'enfant*, qui signifient plutôt les intérêts du futur adulte, la Convention est restée en deçà de l'idée la plus neuve et la plus originale de Korczak : pour lui, l'enfant n'est pas seulement un être en devenir, mais aussi une personne humaine au même titre qu'un adulte, et c'est en tant que tel qu'il a droit au respect). Le dernier chapitre porte d'ailleurs ce titre significatif : « Le droit de l'enfant à être ce qu'il est ».

L'auteur y dénonce *le futur homme parfait* qui *hante nos rêves*, qui sera *mieux que nous sommes*, il critique l'éducateur qui, *au lieu de se surveiller, surveille les enfants*, il fustige le sort réservé à la grande majorité des enfants : peu nombreux sont les enfants *confiants et souriants, de la joie et de la fête*, qu'ils soient enfants *de la misère, victimes corrompues de la grossièreté et de l'ignorance* ou du *bien-être, victimes corrompues d'une surabondance aux caresses raffinées*. Et il termine par une véritable plaidoirie à la gloire de l'enfant tel qu'il est : *respect pour ses yeux limpides, ses tempes lisses, ses efforts tout neufs, sa candeur... renonçons à l'hypocrite nostalgie de l'enfance parfaite... notre seule exigence : supprimer la faim, l'humidité, le manque d'air et d'espace, la promiscuité.*

On voit que le « pamphlet » de Korczak est avant tout psychologique. Il cherche à convaincre chaque adulte, chaque lecteur, il s'adresse à tous ceux, parents, enseignants, pédagogues, éducateurs ou simples passants, qui croient que tout leur est permis quand ils se trouvent face à un enfant dans la rue, dans un champ, dans un train.

COMMENT AIMER UN ENFANT

Quel est donc le rapport entre cet appel qui, dans une forme poétique, cherche à transformer les relations entre les adultes et les enfants, en tant qu'individus ou à l'intérieur de petits groupes et la Convention internationale des droits de l'enfant, document lourd et laborieux, fruit d'une collaboration internationale et multidisciplinaire, qui cherche, sur le plan juridique, à assurer à l'enfant protection, prévention et participation dans le monde entier? Je pense qu'il existe un véritable lien de causalité réciproque entre ces deux approches. Pas de respect individuel sans une certaine base juridique et pas de respect des droits juridiques sans un minimum de respect individuel et social. Korczak semblait partager cette opinion, quand il demandait, dès avant 1914, la création d'une Association internationale pour la protection de l'enfance, quand il se passionnait, en 1919, pour le Comité de protection de l'enfance et, en 1924, pour la Déclaration de Genève sur les droits de l'enfant (il égratigne d'ailleurs cette dernière dans le texte qui suit [p. 37]).

C'est donc en se référant explicitement à Janusz Korczak qu'en 1979 la Pologne propose à l'ONU de rédiger une Convention qui développerait et donnerait une assise juridique solide aux Déclarations de la SDN de 1924 et de l'ONU de 1959. Ce travail a duré dix longues années, mais le succès, au moins théorique, a dépassé tous les espoirs. Tous les pays, à l'exception de six, dont, hélas, les États-Unis, ont ratifié et signé cette Convention qui a par conséquent (contrairement aux Déclarations) valeur de loi supranationale. Mieux encore, elle a créé un organisme onusien assez exceptionnel, chargé de vérifier son application et de publier des rapports sur sa mise en pratique par tous les États signataires. Dans sa rédaction, on retrouve certes des traces de compromis laborieux entre divers États, diverses cultures, diverses idéologies.

La philosophie sous-jacente est bien celle des droits octroyés par les adultes, détenteurs de tous les droits, aux enfants qui n'ont pu, et ne pourront jamais, lutter pour leurs droits comme l'ont fait, et le font encore (comparaison chère à Korczak), les ouvriers, les femmes, les peuples dits coloniaux. Il est vrai, et ses détracteurs ne se privent pas de l'affirmer, que, selon qu'on regarde le Nord ou le Sud, les pays riches et les pays pauvres, le pays au stade de la postmodernité et ceux qui sortent à peine d'une tradition agricole et archaïque, certains articles constituent déjà des acquis solides, ici, et restent pour longtemps des vœux pieux, ailleurs.

Il en est ainsi pour les deux catégories d'articles qu'on peut

PRÉFACE

individualiser en analysant attentivement la Convention. La plupart de ces articles rendent les états responsables de la protection des enfants. Ils déclarent ainsi le droit à la vie, le droit à posséder un nom et une famille, le droit à l'éducation, le droit aux soins, l'interdiction des abus et des maltraitances... Des petits bouts de phrases relativisent plus ou moins ces droits. Il ne faut pas croire que tous ces droits sont déjà appliqués quotidiennement dans les pays riches et qu'ils ne posent problème que dans les pays pauvres (ainsi, en Grande-Bretagne, entre autres, depuis une vingtaine d'années, le travail des enfants devient à nouveau un fléau national). Il est vrai que les pays pauvres, tant pour des raisons économiques (par exemple, travail, alimentation) que pour des raisons culturelles (mariages précoces, mutilations sexuelles), mettront encore beaucoup d'années avant de tenir les engagements qu'ils ont signés.

Beaucoup plus korczakiens sont les articles concernant les libertés et les droits de l'enfant à parler et à être écouté, à intervenir personnellement dans les affaires qui le concernent, voire dans les affaires de la cité. Certains de ces articles, comme par exemple le droit de choisir sa religion, la liberté d'exposer ses opinions, même politiques, et de s'associer, auraient été traités d'utopiques au temps de Korczak et prêtent encore à sourire à la grande majorité des adultes pour qui toute l'éducation de l'enfant est basée sur le principe : « mange ta soupe et tais-toi ». J'imagine la colère de Korczak s'il entendait ces philosophes et ces sociologues sceptiques qui prétendent que la Convention risque de voler à l'enfant son bien le plus précieux, à savoir l'enfance.

COMMENT AIMER
UN ENFANT

Préface de Korczak à la deuxième édition de son livre en Pologne, en 1929

1.

Il y a quinze ans, j'écrivais, dans la première édition de cet ouvrage :

« Qu'aucune opinion ne soit une conviction absolue, immuable. Que le jour présent ne soit toujours qu'un passage, de la somme des expériences d'hier à celle, enrichie, des expériences de demain... À cette seule condition, notre travail ne sera jamais ni monotone ni sans espoir. »

C'était ainsi, et cela n'a pas changé. Je ne saurais dire en quoi j'ai pu mûrir ou seulement vieillir, pas plus que je ne saurais dire ce qui a été gagné de confiance en l'enfant et en la vie ni ce qui a été perdu d'illusion sur le pouvoir de l'éducateur de modeler l'enfant selon sa propre conception de l'existence et des lois morales par la persuasion-suggestion.

2.

Lentement tourne la roue de l'Histoire. L'homme est le produit de son milieu et de son temps; mais interviennent également la santé, les forces, les sentiments, l'imagination, le talent, la beauté, qui lui sont innés; et aussi la faculté de savoir vivre en société, d'accorder sa volonté à celle des autres.

Peut-être les hommes se divisent-ils en seulement deux espèces : Homo rapax, vulgaris et – en un pourcentage moindre – Homo sapiens? L'eugénique aura pour tâche de sélec-

tionner les caractères positifs et de limiter l'accroissement du nombre d'individus socialement négatifs[1]. Les lois de Mendel ont-elles trouvé un écho en pédagogie ?

Déjà, l'insuffisance thyroïdienne (myxœdème) est traitée par une hormone, la thyroxine; des recherches sur la sécrétion interne des glandes apporteraient peut-être des solutions complémentaires à la thérapeutique pédagogique[2] ?

3.

Tout organisme vivant tend au bien-être, fuit la souffrance à moins qu'il ne trouve en elle une source de plaisir.

Que faut-il entendre exactement par : instinct de conservation ? J'ai longtemps peiné sur la question. J'ai compris le rôle créatif de la souffrance dans la vie quotidienne.

Le rapport entre le bien et le mal, entre les forces génératrices d'injustice et de destruction et celles qui apaisent et construisent : voilà un sujet de recherche pour qui observe la vie collective.

Quelques projections de pensées dans le monde des adultes à travers un petit groupe de l'internat qui a ses phénomènes propres et ses lois de plus en plus distincts : depuis l'autonomie enfantine jusqu'aux parlements du monde.

4.

Le Code du Tribunal d'enfants comme tentative de réponse à un système éducatif répressif. Son introduction chez nous me semble avoir été une expérience concluante : le nombre des punitions pour flagrant délit, donc arbitraires, avait considérablement diminué.

La torture a fait son temps. Elle est aujourd'hui superflue. Quant à la réclusion, dans beaucoup de cas, on pourrait douter de son efficacité. D'ailleurs, la vigilance de la loi s'étant accrue, il n'y aurait pas assez de prisons pour tous les coupables.

Et si l'on commençait par les tribunaux pour mineurs ? Au

---

1. Il ne faut pas oublier qu'en 1929 la quasi-totalité des médecins et des savants pensait que l'eugénique pourrait être appliquée à l'homme. (N.d.T.)

2. En 1929, cet espoir mis dans l'endocrinologie apparaissait à l'époque plus légitime qu'aujourd'hui. (N.d.T.)

lieu de convoquer tout de suite les parents, on pourrait d'abord pardonner à un jeune délinquant (les cent premiers articles de notre Code sont des articles de pardon) ou lui dire simplement : « Tu as eu tort d'agir ainsi; tu as mal agi; tu as très mal agi. »

Je ne sais pas. Je vois peut-être trop loin.

5.

Quelle est mon attitude, aujourd'hui, à l'égard de l'enfant et de la société enfantine? Je réponds à cette question dans ma brochure Le Droit de l'enfant au respect.

Quant à ceux qui veulent se faire une idée générale sur l'autonomie enfantine, je les renvoie au petit livre de Maria Falska : Notre Maison.

Retracer l'histoire de ces dix années d'autogestion demanderait une étude sérieuse. Hélas, mon temps est limité et il me faut aborder tant de sujets encore : l'enfant d'âge préscolaire, l'adolescent... sans parler des problèmes qu'apporte toute journée nouvelle. La vie n'est pas assez longue pour qu'on puisse se permettre de regarder en arrière.

Il reste des documents : Gazette de rétablissement, comptes rendus des réunions du Conseil d'autogestion, procès-verbaux du Tribunal, statistiques. Le bon côté du système est qu'il permet de collectionner les moments de la vie.

J. Korczak

PREMIÈRE PARTIE

L'ENFANT DANS SA FAMILLE

> *« Ressusciter n'est pas naître;*
> *un cercueil nous rendrait à la*
> *vie mais ne nous regarderait*
> *jamais comme une mère. »*

Juliusz SLOWACKI
(Anhelli [1])

1.

Je les vois déjà venir toutes ces questions qui attendent une réponse, tous ces doutes qui cherchent à être dissipés : comment et combien, quand et pourquoi ?

Et je dis :

— Je ne sais pas.

Si, après avoir reposé ce livre, tu te mets à suivre le cours de ta propre pensée, c'est que ce livre aura atteint son but. Mais, si tu le feuillettes dans l'espoir d'y trouver conseils et recettes, tu seras déçue de ne pas en découvrir beaucoup. Sache-le : si conseils et recettes il y a, c'est bien malgré la volonté de l'auteur.

Car je ne sais pas et je ne peux pas savoir de quelle manière des parents que je ne connais pas, dans des conditions que j'ignore, pourraient élever un enfant qui m'est inconnu. Et je dis bien : « pourraient » et non « désireraient » ou « devraient ».

« Je-ne-sais-pas » pour la science est une nébuleuse de pensées en formation qui, au fur et à mesure qu'elles naissent, s'approchent de plus en plus de la vérité. « Je-ne-sais-pas » pour un esprit non introduit à la pensée scientifique n'est qu'un vide angoissant.

---

1. Juliusz SLOWACKI (1809-1849), poète et auteur dramatique polonais, considéré comme créateur du théâtre tragique moderne en Pologne. *(N.d.T.)*

Moi, je veux que l'on apprenne à aimer et à comprendre ce merveilleux « je-ne-sais-pas » de la science moderne quand elle s'applique à l'enfant, ce « je-ne-sais-pas » éblouissant de vie et de surprise, de création.

Je veux que l'on sache qu'il n'y a pas de livre, pas de médecin, qui puisse remplacer une pensée individuelle vigilante, une observation attentive.

On entend souvent dire que la maternité ennoblit une femme, qu'il faut que celle-ci devienne mère pour atteindre à une maturité spirituelle. Oui, la maternité écrit en lettres ardentes les questions qui embrassent tous les domaines de la vie matérielle et spirituelle. Mais il peut arriver qu'on ne les aperçoive pas; qu'on les repousse lâchement dans un avenir lointain; que l'on proteste en disant que les réponses ne s'achètent pas.

Commander à quelqu'un des réponses toutes prêtes, ce serait comme si une femme commandait à une inconnue d'enfanter à sa place. Il est des pensées dont il faut accoucher dans la douleur et ce sont ces pensées-là qui sont les plus précieuses. Ce sont elles qui décideront si, mère, tu donneras à ton enfant un sein ou une mamelle; si c'est en femme ou en femelle que tu vas l'élever; si tu vas le guider ou le traîner avec les liens de la contrainte ; si les caresses que tu échangeras avec lui s'arrêteront à ses plus jeunes années ou se transformeront en un complément des trop rares ou désagréables caresses du mari; si, quand il aura grandi, tu vas l'abandonner à lui-même ou aller contre lui.

2.

Tu dis : « mon enfant ».

Quand, sinon en période de grossesse, en aurais-tu plus le droit? Le battement d'un cœur petit comme un noyau de pêche fait écho à ton pouls. C'est ta respiration qui lui procure de l'oxygène. Un sang commun circule en vous deux et aucune de ses gouttes rouges ne sait encore si elle sera à toi ou à lui, ou si, répandue, il lui faudra mourir en sacrifice au mystère de la conception et de l'accouchement. Cette bouchée de pain que tu es en train de mâcher, c'est du matériau pour la construction des jambes sur lesquelles il courra, de la peau qui le recouvrira, des yeux dont il regardera le monde, du cerveau où la pensée flamboiera, des mains qu'il tendra vers toi et du sourire avec lequel il t'appellera « maman ».

Ensemble vous aurez à vivre le moment décisif; ensemble en une même douleur, vous souffrirez. La cloche-signal retentira : prêt.

Et vous direz en même temps, lui : « je veux vivre ma vie », et toi : « vis ta vie ».

Des puissantes contractions de tes entrailles, tu l'expulseras sans prendre garde à sa souffrance et lui se fraiera le chemin avec force et décision sans prendre garde à la tienne.

Acte brutal.

Non pas. Toi et lui, vous exécuterez cent mille mouvements imperceptibles, merveilleux d'adresse et de subtilité afin que, en prenant votre part de vie, vous n'en preniez pas plus qu'il ne vous en revient selon une loi universelle et éternelle.

— Mon enfant.

Non, ni aux mois de grossesse ni aux heures d'accouchement l'enfant n'est à toi.

3.

L'enfant que tu as mis au monde pèse dix livres.

Il est fait de huit livres d'eau et d'une poignée de carbone, de calcium, d'azote, de sulfate, de phosphore, de potasse et de fer. Tu as accouché de huit livres d'eau et de deux livres de cendres. Ainsi, chaque goutte de ton enfant c'était de la vapeur de nuage, du cristal de neige, de la brume, de la rosée, de l'eau de source et de la boue d'un égout. Des millions de combinaisons possibles de chaque atome de carbone ou d'azote.

Tu n'as fait que réunir ce qui fut.

Voici la Terre suspendue dans l'infini.

Le Soleil, son proche compagnon est à 50 millions de milles.

Notre petite planète, ce n'est que 3 000 milles de feu recouvert d'une écorce épaisse d'à peine 10 milles.

Dessus cette mince écorce refroidie, une poignée de continents jetés parmi les océans.

Sur ces continents, au milieu des arbres, arbustes, oiseaux et animaux – le grouillement des hommes.

Parmi ces millions d'hommes, toi qui as accouché d'un homme de plus. Qui est-il? Une brindille, une poussière – un rien.

C'est si fragile qu'une bactérie peut le tuer; une bactérie

qui, agrandie mille fois, n'est qu'un point dans le champ visuel.

Mais ce rien est frère des vagues de la mer, du vent, de l'éclair, du soleil, de la Voie lactée. Cette poussière est sœur de l'épi de blé, de l'herbe, du chêne, du palmier, sœur d'un oisillon, d'un lionceau, d'un poulain, d'un chiot.

Dans ce rien il y a quelque chose qui sent, désire et observe; qui souffre et qui hait; qui se réjouit et aime; qui fait confiance et qui doute; qui accueille et qui rejette.

Cette poussière embrasse de sa pensée les étoiles et les océans, les monts et les gouffres. Et qu'est-ce qui fait l'essence de l'âme sinon tout l'univers auquel ne manquent que ses dimensions?

C'est bien la contradiction inhérente à l'être humain : né d'une poussière, Dieu vient l'habiter.

4.

Tu dis : « mon enfant. »

Non, c'est l'enfant commun : de la mère et du père, des aïeuls et des trisaïeuls.

C'est un « moi » lointain qui dormait dans une lignée d'ancêtres, c'est la voix d'un cercueil vermoulu et oublié depuis longtemps qui, tout d'un coup, se fait entendre en ton enfant.

Il y a trois cents ans, pendant la guerre ou la paix, quelqu'un a pris possession de quelqu'un d'autre dans le kaléidoscope de races, peuples et classes entrecroisés : avec consentement ou par force, dans un instant de frayeur ou d'ivresse amoureuse, par trahison ou par séduction. Qui et quand, personne ne le sait, mais Dieu l'a inscrit dans le livre du destin et l'anthropologue s'efforce de le déchiffrer d'après la forme du crâne et la couleur des cheveux.

Il arrive qu'un enfant sensible s'imagine être, dans la maison de ses propres parents, un enfant trouvé. Il n'a pas entièrement tort : celui qui l'engendra est mort il y a un siècle.

L'enfant est un parchemin étroitement rempli d'hiéroglyphes menus dont tu ne pourras déchiffrer qu'une partie. Tu arriveras à en effacer quelques-uns ou à en souligner quelques autres afin d'y insérer ton texte à toi.

Terrible comme loi. – Point terrible mais belle. C'est elle qui fait de chacun de tes enfants le premier maillon de l'immortelle chaîne de générations. Prends la peine de chercher dans cet enfant qui est et n'est pas à toi cette parcelle endormie qui fait son identité. Peut-être sauras-tu la trouver, peut-être même sauras-tu la développer.

L'enfant et l'infini.

L'enfant et l'éternité.

L'enfant, une poussière dans l'espace.

L'enfant, un moment dans le temps.

5.

Tu dis :

— Il devrait... J'aimerais qu'il soit...

Et tu cherches un modèle auquel il pourrait ressembler, tu imagines pour lui la vie que tu voudrais la meilleure.

Qu'importe qu'autour de nous tout soit médiocrité. Qu'importe que tout y soit grisaille.

Les gens trottinent, s'affairent : petits soucis, aspirations mesquines, buts sans hauteur...

Des espoirs déçus, des lamentations, des soupirs éternels...

L'injustice règne partout.

Ici, une froide indifférence qui vous glace, là, une hypocrisie qui vous oppresse.

Tout ce qui a des griffes et des crocs montre de l'agressivité, tout ce qui est timide, se pelotonne un peu plus en lui-même.

Comme si souffrir ne leur suffisait pas, ils se jettent des insultes au visage.

Qui sera-t-il ?

Un combattant ou un employé, un commandant ou un simple soldat ? Un homme heureux ?

Où est le bonheur ? Qu'est-ce que le bonheur ? Ta voie, la connais-tu ? Où sont ceux qui la connaissent ?

Y arriveras-tu ?

Comment tout prévoir, comment le mettre à l'abri ?

Un papillon au-dessus du torrent déchaîné de la vie. Comment lui permettre de durer sans appesantir son vol, l'aguerrir sans fatiguer ses ailes ?

Lui servir d'exemple, l'aider par des paroles, des conseils ?

Et s'il les rejette ?

Dans quinze ans, lui, il sera tourné vers l'avenir, toi, vers le passé; toi, chargée de souvenirs, prisonnière de tes habitudes, lui, libre de toute attache, fort d'un espoir téméraire ; toi et tes doutes, lui et son attente confiante qui ne sait ce qu'est la peur.

La jeunesse, toujours prête à railler, à maudire, à mépriser le passé vicieux, ne peut qu'aspirer au changement.

Cela est juste. Et pourtant...

Qu'elle cherche, à condition de ne pas se tromper ; qu'elle poursuive son ascension, à condition de ne pas tomber ; qu'elle défriche mais sans s'en égratigner les mains ; qu'elle lutte, oui... mais prudence, prudence encore.

Un jour, il te dira :

— Je ne pense pas comme toi. Je ne veux plus de ta protection.

— Tu n'aurais plus confiance en moi ?

Je ne te sers donc plus à rien ?

Mon amour te pèse ?

Enfant imprudent, tu ne connais pas la vie... Pauvre enfant, tu n'es qu'un ingrat.

6.

Ingrat ?

La terre est-elle reconnaissante au soleil de briller ? L'arbre remercie-t-il la graine qui lui a permis de pousser ? Le rossignol chante-t-il pour sa mère parce qu'elle l'aura chauffé sur son sein ?

Et toi, rends-tu à ton enfant ce que tu as pris à tes parents ou ne fais-tu que lui consentir un prêt dont tu calcules soigneusement les intérêts pour les lui réclamer un jour ?

T'attends-tu à être payée pour ton amour comme s'il constituait un mérite ?

« Mère-corbeau s'agita comme une folle, comme si elle voulait s'asseoir sur les épaules du garçon : elle s'agrippa du bec à son bâton, voleta autour, donnant, de temps en temps, contre le tronc de l'arbre, des coups de tête qui ressemblaient à des coups de marteau. Elle en détacha quelques brindilles et croassa d'une voix enrouée, altérée, sèche de désespoir. En voyant le garçon jeter hors du nid un autre de ses petits, elle piqua vers le sol et, traînant ses ailes par terre, elle ouvrit son bec comme pour crier : elle n'eut plus de voix. Alors, elle battit des ailes et sautilla affolée, ridicule, autour des jambes du garçon. Le dernier de ses petits tué, elle retourna sur l'arbre, visita le nid vide et se mit à tourner autour en songeant à quelque chose[1]. »

L'amour maternel fait partie de la nature, c'est une force vive. Les hommes l'ont compris à leur manière. Le monde civilisé, excepté ses couches les plus défavorisées, s'adonne à l'infanticide. Un couple qui a deux enfants, alors qu'il pourrait en avoir douze, porte la responsabilité de la mort des dix qui ne sont pas nés, dont celui qui allait être « leur enfant ». Peut-être ont-ils tué le meilleur ?

Alors, que faire ?

Élever les enfants qui naissent et qui doivent vivre sans s'occuper de ceux qui ne sont pas nés.

Bouderie puérile.

Longtemps, je me suis refusé à admettre la nécessité d'un contrôle des naissances. Sujet d'un pays conquis et pas un citoyen libre, j'oubliais qu'en même temps que les enfants, il faut faire naître, les écoles, les ateliers de travail, les hôpitaux, les bonnes conditions de vie. Une natalité illimitée, je la ressens aujourd'hui comme un mal, comme une étourderie criminelle. Peut-être sommes-nous à la veille des nouvelles lois dictées par l'eugénique et une politique de régulation des naissances[2].

7.

Est-il en bonne santé ?

Cela lui fait encore tout drôle qu'il ne fasse plus partie d'elle-même. Hier, où sa vie était double, s'inquiéter pour lui et s'inquiéter pour elle allaient de soi.

Elle voulait tant en finir, avoir ce moment derrière elle ; elle pensait que cela mettrait fin à ses craintes, à ses ennuis.

Et maintenant ?

Chose curieuse : avant, son enfant lui semblait plus proche, comme s'il lui appartenait davantage ; elle le savait en

---

1. Stefan ZEROMSKI (1864-1925), romancier et dramaturge polonais dont l'œuvre témoigne de la lutte pour la justice sociale. *(N.d.T.)*

2. C'est seulement après l'usage criminel de l'eugénique par le régime nazi que la plupart des savants ont compris que c'est là une voie sans issue pour « améliorer l'espèce humaine ». En revanche, le contrôle des naissances souhaité par J. K. est aujourd'hui une réalité. *(N.d.T.)* (Commentaire ajouté par J. K. en 1929.)

sécurité, le comprenait mieux qu'à présent. Elle pensait qu'elle saurait s'en occuper. Depuis que les mains étrangères – salariées, expérimentées, sûres d'elles – se sont chargées de lui, elle a le sentiment d'être reléguée au second plan, elle est inquiète.

Le monde le lui retire déjà.

Et, au fil des longues heures d'une inactivité forcée, surgit une série de questions : lui ai-je donné ce qu'il fallait ? est-il à l'abri du danger ? ne manque-t-il de rien ?

Il va bien ? Alors pourquoi pleure-t-il ?

Pourquoi est-il maigre, tête mal, ne dort pas, dort trop ? Pourquoi sa tête est-elle si grande, ses jambes recroquevillées, ses poings serrés, sa peau si rouge ? Pourquoi ces boutons blancs sur le nez ? Pourquoi est-ce qu'il louche ? hoquette, éternue, suffoque ? Pourquoi cette voix enrouée ?

Normal, tout cela ? Et si on lui mentait ?

Elle regarde son petit si fragile, si différent de tous ces poupons qu'elle croise dans la rue ou au jardin. Serait-ce possible que lui aussi, dans trois ou quatre mois... ?

Et s'ils se trompaient tous ?

Elle écoute le médecin avec méfiance, le suit du regard : elle voudrait pouvoir lire dans ses yeux, dans le haussement de ses épaules, dans le froncement de ses sourcils, dans les rides de son front. Dit-il la vérité ? N'hésite-t-il pas un peu ? N'est-il pas trop distrait ?

8.

Est-il beau ? « Je n'y attache aucune importance », répondent certaines mères pour dire que c'est avec sérieux qu'elles abordent le problème de l'éducation de leur enfant.

La beauté, la grâce, une noble prestance, une jolie voix sont un capital que tu donnes à ton enfant et qui, tout comme la santé et l'intelligence, peuvent lui rendre plus aisé le chemin de la vie. Toutefois, il ne faut pas surestimer la valeur de la beauté. Non soutenue par d'autres qualités, elle pourrait être néfaste à l'enfant. Mère d'un enfant beau, il te faut rester vigilante.

Un enfant beau ne s'élève pas de la même manière qu'un enfant laid : lui cacher son physique avantageux risquerait de le pourrir ; il faut qu'il puisse l'assumer puisque, de toute façon, tu ne peux pas l'élever sans sa participation.

Ce prétendu mépris de la beauté humaine n'est qu'une survivance du Moyen Âge. Sensible au charme d'une fleur, d'un papillon, d'un paysage, l'homme pourrait-il être indifférent au charme de son pareil ?

Tu ne veux pas que ton enfant sache qu'il est beau ? Même si personne de son entourage ne le lui dit, les étrangers – adultes ou enfants – le lui diront dans la rue, au magasin, au jardin public : par un regard, une exclamation, un sourire. Le lui dira la disgrâce des enfants laids. Bientôt, il comprendra que la beauté donne des privilèges et saura s'en servir comme aujourd'hui il se sert de sa main.

Il ne sera pas pour autant à l'abri du danger. Plus exposé aux regards envieux que son compagnon que protège sa cuirasse de laideur, il peut aussi être plus malheureux que lui, comme il arrive parfois qu'un enfant fragile grandisse sans problèmes alors qu'un enfant d'une santé apparemment robuste soit sujet à toutes sortes de maladies. N'oublie pas que la vie, dès qu'elle aperçoit une valeur précieuse, cherche toujours à l'acheter ou à la voler. Jeu d'équilibre des milliers de mouvements imperceptibles, elle vous réserve des surprises qui engendrent des « pourquoi » souvent douloureux auxquels un éducateur trouve difficilement une réponse.

9.

Est-il intelligent ?

Les douces prières de la mère auront vite fait de se changer en ordres : – mange ! même sans appétit, même avec dégoût ; va au lit, même avec des larmes aux yeux, même s'il te faut attendre une heure avant de t'endormir. Parce qu'il le faut, parce que je tiens à ce que tu sois bien portant.

Ne joue pas dans le sable ; mets ta culotte du dimanche, ne te décoiffe pas ! Parce que je veux que tu sois beau.

— Il ne parle pas encore... Il est plus âgé que... et pourtant... Il a du mal à l'école...

Au lieu de prendre son temps pour en comprendre la cause, on prend la première image venue de « gosse réussi » et on la donne en exemple à son propre enfant : voilà le modèle, j'exige que tu lui ressembles.

L'enfant de parents aisés ne doit pas devenir un artisan, on préfère en faire un homme désorienté, malheureux. Ce n'est pas l'amour pour l'enfant qui compte mais l'égoïsme des parents ; pas le bien de l'individu mais l'ambition du groupe ; pas la recherche d'une voie juste mais la routine.

Il est des intelligences actives et passives, vives et lentes, persévérantes et lunatiques, soumises et tyranniques, créatrices ou conformistes ; il existe des mémoires exceptionnelles et médiocres, l'habilité à se servir des connaissances acquises et l'honnêteté des hésitations ; il existe des croissances précoces et attardées, des passions et des curiosités.

Mais tout cela, qui est-ce qui s'y intéresse ?

— Qu'il ait au moins son certificat d'études, dit la résignation parentale.

Pressentant une véritable renaissance du travail physique, je pense que dans toutes les classes sociales il y aurait des candidats au métier d'artisan. En attendant, les parents et l'école luttent contre toutes les formes non habituelles de l'intelligence.

Il ne s'agit pas de demander : « Est-il intelligent ? », mais « Comment est-il intelligent ? ».

Appel bien naïf au sacrifice librement consenti. Des tests d'intelligence et des épreuves psychométriques freineront efficacement les ambitions égoïstes des familles. Mais nous n'en sommes pas encore là[1].

10.

Un bon enfant.

« Bon » peut signifier « commode à manier », et il ne faut pas confondre ces deux épithètes.

Un enfant qui ne pleure presque jamais, ne nous réveille pas la nuit, qui est toujours serein, confiant : c'est pour nous un bon enfant.

Pénible sera l'enfant capricieux, qui crie sans que l'on sache pourquoi, qui fait vivre à sa mère plus de mauvais moments que d'agréables.

Il est des nouveau-nés plus ou moins patients, indépendamment de leur état de santé. Ici, il suffit d'une unité de douleur pour déclencher une réaction de dix unités de cri, là, pour dix unités de douleur on réagit par une unité de cri.

L'un sera mou : gestes lents, succion paresseuse ; il crie faiblement, comme sans conviction.

---

1. Commentaire de J. K. en 1929.

L'autre, nerveux : mouvements vifs, sommeil léger ; il tète avec acharnement et crie à en devenir livide, à en perdre le souffle ; il faut parfois le ranimer, souvent avec beaucoup de difficultés. Je sais, c'est maladif, cela se soigne à l'huile de foie de morue, au phosphore, par un régime sans lait. Mais grâce à cette maladie le nourrisson deviendra un adulte doué d'une puissante volonté, d'une énergie à toute épreuve, d'un cerveau génial. Petit enfant, Napoléon avait de ces accès de rage.

L'enfant « commode » c'est le rêve de l'éducation contemporaine : pas à pas, avec méthode, elle tâche d'endormir, d'étouffer, de détruire tout ce qui fait sa volonté, sa liberté, la force morale de ses exigences et de ses aspirations.

Bon, obéissant, gentil, facile... Pense-t-on jamais à cet homme veule, lâche et faible qu'il risque de devenir ?

11.

Le fait que son enfant puisse crier est une surprise douloureuse dans la vie d'une jeune mère.

Elle savait que les enfants pleurent mais ce détail semblait lui échapper lorsqu'elle pensait au sien : elle ne s'attendait qu'aux sourires charmants.

Elle s'imaginait comment, mère parfaite, elle penserait à tous ses besoins, l'élèverait intelligemment, d'une façon moderne, le ferait suivre par un bon médecin. Son enfant n'aurait pas de raisons de pleurer.

Mais voilà que vient cette nuit, où, encore abrutie par le souvenir vivant de ces heures pénibles qui ont duré des siècles, elle commence à peine à goûter aux douceurs d'un repos mérité après un travail qui fut le premier grand effort de sa vie douillette ; que c'est bon une fatigue dégagée de tout souci ; naïve, elle croit pouvoir respirer enfin parce que l'autre — l'enfant — respire déjà de lui-même ; émue, silencieuse, elle n'ose interroger la nature sur ses grands mystères autrement que par des murmures timides pour lesquels elle ne demande même pas de réponse...

Soudain, le cri despotique de l'enfant déchire ce silence inspiré : il exige quelque chose, se plaint, demande qu'on l'aide. Elle ne comprend pas.

— Occupe-toi de lui !

— Mais je ne peux pas ; je ne veux pas ; je ne sais pas !

Ce premier cri surgi au cœur de la nuit annonce un long combat où deux vies vont s'affronter : l'une, venue déjà à maturité, que l'on force aux concessions, aux renoncements, aux sacrifices ; l'autre, toute neuve, qui revendique ses droits.

Aujourd'hui, tu ne lui en veux pas encore : il ne comprend pas, il souffre. Mais, sur le cadran du temps, il est inscrit une heure où tu lui diras : moi aussi j'ai ma sensibilité, moi aussi je souffre.

12.

Il existe des nourrissons qui ne pleurent que rarement. Tant mieux. Mais il y en a d'autres dont les cris sont redoutables : tu peux voir les petites veines sur son front se gonfler, sa fontanelle se tendre à craquer, la peau de son visage et de son crâne devenir rouge écarlate ; ses mâchoires dépourvues de dents se mettent à trembler, le ventre se gonfle, les poings se serrent convulsivement, les jambes battent l'air. Le cri s'arrête. L'enfant, complètement épuisé, regarde sa mère avec « reproche », il cligne piteusement des yeux comme pour quémander un peu de sommeil. Quelques respirations rapides et... il se remet à crier plus fort encore. Jamais ses petits poumons, son cœur minuscule, son jeune cerveau ne pourront y résister !

Au secours, docteur !

Des siècles passent avant qu'il arrive. Le voilà enfin qui l'écoute avec un sourire indulgent parler de ses craintes, lointain, inabordable, un professionnel pour qui son enfant n'est qu'un de plus parmi tous ceux qu'il soigne. Dans un moment, il va repartir vers d'autres souffrances, écouter d'autres plaintes. Il fait jour maintenant et tout semble plus gai : le soleil brille, les gens se promènent dans les rues... Il a fallu qu'il vienne juste au moment où l'enfant s'est endormi, épuisé sans doute par cette nuit cauchemardesque dont il ne reste presque plus de traces.

Distraite, elle l'écoute sans l'entendre : son rêve d'un médecin-ami, d'un médecin-guide de son éprouvant voyage vient de s'évanouir.

Elle lui remet ses honoraires et reste seule, convaincue qu'elle vient d'avoir affaire à un homme indifférent, un étranger incapable de rien comprendre. D'ailleurs, n'a-t-il pas paru hésitant ? Finalement, il n'a rien su lui dire du tout.

13.

Si la jeune mère pouvait comprendre l'importance capitale de ces premiers jours et semaines, elle saurait que non seulement la santé de son enfant, aujourd'hui, en dépend, mais qu'ils déterminent tout son avenir... et le sien par la même occasion.

Qu'il est facile pourtant de les gâcher!

Au lieu d'admettre que son enfant n'est vraiment précieux qu'à ses propres yeux, car, tout comme aujourd'hui il n'intéresse le médecin que dans la mesure où il satisfait ses ambitions scientifiques tout en lui permettant de gagner sa vie, de même il n'aura pas davantage de prix aux yeux du monde qui l'accueillera demain...

Au lieu d'accepter avec résignation le fait que la science, dans l'état actuel de la recherche, ne peut qu'avancer des hypothèses et que l'efficacité des remèdes qu'elle se risque à proposer ne saurait être garantie...

Au lieu de prendre son courage à deux mains en se disant que l'éducation des enfants n'est pas un jeu agréable mais une tâche pénible qui suppose beaucoup de nuits sans sommeil, un effort continuel de la pensée, une épreuve physique et morale...

Au lieu de chercher dans son cœur les forces nécessaires pour affronter ses devoirs de mère sans illusions, sans bouderie, sans amertume...

La voilà qui décide de reléguer son enfant et la nourrice dans une chambre située au fond de l'appartement sous prétexte qu'elle est « incapable » de regarder son enfant souffrir, « incapable » d'écouter ses appels douloureux. Condamnée ainsi à tout ignorer de lui, elle va convoquer un médecin, des médecins, affolée, perdue, ne sachant plus à quel saint se vouer.

C'est au premier balbutiement de l'enfant que, remplie d'une joie naïve, elle accourra écouter ces bouts de mots déformés, deviner leur sens : elle comprend enfin son langage!

— C'est tout?... Rien d'autre?

Et le langage des pleurs, des rires? Et celui du regard, des grimaces, des gestes, de la façon de téter?

Ne renonce pas à ces nuits sans sommeil. Elles te donneront ce qu'aucun livre, aucun conseil ne peut te donner. Elles représentent une expérience spirituelle qui, mieux que la science, t'apprendra les gestes nécessaires, t'évitera toutes ces pensées stériles : « Qu'est-ce qu'il conviendrait de faire ?... qu'est-ce que cela signifie ? »

C'est au cours de ces nuits que naît ton meilleur et étonnant allié, l'ange gardien de ton enfant : l'intuition du cœur maternel.

14.

Il arrive qu'une mère me convoque :
— À vrai dire, l'enfant ne se porte pas trop mal... Il n'y a rien de vraiment grave... je tiens cependant à ce que vous l'examiniez.

Je l'ausculte, donne quelques conseils, réponds à ses questions. Mais oui, il va bien, il est mignon, gai.
— Au revoir, à bientôt.

Et, le soir même, ou le lendemain matin :
— Docteur, il a de la fièvre.

La mère a su voir ce qui m'a échappé à moi au cours de ce rapide examen de routine.

Penchée des heures durant au-dessus du berceau, elle a le temps de bien observer l'enfant mais, dilettante, elle manque de confiance en soi et n'ose confier au médecin ses remarques qu'elle craint subtiles ou sans objet.

Elle s'était bien rendu compte que, sans être vraiment enrouée, la voix de son enfant était un peu voilée ; il gazouillait moins, plus doucement que d'habitude ; il a tressailli dans son sommeil un peu plus fort que les autres jours ; au réveil, son rire a été moins énergique ; au sein, il lui a paru distrait, il s'arrêtait souvent et ces pauses lui ont semblé un peu longues ; et puis, cette grimace, n'était-ce qu'une impression ? pourquoi a-t-il jeté avec colère son jouet préféré ?

Par cent signes que son œil, son oreille, le mamelon de son sein ont perçus, en cent microplaintes, l'enfant lui a dit :
— Aujourd'hui, je ne vais pas très fort.

Mais elle n'a pas osé ajouter créance à ces signes parce que, dans les livres qu'on lui a donnés à lire, les auteurs ne parlent pas de ce genre de symptômes.

15.

À l'hôpital, aux consultations gratuites, vient une mère ouvrière avec son bébé âgé de quelques semaines :

— Il ne veut pas téter. Il attrape le bout du sein et le lâche aussitôt en poussant un petit cri. Mais il veut bien boire à la cuillère. Parfois, il se met à pleurer pendant qu'il dort mais le fait aussi une fois réveillé.

J'examine la bouche, la gorge de l'enfant... Je ne vois rien.

— Donnez-lui le sein, s'il vous plaît.

L'enfant lèche le mamelon, mais refuse de téter.

— Il est devenu si méfiant.

Il attrape enfin le sein avec une sorte de désespoir, suce quelques coups rapides, puis le lâche avec un cri.

— Regardez, docteur, il a quelque chose sur la gencive.

Je regarde une nouvelle fois ; une rougeur, mais, curieusement, sur une gencive seulement.

— Oh ! ici, quelque chose de noir, une dent ou quoi ?

Je vois : c'est dur, jaune, ovale, avec, sur le pourtour, une espèce de trait noir. Je touche : ça bouge... je le soulève et vois un creux dont les bords saignent.

Je le tiens enfin ce « quelque chose » : c'est une pellicule de graine de lin.

Au-dessus du berceau de l'enfant il y avait une cage avec un canari. Le canari a fait tomber la pellicule qui a atterri sur la lèvre, glissé dans la bouche pour se coller à la gencive.

Voilà mon raisonnement à moi : une stomatite localisée, un aphte, une gingivite, l'angine, etc.

Le sien : ça fait mal, c'est dans la bouche.

Moi, avant de trouver, j'ai dû m'y prendre à deux fois... Alors qu'elle...

16.

Si la subtilité, la précision de certaines observations de la mère étonnent souvent le médecin, il lui arrive également de rester stupéfait devant son incapacité à discerner parfois le plus évident des symptômes.

— Il pleure depuis qu'il est né. Non, je ne vois rien d'autre... Il pleure tout le temps.

Se met-il à crier brusquement pour atteindre tout de suite au paroxysme, ou commence-t-il par se plaindre doucement avant de passer aux sanglots ? Se calme-t-il rapidement ? quand ? après avoir éliminé les selles et l'urine ? après avoir vomi ou recraché la nourriture ? Lui arrive-t-il de pousser un cri vif, inattendu au cours du bain, au moment où on l'habille, quand on le soulève? Comment pleure-t-il? doucement, en sanglotant, avec colère? Quels gestes accomplit-il alors : frotte-t-il la tête contre l'oreiller? imite-t-il le mouvement de succion? Se calme-t-il quand on le porte, quand on le démaillote, quand on le change de position? S'endort-il tout de suite après avoir pleuré? Dort-il longtemps, profondément, se réveille-t-il au moindre bruit? Pleure-t-il avant ou après la tétée : le matin, le soir, la nuit?

Se calme-t-il au sein? Pour combien de temps? S'il refuse de téter, à quel moment le fait-il : dès l'instant où il a touché le mamelon? après avoir avalé du lait? tout de suite ou au bout de quelque temps? Se laisse-t-il convaincre de reprendre le sein ou s'obstine-t-il dans son refus? Quelle est sa façon de téter lorsqu'il est enrhumé? Gloutonne, au début, à cause de la soif, puis superficielle, saccadée parce qu'il manque de souffle? Sa déglutition semble-t-elle douloureuse? Qu'est-ce que cela annonce?

N'oublions pas que la faim ou le « bobo » au ventre ne sont pas les seules causes des cris du nourrisson. Il pleure aussi bien parce qu'il a mal aux lèvres, aux gencives, à la langue, à la gorge, au nez, au doigt, à l'oreille, aux os. Il peut souffrir à cause d'une égratignure du rectum provoquée par un lavement, d'une douloureuse évacuation de l'urine; à cause de la nausée, de la soif, d'un excès de chaleur, d'une démangeaison de la peau qui annonce une éruption prochaine de boutons; à cause d'un ruban trop rêche, d'un faux pli de la couche, d'un brin de coton collé à la gorge... d'une pellicule de lin tombée de la cage du canari.

Appelle le médecin pour une courte visite de quelques minutes, mais jamais avant d'avoir toi-même observé l'enfant pendant vingt heures au moins.

17.

Le livre, avec ses formules toutes prêtes, a émoussé notre regard et rendu notre pensée paresseuse. À force de puiser dans l'expérience, rechercher les résultats de l'opinion d'autrui, nous avons perdu confiance en nous-mêmes au point de nous refuser le droit au moindre regard personnel. La mère est prête à transformer le livre en vade-mecum comme si, par le seul fait d'être imprimé, il contenait des révélations. Elle oublie qu'il n'est que le produit de l'interrogation de quelqu'un qui n'est pas elle, au sujet de quelqu'un d'autre qui n'est pas son enfant, à une époque qui n'est pas forcément celle d'aujourd'hui.

L'école, au lieu de développer notre esprit critique, n'a fait qu'approfondir cette lâcheté qui consiste à ne jamais avouer que l'on ignore telle ou telle chose.

Combien de fois une mère, après avoir noté sur un bout de papier les questions qu'elle aimerait poser au médecin, recule au dernier moment par manque de courage? Et si, exceptionnellement, elle finit par lui remettre son papier, c'est toujours en soulignant qu'elle a dû mettre là « pas mal de bêtises ». Persuadée elle-même de sa propre ignorance elle n'hésite pourtant pas à exiger du médecin une réponse catégorique le contraignant ainsi à dissimuler les doutes, les hésitations qu'il peut avoir. Qu'ils sont nombreux tous ces parents qui acceptent mal les réponses hypothétiques du médecin, qui n'aiment pas le voir réfléchir à haute voix au-dessus du berceau de leur enfant! Et le pauvre médecin, forcé ainsi à jouer les prophètes, finit par devenir un charlatan.

Ils sont plus nombreux que l'on croit ces parents qui ne veulent pas savoir ce qu'ils savent ni voir ce qu'ils voient.

Et leurs prétentions alors! Dans un milieu qui exalte le confort, l'accouchement revêt le caractère d'un événement si extraordinaire, si péniblement inhabituel, qu'il ne vient même pas à l'idée de la mère qu'elle pourrait ne pas en être largement récompensée par la nature. Il faut que son enfant soit tel qu'elle l'a désiré du moment qu'elle a bien voulu accepter tous les sacrifices et désagréments de la grossesse, les douleurs de l'accouchement.

Pire : habituée à pouvoir tout acheter avec de l'argent, elle refuse l'idée qu'un pauvre pourrait recevoir gratuitement ce qu'un riche n'arriverait pas à avoir, même en mendiant.

Ce n'est pas le commerce qui la contredirait, qui vend la « santé » sous forme de produits frelatés et parfaitement inutiles sinon dangereux. Que de parents se sont ainsi laissé abuser, attirés par leurs étiquettes prometteuses!

18.

Qu'il naisse d'un mariage béni par Dieu ou d'une fille qui a perdu l'honneur, qu'il entende sa mère lui chuchoter « mon trésor » ou soupirer « qu'est-ce que je vais devenir, malheureuse », que celle-ci soit une grande dame que l'on vient féliciter ou une fille de la campagne à qui l'on jette au visage : « traînée! » – pour le nourrisson le sein qu'elle lui tend est toujours celui d'une mère.

La prostitution à l'usage de l'homme a trouvé son complément dans l'institution des nourrices mises au service de la femme.

Il est difficile d'y voir autre chose qu'une invention criminelle dont le pauvre enfant est la première victime et dont l'enfant riche ne tire même pas un grand profit.

Une nourrice en effet peut allaiter deux enfants : le sien et celui d'une autre[1]. La glande mammaire produit autant de lait qu'on lui en demande; le sein de la nourrice est intarissable à moins que l'enfant refuse de boire tout le lait qu'il y trouve.

La formule est : poitrine abondante + enfant chétif = diminution de la quantité de lait.

Chose curieuse : dans tant de circonstances de moindre importance, nous sommes prêts à consulter plusieurs médecins, alors que pour cette question capitale qui est de savoir si une mère peut allaiter son enfant, nous nous contentons de l'avis, pas toujours sincère, de notre entourage.

Chaque mère peut allaiter, chacune dispose d'une quantité de lait nécessaire; seule, l'ignorance de la technique de l'allaitement peut la priver de cette faculté.

Le sein douloureux, de petites blessures du mamelon peuvent constituer un empêchement; mais, même dans un tel cas, la souffrance de la mère est récompensée par la conscience qu'elle a de remplir jusqu'au bout ses devoirs sans s'en décharger sur une esclave payée. Elle ne l'a pas fait durant la grossesse, pourquoi le ferait-elle maintenant? Car l'allaitement en est le prolongement naturel, sauf que « l'enfant, étant passé de l'intérieur à l'extérieur, coupé de la matrice, attrape le sein pour boire non plus du sang rouge mais du sang blanc ».

Boire du sang? Oui, du sang maternel, car c'est la loi de la nature qui est la loi de l'homme.

Écho d'une lutte acharnée pour le droit de l'enfant au sein. Aujourd'hui, le problème essentiel est celui du logement. Qu'en

---

1. Il semblerait que Korczak dénonce le fait d'enlever à la nourrice mercenaire son propre enfant; l'enfant du riche n'a pas besoin de priver l'enfant pauvre du sein de sa mère. (N.d.T.)

sera-t-il demain ? L'histoire règle ainsi les préoccupations de l'auteur [1].

19.

À vouloir expliquer aux mères le sens de l'hygiène, je pourrais écrire, moi aussi, une clef des songes :

« Trois livres et demie de poids à la naissance, signifie : santé, prospérité. »

« Selles verdâtres, glaireuses : inquiétude, mauvaise nouvelle. »

Je pourrais également composer un petit recueil de conseils et d'instructions à la façon d'un guide pour amoureux. Hélas, je ne sais que trop bien l'interprétation exagérée qu'en donnerait bientôt l'esprit peu enclin à la critique de l'usager, capable de rendre absurdes les recettes les plus avisées.

La vieille méthode de l'allaitement :

Le sein et l'huile de ricin, à tour de rôle, jusqu'à trente fois en vingt-quatre heures ; le bébé passant de mains en mains, bercé et balancé par un nombre imposant de tantes enrhumées qui le portent à la fenêtre, devant un miroir, qui tapent des mains, secouent le hochet, chantent : une vraie foire.

La méthode moderne :

Le sein toutes les trois heures. L'enfant s'impatiente, assistant aux préparatifs du banquet, finit par se mettre en colère, pleure. La mère regarde la montre : encore quatre minutes. L'enfant dort : la mère le réveille, c'est l'heure. L'enfant est au sein, elle l'en arrache : le temps de la tétée est terminé. L'enfant est couché : interdiction de le bouger. Interdiction aussi de le prendre dans les bras : ça pourrait devenir une habitude ! Il est baigné, au sec ; il a mangé : il faut qu'il aille dormir. Il ne dort pas. On se met à marcher sur la pointe des pieds, on tire les rideaux : une salle d'hôpital, une morgue.

Au lieu de faire travailler un peu sa tête, on préfère respecter la consigne.

20.

Ce qui importe, n'est pas : « à quelle heure lui donner à manger ? », mais « combien de fois en vingt-quatre heures ? ». Le problème, ainsi posé, donne à la mère le pouvoir d'agir en

---

1. Commentaire de J. K. en 1929.

toute liberté : qu'elle décide elle-même quelles sont les meilleures heures pour elle et pour l'enfant.

Finalement, combien de fois en vingt-quatre heures doit-on allaiter un enfant ?

De quatre à cinq fois.

Combien de temps doit-il rester au sein ?

De quatre minutes à trois quarts d'heure, sinon plus.

Il existe des seins faciles et des seins à problèmes ; avec une quantité de lait plus ou moins abondante ; dont la montée se fait vite ou lentement ; des mamelons plus ou moins bien formés, plus ou moins fragiles. Il existe des enfants qui tètent fort, d'autres qui font des caprices, qui se montrent paresseux. Il est donc difficile de dégager une règle générale.

Le mamelon paraît mal formé mais il est ferme, résistant ? Le nouveau-né doué d'un bon appétit ? Qu'il tète souvent pour « former » le sein.

Le lait monte, abondant, mais l'enfant, de faible constitution, n'arrive pas à l'absorber ? Il serait peut-être bon de prélever une partie du lait avant la tétée pour inciter l'enfant à l'effort. Il n'arrive pas à vider le sein ? Il faut retirer le reste du lait après la tétée.

Le sein est un peu « dur », l'enfant indolent ? Il met dix minutes avant de se décider à téter ?

À un mouvement de déglutition peut correspondre aussi bien un comme deux ou cinq mouvements de succion. La quantité de lait absorbée en une fois peut être plus ou moins importante.

L'enfant lèche le mamelon, le suce mais n'avale pas de lait ? N'en avale pas beaucoup ? En avale trop ?

« Tout lui coule le long du menton. »

Peut-être y a-t-il trop de lait ; peut-être, au contraire, y en a-t-il très peu et, affamé, il est obligé de téter si fort qu'il avale de travers les premières gorgées ?

Comment donner des conseils sans connaître ni la mère ni l'enfant ?

« Cinq repas en vingt-quatre heures, de dix minutes chacun », n'est qu'un schéma.

21.

Sans la pesée, il n'y a pas de technique d'allaitement qui tienne. Autrement, nous ne faisons que jouer à colin-maillard.

La balance est le seul moyen que nous ayons pour vérifier si l'enfant a pris l'équivalent de trois ou de dix cuillerées de lait.

Or, c'est de cette information que va dépendre la fréquence et la durée de la tétée, c'est grâce à elle que nous saurons s'il faut donner à l'enfant un sein ou deux au même repas.

Tant qu'on ne lui demande que ce genre de renseignements, une balance reste pour nous un conseiller infaillible ; mais si nous voulons qu'elle nous donne le schéma d'une croissance « normale », elle risque de devenir notre tyran. Veillons à ne pas remplacer le préjugé des « selles verdâtres » par celui des « courbes idéales » !

Comment faut-il peser ?

Un fait intéressant à noter : il est de ces mères qui, capables de passer des centaines d'heures au piano à faire des gammes et des arpèges, se déclarent découragées d'avance lorsqu'on leur demande de se servir d'une balance. Peser avant et après chaque tétée ? Tant de travail ? Il en est d'autres qui, en oubliant qu'une balance n'est qu'un instrument, l'entourent de tendresse comme si elle était un bon vieux médecin de famille.

La mise au service du plus large public possible de pèse-bébé bon marché est un problème d'ordre social. Qui s'en occupera enfin ?

22.

Comment expliquer ces changements radicaux de régime alimentaire qui font qu'une génération pousse exclusivement au lait, aux œufs, à la viande, alors que la génération suivante a droit aussi aux céréales, aux légumes, aux fruits ?

Je pourrais répondre : par des progrès accomplis dans la chimie, par des recherches sur le métabolisme.

Mais l'essentiel du changement va plus loin.

Le nouveau régime alimentaire traduit la confiance de la science en l'organisme humain, son respect de la volonté de celui-ci.

En le nourrissant de protéines vivantes et de graisses, on voulait contraindre l'organisme à se plier aux exigences du régime. Aujourd'hui, on lui donne de tout : qu'il choisisse lui-même ce dont il a besoin, ce qui lui profite vraiment ; qu'il se dirige lui-même selon ses propres possibilités, selon la santé dont la nature l'a doté, selon son énergie potentielle.

L'important n'est pas ce que nous donnons à l'enfant mais ce qu'il assimile. Car toute contrainte, tout excès chargent inutilement son organisme, tout arbitraire peut être à l'origine d'une erreur.

Même si le régime adopté semble juste dans son ensemble, il peut toujours y avoir une imperfection qui, à la longue, sera nuisible à l'organisme ou rendra son travail plus difficile.

Quand, comment, avec quoi compléter l'alimentation de l'enfant ?

— Dès l'instant où la quantité de lait qu'il absorbe au sein semble ne plus lui suffire, graduellement, en restant toujours attentif aux réactions de son organisme ; en fonction de l'enfant, selon sa demande.

23.

Et les bouillies ?

Il faut savoir distinguer entre la science de la santé et le commerce de la santé.

Une lotion contre la chute des cheveux, un élixir pour blanchir les dents, une poudre rajeunissante, des farines censées faciliter la dentition chez l'enfant font le déshonneur de la science, jamais son orgueil.

Un fabricant de farines va garantir les selles normales en même temps qu'une prise de poids spectaculaire ; il va donner à la mère ce qui lui fait plaisir et, à l'enfant, ce qu'il aime. Mais ses farines ne donneront pas aux cellules de l'organisme l'occasion d'apprendre à bien assimiler les substances dont elles ont besoin ; elles les habitueront plutôt à la paresse. Au lieu d'accroître leur vitalité, leur résistance aux bactéries, elles les diminueront plutôt en les encombrant de graisses.

Intéressé à la vente de ses produits, le fabricant sera le premier à jeter le discrédit sur le sein, toutefois en prenant ses précautions, adroitement : il flattera les petites faiblesses de ses clients potentiels, s'efforcera d'éveiller en eux le doute quant à la valeur de l'allaitement maternel.

Quelqu'un dira : des nutritionnistes de renommée mondiale ont accueilli favorablement les farines lactées. Mais ces grands noms de la science, qui sont-ils, sinon des hommes comme les autres ? Comme partout ailleurs, il y a parmi eux des esprits plus ou moins pénétrants, plus ou moins prudents, plus ou moins honnêtes. Sans parler de ceux qui ne doivent leur grade de général de la science qu'à leur malice ou aux privilèges que leur donne leur fortune personnelle ou leur naissance! La science a besoin d'ateliers coûteux que l'on ne réalise pas seulement au moyen d'esprits brillants, mais aussi avec de la souplesse, de la soumission, des intrigues.

J'ai eu l'occasion d'assister à un colloque où, avec un toupet inouï, un pontife de la Faculté a pillé le résultat de douze années de travail consciencieux d'un chercheur inconnu. Je connais le cas d'une « découverte » fabriquée à l'occasion d'un congrès international : le fameux produit nutritif, dont la valeur fut attestée alors par quelques dizaines de « célébrités », s'est révélé par la suite être le résultat d'une vulgaire escroquerie. L'incident donna lieu à un procès mais on s'arrangea pour étouffer l'affaire.

Ce n'est pas à ceux qui vantent une bouillie qu'il faut faire crédit mais à ceux qui refusent d'en vendre malgré l'insistance des vendeurs. Et ils savent insister. Les grandes entreprises qui les emploient sont influentes : elles représentent une force à laquelle peu savent résister.

Plusieurs passages des chapitres ci-dessus font écho à mon divorce d'avec la médecine. J'ai trop souvent constaté les défauts de l'intervention de celle-ci (ou son absence totale) dans plus d'un cas sérieux. Seuls Kamienski – dont tes mérites ne sont pas assez reconnus – et Brudzinski ont osé réclamer l'égalité des droits pour la pédiatrie. La misère et le laisser-aller de cette branche de la médecine ont été exploités par l'industrie étrangère de produits spécialisés. Aujourd'hui, nous avons nos centres d'aide sociale, crèches pour les enfants d'ouvriers, colonies, maisons de santé; nous avons inauguré un système de surveillance scolaire et de sécurité sociale. Tout cela est encore loin d'être parfait, mais c'est déjà un début; rendons grâce à Dieu d'avoir vécu assez longtemps pour y assister. Aujourd'hui, nous avons le droit de faire quelque crédit aux bouillies et aux médicaments : leur but est désormais d'aider et non de remplacer l'hygiène et l'aide sociale à l'enfance[1].

24.

L'enfant a de la fièvre. Son nez coule.
Est-ce grave? Quand guérira-t-il?

---

1. Commentaire de J. K. en 1929.

La réponse du médecin sera la résultante d'une suite de raisonnements fondés à la fois sur ses connaissances scientifiques et sur ce qu'il aura le temps de noter au cours de sa visite.

L'enfant est-il robuste ? En un jour ou deux il viendra à bout d'un virus pas trop dangereux. Le virus se révèle être moins innocent qu'il y paraissait ? L'enfant semble y résister moins bien ? L'indisposition durera une semaine. Nous verrons bien.

Si l'enfant est très jeune, même une légère indisposition peut avoir des conséquences dangereuses. Chez des nouveaunés, le rhume s'attaque facilement à la gorge, à la trachée, aux bronches. Il sera nécessaire peut-être de suivre de près l'évolution du mal.

Sur une centaine de cas semblables, quatre-vingt-dix enfants ont toutes les chances de recouvrer rapidement la santé, sept vont traîner la fatigue au-delà du prévu, trois risquent de sérieuses complications où le danger de mort n'est jamais exclu.

On ne sait jamais : ce petit rhume peut être une affection plus grave ?

Mais la mère veut des certitudes et non des suppositions.

On pourrait compléter le diagnostic par l'analyse des sécrétions du nez, de l'urine, du sang, du liquide céphalorachidien ; on pourrait faire également une radio, s'adresser à des spécialistes. Tout cela aurait augmenté sans doute le taux de vraisemblance du diagnostic, permis aussi de perfectionner le traitement. Mais tous ces avantages ne s'annuleraient-ils pas du fait de la fatigue que tant d'examens multiples imposeraient à l'enfant ; du fait aussi de la présence de tous ces médecins dont chacun risque de véhiculer dans ses cheveux, dans les plis de ses habits, dans son souffle, un virus autrement dangereux ?

Où a-t-il pu attraper ce rhume ?

Certes, si la mère avait pris davantage de précautions, peut-être l'enfant ne se serait-il pas enrhumé ?

Cependant, cette petite contagion n'immunise-t-elle pas l'enfant contre d'autres maladies qu'il risque d'affronter dans une semaine, dans un mois ? N'augmente-t-elle pas l'efficacité de ses mécanismes d'autodéfense, que ce soit au niveau du centre thermique du cerveau, des glandes ou des composantes du sang ? Peut-on isoler l'enfant de l'air qu'il respire et dont chaque centimètre cube contient mille bactéries ?...

Chaque nouvel affrontement entre ses désirs et les

contraintes de la réalité est une occasion pour la mère d'acquérir un peu plus de cette sagesse qui n'a rien à voir avec les connaissances et sans laquelle il lui sera impossible d'élever convenablement son enfant.

25.

Tant que la mort fauchait les accouchées, on ne s'occupait pas beaucoup du nouveau-né. On ne l'a aperçu vraiment que lorsque les nouvelles méthodes d'aseptisation et d'assistance assurèrent une meilleure protection de la vie de la mère. Tant que la mort fauchait les nouveau-nés, l'attention de la science se concentrait sur le biberon et les langes. Aujourd'hui, nous pouvons enfin espérer qu'à côté des fonctions végétatives on verra également chez un enfant de moins d'un an les traits particuliers de son psychisme. Le peu qui a été fait dans ce domaine ne saurait même pas prétendre à constituer un début du travail qui nous attend. Que de problèmes psychologiques et de ceux qui se trouvent à la frontière du soma et de la psyché de l'enfant !

Napoléon souffrait de tétanie, Bismarck de rachitisme ; on le sait puisqu'ils ont été célèbres. Mais, ce dont nous pouvons être toujours sûrs, dans le cas de chaque homme, qu'il ait été un héros ou un traître, un prophète ou un assassin, qu'il ait été grand ou petit, fort ou malingre, c'est qu'avant de devenir adulte, il a été nouveau-né. Pour pouvoir analyser les germes de la pensée, des sentiments, des aspirations de chaque être humain avant qu'ils ne se soient différenciés, c'est vers le nourrisson qu'il nous faut nous tourner.

Seules, notre ignorance et une observation superficielle nous empêchent de voir chez un nouveau-né une personnalité bien définie faite d'un tempérament, d'une intelligence bien à lui et de la somme de ses expériences existentielles.

26.

Cent nourrissons : je me penche au-dessus du lit de chacun ; certains sont vieux de quelques semaines, d'autres, de quelques mois ; chacun a un poids et un « passé » différents ; il y a parmi eux des malades, des convalescents, ceux qui jouissent d'une bonne santé et ceux qui se maintiennent à peine à la surface de la vie.

Je rencontre leurs regards : les uns éteints, inexpressifs, comme recouverts d'un voile, d'autres, têtus, avec une sorte de gravité dans leur recueillement, d'autres encore qui me paraissent vifs, amicaux, accrocheurs. Leurs sourires : les uns rapides, cordiaux, sourires de bienvenue, d'autres qui n'arrivent qu'au bout d'un temps d'observation attentive en guise de réponse affirmative à mon sourire ou à un mot caressant.

Je surprends, au fil des jours, les mêmes gestes, je les note et arrive bientôt à distinguer le confiant du craintif, le patient du capricieux, le gai du renfrogné, le peureux du rageur.

Un enfant gai : il sourit avant et après la tétée; on le réveille : il ouvre les yeux, fait une risette et se rendort aussitôt. L'enfant renfrogné : votre apparition a l'air de l'inquiéter, on le dirait toujours prêt à pleurer; des semaines se passent avant qu'il ne se décide à sourire.

J'inspecte les gorges : là, une vive protestation, orageuse, passionnée; ailleurs, une légère grimace de désapprobation qui cède aussitôt la place à un sourire confiant ; d'autres suivent avec méfiance le moindre mouvement de votre main et se mettent en colère avant que vous ne les touchiez.

Je procède à la vaccination massive contre la variole : vacciner une cinquantaine d'enfants en une heure, c'est déjà une expérience intéressante. Je note de nouveau toutes sortes de réactions : immédiates et nettes chez les uns, graduelles et hésitantes chez les autres, ou alors c'est l'indifférence complète. L'un ne sera qu'étonné, l'autre ira jusqu'à l'inquiétude, le troisième éclatera en sanglots. L'un oublie vite, l'autre s'en souvient longtemps, ne pardonne pas...

On me dira : après tout, ce ne sont que des nourrissons. Sans doute, cependant : cette rapidité de réaction, cette mémoire des épreuves passées... On en connaît qui gardent longtemps un mauvais souvenir de leur premier contact avec le chirurgien; on en connaît qui ne veulent plus toucher au lait dont la couleur les fait penser à l'émulsion blanche à base de camphre qu'on leur aura donnée un jour à boire.

Qu'est-ce qui structure notre vie psychique d'adulte sinon le même genre de sensations?

27.

Plusieurs nourrissons : l'un, dès sa naissance semble réconcilié avec la fraîcheur de l'air, la rudesse de son lange, les sons inquiétants ; le travail de la tétée ne semble pas lui poser de problèmes : il suce énergiquement, avec méthode et audace. Encore un peu et il se met à sourire, à babiller, à maîtriser les mouvements de ses mains. Il évolue rapidement : il rampait, le voilà qui marche ; il babillait et il parle déjà. Quand, comment a-t-il appris tout cela ?

Un développement harmonieux, sans nuages...

Un autre : il a mis une semaine avant d'apprendre à téter ; après avoir passé quelques nuits agitées, il a connu une semaine de repos, suivie d'une journée orageuse. Au début, son développement se faisait comme au ralenti, la percée des dents a été douloureuse. Des hauts et des bas, en somme. À présent, tout semble rentrer dans l'ordre : il paraît calme, il est drôle, très mignon.

Un flegmatique-né ? Ou alors quelques erreurs au niveau des premiers soins ? Peut-être l'insuffisance ou la malformation du sein ?

Un développement heureux quand même...

Un troisième : impulsif, gai, s'excite facilement ; ses gestes sont brusques, il semble épuiser toute son énergie à lutter contre les sensations désagréables qui lui viennent de l'extérieur ou de l'intérieur. Il change tout le temps : avec lui, aujourd'hui ne ressemble jamais à hier ; il apprend des choses, les oublie... Un développement en ligne brisée, avec des élévations et des chutes impressionnantes. Des surprises : depuis les plus agréables jusqu'aux plus inquiétantes. Jamais vous n'avez l'occasion de vous dire : enfin !

Un tempérament passionné, irritable, capricieux... Peut-être une forte personnalité ?

Un quatrième : la mauvaise humeur permanente comme toile de fond ; il passe peu de moments ensoleillés ; tous ses instants sont assombris par des tas de sensations désagréables qui ne sont pas vraiment de la douleur ; il ne hurle pas, mais il y a chez lui comme une inquiétude constante. Tout irait peut-être bien si... Malheureusement, il y a toujours un « si ».

C'est un nourrisson qui souffre d'une affection ou qu'on élève d'une façon absurde.

L'air surchauffé de la chambre, les cent grammes de lait

en trop, de l'eau en quantité insuffisante : tout cela ne fait pas seulement partie de l'hygiène mais aussi de l'éducation. Un nouveau-né qui a tant de choses à explorer, à deviner, à connaître, à assimiler, à aimer ou à haïr, indépendamment du tempérament, et de l'intelligence dont la nature l'a doté, doit se sentir à l'aise dans le milieu où il vit.

Au lieu des néologismes qu'on nous impose, j'emploie l'ancien mot « niemowle ». Les Grecs disaient : « népios », les Romains « infans ». Si la langue polonaise en a décidé ainsi, pourquoi traduire le vilain mot allemand « Säugling » ? On n'a pas le droit de toucher arbitrairement aux mots vénérables de notre langue [1].

28.

La vue du nouveau-né : la lumière et l'obscurité, la nuit et le jour. Les images du sommeil se font plus nettes quand il est éveillé, s'associant à toutes sortes de sensations bonnes (le sein) ou mauvaises (la douleur). Il regarde la lampe ? Oui, mais sans la voir : les globes de ses yeux bougent, il n'arrive pas à les fixer. Il apprendra peu à peu, en suivant des yeux des objets. Pour le moment, il ne voit que des ombres, le tracé des lignes, mais sans perspective. À un mètre, sa mère est une ombre ; penchée au-dessus du berceau, elle en est une autre. Son profil : un croissant de lune. Lorsque, couché sur ses genoux, il la regarde d'en bas, elle n'est plus que menton et bouche. Elle incline la tête : l'image de son visage s'enrichit d'une paire d'yeux. Elle l'incline davantage : tout est changé à cause des cheveux ; son ouïe et son odorat lui disent pourtant que c'est toujours la même chose.

Le sein : un nuage clair, un goût, un parfum, la chaleur ; c'est bon. L'enfant lâche la poitrine et fixe des yeux cette chose bizarre qui apparaît toujours au-dessus du sein ; cette chose lui envoie un souffle chaud et émet des sons. Il ne sait pas que ce sein, ce visage et ces mains familières constituent un ensemble : sa mère.

Un étranger lui tend les bras : trompé par la similitude du geste et de l'image, il va vers lui sans se méfier et, tout de suite, s'aperçoit de son erreur : il tendait les mains vers une ombre inconnue, qui lui fait peur. D'un brusque mouvement de

---

1. Commentaire de J. K. en 1929.

tout son corps, il se retourne vers sa mère, puis, de nouveau en sécurité, il regarde étonné ou se cache derrière l'épaule maternelle pour fuir le danger.

Le jour arrive où le visage de la mère cesse d'être une ombre pour avoir été longuement et systématiquement exploré. Mille fois l'enfant l'a attrapée par le nez, a touché ses cheveux ou ses yeux, si drôles parce que tantôt brillants tantôt mats, cachés par les paupières. Que de fois n'a-t-il pas écarté les lèvres maternelles pour regarder à l'intérieur de la bouche, inspecter les dents, recueilli, sérieux, le front plissé. En voulant l'« amuser » nous l'avions souvent gêné dans cette exploration par nos vains bavardages et nos baisers importuns. Nous pensions qu'il jouait alors qu'il étudiait. À présent, il a à son actif quelques certitudes et quelques suppositions qui demandent à être vérifiées.

29.

Bourdonnement de la rue derrière les vitres, bruits lointains, tic-tac de la pendule, conversations et rumeurs du foyer, chuchotements et paroles qui lui sont destinés, tout cela forme pour un nourrisson un chaos que son ouïe devra l'aider à classer et à comprendre.

Il y a aussi les sons qu'il émet lui-même : de petits cris, des gazouillements, des grognements. Il lui faudra beaucoup de temps pour réaliser que c'est lui-même qui crie et babille ainsi et non pas un invisible inconnu. Lorsque, couché, le bébé récite ses *abb, aba, ada*, il s'écoute attentivement et analyse les sensations que lui procurent les mouvements de ses lèvres, de sa langue, de sa trachée. Ne se connaissant pas lui-même, il ne peut que constater le caractère imprévisible de tous ces sons.

Lorsque je m'adresse à un nourrisson dans son propre langage : « aba, abb, adda », il me regarde stupéfait : qui est cet être mystérieux qui émet des bruits si familiers ?

Si nous avions la possibilité de pénétrer dans le champ de la conscience d'un nourrisson, nous y aurions trouvé bien des choses auxquelles nous ne nous attendions pas et dont la nature aurait de quoi nous surprendre. « Pauvre petit, mon pauvre bébé affamé qui veut du lolo; attends une seconde, tu auras un bon miam-miam ! » : bébé comprend et s'impatiente puisque la mère doit déboutonner encore son corsage, lui glisser un mouchoir sous le menton et que toute cette tirade

– qu'au fait elle ne prononce que pour elle-même – retarde la venue de l'agréable sensation à laquelle il s'attend. Il s'accommoderait bien mieux d'un ; « petit, petit, petit... » dont la fermière appelle sa volaille.

Penser, pour un nourrisson, c'est attendre les sensations agréables et craindre les sensations désagréables ; il doit penser en images, mais peut-être aussi en sons, ce dont témoignerait la manière dont il joue ; ses cris peuvent annoncer tel ou tel malheur, ou déclencher l'appareil à exprimer le mécontentement. Il est intéressant de l'observer lorsqu'il s'écoute pleurer.

30.

Laborieusement, le nourrisson essaie de maîtriser le monde extérieur : il cherche à anéantir les puissances hostiles et à contraindre tous les bons esprits à protéger son bonheur. Avant de pouvoir se servir de ses mains, ce merveilleux outil de la volonté, il a à sa disposition deux formules magiques : le cri et la tétée.

Si, au début, l'enfant pleure pour dire qu'il a mal, très vite il apprend à pleurer pour ne pas avoir mal. Laissé seul, il va se mettre à crier, mais il suffit qu'il entende le bruit des pas de sa mère, pour se calmer aussitôt ; il crie s'il a faim, mais s'arrête en voyant les préparatifs de la tétée.

Il réagit en fonction de ses connaissances (or, il en possède très peu) et des moyens dont il dispose (qui sont bien limités). Il commet des erreurs en généralisant certains faits et en établissant entre deux événements qui se suivent immédiatement une relation de cause à effet (*post hoc, propter hoc*). N'est-ce pas parce qu'il leur attribue le pouvoir de le faire marcher, qu'il manifeste tant d'intérêt et de sympathie à ses petites chaussures ? N'est-ce pas parce qu'il le transporte dans ce monde des merveilles qu'est la promenade, que son petit manteau lui semble un tapis enchanté ?

Je crois avoir le droit de faire ce genre de suppositions. Si un historien peut se lancer dans des interprétations hasardeuses sur les intentions de Shakespeare écrivant *Hamlet*, pourquoi un pédagogue n'aurait-il pas le droit d'avancer quelques hypothèses dans son domaine à lui. Même s'il se trompe, il en tirera toujours quelques avantages pratiques.

Par exemple : il fait chaud dans la chambre du bébé, ses lèvres sont sèches, sa salive peu abondante, épaisse ; il est grognon, il a soif, le lait est un aliment : c'est de l'eau qu'il faudrait lui donner. Mais si l'on essaie d'introduire une cuillère dans sa bouche, il repousse votre main, fait « non » de la tête. Il ne veut pas boire ? Si, mais il ne sait pas s'y prendre. Pour l'aider, je maintiens sa tête avec ma main gauche et, de ma main droite, j'approche la cuillère de sa bouche, en l'appuyant délicatement contre sa lèvre supérieure ; ainsi, au lieu de boire, il se met à téter de l'eau, et avec quelle avidité ! Il en a pris cinq cuillères et s'endort tranquillement. Il aurait suffi d'une maladresse de ma part, d'une gorgée d'eau avalée de travers, pour qu'il en garde un très mauvais souvenir et pour que, à l'avenir, son refus de boire à la cuillère soit tout à fait motivé.

Un autre exemple : l'enfant est capricieux, comme s'il était malade, et ne paraît se calmer qu'au cours de la tétée, pendant le bain, au moment où on le démaillote ou qu'on le change de position. Cet enfant doit souffrir d'une démangeaison due à une éruption. On me répond qu'il n'a aucune éruption. Il en fera alors une bientôt. En effet, les boutons apparaissent deux mois plus tard.

Un fait encore : l'enfant se met à sucer ses poings chaque fois qu'une chose semble le gêner, on dirait qu'il se réfugie dans ce geste à la moindre sensation désagréable, comme la faim, la soif, le mauvais goût dans la bouche dû à une nourriture trop abondante, la démangeaison de la peau ou des gencives, l'inquiétude ou l'impatience y comprises. Dernièrement, il semble souffrir davantage des gencives ou des mâchoires et ses poings ne quittent plus sa bouche. La mère s'inquiète : les semaines passent et la percée des dents annoncée par le médecin ne s'est toujours pas faite. C'est peut-être quelque chose d'autre qui le dérange à ce point ? Cette mère ne doit pas oublier qu'une dent en train de percer l'irrite jusqu'aux rameaux nerveux situés dans l'os de la mâchoire. Un veau, avant d'avoir ses cornes, souffre de la même manière.

Cet enfant qui a commencé par sucer ses poings instinctivement, le fait à présent pour lutter contre le mal. Bienfaisant, ce geste deviendra une source de plaisir et tournera en habitude.

31.

Je répète : l'essentiel du contenu de la vie psychique du nourrisson consiste en sa tendance à maîtriser les forces inconnues et mystérieuses du monde environnant, génératrices du bien et du mal. Pour les maîtriser, il a besoin de les connaître.

Je répète : c'est son bien-être qui conditionne l'objectivité de son investigation ; toute sensation désagréable due à un mauvais fonctionnement de son organisme et, en premier lieu, la douleur, brouille cette faculté d'apprendre. Pour s'en convaincre, il suffit de l'observer aussi attentivement au cours des journées claires de sa vie qu'au cours de celles qu'assombrissent une souffrance ou une maladie.

Lorsqu'il a mal, le nourrisson crie mais il s'écoute aussi crier : son cri, il le ressent dans sa gorge et le voit sous forme d'images troubles ; tout cela est fort, hostile, menaçant, incompréhensible. Par la suite, il se souvient sans doute de ces moments : il doit alors avoir très peur et, comme il ne se connaît pas encore, il doit les associer à certaines images. Cela expliquerait bon nombre de ses sympathies, antipathies, craintes et autres bizarreries dont les causes nous échappent.

L'étude du développement intellectuel du nourrisson est infiniment difficile parce qu'il ne fait qu'apprendre et oublier : c'est un développement composé d'une suite de progressions, d'arrêts et de régressions. Son état psychique y jouerait-il un rôle ? Cela est probable et il se peut même que ce rôle soit prépondérant.

Le nourrisson examine ses mains : il les place devant ses yeux, les bouge, à gauche, à droite, les éloigne, les rapproche ; il ferme ses poings, les ouvre, écarte ses doigts ; il leur parle et semble en attendre des réponses ; il attrape sa main gauche avec sa main droite et tire dessus ; le voilà à présent qui saisit un hochet et s'étonne devant l'image étrangement changée de sa main : il va déplacer le hochet d'une main dans l'autre, puis l'explorer avec sa bouche ; il l'en ressortira rapidement pour l'examiner à nouveau, lentement, avec soin. Fatigué, il le jette, mais son attention est bientôt retenue par le bouton de sa couverture : il le tire et essaie de comprendre la cause de sa résistance. Ce n'est pas du jeu : tout cela demande de sa part un grand effort de volonté, une attention soutenue. Il est là tel un chercheur dans son laboratoire préoccupé par quelque problème dont il n'arrive pas à résoudre le mystère.

Il commence par imposer sa volonté par le cri, mais bientôt celui-ci est remplacé par des gestes et des jeux de physionomie : jusqu'au jour où il se mettra à parler.

32.

Un matin, très tôt, disons qu'il n'est que cinq heures : à peine réveillé, le voilà qui se met à babiller, faire des risettes, puis par se mettre debout. Sa mère voudrait encore dormir.

Deux volontés en conflit ; deux besoins, deux égoïsmes qui s'affrontent. Ce moment est le troisième du processus qui commence avec la venue de l'enfant au monde : la mère a dû souffrir pour lui permettre de naître ; elle a dû renoncer au repos après l'accouchement pour lui donner à manger ; à présent elle doit interrompre son sommeil parce que lui, il ne veut plus dormir. Et ce n'est qu'un début : de pareils moments, il y en aura de plus en plus. Ils vont créer un véritable problème. Il faut que tu en sois consciente et que tu aies le courage de tes propres sentiments, le courage de te dire : « Je ne veux pas. » Confie alors ton enfant à une nourrice professionnelle mais ne te réfugie pas derrière l'avis complaisant d'un médecin qui préfère donner raison à ses clientes du premier étage plutôt qu'à celles de la mansarde.

Il peut arriver aussi que la mère sacrifie son sommeil mais veuille être payée de retour : elle embrasse, caresse ce petit être rose, à la peau si chaude, si soyeuse. Attention : ce sont là des manifestations quelque peu douteuses d'une sensualité exaltée. Elles relèvent, certes, de l'instinct maternel mais sont plus proches des sens que du cœur. L'enfant répondra volontiers à ces petits câlins, sa peau rosira encore plus sous la pluie des baisers, ses yeux brilleront de joie : sache que c'est sa sensualité qui répond ainsi à la tienne.

Alors ? Renoncer aux baisers ? Cela, je ne peux l'exiger. Je considère que le baiser, sagement dosé, constitue un précieux moyen éducatif : il calme la douleur, adoucit une parole sévère, éveille le repentir, récompense l'effort. Il est le symbole de l'amour maternel tout comme la croix est celui de la foi ; je dis bien, il l'est et non qu'il devrait être. Mais, si cette drôle d'envie de presser contre ton cœur, de caresser, de flairer, d'aspirer ton enfant n'éveille en toi aucune sorte de doute, fais ce qu'il te plaît de faire. Il n'est pas dans mes intentions de défendre ni d'ordonner quoi que ce soit.

33.

Lorsque je regarde un bébé ouvrir et fermer une boîte, y mettre un caillou, le sortir, le remettre à nouveau puis secouer la boîte pour écouter le bruit qu'elle fait ; lorsque je le vois, à un an, traîner un tabouret en trébuchant sur ses jambes incertaines sous un poids qui dépasse ses forces, ou, à deux ans, dire « meuh-meuh » en apercevant une vache, puis ajouter « ada meuh » parce que « ada » est le nom qu'il donne au chien de la maison ; lorsque je songe à la logique de ses fautes de langage dignes d'être notées et publiées...

Quand, dans la poche d'un petit gamin je découvre des clous, de la ficelle, des bouts de verre et que je l'entends m'expliquer que « tout cela peut servir un jour » ; quand je le vois travailler, s'affairer, organiser des jeux ; défier un ami à qui sautera le plus loin ; quand il me questionne : « Si je pense à un arbre, est-ce que cela veut dire que j'ai un arbre minuscule dans la tête ? » ou quand il remet à son grand-père toutes ses économies parce que « le pauvre est si vieux qu'il ne vivra sans doute plus longtemps »...

Lorsque je surprends un adolescent en train d'aplatir ses cheveux à l'aide de sa salive le jour où il s'attend à la visite de la copine de sa sœur ; lorsqu'une fillette m'écrit que le monde est détestable et les gens pareils aux bêtes, mais ne me dit pas pourquoi ; lorsqu'un adolescent révolté, ébloui par une idée qui n'est, en fait, qu'un lieu commun, la lance à la face du monde tel un défi...

J'embrasse tous ces enfants de mon regard et de ma pensée : ô merveilleux mystère de la nature, qui êtes-vous, que nous apportez-vous ? Je les embrasse de toute ma bienveillance : comment puis-je vous aider ? Je les embrasse comme un astronome embrasse une étoile qui a été, qui est, qui sera. Un tel baiser vaut l'extase d'un homme de science et une humble prière. Mais son charme ne sera jamais ressenti par celui qui, cherchant la liberté, a perdu Dieu.

34.

L'enfant ne parle pas encore. Quand dira-t-il ses premiers mots ? Certes, la parole est un indice du développement de l'enfant, mais pas le seul et pas le plus important. Les parents ont tort de s'impatienter ; ils prouvent ainsi qu'ils n'ont pas encore atteint la maturité nécessaire pour pouvoir élever leur enfant.

Le nourrisson qui perd son équilibre dans son bain dit : « J'ai peur », par le tressaillement de son corps et en rejetant ses bras devant lui. C'est un réflexe extrêmement intéressant chez un être qui n'a aucune notion du danger. Si tu lui donnes le sein et qu'il ne le prend pas, il te déclare dans son langage : « Je n'en veux pas. » Quand il tend ses bras vers un objet qui semble l'intéresser, ce geste signifie : « Donne-le-moi. » Sa bouche tordue en une grimace qui annonce les larmes et un geste défensif de sa main disent à un étranger : « Je n'ai pas confiance en toi » et, parfois, à sa mère : « Est-ce que je peux lui faire confiance ? »

Et son regard scrutateur, n'est-ce pas une façon de demander : « qu'est-ce que c'est que cette chose-là ? » ? Si, au terme d'efforts laborieux, il réussit à s'emparer d'un objet, il pousse un profond soupir, signe de soulagement : « Enfin ! » Essaie alors de le lui retirer, d'une dizaine de façons il saura te dire : « Je ne vais pas te le donner. » Il lève la tête, s'assied, se met debout : « Tu vois tout ce que je sais faire ? » Et qu'est-ce d'autre que ce sourire de sa bouche et de ses yeux, sinon : « Je suis heureux de vivre » ?

Son langage à lui est sa mimique, et sa pensée, des images et le souvenir des émotions vécues.

Sa mère lui met son petit manteau : ravi, il se tourne vers la porte, s'impatiente, de ses gestes il lui dit de se dépêcher. Il pense aux promenades passées à l'aide des images et des sentiments qu'il en a gardés. Il aime bien le médecin, mais il suffit qu'il le voie une cuillère à la main pour y reconnaître tout de suite un ennemi.

Le langage que le nourrisson comprend n'est pas celui des mots mais celui de l'expression du visage et de la modulation de la voix.

— Montre-moi où tu as ton petit nez ?

Il ne comprend aucun de ces mots, mais il sait d'après le ton de la voix, le mouvement des lèvres, l'expression du visage de sa mère que celle-ci attend de lui une réponse.

Sans savoir parler, il est capable de mener une conversation très complexe.

— Touche pas, dit la mère.

Et lui, passant outre, tend la main vers l'objet en question, penche gracieusement la tête, et, souriant, attend de voir si la mère renouvelle son interdiction ou si, désarmée par le raffinement de sa coquetterie, elle cédera en lui donnant la permission.

Il n'a pas besoin de mots pour savoir mentir, mentir d'une façon éhontée. Pour se débarrasser d'une personne indésirable, il a recours au signal convenu et redoutable : une fois assis sur le pot il promène sur l'entourage un regard triomphant et moqueur.

Essayez de plaisanter avec lui en lui donnant puis en lui retirant un objet : il se sentira offensé, parfois il se fâchera carrément.

C'est sans paroles également que le nourrisson peut se montrer despotique, importuner, tyranniser son entourage.

35.

Il arrive que, face à la question du médecin : « Quand votre enfant a-t-il commencé à marcher, à parler ? », une mère, toute confuse, lui réponde :

— Tôt, tard, normalement.

Elle est gênée de ne pas pouvoir lui donner la date précise de cet événement important et craint que son hésitation ne donne au médecin une mauvaise image d'elle-même. Si j'en parle c'est parce que cette façon infantile de vouloir cacher son ignorance est extrêmement répandue. La plupart des gens admettent difficilement l'impossibilité pour la science de dessiner la courbe exacte du développement de l'enfant.

Comment distinguer, en effet, le moment précis où l'enfant, au lieu de dire : « am, an, ama », dit pour la première fois : « maman », ou « baba » à la place de son habituel « abba » ? Comment savoir quand exactement le mot « maman » se rapporte dans son esprit à l'image de la mère ?

Regardez les efforts qu'il doit accomplir pour se mettre enfin debout, aidé par l'adulte ou prenant appui au montant du lit ? Le voilà qui commence à marcher : il rampe, avance à quatre pattes ; mis debout, il réussit à faire quelques pas normaux, puis quelques pas dans le vide ; il s'appuie sur une chaise et marche en la poussant devant lui : là, son équilibre est assuré, il avance d'un demi-pas, de trois quarts de pas ; ça y est ! il marche. C'était il y a quelques jours : il a réussi à avancer tout seul sur ses jambes pendant toute la semaine dernière, mais, aujourd'hui, on dirait qu'il a tout oublié. Peut-être est-il fatigué, peut-être l'inspiration lui fait-elle défaut ? Il a pu aussi tomber, prendre peur et, dans ce cas, il ne remarchera pas avant deux semaines.

Le geste d'épuisement par lequel il fait tomber sa petite tête sur l'épaule maternelle n'est pas forcément le signe d'une maladie grave mais de n'importe quelle petite indisposition.

Dans tous ces mouvements qu'il acquiert ainsi peu à peu, l'enfant ressemble au pianiste qui, s'il n'est pas en forme, si son équilibre psychique n'est pas parfait, est incapable d'interpréter brillamment une étude difficile et s'il y a là quelques exceptions, elles ne font que confirmer la règle. « Il devait déjà être malade, mais jouait, courait, parlait normalement, peut-être même avec plus d'animation que d'habitude », me dit parfois la mère et elle s'accuse tout de suite : « J'aurais dû m'en douter et pourtant je l'ai amené à la promenade. » Puis, elle ajoute en guise de justification : « Il faisait si beau », avant de me questionner : « Croyez-vous que cela ait pu lui faire du mal ? »

36.

Quel est l'âge normal où l'enfant commence à marcher et à parler ? L'âge où il se décide à marcher et à parler. Quand doivent apparaître ses premières dents ? Le jour où elles sont prêtes à percer. La même chose pour la fontanelle qui ne se sera ossifiée que le jour où elle doit le faire et pour ses heures de sommeil dont le nombre sera exactement celui qu'il faut à l'enfant pour qu'il se sente reposé.

Pourquoi toutes ces questions ? Ne savons-nous pas comment les choses doivent se dérouler normalement ? Il suffit de prendre n'importe quelle brochure de vulgarisation pour y trouver toutes sortes de vérités recopiées dans des manuels de pédiatrie et qui s'appliquent à tous les enfants... sauf au tien.

Parce qu'il existe des nourrissons qui exigent plus ou moins de sommeil ; parce qu'il existe des dents précoces mais pourries déjà au moment de l'éruption et des dents tardives mais saines ; parce que, chez les enfants jouissant d'une bonne santé, la fontanelle peut s'ossifier aussi bien au cours du neuvième comme au cours du quatorzième mois de leur croissance ; parce que les enfants inintelligents se mettent rapidement à papoter et que beaucoup d'enfants intelligents commencent à parler relativement tard.

Lorsqu'il s'agit d'un numéro de fiacre ou de celui d'une chaise au théâtre ou encore du terme de loyer, le règlement doit être respecté pour le maintien de l'ordre établi par l'homme, mais le livre vivant de la nature ne peut être abordé avec un esprit étroit qui ne sait qu'obéir aux consignes ; celui qui s'y risquerait serait bien puni parce qu'il aurait à supporter un poids immense d'inquiétudes, de déceptions et de mauvaises surprises.

Je compte au nombre de mes mérites le fait de ne pas avoir répondu par des chiffres aux questions ci-dessus. Parce que l'important n'est pas l'ordre de l'apparition des dents du haut ou du bas, des incisives ou des canines; cela, tout le monde est capable de le noter pour peu qu'il dispose d'un calendrier ou d'une paire d'yeux. La grande question, l'objet des recherches qui ne font que commencer, est de savoir ce qu'est un organisme vivant et quels sont ses besoins.

Même un médecin honnête est ainsi acculé à adopter deux attitudes différentes suivant qu'il se trouve en présence de parents intelligents ou bornés : face aux premiers, il agit en homme de science qui doute, qui fait des hypothèses, constate la difficulté ou l'intérêt d'un problème; face aux seconds, il se transforme en un précepteur dénué d'imagination : « D'ici à là », et il marque de son ongle l'endroit précis du manuel.

37.

À présent, attention : ou nous nous entendrons une fois pour toutes, ou nous nous séparerons à jamais. Il faut que chaque pensée qui cherche à s'échapper, que chaque sentiment de culpabilité en vadrouille soit rappelé à l'ordre par un effort de volonté qui le mettrait en rangs disciplinés.

J'en appelle à la *magna charta libertatis*, celle des droits de l'enfant.

1. Le droit de l'enfant à la mort.
2. Le droit de l'enfant à vivre sa vie d'aujourd'hui.
3. Le droit de l'enfant à être ce qu'il est.

Ces droits, il est important de bien comprendre leur sens afin de permettre aux enfants d'en jouir sans commettre trop d'erreurs. Des erreurs, il y en aura toujours mais il ne faut pas trop s'en effrayer : l'enfant saura les corriger à condition que nous n'affaiblissions pas chez lui cette précieuse faculté qu'est son instinct d'autodéfense.

Nous lui donnons trop de lait à boire ou un œuf pas frais à manger ? Il vomit. Nous lui donnons une information qui dépasse son entendement ? Il ne la comprend pas. Un conseil sans valeur ? Il ne l'écoute pas. Je ne fais pas de belles paroles en disant que c'est une chance pour l'humanité que nous ne puissions pas contraindre les enfants à obéir aux méthodes éducatives qui vont contre leur bon sens et leur saine volonté humaine.

Depuis, ces idées s'étant cristallisées dans mon esprit, je pense que le premier et indiscutable des droits de l'enfant est celui qui lui permet d'exprimer librement ses idées et de prendre une part active au débat qui concerne l'appréciation de sa conduite et la punition. Lorsque le respect et la confiance que nous lui devons seront une réalité, lorsque lui-même deviendra confiant, bon nombre d'énigmes et d'erreurs disparaîtront d'elles-mêmes[1].

38.

Un amour maternel véritablement chaleureux, sage et équilibré, doit donner à l'enfant le droit de mourir prématurément, d'arrêter le cours de sa vie à son premier ou à son troisième printemps au lieu d'attendre que la Terre accomplisse sa soixantième révolution autour du Soleil. Cruelle exigence pour celles qui n'ont pas le courage de supporter plus d'une ou de deux fois les peines et les frais d'un accouchement.

« Dieu a donné, Dieu a repris », dit la sagesse populaire qui sait que toute graine ne deviendra pas un épi, comme tout oisillon ne deviendra pas un oiseau ni tout arbrisseau, un arbre.

On peut entendre dire que plus grande est la mortalité dans la classe prolétarienne, plus vigoureuse est la génération qui reste en vie. C'est faux : de mauvaises conditions de vie, en tuant les plus faibles, affaiblissent dans le même temps les forts et les sains. En revanche, je crois que plus une mère d'un milieu aisé est effrayée par l'éventualité de la mort de son enfant, moins cet enfant a de chances de devenir un homme équilibré physiquement et d'esprit indépendant. Chaque fois, quand dans une chambre peinte en blanc, parmi un mobilier

1. Commentaire ajouté par J. K. dans l'édition de 1929.

de bois laqué blanc immaculé, je vois un enfant blanc qui s'amuse avec ses jouets blancs, je ressens un sentiment très pénible : dans cette chambre d'enfants qui ressemble à une salle d'opération, on est en train d'élever une âme exsangue dans un corps anémique.

Dans un de ses livres, Colette fait dire à Claudine que tous ces salons blancs munis d'une poire électrique à chaque coin sont propres à vous rendre épileptique. Un jour, peut-être, la science sera-t-elle capable de prouver que la suralimentation en lumière peut être pour les nerfs et cellules aussi nuisible que son insuffisance.

Nous disposons, dans notre vocabulaire, de deux mots : indépendance et liberté. L'indépendance suppose, me semble-t-il, le droit de disposer de sa personne. Le mot « liberté » implique l'idée de volonté, donc de pouvoir agir selon son vouloir. Nos chambres d'enfants avec leurs meubles symétriquement disposés, nos jardins publics trop léchés ne constituent pas un terrain propice au développement de la volonté et de l'indépendance de l'enfant.

Ce modèle de chambre d'enfants est sorti tout droit de la clinique d'accouchement, et l'aspect de cette dernière a été dicté par les lois de la bactériologie. Prenons garde : à vouloir préserver l'enfant des bacilles de la diphtérie, nous risquons de le transporter en un endroit saturé d'ennui et d'inertie. Nous avons chassé l'odeur des couches en train de sécher, mais nous l'avons remplacée par celle de l'iodoforme[1].

Déjà beaucoup de choses ont changé. Au laqué blanc des meubles se sont heureusement ajoutées la plage, les excursions, le sport, le scoutisme. Mais tout cela ne fait que commencer : la vie de l'enfant continue dans la grisaille et l'étouffement[2].

39.

« Pauvre bébé qui a bobo. Montre ton bobo à maman. »

L'enfant fait des efforts pour retrouver les maigres traces de vieilles égratignures, montre l'endroit où il aurait dû avoir un bleu s'il avait reçu un coup plus rude ; il atteint à la perfection dans le dépistage de petits boutons, marques ou taches.

Si le mot « bobo » déclenche chez lui des gestes et des jeux de physionomie exprimant une résignation désespérée et

---

1. Antiseptique courant dans les années vingt. *(N.d.T.)*
2. Commentaire de J. K. ajouté en 1929.

une humilité impuissante, les mots : « sale » ou « vilain » donnent immédiatement lieu à une mimique de dégoût et de haine. Si jamais vous avez eu l'occasion de le voir quand, écœuré et perplexe, il tend à sa mère ses mains tachées de chocolat afin qu'elle les essuie avec son mouchoir de batiste, vous commencez à vous poser des questions :

— N'était-ce pas mieux quand le gosse, après s'être cogné la tête contre une chaise, lui donnait une gifle, ou quand, dans son bain, les yeux pleins de savon, il crachait et donnait des coups de pied à la nurse ?...

Une porte : attention aux doigts ! une fenêtre : il risque de tomber dans la rue ; un noyau : il va s'étrangler en l'avalant de travers ; une chaise : il la renversera sur lui ; un couteau : il se coupera le doigt ; un bâton : il risque de perdre un œil ; une boîte : c'est plein de bactéries ; des allumettes : l'incendie, la mort par brûlures.

— Tu te casseras le bras ; une voiture te passera dessus ; un chien, ça mord les enfants ; ne mange pas de prunes ; ne bois pas d'eau ; ne marche pas pieds nus, ne cours pas au soleil ; boutonne ton manteau ; mets ton cache-col. Tu vois : tu ne m'as pas écoutée. Regarde : un boiteux, tu vois : c'est un aveugle. – Au secours ! du sang ! Qui est-ce qui t'a donné des ciseaux ?

Un coup, ce n'est pas un bleu mais la crainte d'une encéphalite ; des vomissements, ce n'est pas l'indigestion mais le danger d'une scarlatine. Partout, des pièges, des dangers, des présages hostiles.

Mais si, t'ayant crue, l'enfant n'a jamais essayé de manger en cachette une livre de prunes à moitié vertes ; si, le cœur battant, ayant réussi à tromper la surveillance, il n'a pas, dans un coin obscur, frotté une allumette ; si, obéissant, confiant, passif, il se soumet à ton exigence de renoncer à toute expérience, à tout effort de volonté, que fera-t-il le jour où, dans son être profond, il ressentira une de ces choses qui blessent, qui brûlent, qui agressent ?

As-tu réfléchi comment conduire ton bébé jusqu'à l'âge de la puberté qui lui réserve, à elle, la surprise du sang menstruel et, à lui, celle de l'érection et des pollutions nocturnes ?

Il est encore au sein, et moi je demande déjà comment il va enfanter ? Oui, parce que c'est un problème auquel il faut réfléchir vingt ans à l'avance.

40.

De crainte de voir la mort nous arracher notre enfant, nous l'arrachons à la vie; pour ne pas le laisser mourir, nous ne le laissons pas vivre. Nous-mêmes, élevés dans l'attente passive et démoralisante de ce qui sera, nous nous pressons toujours vers un avenir enchanteur, Paresseux, nous ne voulons pas nous donner la peine de chercher de la beauté dans le jour d'aujourd'hui, ne pensant qu'à recevoir dignement ces lendemains qui chantent et qui, seuls, nous inspirent. Qu'est-ce donc d'autre que nos éternels : « Ah, s'il pouvait déjà marcher ou parler... », sinon une pure hystérie de l'attente ?

Demain, il marchera : il se cognera contre des chaises. Il parlera aussi : moulin à paroles, il répétera sans cesse les mots de la banalité quotidienne. En quoi cet aujourd'hui de notre enfant est-il moins précieux que son demain ? Si c'est de difficultés qu'il s'agit, demain, il y en aura davantage.

Une telle attitude engendre une attente éternelle : quand, enfin, ce demain tant attendu est là, nous pensons déjà au suivant. Ainsi, l'enfant n'est pas, mais sera; ne sait pas, mais saura; ne peut pas, mais pourra.

C'est la moitié de l'humanité que nous condamnons à la non-existence : sa vie n'est pour nous qu'un jeu, ses aspirations, naïves; ses sentiments, passagers; ses opinions, dérisoires. Sans doute, les enfants sont différents des adultes : il y a des choses qui manquent dans leur vie, mais ils en ont d'autres qui nous manquent à nous. Il n'empêche que cette vie, si différente de celle de l'adulte, est bien réelle, elle n'a rien d'une chimère. Qu'avons-nous fait pour la connaître, pour créer des conditions favorables à son existence, à sa maturation ?

Les craintes que nous nourrissons pour la vie de notre enfant avoisinent celles de le voir devenir infirme, ce qui, à son tour, débouche sur l'hygiène nécessaire à la protection de la santé. De là, tout un engrenage de nouveaux interdits : la propreté de la robe, des bas, de la cravate, des gants, des chaussures devient affaire de première importance. Il n'est plus question d'un trou dans la tête, mais dans le genou du pantalon. Il s'agit moins de la santé et du bien de l'enfant que de notre orgueil et de notre poche. Ce nouveau système d'ordres et d'interdits met en mouvement la roue de notre propre confort.

— Ne cours pas, il y a des voitures qui passent; ne

cours pas, tu vas transpirer ; ne cours pas, tu vas te salir ; ne cours pas, j'ai mal à la tête. (Tant d'interdictions, alors qu'en principe nous permettons à l'enfant de courir ; c'est même la seule chose qui lui soit vraiment permise lorsqu'il veut se sentir vivre.)

Et les roues de cette machine infernale tournent ainsi de longues années pour réduire en miettes la volonté, l'énergie de l'enfant, pour voir partir en fumée toutes les ressources de son être.

Au nom d'un avenir hypothétique, on sous-estime tout ce qui fait aujourd'hui ses joies, ses tristesses, ses étonnements, ses colères, ses passions. Au nom d'un avenir qu'il ne comprend pas et qu'il n'a pas besoin de comprendre, on lui vole des années entières de sa vie.

— Les enfants n'ont pas voix au chapitre.

— Tu as tout ton temps. Attends de grandir.

— Tiens, tiens, déjà une culotte longue ! – Tu en as de la chance de porter une montre ! – Fais voir : mais c'est ton premier duvet, ma parole !

Et l'enfant de penser :

« Je ne suis rien, moi, il faut être adulte pour être quelqu'un. Dans quelque temps, je serai un rien avec quelques années de plus. Attendez donc que j'arrive à la majorité... »

Il attend, contraint à la paresse ; il attend et il étouffe, et guette ce demain qui lui fait venir l'eau à la bouche... Belle enfance ! C'est à mourir d'ennui. Et si jamais elle compte quelques moments de bonheur, ce ne sera jamais qu'un bonheur conquis par la force ou, plus souvent encore, un bonheur volé.

Pas un mot sur l'enseignement devenu entre-temps public, ni sur les écoles de campagne, les villes-jardins, le scoutisme. Tout cela me semblait à l'époque d'importance secondaire et désespérément lointain. Un livre est fonction du vécu et de l'expérience de l'auteur, il dépend du terrain sur lequel il opère. D'où la naïveté de certaines opinions qui faisaient autorité dans leur temps et dont les auteurs nous paraissent d'autant plus dépassés[1].

---

1. Commentaire de J. K. en 1929.

41.

Alors, permettre à l'enfant de faire tout ce qu'il veut. Jamais de la vie : nous risquerions de transformer un esclave qui s'ennuyait en un tyran qui s'ennuie. En lui interdisant certaines choses, nous permettons à sa volonté de s'exercer, ne serait-ce que dans le sens de l'autodiscipline, du renoncement en réduisant le champ de son action, nous encourageons son esprit d'invention, éveillons son esprit critique, la faculté d'échapper à un contrôle abusif. Cela vaut également quelque chose en tant que préparation à la vie. Alors qu'une tolérance excessive où « tout est permis », où la moindre envie est satisfaite, risque, au contraire, d'étouffer le vouloir. Si, dans le premier cas, nous l'affaiblissons, là, nous l'intoxiquons.

Il ne s'agit pas de dire : fais ce qu'il te plaît ; je ferai, achèterai, te donnerai tout ce que tu veux, à condition que tu n'exiges que ce que je peux faire, acheter, donner. Je paie pour que tu ne fasses rien toi-même ; je paie pour que tu sois obéissant.

— Si tu manges ta côtelette, maman t'achètera un livre. Promets-moi de ne pas aller dehors, tu auras un chocolat.

Chaque « donne » de l'enfant, même lorsqu'il ne s'exprime que par le geste de sa main tendue, doit se heurter à notre « non ». C'est de tous ces premiers « je ne peux pas te le donner », « ça n'est pas possible », « c'est défendu », que dépend une partie très importante de son éducation.

Ce problème, la mère refuse de le voir ; elle préfère le remettre à plus tard. C'est de la paresse et de la lâcheté. Elle ne veut pas admettre que cette tragique collision entre le « je veux » injustifié, inexpérimenté, irréalisable de l'enfant et son interdiction à elle, dictée par l'expérience, puisse faire partie de l'éducation ni qu'il soit impossible d'éviter cet affrontement encore plus tragique entre deux vouloirs, deux droits qui cherchent à se faire valoir. Lui, il veut mettre dans sa bouche une bougie allumée, moi, je ne peux pas le lui permettre ; lui, il veut jouer avec un couteau, moi, j'ai peur qu'il se fasse mal ; lui, il veut s'emparer d'un vase précieux, moi, je ne veux pas qu'il le casse ; lui, il veut que je joue avec lui à la balle, moi, j'ai envie de lire. Il vous faut fixer les limites de vos droits respectifs.

Le bébé veut se saisir d'une tasse ; la mère, pour l'en empêcher, embrasse sa menotte : rien à faire ; elle lui donne un hochet à jouer : ça ne marche pas non plus ; elle décide de supprimer l'objet de sa convoitise. Si le bébé réagit en arrachant sa main, en jetant le hochet par terre et s'il regarde furieusement sa mère, je me demande qui des deux a raison : la mère-tricheuse ou le bébé qui la méprise.

42.

Dédé : bébé paysan. Il marche déjà. Le voilà qui prend appui sur le chambranle de la porte pour passer, avec beaucoup de précautions, de la pièce au vestibule. Une fois là, il va se mettre à quatre pattes pour pouvoir descendre les deux marches de pierre qui mènent à la cour. Ça y est ! Il se trouve nez à nez avec un chat : ils se regardent, puis chacun va son chemin. Dédé achoppe sur une motte de terre : il s'arrête et l'examine. À présent, il trouve un bâton : il s'assied et commence à remuer le sable. Tout près, il découvre une épluchure de pomme de terre : il la met dans sa bouche ; c'est plein de sable ; il fait une grimace et la recrache. Le revoilà debout qui court à la rencontre du chien. Le chien, brutal de nature, le renverse. Il fait une moue, il va pleurer : mais non ! Il vient de se rappeler quelque chose. On le voit à présent traîner un balai. Sa mère passe, qui va chercher de l'eau : il l'attrape par la jupe, puis, de nouveau rassuré, se remet à courir. Là-bas, un groupe d'enfants plus grands jouent avec une brouette : il les regarde, s'en approche, intéressé. Chassé, il va se mettre un peu plus loin et continue à les observer. Les gosses se décident à le mettre sur la brouette, le tirent, le renversent. Sa mère l'appelle. Voilà la première demi-heure de sa journée qui en comptera seize.

Personne pour lui rappeler qu'il n'est qu'un enfant : il sait lui-même les choses qui ne sont pas encore à sa portée. Personne pour le prévenir qu'un chat, ça griffe, et qu'il ne peut pas descendre tout seul l'escalier. Personne, non plus, pour intervenir dans ses rapports avec les enfants plus âgés. Il va et vient en se trompant sans cesse, alors, ce sont une bosse, une autre, une cicatrice.

Mais non, je ne veux pas dire par là qu'il vous faut remplacer la surprotection par l'absence totale de celle-ci. Je ne fais que vous expliquer que, à la campagne, un gosse âgé d'un an vit déjà, alors que, chez nous, un jeune homme de dix-huit ans se prépare seulement à vivre. Combien de temps lui faudra-t-il donc pour s'y mettre pour de bon !

43.

Bronek veut ouvrir la porte. Il s'empare d'une chaise et la traîne derrière lui. Il s'arrête souvent, se repose mais ne veut pas qu'on l'aide. La chaise est lourde ; il se sent fatigué. Il change de méthode : il va la tirer par un pied, puis par un autre. Sa besogne en est ralentie mais plus légère. Déjà la chaise se trouve près de la porte ; il croit pouvoir atteindre la poignée : il grimpe dessus, réussit à se mettre debout. Je le maintiens légèrement par le bord de son vêtement. Le voilà qui trébuche : il a dû avoir peur puisqu'il descend. Mais il ne renonce pas. Il essaie de pousser la chaise encore plus près de la porte. Nouvelle tentative qui échoue : la poignée se trouve hors de son atteinte. Pas un signe d'impatience. Il se remet à l'ouvrage, mais plus lentement, en prenant des temps de repos. Il grimpe pour la troisième fois : il lève une jambe et se hisse, s'appuyant d'une main et d'un genou. Il glisse, mais réussit à se rattraper. Un nouvel effort : il s'agrippe d'une main au bord de la chaise, se met sur le ventre ; une pause, puis un mouvement brusque du corps en avant ; il s'agenouille, libère ses jambes de l'entrave du vêtement, ça y est ! il est debout. Pauvre Lilliputien au pays des géants ! La tête toujours pointée vers le haut dans l'espoir d'y apercevoir quelque chose. Les fenêtres sont trop haut, comme à la prison. Il lui faut être acrobate pour pouvoir s'asseoir sur une chaise. Que d'efforts ne doit-il pas demander à ses muscles, à son intelligence, pour pouvoir seulement atteindre une poignée de porte !

Il a fini par l'ouvrir enfin, cette porte. Il pousse un grand soupir. Nous entendrons souvent ce signe de profond soulagement chez de tout jeunes enfants à la fin de chaque grand effort de volonté exigeant une attention soutenue. Ils soupirent de la même manière quand tu finis de leur raconter une histoire intéressante. Ils manifestent ainsi leur intérêt et veulent que tu le comprennes ainsi.

La profondeur de ce soupir unique signale qu'il a été précédé d'une respiration légère, ralentie, superficielle. Le « souffle coupé », l'enfant suit l'action, attend jusqu'au moment où il épuise tout son oxygène, jusqu'à l'intoxication de ses cellules. L'organisme alerte immédiatement son appareil respiratoire : une profonde inspiration a lieu qui rétablit l'équilibre.

Si vous êtes capables de diagnostiquer la joie de l'enfant, l'intensité de celle-ci, vous ne pouvez pas ne pas vous rendre compte du fait que sa plus grande joie vient toujours d'une difficulté vaincue, d'un but atteint, d'un mystère percé à jour. C'est la joie de la victoire, le bonheur de se sentir indépendant, de maîtriser le monde, de sentir son pouvoir à soi.

— Où est maman ? Elle n'est pas là ? Va la chercher. Il cherche et la trouve. Voyez comme il rit.

— Allez, cours vite, sinon je t'attrape. Oh là là, je n'y arrive pas ! Et l'enfant d'éclater de bonheur.

Pourquoi tient-il toujours à s'arracher de nos bras protecteurs pour aller ramper, marcher, courir ? Une de ces scènes qui arrivent tous les jours : il trottine, s'éloigne de plus en plus de la nurse et, la voyant lui courir après, se met à fuir de toutes ses jambes, s'enivre de sa liberté et, perdant tout sens du danger, finit par s'allonger de tout son long ; s'il ne tombe pas, une fois rattrapé par sa nurse, il se débattra comme un fou, lui donnera des coups de pied, poussera des hurlements.

Ce trop-plein d'énergie relève de la physiologie de l'enfant, me direz-vous. Moi, j'y cherche aussi un facteur psychologique.

Je me pose des tas de questions : pourquoi tient-il à boire tout seul et défend-il à sa mère de toucher à son gobelet ? Pourquoi, même s'il n'a plus faim, continue-t-il à manger si on le laisse se débrouiller tout seul ? Pourquoi manifeste-t-il tant de joie si on lui permet d'éteindre une bougie, de traîner les pantoufles de papa, de glisser un tabouret sous les pieds de la grand-mère ? Du mimétisme ? Non, il s'agit là de quelque chose de bien plus grand et de bien plus précieux.

— Tout seul ! crie-t-il mille fois par jour, par ses gestes, ses regards, ses rires, ses larmes, ses supplications, ses colères.

44.

— Et la porte, sais-tu l'ouvrir tout seul ? demandai-je un jour à l'un de mes petits patients dont la mère m'avait prévenu qu'il avait peur des médecins.

— Même celle des toilettes, répondit-il précipitamment.

J'ai éclaté de rire. Le garçon eut honte et moi, encore plus que lui. Je venais de lui arracher le secret d'une de ses plus grandes victoires et je l'ai tourné en ridicule.

Pourtant, vu son âge, il n'était pas bien difficile de deviner que l'époque où, seule, la porte des toilettes lui opposait une résistance, n'était pas très lointaine ni d'imaginer combien d'ambition il a dû mettre pour arriver à ses fins, pareil à un jeune chirurgien qui rêve de pouvoir réussir une opération difficile.

Son secret, il ne l'a confié à personne, sachant que son monde à lui n'a que peu d'intérêt aux yeux de son entourage.

Peut-être a-t-il déjà été grondé ou importuné par des questions soupçonneuses :

— Qu'est-ce que tu fabriques là-bas ? Touche pas, tu vas casser quelque chose. Va immédiatement dans ta chambre.

Il a dû s'exercer en cachette jusqu'au jour où il a compris le mécanisme de la serrure.

Avez-vous remarqué qu'il suffit que l'on sonne à la porte pour que l'enfant s'y précipite :

— Je vais ouvrir !

Il sait que le verrou est difficile à manœuvrer mais il sait aussi que, derrière la porte, il y a un adulte qui ne peut pas se débrouiller tout seul et qui attend de lui – l'enfant – de l'aide.

Ce sont ses petits triomphes à lui. Dans ses rêves, il fait déjà des voyages lointains, il se voit en Robinson dans une île déserte, alors que, dans la réalité, pouvoir regarder la rue par la fenêtre constitue déjà un grand bonheur.

— Peux-tu grimper tout seul sur une chaise ?

— Sais-tu sauter à cloche-pied ?

— Réussis-tu à attraper le ballon dans la main gauche ?

L'enfant oublie qu'il ne me connaît pas, que je dois examiner sa gorge, lui prescrire un médicament. Je touche en lui le sentiment qui lui permet de dépasser la peur, la gêne, l'aversion. Et le voilà qui me répond joyeusement :

— Je sais.

Avez-vous bien observé votre bébé quand, longuement, patiemment, le visage immobile, la bouche ouverte, une expression de recueillement dans ses yeux, il met, puis enlève et remet un bas, une pantoufle ? Pour lui, ce n'est pas un jeu, ni un passe-temps gratuit ni une façon d'imiter les grandes personnes. C'est un véritable travail qu'il accomplit là.

45.

Moi !

Quand le nourrisson est en train de s'égratigner avec ses

propres ongles; quand, assis, il tente de mettre son pied dans sa bouche et, tombant à la renverse, regarde furieux autour de lui en cherchant le coupable; quand il tire sur ses cheveux et, tout en grimaçant de douleur, renouvelle l'opération; quand il se donne un coup de cuillère sur le sommet du crâne et regarde en haut pour voir cette chose qui lui a fait mal : par toutes ces réactions il prouve qu'il ne se connaît pas encore lui-même.

Quand il étudie les mouvements de ses mains ou, en suçant son poing, il l'examine attentivement; quand, pendant la tétée, il s'arrête de boire et se met à comparer sa jambe avec le sein maternel; quand, en faisant ses premiers pas, il s'arrête et regarde en bas pour voir ce quelque chose qui le transporte autrement que ne le font les bras maternels; quand il compare sa jambe droite, vêtue d'un bas, avec sa jambe gauche nue : il prouve par ces gestes qu'il est en train de chercher à se connaître, qu'il veut savoir qui il est.

Quand, regardant l'eau de son bain, il voit, parmi le nombre des gouttes anonymes, la goutte qui lui renvoie son reflet, il est en train de pressentir cette grande vérité que contient le petit mot « moi ».

Seul, un tableau futuriste peut nous donner l'image de ce qu'est l'enfant pour lui-même : il est fait de doigts, de poings et de jambes, encore que l'image de ces dernières ne soit pas des plus nettes; il y a là encore le ventre et puis, à la rigueur, la tête, mais mal dessinés, comme la carte des régions polaires.

Il se retourne, se cambre pour voir ce qui se cache derrière; plus tard, il s'étudie dans la glace, sur les photographies. À peine a-t-il découvert le creux de son nombril, la protubérance de ses bouts de seins, déjà un nouveau travail l'attend : se retrouver parmi le nombre de ceux qui l'entourent. Maman, papa, un monsieur, une dame... Les uns apparaissent tout le temps, les autres rarement; le monde est plein de personnages mystérieux dont le rôle lui échappe et dont les agissements le remplissent de doutes.

À peine a-t-il établi que maman, cela sert à satisfaire ses besoins ou à s'opposer à ses désirs, que papa apporte de l'argent et les tantes du chocolat, que déjà il découvre en lui-même, au fond de ses pensées, un monde invisible plus étonnant encore.

Plus tard, il lui faudra se retrouver dans la société, dans l'humanité, dans l'univers.

Un jour, il aura les cheveux gris, mais ce travail ne sera toujours pas terminé.

46.

« C'est à moi. »

Où faut-il chercher l'archétype de cette pensée-sentiment ? Le rattacher à la notion du moi ? Au moment où l'on tente d'attacher les mains à l'enfant, celui-ci proteste au nom du « c'est à moi » plus qu'au nom du « moi ». En lui retirant la cuillère avec laquelle il tapait contre la table, tu le prives non pas de la cuillère, mais du pouvoir qu'a sa main de manifester son énergie en produisant des sons. Sa main, ce n'est pas tout à fait une main, c'est plutôt le génie de la lampe d'Aladin qui lui permet de tenir un biscuit, et c'est cela, cette nouvelle capacité qu'il se découvre, que l'enfant défend.

Dans quelle mesure la notion de propriété se rattache-t-elle à la notion de puissance accrue ? L'arc, pour l'homme sauvage, ce n'était pas seulement une chose qui lui appartenait en propre, c'était sa main améliorée capable de foudroyer à distance.

Quand l'enfant refuse de rendre le journal qu'il est en train de déchirer, c'est parce que celui-ci constitue pour lui un matériau de recherche, lui permet de faire ses expériences tout comme sa main est pour lui un outil qui, bien que ne produisant pas de sons et n'ayant aucun goût, parle, unie à une clochette, et, accompagnée d'une brioche, donne à la bouche qui tète une sensation agréable en plus.

L'imitation, l'émulation, l'amour-propre ne viendront que plus tard. Car la possession force le respect, rehausse la valeur, donne le pouvoir. Sans son ballon, il resterait dans un coin ; en tant que propriétaire, il peut, indépendamment de ses mérites personnels, avoir le rôle le plus important dans le jeu. S'il possède un sabre, il deviendra officier ; s'il a des rênes, il sera d'office le cocher, alors que ses camarades qui n'ont rien feront de simples soldats, et le cheval.

— Passe-le-moi ; dis, tu me le laisses un peu ? – sont les mots qui flattent agréablement l'oreille du propriétaire.

— Je peux te le donner, mais je peux aussi ne pas te le donner, selon mon bon vouloir, parce que... c'est à moi.

47.

Je veux avoir ; j'ai ; je veux savoir : je sais ; je veux pouvoir : je peux – voici les trois branches maîtresses du tronc de la volonté et dont les racines sont la satisfaction et le mécontement.

Si le bébé fait tant d'efforts pour se connaître lui-même et connaître le monde des objets et des êtres qui l'entourent, c'est que son bien-être en dépend. En demandant : « Qu'est-ce que c'est ? » au moyen des paroles et du regard, ce n'est pas un nom qu'il attend de nous mais une appréciation.

— Qu'est-ce que c'est ?
— C'est sale, jette-le, il ne faut pas le toucher avec les mains.
— Qu'est-ce que c'est ?
— C'est une fleur, et l'expression douce de ton visage, ton sourire, disent à l'enfant qu'il peut la prendre.

Si l'enfant questionne la mère sur un objet neutre et reçoit une réponse non accompagnée d'une mimique expressive, il arrive qu'il regarde sa mère, étonné, presque déçu, et qu'il répète le nom qu'il vient d'apprendre ne sachant pas quoi en faire.

— Qu'est-ce que c'est ?
— Du coton.
— Co-ton ? Et, sans quitter sa mère des yeux, il attend qu'elle lui explique ce qu'il doit en penser.

Si je me trouvais au cœur de la forêt tropicale en compagnie d'un indigène et si j'apercevais une plante inconnue aux fruits exotiques, je lui aurais posé la même question : « Qu'est-ce que c'est ? » et m'attendrais à ce qu'il me réponde par une interjection, une grimace ou un sourire qui me permettraient de savoir si c'est là un poison, ou une nourriture savoureuse ou une chose sans intérêt donc indigne d'encombrer ma sacoche de voyage.

« Qu'est-ce que c'est » de l'enfant signifie : comment c'est ? à quoi cela sert-il ? quel profit puis-je en tirer ?

48.

Une scène bien classique mais pas inintéressante pour autant :

Encore tout chancelants sur leurs pattes, deux bébés se rencontrent. L'un tient à la main un ballon ou un gâteau, l'autre veut le lui prendre.

La mère se sent toujours gênée quand son enfant arrache un objet à un autre ou refuse de « prêter » : le fait qu'il ne respecte pas les conventions, les normes admises lui semble compromettant.

On pourrait imaginer trois déroulements différents de la scène évoquée ci-dessus. Première solution : l'enfant à qui l'autre veut arracher son gâteau ou son ballon le regarde d'abord tout étonné, puis interroge des yeux sa mère afin qu'elle lui donne son appréciation.

Deuxième solution : l'enfant agressé cache l'objet derrière son dos, repousse son agresseur et le fait tomber : à bon chat, bon rat. Les mères accourent au secours.

Troisième solution : les enfants s'observent un moment en silence puis s'approchent l'un de l'autre timidement. Le conflit naît lentement, sans conviction : l'un, d'un geste incertain, tend la main vers l'objet qui l'attire, l'autre se défend mollement.

L'âge, la somme des expériences de chaque enfant jouent ici un certain rôle : l'enfant qui a des frères et sœurs plus âgés sera souvent plus débrouillard, saura mieux défendre ses intérêts, attaquera le premier s'il le faut. Mais si nous rejetons tous les cas particuliers nous nous apercevrons de l'existence de deux systèmes de comportement différents qui correspondent aux deux types humains distincts : actif et passif.

— Il est si bon, il donne toujours tout aux autres.

Ou bien :

— Quel bêta : il se laisse tout prendre.

Il ne s'agit là ni de bonté ni de bêtise.

49.

Une douceur innée, une volonté, une vitalité faibles, la peur d'agir : l'enfant évite les gestes brusques, les expériences audacieuses, les entreprises difficiles.

Son activité réduite retarde l'acquisition des vérités de la vie et le voilà forcé de faire davantage confiance, de céder plus souvent aux autres.

Est-ce dire que ses facultés intellectuelles sont plus médiocres ? Non, elles sont seulement différentes. L'enfant passif récolte moins de coups et de surprises désagréables, il vit donc moins d'expériences douloureuses. Mais peut-être se souvient-il mieux de celles qu'il a eu le temps de faire. L'enfant actif, habitué aux bleus et aux déceptions, aurait tendance à les oublier plus rapidement. Le premier, vivant sa vie au ralenti, la vit sans doute plus en profondeur.

Il est aussi plus « commode » : laissé seul, il ne tombe pas de son landau, n'alerte pas toute la maison pour un oui et pour un non; s'il pleure, il est facile de le consoler, s'il réclame quelque chose, c'est sans insistance; il est rare qu'il casse, qu'il déchire, qu'il détruise un objet.

Donne, prends, mange : il ne proteste pas, il cède.

Le déjeuner : il n'a plus faim, mais au fond de son assiette il reste encore une cuillère de soupe qu'il doit manger parce que c'est la quantité prescrite par le médecin; il ouvre alors la bouche à contrecœur, mâche lentement, avale avec difficulté.

La même scène, un autre enfant : il serre les dents, rejette la tête en arrière, repousse la cuillère, crache, se défend comme il peut.

Et l'éducation dans tout cela?

Parler du caractère d'un enfant à partir de ces deux comportements diamétralement opposés, c'est comme si l'on voulait comparer l'eau bouillante et la glace. Mais une mère, qui sait distinguer entre ce qui est inné et appris chez son enfant, ne doit pas oublier que tout ce qui s'obtient par le dressage et la contrainte est toujours instable et sujet à déception. Et si elle voit que son enfant, jusque-là docile et « bon » devient tout d'un coup désobéissant et insupportable, elle ne doit pas lui en vouloir d'être ce qu'il est.

50.

Un paysan qui vit l'œil fixé sur le ciel et la terre dont il recueille les produits connaît les limites du pouvoir de l'homme. Il sait qu'un cheval peut être rapide, paresseux ou peureux; qu'une poule peut être bonne ou mauvaise pondeuse comme une vache bonne ou mauvaise laitière; qu'il existe des terres fertiles et arides, des étés pluvieux et des hivers doux; il sait qu'il peut changer ou améliorer certaines choses à force de labeur, de surveillance ou à coups de bâton, mais il sait aussi qu'il y a des choses contre lesquelles il ne peut rien.

— Un citadin croit trop à la puissance de l'homme. La récolte de pommes de terre a été mauvaise? Il sait qu'il en trouvera quand même, qu'il lui faudra seulement les payer plus cher. L'hiver approche? Il met son manteau de fourrure. Il pleut? Le voilà qui enfile ses bottes en caoutchouc. Si l'été est trop chaud, on arrose les rues pour supprimer la poussière.

Tout peut s'acheter, à tout il y a un remède. L'enfant semble fatigué, on appelle un médecin ; il a des difficultés en classe, on prend un précepteur. Sinon, le livre est là qui lui donne toujours un conseil et l'illusion qu'il existe à tout une solution.

Comment admettre que l'enfant ne peut être que ce qu'il est, que, comme disent les Français, on peut blanchir un homme atteint d'eczéma mais on ne peut le guérir ?

L'enfant fait un poids insuffisant : je décide de le faire grossir. Je prends les précautions nécessaires, je procède lentement, avec prudence... et je réussis : l'enfant a pris un kilo. Mais la plus légère indisposition, un rhume, une poire qu'il n'aura pas digérée suffisent pour qu'il perde en quelques jours ces livres gagnées au prix de tant d'efforts.

Des colonies de vacances pour les enfants pauvres : du soleil, une rivière, la forêt. Ils respirent à pleins poumons la joie, la gentillesse, la bonté. Un petit sauvage d'hier, abruti, peureux, borné, se transforme au bout d'une semaine en un gaillard audacieux, vif, plein d'initiative, un compagnon de jeux recherché. Ici, les changements surviennent d'heure en heure, là, ils sont visibles au bout de quelques jours, ailleurs, pas de changements du tout. Il n'y a pas lieu de parler de miracle ou d'absence de miracle : ce qui était, attendant son heure, est là, mais ce qui n'a jamais été, ne peut pas surgir du néant.

J'éduque un enfant handicapé mental : deux doigts, deux boutons, deux allumettes, deux pièces de monnaie... Bientôt, il sait compter jusqu'à cinq. Mais il suffit que je change l'ordre des questions, l'intonation de la voix, un geste – il ne sait plus rien, il a tout oublié.

Un enfant atteint d'une affection cardiaque : très calme, lent dans tous ses gestes ; il parle et sourit doucement, manque fréquemment de souffle ; tout geste un peu brusque déclenche une quinte de toux qui le fait souffrir visiblement. Il ne peut pas être autrement.

La maternité ennoblit la femme lorsqu'elle signifie oubli de soi, sacrifice, renoncement. Elle la dégrade si, sous prétexte d'agir pour le bien de l'enfant, elle en fait l'objet de ses ambitions déplacées, le soumettant à ses propres goûts et manies.

Mon enfant, c'est ma propriété, mon esclave, mon petit chien. Je le chatouille entre les oreilles, lui caresse le dos, lui mets des rubans pour l'emmener en promenade ; je le dresse à être obéissant. Mais, s'il me fatigue trop :

— Va jouer ! Fais tes devoirs ! Au lit !

Il paraît que l'on peut soigner un hystérique en lui disant :

— Vous vous prenez pour un coq? Pourquoi pas, mais tâchez de ne pas chanter.

— Je sais que tu es très impulsif, dis-je à un garçon; voilà ce que je te conseille : donne des coups, mais tâche de les rendre moins forts, continue à piquer tes colères, mais pas plus d'une fois par jour.

Si vous vouliez savoir l'essentiel de mes méthodes éducatives, c'est dans cette phrase que je l'ai résumé.

51.

Tu vois un gamin courir en poussant des cris de sauvage, se rouler dans le sable. Tu serais bien étonné si je te disais qu'un jour il deviendra un éminent chimiste, auteur de grandes découvertes qui lui apporteront la célébrité, un poste en vue, la fortune. Eh oui, un jour le jeune dandy laissera tomber ses soirées mondaines pour s'enfermer dans un laboratoire de recherche et en ressortira savant. Qui l'aurait cru?

Tu en vois un autre qui, d'un air indifférent, observe les jeux de ses camarades : il bâille, se lève... rejoindra-t-il la bande de gais lurons? Non, il se rassied. Et si je te disais que, lui aussi, deviendra un jour un grand chimiste, auteur des découvertes qui feront date? Tu t'étonnes : qui l'aurait cru?

Eh bien, non : le petit étourdi et le petit paresseux ne feront pas des savants mais, le premier, un professeur d'éducation physique, et le second, un employé des postes.

C'est plus qu'une mode passagère et insensée, c'est une erreur que de considérer que tout ce qui n'est pas exceptionnel est sans valeur. Ce besoin d'immortalité est une véritable maladie : nous rêvons, sinon d'une statue sur la place du marché, du moins d'une petite rue portant notre nom; sinon des quatre colonnes commentant notre décès, du moins d'une courte notice : « Il prit une part active... laisse inconsolables de nombreux amis. »

Jadis, les rues, les hôpitaux, les hospices portaient des noms de saints, et cela avait un sens. Ensuite, ce furent les noms de ceux qui nous gouvernaient, et c'était le signe des temps. Aujourd'hui, nous baptisons nos lieux publics du nom des savants et des artistes célèbres – et cela n'a plus aucun sens. Mais on commence déjà à ériger des monuments aux idées dont les auteurs sont des héros inconnus, ceux qui n'ont pas de statue.

Un enfant n'est pas un billet de loterie qui doit gagner le

gros lot pour devenir un jour un portrait dans une salle de magistrature ou un buste dans le hall d'un théâtre. Tout homme porte en lui sa propre étincelle capable d'allumer des foyers de bonheur et de vérité. Mais il faut parfois attendre dix générations pour qu'elle éclate en un incendie de génie qui, anéantissant sa propre race, donne à l'humanité le feu d'un soleil nouveau.

L'enfant n'est pas un champ labouré par l'hérédité en vue des semailles de la vie : nous ne pouvons qu'aider au développement de ce qui a commencé à germer avant même que l'enfant ait commencé à respirer.

La renommée, ce sont les nouvelles marques de tabac ou de vin qui en ont besoin, pas les hommes.

52.

Donc, la fatalité de l'hérédité, la prédestination sans appel, la faillite de la médecine, de la pédagogie ? L'idée reçue lance ses foudres.

J'ai comparé l'enfant a un parchemin étroitement rempli de hiéroglyphes, à la terre ensemencée... Laissons tomber ces images qui induisent en erreur.

Dans l'état actuel de la science, il existe des cas face auxquels nous restons impuissants. Il en existe moins qu'hier, mais il en existe quand même.

Dans les conditions actuelles de la vie, il est des cas qui nous laissent désemparés, et, même si leur nombre va décroissant, nous ne pouvons pas les faire disparaître tout à fait.

À tel enfant, nos plus grands efforts, notre meilleure volonté n'apporteront pas grand-chose; à tel autre, ils pourraient apporter beaucoup, mais les conditions nécessaires font défaut. À tel enfant, la campagne, la montagne, la mer n'ont pas l'air de profiter beaucoup, à tel autre, elles seraient bénéfiques, mais nous n'avons pas les moyens de les lui offrir.

Lorsque nous voyons un enfant dépérir par manque de soins, d'air, de vêtements, nous n'en accusons pas ses parents. Mais nous adoptons une attitude critique face à une mère qui rend son enfant infirme à force de l'entourer de mille soins exagérés, le suralimentant, l'habillant trop chaudement, le protégeant des dangers imaginaires. Il nous semble qu'avec un minimum de bonne volonté, il ne devrait pas être très difficile de remédier aux défauts de ce genre. Or, il faut beaucoup de courage pour s'opposer aux conventions d'un milieu social autrement que par des critiques stériles. Ici, la mère ne pourra pas laver ou moucher son enfant, là, elle ne pourra pas lui permettre de courir le visage barbouillé, les chaussures déchirées aux pieds. Ici, les yeux remplis de larmes, elle retirera son fils de l'école pour le mettre en apprentissage ; là, avec une douleur égale, elle l'enverra au lycée.

— Il ne fera jamais rien de bon sans école, dit l'une en retirant le livre à son enfant.

— Ils sont capables de le rendre idiot, dit l'autre en lui achetant plusieurs manuels.

53.

Pour un public très large, l'hérédité constitue un fait dont l'importance ne saurait être diminuée par quelques cas exceptionnels, alors que, pour la science, elle n'est qu'un objet de recherches qui ne font que commencer. Le problème de la tuberculose [1] a donné lieu à de nombreuses publications dont les auteurs ne font que réfléchir à cette seule question : l'enfant de parents tuberculeux naît-il déjà malade ou seulement prédisposé à la maladie dont il contracte le bacille après sa venue au monde ? En pensant aux maladies héréditaires, réfléchit-on jamais à la transmission héréditaire de la santé ? À l'intérieur d'une même famille, les cas peuvent varier à l'infini : les parents sains mettent au monde un premier enfant parfaitement sain, mais leur second enfant sera déjà un enfant de syphilitiques si, avant de l'engendrer, ils ont contracté la syphilis ; de même, leur troisième enfant risque d'être à la fois syphilitique et tuberculeux si, avant sa naissance, ils ont été atteints de tuberculose. Ces trois enfants seront entre eux comme des étrangers : l'un sans tare, l'autre avec une tare, le troisième doublement chargé. La situation pourrait être inversée si le père, au départ malade, guérissait complètement après la venue de son premier enfant au monde : de ses trois enfants, le premier seulement serait atteint d'une maladie.

Un enfant est-il nerveux parce qu'il est né de parents nerveux ou parce qu'il est élevé par des parents nerveux ? Où se trouve la frontière qui sépare la nervosité de la fragilité du système nerveux ? Existe-t-il une hérédité psychique ?

---

1. À l'époque, la tuberculose, voire la syphilis étaient considérées par les médecins comme des maladies héréditaires. (N.d.T.)

Le fils d'un noceur est-il condamné à devenir un fêtard ou ne le devient-il qu'au cas où il suivrait son exemple ?

« Dis-moi qui t'a mis au monde et je te dirai qui tu es. » Oui, mais pas toujours.

« Dis-moi qui t'a élevé et je te dirai qui tu es. » Oui, mais pas toujours non plus.

Comment expliquer que des parents normaux mettent parfois au monde un enfant débile ? Comment se fait-il qu'au sein d'une famille vertueuse grandit parfois un criminel ? Pourquoi, dans un milieu des plus ordinaires, un esprit d'exception surgit-il tout d'un coup ?

Il faudrait, parallèlement aux recherches sur l'hérédité, mener des recherches sur le milieu éducatif. Plus d'une énigme trouverait peut-être ainsi une réponse.

Par le milieu éducatif, j'entends l'esprit qui prédomine dans la famille et auquel tous ses membres sont censés obéir. Car cet esprit ne supporte pas qu'on lui résiste.

54.

Milieu éducatif dogmatique.

Tradition, autorité, respect des rites ; la subordination aux ordres érigée en loi absolue, le sens du devoir comme impératif moral. La discipline, la stabilité, la solidité. Le sérieux, l'équilibre intérieur, une sérénité qui vient de la force morale, du sentiment de la durée des choses, de la sûreté de soi, de la conviction du bien-fondé de ce qu'on prône. L'autodiscipline, la résistance morale, le travail en tant que droit, la vertu en tant qu'habitude. La sagesse allant jusqu'à la passivité, le mépris de tout ce qui n'est pas transmis par la tradition, sacralisé par l'autorité, fixé par la routine.

À condition que la confiance en soi n'y dégénère pas en insolence ni la simplicité en grossièrèté, ce terrain éducatif peut se révéler fertile et donner naissance à un homme vraiment beau, capable d'apprécier la sévérité des préceptes qui l'ont aidé à se fixer un but clairement défini et à traverser les difficiles chemins qui y mènent. Mais il peut aussi briser un enfant qui lui reste spirituellement étranger.

Ce milieu, ni les conditions défavorables, ni la gêne matérielle ne peuvent l'atteindre dans son âme. Le travail consciencieux deviendrait labeur, la tranquillité se transformerait en résignation, le renoncement en abnégation, la volonté de durer étant la plus forte. Le sentiment d'avoir toujours raison et la confiance prédominent tous les autres, même ceux de la timidité et de la modestie innées.

Ses dogmes peuvent être, indifféremment : la terre, l'église, la patrie, la vertu, le péché tout comme une action sociale ou politique, la fortune, Dieu, une divinité, un totem. Car, ce qui compte, n'est pas ce en quoi on croit mais comment on le croit.

55.

Milieu éducatif idéologique.

Ce qui le caractérise n'est pas la ténacité spirituelle mais le dynamisme, un élan vital enthousiaste. Ici, on ne travaille pas, on s'adonne joyeusement à une action. On n'attend pas de propositions, on crée ; jamais par obligation, toujours de plein gré. Il n'y a pas de dogmes mais des problèmes à résoudre, pas de sagesse mais de l'enthousiasme. Un esthétisme moral, une sorte de dégoût naturel pour la bassesse constituent ses freins ; on y hait parfois, on ne méprise jamais. Sa tolérance ne vient pas de l'insuffisance des convictions mais de son respect de la pensée humaine, de la joie de la voir évoluer librement et remplir l'espace de ses trajectoires multiples. Audacieux dans ce qu'on entreprend soi-même, on s'intéresse aussi aux bruits de marteau des autres, toujours curieux de ce que prépare le lendemain, et acceptant d'avance erreurs, luttes, doutes et négations.

Si le milieu dogmatique semble être propice à l'enfant passif, celui-ci paraît favorable à l'enfant actif. Ceci explique bon nombre de déceptions douloureuses : à l'un, on remet dix commandements gravés dans la pierre, alors qu'il rêve pouvoir les écrire lui-même en lettres de feu sur sa poitrine ; à l'autre, on impose une recherche solitaire des vérités de la vie, alors qu'il s'attendait à les recevoir toutes prêtes et clairement définies. On risque de ne jamais s'apercevoir de ce problème si l'on s'approche d'un enfant avec un « je ferai de toi un homme » au lieu de penser : « Quel homme peux-tu devenir ? »

56.

Milieu éducatif de la sereine jouissance de la vie.

Je possède selon mes besoins : peu, si je suis artisan ou employé, beaucoup, si je suis propriétaire d'un grand domaine.

Je suis content d'être ce que je suis, donc, un contremaître, le chef d'une station de chemin de fer, un avocat, un romancier, etc.

Ici, le travail n'est ni un devoir ni un poste de combat, une fin en soi : il est un moyen de se procurer une vie agréable.

Tout y est sérénité, insouciance, bienveillance, douceur ; de la lucidité s'il le faut, du savoir naturel que l'on acquiert sans effort inutile.

Aucune obstination à durer ou à transmettre ; aucune opiniâtreté dans la poursuite de ses aspirations.

L'enfant y respire une atmosphère de bien-être, d'attachement paresseux aux coutumes du passé, mêlé d'indulgence à l'égard des courants nouveaux ; une simplicité charmante caractérise tout ce qui l'entoure. Ici, il peut devenir tout ce qu'il veut : tout seul, à partir des livres, des conversations, des rencontres, de ses propres expériences de la vie il tisse sa propre idéologie, il fixe son chemin à soi.

J'y ajouterai l'amour conjugal réciproque de ses parents : si cet amour n'existe pas, l'enfant s'en aperçoit rarement, mais si ses parents sont vraiment unis, il reste très sensible aux moindres changements dans leurs rapports :

— Papa est fâché avec maman, maman ne parle plus avec papa ; papa a claqué la porte, maman a pleuré...

Chacune de leurs brouilles est un nuage qui obscurcit le bleu du ciel familial et jette un froid glacial dans la chambre de l'enfant que remplissent habituellement ses gazouillis joyeux.

Au début de ce livre, j'ai dit à propos de la maternité :

« Commander à quelqu'un des réponses toutes prêtes, ce serait comme si une femme commandait à une inconnue d'enfanter à sa place. »

— Et l'homme ? me direz-vous peut-être. Lui, qui n'enfante pas, accepte bien qu'on le fasse à sa place ?

Non, puisqu'il l'accepte de la part de la femme qu'il aime.

57.

Milieu éducatif des fausses apparences.

De la ténacité encore, mais une ténacité dictée par un froid calcul, non par un besoin intérieur. La forme remplace la substance profonde, la ruse et des artifices cachent le vide spirituel. Seules valeurs : la réclame qui rapporte et les conventions auxquelles on obéit. La vie n'est plus travail ou repos : c'est une suite de démarches d'affairistes, tour à tour s'abaissant ou abaissant les autres. L'avidité jamais satisfaite, la rapacité, l'envie, la malice, la méchanceté.

Ici, on n'aime pas plus les enfants qu'on ne les éduque : on passe son temps à évaluer les gains et les pertes, on vend et on achète. On calcule : un bonjour, un sourire, une poignée de main, y compris le mariage et la fécondité. On avance grâce à l'argent, aux décorations, aux relations dans des milieux influents.

Si vous croyez distinguer dans ce milieu une valeur, ce n'est souvent qu'une illusion : résultat d'un jeu plus adroit, un masque un peu mieux ajusté. Il peut arriver cependant que, sur ce terrain corrompu, gangrené, dans la douleur et le déchirement de l'âme, pousse la proverbiale « rose sur un tas de fumier ». Ce qui voudrait dire qu'à côté de la loi de l'influence suggestive de l'éducation, il en existe une autre : celle de l'antithèse. Lorsqu'un grippe-sou donne le jour à un enfant prodigue, lorsqu'un impie engendre un fils qui vivra dans la crainte de Dieu, lorsqu'un lâche donne au monde un héros, l'hérédité et l'éducation ne nous expliquent pas grand-chose.

58.

La loi de l'antithèse s'appuie sur une force capable de s'opposer aux suggestions éducatives quelles que soient les méthodes utilisées par celles-ci. C'est un mécanisme d'auto-défense de l'être spirituel, un instinct de conservation automatique et vigilant.

Si la morale semble aujourd'hui discréditée dans l'éducation, l'influence suggestive du milieu continue à jouir d'une confiance illimitée. Il y a donc lieu de se demander pourquoi cette suggestion nous déçoit si souvent.

Pourquoi un enfant qui entend un gros mot se plaît-il tant à le répéter en dépit des interdictions ? Pourquoi, sous la menace d'une punition, le garde-t-il si soigneusement en mémoire ?

Comment expliquer cette fameuse « mauvaise volonté » de l'enfant qui s'entête alors qu'il pourrait céder sans problèmes ?

— Mets ton manteau.

Non, il préfère sortir sans manteau.

— Mets ta robe rose.

C'est justement la bleue qu'elle préfère mettre aujourd'hui.

Si tu as la sagesse de ne pas trop insister, il t'écoutera peut-être, mais si tu comptes l'obliger par la douceur ou la menace, il s'obstinera encore plus et ne cédera que sous la contrainte.

Pourquoi, surtout en période de puberté, cet esprit de contradiction qui à chacun de nos « oui » oppose un « non » systématique ? Ne serait-ce pas là une des manifestations de sa résistance profonde aux tentations qui viennent de l'intérieur mais qui pourraient aussi venir de l'extérieur ?

Persécutée, une foi se fait plus ardente. La conscience nationale qu'on tente d'endormir ne fait que s'accroître. Il se peut que je mélange ici des faits concernant des domaines bien différents, toujours est-il que la loi de l'antithèse constitue pour moi une hypothèse capable d'expliquer bon nombre de réactions paradoxales aux stimulants éducatifs et m'incite à une grande prudence dans le recours aux suggestions trop fréquentes ou trop fortes, même si l'objectif à atteindre semble plaider en leur faveur.

Esprit de la famille ? D'accord. Mais où est l'esprit du siècle ? Il semble s'être arrêté à la frontière de la liberté écrasée ; lâchement, nous l'avons caché à notre enfant. La Légende de la Jeune Pologne *de Brzozowski ne m'a guère libéré de l'étroitesse d'esprit en ce qui concerne la vie quotidienne*[1].

59.

Qu'est-ce que l'enfant ? Qu'est-il, ne serait-ce que dans son aspect physique ? C'est un organisme en pleine croissance. C'est juste. Pourtant, le fait que son poids et sa taille augmentent ne constitue qu'un aspect parmi beaucoup d'autres. Déjà, la science discerne différents stades de cette croissance : on sait qu'elle est irrégulière, que des changements rapides sont suivis de périodes de ralentissement ; que l'enfant change de proportions en grandissant.

Même cela, le grand public l'ignore souvent. Que de fois la mère n'appelle-t-elle pas le médecin pour lui dire que

---

1. Stanislaw Brzozowski (1876-1911), critique, philosophe, sociologue et romancier polonais, auteur notamment de la *Légende de la Jeune Pologne*, essai polémique brillant contre les spéculations intellectuelles de l'esthétisme du début du siècle. *(N.d.T.)*
Commentaire de J. K. pour l'édition de 1929.

l'enfant a maigri, que sa peau a perdu de sa fermeté, que son visage, sa tête lui semblent avoir rapetissé. Elle ignore que le nourrisson, au moment de franchir le seuil de la première enfance, perd ses couches de graisse, que, au fur et à mesure que sa cage thoracique se développe, sa tête semble plus menue par rapport à ses épaules qui sont devenues plus larges, que ses membres et ses différents organes ne se développent pas de la même manière ; que si le cœur, le cerveau, l'estomac, le crâne, l'œil, l'os de tel ou tel membre devaient suivre une évolution identique, l'homme, devenu adulte, ressemblerait à un monstre affligé d'une tête énorme posée sur un tronc court et obèse, qu'il serait incapable de faire un pas sur ses jambes devenues deux rouleaux de graisse ; en un mot : que la croissance s'accompagne toujours d'un changement de proportions.

Nous disposons de dizaines de milliers de mesures de toutes sortes et de courbes de croissance moyenne qui se contredisent parfois entre elles, mais nous ne savons rien de la signification des accélérations, des retards, des déviations de cette croissance. Parce que, disposant de quelques éléments de son anatomie, nous ne connaissons rien de sa physiologie ; parce que nous avons procédé à des examens scrupuleux de l'enfant malade, mais que nous commençons seulement à observer l'enfant bien portant ; parce que, depuis bientôt cent ans, c'est l'hôpital qui est notre seule clinique et que l'établissement éducatif n'a même pas commencé à l'être.

60.

L'enfant a changé. Il n'est plus le même. La mère ne sait pas toujours indiquer en quoi consiste ce changement, mais elle a toujours une réponse toute prête pour dire à quoi il faut l'attribuer.

— Il est comme ça depuis qu'il a fait ses premières dents ; depuis le vaccin antivariolique ; depuis le sevrage ; depuis qu'il est tombé du lit...

— Il ne sait plus marcher, alors qu'il se débrouillait déjà pas mal ; il demandait déjà son pot, le voilà qui fait de nouveau au lit ; il ne mange « rien » ; il dort mal, pas assez, trop ; il est devenu capricieux, il ne reste pas une minute tranquille ; il est apathique, il a maigri...

Si l'enfant est déjà écolier, elle évoquera la rentrée des classes, le retour de la campagne, la rougeole, les bains prescrits par le médecin, le traumatisme provoqué par un incendie. Après avoir évoqué des troubles du sommeil et de l'appétit, elle en viendra aux troubles de caractère : avant, il était obéissant, à présent, il fait tout à sa tête ; il était attentif en classe, le voilà paresseux et distrait. Il est pâle, se tient mal, semble avoir attrapé quelques mauvaises habitudes. Peut-être la mauvaise influence de quelques camarades ? Peut-être travaille-t-il trop en classe ? Peut-être est-ce le signe d'une maladie ?

Deux années passées dans l'orphelinat à observer plutôt qu'à étudier les enfants m'ont permis de m'apercevoir qu'au cours de sa croissance, l'enfant vit plusieurs périodes « critiques » accompagnées de troubles de comportement comme ceux de la puberté mais que l'on remarque rarement parce qu'ils sont moins flagrants.

Dans un louable effort de conciliation de leurs différentes vues sur l'enfant, la plupart des spécialistes s'accordent à voir en lui un organisme surmené. D'où son plus grand besoin de sommeil, une faible résistance aux maladies, la fragilité des organes et de la structure psychique. Ceci est juste mais pas pour toutes les périodes de sa croissance. Car le même enfant peut être, tour à tour, robuste, plein d'énergie, de gaieté, et fragile, fatigué, maussade. Si, lors d'une de ses périodes critiques, l'enfant contracte une grave maladie, nous sommes prêts à conclure rapidement qu'il devait être sujet à ce mal. Pour ma part, je verrais plutôt comme explication l'affaiblissement passager de son organisme créant un terrain propice au développement de la maladie qui guettait ce moment de moindre résistance, tapie au fond de son organisme ou à l'extérieur.

Demain, nous cesserons peut-être de nous appuyer sur les signes extérieurs du développement de l'être humain qui nous font diviser la vie en cycles artificiels : nourrisson, enfant, adolescent, adulte, vieillard, pour nous attacher enfin à mieux connaître les périodes de transformations profondes de l'organisme considéré dans son ensemble, comme Charcot a tenté déjà de le faire dans son cours sur l'évolution de l'arthritisme depuis le berceau jusqu'au tombeau, à travers deux générations.

61.

Entre la première et la seconde année de la vie de l'enfant, on change souvent de pédiatre. J'ai eu ainsi l'occasion d'hériter de quelques clientes de mes collègues accusés d'avoir mal soigné leur rejeton, et d'en perdre aussi quelques-unes, accusé à mon tour de négligence. Le comportement de ces mères n'était pas tout à fait injustifié : il peut arriver, en effet, qu'une tare difficilement reconnaissable se déclare inopinément sans que le médecin ait eu le temps de s'en apercevoir. Pourtant, dans la plupart des cas, il suffit d'attendre patiemment la fin de la période critique, pour voir l'enfant recouvrer de lui-même son équilibre momentanément compromis ou, dans un cas plus sérieux, constater une nette amélioration de son état.

Si, lors des troubles fonctionnels de cette toute première période de la vie de l'enfant ou de celle qui correspond à sa scolarité, nous avons recours à quelques traitements précis, c'est à ces derniers que nous aurons tendance à attribuer toute amélioration. Or, si nous savons aujourd'hui que, dans le cas d'une pneumonie ou d'une fièvre typhoïde, le mieux ne peut s'observer qu'à la fin du cycle de la maladie, nous ne savons pas grand-chose de l'ordre de la succession des différentes étapes de la croissance chez différents types d'enfants, ni de leur spécificité. C'est cette ignorance qui explique le désordre qui règne dans ce domaine et qui nous oblige à poursuivre nos recherches.

La courbe de croissance de l'enfant possède ses printemps et ses automnes, des périodes de travail intense et des périodes de repos où l'organisme parachève ce qui a été commencé et fait des provisions en vue des tâches futures. Un fœtus de sept mois est déjà capable de vivre et pourtant il lui faut encore mûrir pendant deux longs mois (le quart de la grossesse) dans le giron de sa mère.

Le nourrisson qui, en l'espace d'une année, triple son poids initial, a bien droit au repos. Quant à sa vie psychique, le développement fulgurant de celle-ci lui donne également le droit d'oublier telle ou telle chose apprise trop rapidement et dans laquelle nous aimerions voir une acquisition durable.

62.

L'enfant refuse de manger.
Petit devoir d'arithmétique :
L'enfant pèse à la naissance un peu plus de 8 livres; au bout d'un an, ayant triplé son poids, il pèse déjà 25 livres.

S'il devait continuer à grossir au même rythme, à l'âge de deux ans, il pèserait 25 livres × 3 = 75 livres,
au bout de trois ans : 75 × 3 = 225 livres ;
au bout de quatre ans : 225 × 3 = 675 livres ;
au bout de cinq ans : 675 × 3 = 2 025 livres.

Ce monstre de cinq ans, au poids de 2 000 livres, consommant quotidiennement l'équivalent de 1/6-1/7 de son poids (ration normale d'un nourrisson), exigerait tous les jours 300 livres de produits alimentaires.

L'enfant mange peu, très peu, beaucoup ou énormément selon le mécanisme de sa croissance. La courbe de la croissance peut monter lentement ou brusquement, elle peut aussi ne pas changer du tout pendant un mois. Elle est toujours terriblement logique : lors d'une indisposition, l'enfant perd du poids, mais il en récupère autant pendant les quelques jours qui suivent la fin de la maladie, conformément à l'ordre intérieur de son organisme qui dit : « Tant et tant, mais pas plus. » Il suffit de mettre un enfant sous-alimenté mais sain dans des conditions de vie normales, où il est nourri selon ses besoins, pour qu'au bout d'une semaine il atteigne son poids normal. Si vous pesez un enfant régulièrement toutes les semaines, au bout de quelque temps, il saura deviner lui-même son poids :

— La semaine dernière, j'ai perdu trois cents grammes alors, aujourd'hui je dois en avoir pris cinq cents ; ce matin, je pèserai moins parce que, hier soir, je n'ai pas dîné. Tiens, j'en ai pris encore, merci...

En principe, l'enfant n'a pas de raisons de refuser systématiquement de manger : il sait les avantages que lui donne le fait de satisfaire les désirs de ses parents, d'ailleurs il n'aime pas attrister sa mère. S'il ne finit pas sa côtelette, s'il ne veut pas terminer son verre de lait, c'est qu'il ne le peut vraiment pas. En insistant, nous ne pouvons que déclencher une indigestion et celle-ci sera forcément suivie d'un régime sévère qui rétablira son poids.

La règle est : donner à l'enfant à manger ni plus ni moins que ce qu'il veut manger. Même si une maladie nous force à mettre l'enfant à un régime alimentaire particulier nous n'obtiendrons aucun résultat sans sa participation.

63.

Contraindre un enfant à dormir lorsqu'il n'a pas sommeil est scandaleux et absurde. Tous ces tableaux qui indiquent le nombre d'heures nécessaires à son repos sont un pur non-sens. Il suffit d'avoir une montre pour calculer son temps de sommeil quotidien qui est exactement celui qu'il met pour se réveiller reposé. Je dis bien : « reposé » et non « débordant de vitalité ». Il existe des périodes où l'enfant peut avoir besoin de davantage de sommeil, où, fatigué, il aimera rester au lit sans dormir.

Il est facile de reconnaître ces périodes : le soir, l'enfant se couche à contrecœur, parce qu'il n'a pas *envie* de dormir ; le matin, il quitte le lit avec peu d'empressement, parce qu'il n'a pas *envie* de se lever. Le soir, il a peur qu'on éteigne dans sa chambre alors qu'il aimerait faire des découpages de papier, empiler des cubes ou jouer à la poupée. Le matin, il fait semblant de dormir de peur qu'on lui dise de se lever tout de suite et d'aller faire sa toilette à l'eau froide. Avec quelle joie n'accueille-t-il pas la moindre toux ou un peu de fièvre qui lui permettent de garder le lit sans dormir !

Les périodes de fatigue peuvent être suivies de périodes de vitalité joyeuse où l'enfant s'endormira vite et se réveillera avant l'aube, débordant d'énergie et ressentant un besoin impérieux de la dépenser en pleine liberté. Rien ne peut alors le décourager, ni le ciel nuageux ni le froid de la chambre : s'il ne peut pas sortir, il sautera pieds nus et en chemise de nuit sur la table et les chaises de sa chambre. Que doivent faire les parents ? Le laisser faire, même si, horreur ! il refuse de se coucher avant onze heures du soir. Lui permettre de continuer à s'amuser dans son lit. Pourquoi voulez-vous qu'un peu de bavardage du soir « excite trop » l'enfant, alors qu'on ne pense jamais à l'énervement qu'il peut ressentir lorsqu'on l'envoie au lit contre son gré.

C'est pour leur propre commodité que les parents ont interprété le vieux principe, dont la justesse reste d'ailleurs à démontrer, qui consistait à se coucher tôt pour se lever tôt ; eux, ils en ont conclu que plus l'enfant dormait, mieux il se portait. À l'ennui mortel de sa journée, ils ont ajouté celui, plus agaçant encore, de devoir compter des moutons avant de s'endormir. Peut-on imaginer, pour un enfant, un ordre plus despotique, plus voisin de la torture, que le détestable :

— Dors !

Tous les couche-tard adultes ne sont pas forcément malades : ils peuvent le devenir à force de passer leurs nuits dans la débauche et à se lever tôt pour aller travailler.

Dire qu'en couchant tôt l'enfant nous le gardons du contact

avec la lumière électrique ne constitue pas un argument dans une ville : se réveillant tôt, l'enfant ne pourra pas aller courir dans les prés, il restera dans sa chambre aux volets fermés, maussade, paresseux, capricieux, autant de mauvais présages pour la journée qui commence.

Il est difficile d'approfondir ce problème en quelques lignes, comme tous les autres d'ailleurs que j'aborde dans ce livre ; mais mon rôle est d'éveiller votre vigilance...

64.

Qu'est-ce qu'un enfant si on le considère dans sa structure spirituelle, différente de la nôtre ? Quels sont ses traits principaux, ses besoins, ses possibilités cachées ? Qu'est-ce que cette moitié de l'humanité qui, vivant à côté et avec des adultes, en est, en même temps, si tragiquement séparée ? Nous lui faisons porter le fardeau de ses devoirs d'homme de demain sans lui accorder ses droits d'homme d'aujourd'hui.

Si l'on divisait l'humanité en enfants et en adultes et la vie en deux périodes, celle de l'enfance et celle de la maturité, on s'apercevrait que l'enfant occupe énormément de place dans le monde et dans la vie. Seulement, trop absorbés par nos propres problèmes, nous ne le voyons pas comme, avant, nous n'apercevions pas la femme, le paysan, les classes et les peuples opprimés. Nous nous sommes arrangés pour que les enfants nous gênent le moins possible, pour qu'ils ne devinent pas ce que nous faisons ni ce que nous sommes réellement

À Paris, j'ai eu l'occasion de voir, dans un établissement pour enfants, deux rampes d'escalier : une, haute, pour adultes, l'autre, basse, pour les petits. En dehors de cela, le génie de l'inventeur se limitait à mettre au point un modèle de banc pour écolier. C'est peu, très peu. Voyez l'indigence des petites places de jeux avec leur gobelet ébréché attaché à la pompe au moyen d'une chaîne rouillée, et cela dans les parcs des plus riches capitales de l'Europe.

Où sont les maisons, les jardins, les ateliers où nos enfants, les hommes de demain, pourraient faire leurs expériences, acquérir leurs connaissances ? Une fenêtre supplémentaire, un vestibule séparant la classe du préau : c'est tout ce que nous a donné l'architecte ; un cheval en toile cirée, un petit sabre en fer-blanc : voilà pour les dons de l'industrie, sinon, quelques images en couleur pour décorer les murs, quelques travaux pratiques à l'école, trois fois rien en somme; pour ce qui est des contes de fée, ce n'est pas nous qui les avons inventés.

C'est sous nos yeux que la femme-esclave s'est métamorphosée en femme-être humain. Durant des siècles, elle a été forcée à jouer un rôle qui lui a été imposé par l'homme, se donnant des genres propres à satisfaire le plaisir égoïste de celui-ci. Il refusait de voir les femmes-travailleuses dans le peuple, comme, aujourd'hui, il refuse de voir l'enfant-travailleur.

L'enfant n'a pas encore pris la parole; pour le moment, il ne fait qu'obéir.

L'enfant : cent masques, cent rôles tenus par un comédien de talent. Il en change suivant son public : la mère, le père, les grands-parents, la cuisinière, ses compagnons de jeu, les riches et les pauvres – pour chacun il jouera un personnage différent. Il ne sera pas le même dans ses habits de tous les jours ou dans son costume du dimanche. Tour à tour naïf et rusé, humble et méprisant, doux et agressif, bien élevé et insupportable, c'est un dissimulateur de génie qui sait si bien se soustraire à nos regards qu'il finit par nous tromper et nous exploiter.

Sur le plan des instincts, seul l'instinct sexuel lui fait défaut, ou plutôt il existe, mais dispersé, sous forme d'une nébuleuse de pressentiments érotiques.

Sur le plan des sentiments, il nous surpasse par la force de ses passions auxquelles il n'a pas encore appris à mettre de freins.

Sur le plan de l'intellect, il n'a rien à nous envier, il ne lui manque que l'expérience.

C'est pourquoi, alors que tant d'adultes demeurent encore enfants, l'enfant nous étonne souvent par sa maturité.

Sa seule différence, finalement, c'est que, ne gagnant pas encore sa vie, il doit nous céder en tout du fait qu'il est à notre charge.

Nos maisons pour enfants tiennent déjà moins d'une caserne ou d'un couvent, par contre, elles ressemblent de plus en plus aux hôpitaux. L'hygiène est là, mais le sourire, la joie, l'imprévu, l'espièglerie en sont absents. C'est toujours le même sérieux, sinon la même austérité. L'architecture n'a pas l'air de s'en apercevoir : le style « enfant » lui reste inconnu. Partout de hautes bâtisses, froides et vieilles dans leurs proportions et dans leurs détails. Le Français dit que Napoléon a remplacé la cloche du cou-

vent par le tambour. J'ajouterai que c'est le sifflet de l'usine qui pèse,
aujourd'hui, sur l'esprit de notre système éducatif[1].

65.

L'enfant et son manque d'expérience.
Quelques faits :
— Je vais d'abord le dire à maman.
Il se pend au cou de sa mère et lui dit à l'oreille :
— Demande au docteur si j'ai le droit de manger de la brioche (du chocolat, de la compote).
Et, dans le même temps, il regarde le médecin, le charme d'un sourire pour l'acheter, pour lui soutirer sa permission.
Pour dire son secret à l'oreille, un tout jeune enfant « chuchote » à haute voix.
Un jour, considérant que l'enfant est déjà assez grand, son entourage se met à lui faire la morale :
— Il y a des choses que l'on ne dit pas à haute voix, des désirs dont il faut avoir honte ou qu'il ne faut confier qu'à ses proches.
Il est vilain d'insister pour avoir, par exemple, un autre bonbon alors qu'on vient d'en finir un. On ne demande jamais le premier, on attend qu'on vous le propose.
Il est vilain de faire pipi dans sa culotte, mais il ne faut pas non plus dire tout haut : « Je veux faire pipi. » Les gens vont se mettre à rire. Si tu ne veux pas qu'ils rient, il faut que tu le dises à l'oreille.
— Pourquoi ce monsieur n'a pas de cheveux ?
Cela non plus, il ne fallait pas le dire tout haut : le monsieur a ri comme tous les gens qui étaient là. Ce genre de choses se dit « à l'oreille ».
L'enfant veut bien, mais il ne saisit pas tout de suite que parler « à l'oreille » veut dire confier quelque chose tout bas à une seule personne. Il se met donc à parler « à l'oreille » tout haut :
— Je veux faire pipi ; je veux un gâteau.
S'il lui arrive de parler bas, c'est sans en comprendre la nécessité : pourquoi cacher ce que les autres peuvent apprendre à tout moment par sa mère ?

---

1. Commentaire ajouté par J. K. dans l'édition de 1929.

On lui dit de ne rien demander aux étrangers, mais pourquoi cela est-il permis quand c'est un médecin ?

— Pourquoi ce chien a-t-il de si longues oreilles ? demande-t-il en s'efforçant de rendre sa voix la plus basse possible.

On rit encore. Mais s'il pouvait le dire tout haut, le chien ne s'en serait pas fâché. Comment cela ? Ne lui a-t-on pas expliqué qu'il était vilain de demander tout haut : pourquoi cette petite fille a-t-elle une si vilaine robe ? Une robe, ça ne se fâche pas non plus.

Comment dire à l'enfant combien d'hypocrisie adulte, combien de malhonnêteté il y a dans tout cela ?

Et comment lui expliquer plus tard que chuchoter des choses à l'oreille ne se fait pas en société ?

66.

L'enfant et son manque d'expérience.

Il regarde autour de lui avec curiosité, il écoute avec avidité, il croit tout ce qu'on lui dit.

— C'est une pomme, c'est Tata, c'est une fleur, c'est une vache : il croit.

— C'est joli, c'est bon : il croit.

— C'est vilain, touche pas : il croit.

— Donne-lui un baiser, fais une révérence, dis merci : il obéit.

— L'enfant a bobo ; pauvre chéri, donne, maman va l'embrasser : tu vois, c'est fini.

L'enfant sourit à travers les larmes ; il n'a plus bobo, maman l'a embrassé. Il tombe, il va chercher le remède : le baiser.

— Tu m'aimes ?

— Je t'aime...

— Maman dort, elle a mal à la tête : il ne faut pas que tu la réveilles. Doucement, sur la pointe des pieds, il s'approche de la mère, la tire délicatement par la manche et lui demande quelque chose tout bas. Il ne va pas réveiller maman, il veut seulement lui demander une chose, et puis : « Dors, maman chérie, puisque tu as mal à la tête. »

— Là-haut, dans le ciel, il y a Dieu. Il se fâche si l'enfant désobéit, mais s'il est gentil, il lui donne des gâteaux. Où est Dieu ?

— Là-bas, très haut.

Dans la rue, il voit passer un drôle de monsieur, tout blanc. Qui est-ce ?

— C'est un boulanger, il fait du pain et des gâteaux.

— Ah bon, il est Dieu ?

— Le grand-père est mort, ils l'ont mis dans la terre.

— Je fais semblant de m'étonner : « Ils l'ont mis dans la terre ? Et comment est-ce qu'ils lui donnent à manger ?

— Ils le déterrent, dit l'enfant, ils le déterrent avec une hache. Et c'est une vache qui donne du lait.

— La vache ? je demande incrédule. Et d'où est-ce qu'elle le prend, son lait ?

— Du puits, répond l'enfant.

L'enfant doit nous croire parce que lui-même se trompe chaque fois qu'il essaie d'inventer quelque chose. Il ne peut pas faire autrement que de nous croire.

67.

L'enfant et son manque d'expérience.

Il vient de laisser tomber son verre. Étonnant : à la place du verre, il voit des choses complètement différentes. Il se penche, prend un morceau de verre dans la main, s'en blesse. Il a mal, son doigt saigne. Partout des mystères et des surprises.

Il avance en poussant une chaise. Grand choc accompagné d'un grand bruit. La chaise ne ressemble plus à la chaise et il est assis par terre. De nouveau, la peur, la douleur. Le monde est rempli de bizarreries et de dangers.

Il sait qu'il faut tirer sur la couverture pour s'en dégager. Il sait que s'il perd l'équilibre, il doit attraper la robe de sa mère. Riche de cette expérience, il tire sur la nappe de la table. Une nouvelle catastrophe.

Il cherche à se faire aider parce qu'il ne peut pas se débrouiller tout seul. À chacune de ses tentatives pour se rendre indépendant, c'est un nouvel échec. Mais cette dépendance l'irrite.

Tel un employeur inexpérimenté qui est obligé de tolérer un employé malhonnête dont il ne peut pas se passer, tel un paralytique qui doit accepter l'aide et supporter les caprices d'un infirmier indélicat, l'enfant est forcé de suivre les indications de l'adulte, même s'il n'a pas tout à fait confiance en lui pour avoir été souvent abusé.

Il y a quelque chose qui ressemble à l'enfant dans chaque embarras humain, dans chaque étonnement naïf, dans chaque erreur et maladresse venant du manque d'expérience, dans chaque dépendance. Il y a un peu d'enfant chez tout malade, chez tout vieillard, chez tout soldat, chez tout prisonnier. Un paysan perdu dans la cité, un citadin à la campagne ont de ces étonnements de gosse.

— Vous êtes pire qu'un enfant ; il fait des gaffes dignes d'un enfant ; ignorant, c'est une question enfantine !

68.

L'enfant singe l'adulte.

Ce n'est qu'en imitant l'adulte que l'enfant peut apprendre à parler et s'initier à la pratique des usages du monde ; c'est pour lui le seul moyen d'entrer en contact apparent avec un milieu qui lui reste étranger et qu'il n'arrive pas à comprendre.

La plupart des erreurs que nous commettons en portant nos jugements sur des enfants viennent du fait que nous prêtons nos pensées et nos sentiments aux mots qu'ils nous empruntent et qui, le plus souvent, ont pour eux une signification différente de celle que nous leur donnons.

Avenir, amour, patrie, Dieu, respect, devoir : autant de notions enfermées dans des mots qui naissent, vivent et changent de signification à chaque période de la vie. Un jeune enfant doit fournir un grand effort d'imagination pour ne pas confondre le mont Blanc dont il entend parler avec le tas de sable qu'il appelle montagne. Mais celui qui veut bien pénétrer de sa pensée le cœur même des mots utilisés par l'homme s'aperçoit bientôt qu'il n'existe pas de différences entre un enfant, un adolescent, un adulte, un simple d'esprit et un savant : il y verra toujours un *Homo sapiens*, un être capable de raisonnement dans les limites de ses propres expériences, mais indépendamment de l'âge et du milieu social qui sont les siens, indépendamment de l'éducation et de la culture qu'il a reçues. Des hommes de convictions différentes (j'en exclus des convictions politiques, souvent fourrées dans la tête par la force) ce sont des hommes que, seul, sépare le schéma de leurs expériences.

L'enfant ne sait pas ce que c'est que l'avenir, il n'aime pas ses parents, il n'a aucune intuition de la signification du mot patrie ni de celui de Dieu, il ne respecte personne, il ne connaît aucun devoir. Lorsqu'il dit : « quand je serai grand », il n'y croit pas ; lorsqu'il ajoute au mot « maman » le mot « chérie », il n'exprime pas son sentiment ; sa patrie est son jardin ou sa cour, Dieu – un brave oncle ou un pénible radoteur ; il feint le respect et ne fait que se soumettre aux devoirs qu'on lui impose, tant par le martinet que par une douce prière accompagnée d'un tendre regard. Il pressent parfois telle ou telle chose, mais ces moments de clairvoyance sont rares.

L'enfant ne fait que singer l'adulte ? Prenez un voyageur qui, perdu au fond de la Chine, se voit invité à dîner par un mandarin : il s'efforce de ne pas se distinguer, observe le déroulement du cérémonial de peur de le perturber par un geste déplacé ; combien il est fier s'il arrive à saisir le moindre sens dans tous ces gestes qu'il s'efforce d'imiter ! Et un paysan admis à une fête du château ? Et un employé subalterne ? N'avez-vous pas remarqué combien il se plaît à imiter la façon de parler, le comportement, les moindres gestes de son patron, jusqu'à sa façon de porter la barbe ?

Il existe, cependant, une forme d'imitation différente de celle dont je viens de parler : si une fillette remonte sa jupe pour traverser un endroit boueux, elle montre par ce geste qu'elle se considère comme adulte ; si un jeune garçon imite la signature de son professeur, il vérifie, en quelque sorte, ses aptitudes à un futur poste de responsabilité. Cette forme d'imitation existe également chez les adultes.

69.

Le caractère égocentrique de la pensée enfantine vient également de son inexpérience.

Depuis l'égocentrisme personnel, où son « moi » constitue le centre de l'univers, l'enfant passe au stade de l'égocentrisme familial dont la durée varie selon le caractère du milieu où il s'élève. En exagérant l'importance de la maison familiale, en attirant son attention sur des dangers imaginaires ou réels qui le menacent hors de cet espace couvert par notre protection, nous ne faisons que fixer chez lui cette forme d'égocentrisme.

— Reste donc un peu avec moi, dit la tante.

Pour toute réponse, l'enfant se cache dans les jupes de

sa mère, il a des larmes aux yeux, il ne veut pas rester chez sa tante.

— Il est tellement attaché à moi, dit la mère.

C'est avec effroi et stupéfaction qu'il regarde toutes les autres mères qui ne sont même pas ses tantes à lui.

Mais arrive le moment où il se met à comparer tranquillement sa propre maison avec celles des autres. Il commence par désirer avoir chez lui la même poupée, le même canari, le même jardin que celui d'un camarade. Plus tard, il s'aperçoit que d'autres mères, d'autres pères sont aussi gentils que les siens, sinon plus.

— Ah, si elle pouvait être ma mère...

Un enfant élevé dans la rue ou à la campagne acquiert plus tôt ce genre d'expériences, il apprend plus tôt qu'il est des tristesses que personne ne partagera avec lui, qu'il est des joies qui ne réjouissent que ses proches, que son anniversaire n'est une vraie fête que pour lui-même :

— Mon papa, chez nous, ma maman...

Cette habitude, chez les enfants, de souligner ou de grandir l'importance de leurs parents, prend souvent l'apparence d'une formule polémique, mais il arrive également qu'elle soit une tentative désespérée de défendre une illusion en train de s'effriter.

— Attends un peu que je le dise à mon père...

— Tu crois que j'en ai peur ?

C'est vrai : mon père n'est redoutable qu'à mes propres yeux...

La manière dont l'enfant ne vit que du moment présent constitue également une forme d'égocentrisme. Un jeu reporté à une semaine perd pour lui toute sa réalité. Durant l'été, l'hiver n'est qu'une légende. Laisser un gâteau « pour demain » représente pour lui un renoncement auquel il ne pourra se résigner que sous la contrainte. Il ne comprend pas qu'à trop user d'un objet il risque de l'abîmer, non pas sur-le-champ, mais peu à peu. Les histoires tirées de l'enfance de sa mère le passionnent comme un conte de fées. Il regarde étonné, presque apeuré, un étranger qui dit « tu » à son père dont il est un camarade d'école.

— Je n'étais pas encore né...

Et l'égocentrisme de la jeunesse : « C'est par nous que le monde commencera ! »

Et l'égocentrisme d'un parti politique, d'une classe sociale, d'une nation ? Sont-ils vraiment nombreux ceux qui ont la conscience de n'être qu'un homme parmi d'autres hommes, un homme face à l'univers ? Avec combien de difficultés nous avons fini par admettre que la Terre n'est qu'une planète parmi d'autres planètes et qu'elle tourne ! Qu'il est difficile, en dépit de la réalité, d'imaginer que les atrocités de la guerre font partie de notre siècle !

Et notre approche de l'enfance, n'est-elle pas révélatrice de l'égocentrisme de l'adulte ?

Je ne savais pas à l'époque de quelle mémoire, de quelle patience peut être doué un enfant. Beaucoup d'erreurs viennent du fait que nous ne rencontrons que l'enfant esclave, dénaturé par la contrainte, exaspéré, révolté ; pour le voir tel qu'il est, tel qu'il pourrait être, il nous faut faire un grand effort d'imagination [1].

70.

La perspicacité de l'enfant.

Une salle de cinéma ; sur l'écran, un drame tient le public en haleine. Soudain, on entend un enfant s'exclamer :

— Oh ! un chien...

Il est le seul à s'en être aperçu.

De telles exclamations se font souvent entendre au théâtre, à l'église, au cours des cérémonies où nous avons l'imprudence d'emmener les enfants. Elles mettent mal à l'aise les parents et déclenchent le rire général.

Incapable de saisir le sens du spectacle auquel il assiste, l'enfant accueille avec des cris de joie le moindre détail familier. Mais n'agissons-nous pas de la même manière, lorsque, conviés à une soirée mondaine où nous ne connaissons personne, nous apercevons tout d'un coup dans la foule un visage connu ?

L'enfant, qui ne sait pas rester à ne rien faire, se faufile partout, se glisse dans chaque trou et passe son temps à faire des découvertes. Tout l'intéresse : ce petit point mobile qu'est une fourmi, le brillant d'une perle, un mot nouveau, une phrase qu'il vient d'entendre. Lorsque nous nous trouvons dans une ville étrangère, dans un lieu inconnu, nous ressentons à nouveau cette curiosité enfantine.

---

1. Commentaire ajouté par J. K. dans l'édition de 1929.

L'enfant connaît bien son entourage : les humeurs, les habitudes, les faiblesses de ses proches n'ont pas de secrets pour lui et il sait les exploiter. Il sent la bienveillance, devine l'hypocrisie, perçoit immédiatement le ridicule. Il lit dans un visage comme le paysan lit dans le ciel. Il nous observera ainsi des années durant. À l'école, à l'internat, cette observation est collective. Il ne lui faut pas beaucoup de temps pour nous percer à jour. Mais ce fait, nous préférons l'ignorer. Tant qu'il ne trouble pas notre tranquillité, nous aimons mieux garder nos illusions sur la naïveté enfantine. Autrement, nous serions obligés de renoncer à l'image de notre propre supériorité et de faire un effort important pour nous débarrasser de tout ce qui nous dégrade et nous ridiculise à ses yeux.

71.

On dit qu'un enfant est un être instable, que, toujours à la poursuite de nouvelles émotions, de nouvelles sensations, il se lasse de tout, que même un jeu ne peut retenir longtemps son attention et qu'un ami d'il y a une heure peut devenir son pire ennemi pour, quelques instants plus tard, redevenir à nouveau son meilleur camarade.

La réalité confirme en général cette opinion : dans un train, l'enfant se montre capricieux; dans un jardin, il ne veut pas rester plus de cinq minutes assis sur un banc; lors d'une visite, il importune tout le monde; il délaisse facilement son jouet préféré, il est turbulent à l'école et même au théâtre il ne sait pas rester en place.

Il ne faut pourtant pas oublier qu'au cours d'un voyage l'enfant est excité et fatigué; qu'au parc, il ne s'assied jamais de son plein gré; que, pendant une visite, on ne le laisse jamais libre de ses mouvements; qu'il est rare qu'il puisse se choisir lui-même son jouet ou son camarade; qu'il ne va en classe que parce qu'on l'y a forcé; et que s'il était content à l'idée d'aller au théâtre, c'est parce qu'il croyait qu'il s'y amuserait vraiment.

Que de fois ne ressemblons-nous pas à cet enfant qui, après avoir mis un ruban au cou de son chat, lui donne une poire à manger ou lui montre des images en couleur et s'étonne que ce fripon de chat ne cherche qu'à filer en douce ou le griffe dans un mouvement d'exaspération.

C'est bien autre chose que l'enfant aimerait faire au cours

d'une visite : il irait volontiers ouvrir la boîte qu'il voit sur une console, regarderait les images du gros livre, toucherait un objet qui brille dans un coin ; il rêve de pouvoir manger beaucoup de petits chocolats et d'attraper le poisson rouge qui nage dans l'aquarium. Mais il se garde bien de trahir ses envies, il sait que cela « ne se fait pas ».

— Dites, on rentre ? demande ce mal élevé.

On lui a annoncé des jeux amusants : de petits drapeaux, des feux d'artifice, un spectacle. Il les a attendus en vain, il est déçu.

— Alors, tu t'amuses bien ?

— Très bien, répond-il en bâillant ou en retenant un bâillement car il ne voudrait froisser personne...

La colonie de vacances : nous sommes dans la forêt et je leur raconte une histoire ; au beau milieu de celle-ci, je vois un garçon se lever et s'éloigner, suivi bientôt par un autre, puis par un troisième. Intrigué, j'essaie de les questionner dès le lendemain : j'apprends que le premier avait oublié son bâton sous un buisson et qu'il avait peur qu'on le lui vole, que le second avait mal à un doigt récemment blessé et que le troisième n'aimait pas les histoires inventées. Est-ce qu'un adulte ne quitterait pas un spectacle, même intéressant, s'il ressentait un malaise ou s'il se rappelait tout d'un coup avoir oublié son portefeuille dans la poche de son manteau ?

Je pourrais facilement prouver qu'un enfant est capable de passer des semaines et même des mois à s'occuper d'une même chose sans vouloir en changer, qu'il garde longtemps son affection à son jouet préféré, qu'il peut écouter la même histoire un nombre infini de fois sans s'en lasser. Je pourrais prouver aussi que la monotonie des goûts de l'enfant irrite souvent la mère. Elle vient alors voir le médecin pour lui demander de changer le régime alimentaire de son enfant parce que « toutes ces bouillies et compotes le dégoûtent déjà ».

— Ce n'est pas lui qu'elles dégoûtent, c'est vous, étais-je obligé de répondre.

72.

Ennui.

Solitude, absence de nouvelles sensations : ennui. Trop de sensations, trop de bruits, trop de remue-ménage : ennui. C'est interdit, attention, c'est vilain, patiente donc un peu : ennui. Ennui d'une nouvelle robe qui gêne les mouvements ; ennui des interdictions, des ordres, des devoirs à faire.

Demi-ennui du balcon d'où l'on peut regarder dans la rue, demi-ennui d'une promenade, d'une visite, d'un jeu en compagnie d'amis mal choisis.

Ennui violent comme une poussée de fièvre ; ennui chronique, avec ses hauts et ses bas.

Ennui physique d'avoir trop chaud ou trop froid, d'avoir faim, soif, sommeil, d'avoir trop mangé, d'avoir trop dormi, d'être fatigué, d'avoir mal...

Ennui-apathie : l'enfant se lève difficilement, parle peu, marche en traînant les pieds, le dos voûté, s'étire fréquemment, répond aux questions par des monosyllabes, d'une voix mourante ou par une mimique pleine de grimaces malveillantes. Il ne demande jamais rien et accueille avec hostilité chaque demande qu'on lui adresse. De temps en temps, un éclat de colère isolé, mal motivé, incompréhensible.

Ennui-surexcitation : il ne tient pas en place plus d'une minute, ne sait pas fixer son attention, il est capricieux, insupportable, souvent méchant : il importune, provoque les autres pour se sentir ensuite offensé, pleurer ou se fâcher. Il cherche exprès la bagarre et les coups par besoin de sensations fortes.

Nous voyons souvent de la mauvaise volonté là où il y a faillite de la volonté et un excès d'énergie là où il n'y a que lassitude du désespoir.

L'ennui peut revêtir parfois la forme d'une psychose collective. Incapables d'organiser un jeu parce que, soit trop timides, soit mal assortis du point de vue de leur âge ou de leur tempérament, soit se trouvant dans une situation exceptionnelle, les gosses semblent tout d'un coup pris d'une folie furieuse : ils crient, se bousculent, se font des crocs-en-jambe, tombent, tournent en rond jusqu'à l'épuisement complet, se jettent à terre, s'excitent mutuellement, éclatent d'un rire forcé. Ces « jeux » finissent le plus souvent par une bagarre, un habit déchiré, une chaise cassée, une bosse. Ce sont alors la confusion et les accusations réciproques. Il arrive qu'un « vous avez fini de faire les fous » ou encore un « vous n'avez donc pas honte de faire des histoires pareilles » puisse venir à bout d'un chaos et rétablir le calme. On reprend avec énergie l'initiative du jeu et les voilà qui chantent en chœur, écoutent un conte ou bavardent tranquillement.

Je crains fort que cette forme pathologique d'ennui collectif tellement irritante, encore que peu fréquente, soit considérée par certains éducateurs comme des jeux normaux d'« enfants en liberté ».

73.

Les jeux d'enfants n'ont pas encore fait l'objet d'une recherche clinique sérieuse.

N'oublions pas que les jeux ne constituent pas le privilège de l'enfance : les adultes ont également leurs jeux. Pensons aussi que les enfants ne jouent pas toujours par plaisir; beaucoup de leurs jeux ne sont qu'une imitation des occupations sérieuses des adultes; leurs jeux varient suivant les lieux où ils se déroulent : ils sont autres en plein air, dans une ville, entre les quatre murs d'une chambre; nous ne pouvons pas en parler sans parler de la place qu'ils occupent dans la société contemporaine.

Le ballon.

Voyez les efforts du plus jeune pour le soulever ou le rouler dans la direction choisie.

Voyez l'entraînement laborieux du plus âgé qui s'exerce à l'attraper dans la main droite puis, dans la main gauche, le faire rebondir plusieurs fois de suite, l'envoyer droit au but.

C'est à qui fera le mieux, le lancera plus haut, plus loin, plus juste : émulation, perfectionnement, triomphes et défaites.

Des surprises aussi où le comique est parfois présent : il tenait déjà le ballon, le voilà qui lui glisse des mains, rebondit contre l'épaule d'un autre et tombe dans les mains du troisième; ou le choc de trois têtes qui se penchent au même moment; le ballon qui roule sous l'armoire et ressort tout seul, gentiment.

Des émotions : il a roulé au milieu d'une pelouse, qui est-ce qui osera aller le chercher? Le voilà en haut de l'armoire, comment le faire descendre? Délibérations. Encore un carreau qui a failli partir en éclats. Le ballon a disparu : des recherches fiévreuses. Un enfant vient de se faire mal. À qui la faute : à celui qui l'a lancé ou à celui qui l'a mal rattrapé? Discussion animée.

Des initiatives originales : faire semblant de le lancer; viser l'un, l'envoyer à l'autre; le cacher adroitement pour que tout le monde le croie perdu; souffler dessus pour le faire rouler plus vite; faire semblant de tomber en l'attrapant; le saisir avec la bouche; faire croire aux autres qu'on a peur de l'attraper au vol; grimacer de douleur comme si le coup que l'on vient de recevoir était rude; battre le ballon : « dis donc, le ballon! »; le secouer : « ça bouge là-dedans » pour intriguer tout le monde.

Il y a des enfants qui aiment mieux regarder que jouer, comme il y a des adultes qui préfèrent assister à une partie de billard ou d'échecs. Ici et là, on peut observer des mouvements intéressants et géniaux, des fautes.

L'adresse dont il faut faire preuve dans ce sport n'est qu'une des explications de l'attrait qu'il représente pour les enfants.

74.

Le jeu, c'est moins le paradis enfantin que le seul domaine où nous leur laissons un peu de liberté, d'initiative. Dans le jeu, l'enfant peut apprécier la valeur de l'indépendance, même si elle n'est pas totale. Il sait que le jeu c'est son droit, alors que tous les autres plaisirs ne sont que des concessions, des faveurs passagères.

En jouant aux chevaux, à l'armée, aux brigands, aux pompiers, l'enfant décharge son trop-plein d'énergie dans des gestes dont l'utilité n'est qu'apparente mais qui lui permettent de vivre quelques moments d'illusions agréables ou de fuir consciemment la grisaille de la vie. S'ils apprécient tant les compagnons à l'imagination fertile, à l'initiative hardie et disposant d'une provision imposante d'idées puisées dans des lectures, s'ils obéissent avec tant d'humilité à leur commandement souvent despotique, c'est que grâce à ceux-ci la fiction devient plus facilement réalité. La présence des adultes et des étrangers gêne les enfants. Ils ont honte de leurs jeux parce qu'ils sont conscients de leur futilité.

Ils savent que la vraie vie est ailleurs et leurs amusements expriment leur nostalgie douloureuse, couvrent un manque et une amertume réelle.

L'enfant sait que son bâton n'est pas un cheval mais il faut bien qu'il s'en contente puisqu'il ne peut pas avoir de vrai cheval. Être assis sur une chaise renversée en train de faire semblant de ramer, ce n'est pas la même chose que se promener en barque sur un étang.

COMMENT AIMER UN ENFANT

Lorsque le programme de ses activités de vacances met à sa disposition la rivière, la forêt avec des myrtilles, une canne à pêche, des nids d'oiseaux haut perchés, un pigeonnier, des poules, des lapins dont il lui faut s'occuper, des prunes dans le verger du voisin, une pelouse fleurie devant la maison, l'enfant n'a plus besoin de jouer ou ses jeux changent complètement de caractère.

Quel est l'enfant qui échangerait un chien vivant contre un chien en peluche ou à roulettes ? Quel est l'enfant qui donnerait son poney pour un cheval à bascule ?

C'est la contrainte qu'il subit quotidiennement qui le force de recourir au jeu où il fuit l'ennui, le vide, les devoirs qui l'assomment. Il préfère jouer plutôt qu'apprendre par cœur les règles de grammaire et les tables de multiplication.

L'enfant s'attache à sa poupée, à un oiseau en cage, à une fleur en pot parce qu'il ne possède encore rien d'autre, alors qu'un vieillard ou un prisonnier s'y attache parce qu'il n'a plus rien. L'enfant joue avec n'importe quoi pour passer le temps, parce qu'il n'a rien d'autre à faire.

Nous pouvons surprendre une petite fille quand, en jouant avec sa poupée, elle lui enseigne les bonnes manières, mais nous ne la verrons jamais lorsque le soir, dans son lit, elle confie à sa poupée ses peines, ses déceptions, ses rêves, et accuse son entourage d'injustice :

— Je ne te le dis qu'à toi, ne le répète à personne.

— Mon bon toutou, ce n'est pas après toi que je suis en colère, toi, tu ne m'as rien fait.

Dans sa solitude, l'enfant dote sa poupée d'une âme.

Un paradis, l'enfance ? Ce serait plutôt un drame.

75.

Un petit gardien de troupeau aime mieux jouer aux cartes qu'au ballon : il en a assez de courir toute la journée après les vaches. Un enfant-vendeur de journaux ou un enfant-garçon de courses n'aime courir qu'au tout début de sa carrière : il apprend vite à économiser ses forces, obligé de les répartir sur l'ensemble de sa journée de travail. Un enfant que l'on oblige à s'occuper de son petit frère ne joue jamais à la poupée, il fuit plutôt ce jeu comme un devoir pénible.

Est-ce à dire que l'enfant n'aime pas travailler ? Le travail d'un enfant pauvre n'a aucune valeur éducative, il n'est que strictement utilitaire ; on ne tient jamais compte des forces et des capacités de ces petits travailleurs-là. Il serait ridicule de donner la vie des enfants pauvres en exemple à ceux qui ne connaissent pas de difficultés matérielles. Là non plus d'ailleurs, l'ennui ne perd pas ses droits : ennui de l'hiver passé dans une chambre exiguë, ennui de l'été où l'on joue dans la cour ou dans le fossé qui borde la grand'route. Ni dans un cas ni dans l'autre, nous ne savons remplir les journées de l'enfant de façon qu'elles forment une suite de moments colorés et logiquement liés dont le contenu lui permettrait de saisir toute la richesse de la vie.

De nombreux jeux d'enfants représentent en fait un vrai travail.

Quand ils construisent à quatre une cabane n'ayant pour outils qu'un morceau de tôle, quelques débris de verre et quelques clous et réussissent à enfoncer des piquets, à attacher des branches, à tapisser le sol de mousse et, tantôt silencieux, tantôt bavards, parfois maladroits mais toujours projetant une amélioration ils mettent à profit leurs expériences individuelles – ce n'est pas un jeu mais un travail, un travail d'amateurs mais du travail quand même. Le résultat n'est peut-être pas fameux, de mauvais outils, des matériaux insuffisants l'excusent assez, mais quelle organisation !

Puisque la chambre d'enfant, malgré nos efforts désespérés, ressemble toujours à un chantier où traînent des tas d'objets hétéroclites (les matériaux de futurs travaux, bien sûr), n'est-ce pas dans cette direction qu'il nous faudrait continuer nos recherches ? Si, au lieu de linoléum, on y mettait un tas de sable, un fagot de branches, une brouette de cailloux ? Peut-être qu'une planche de bois, du carton, un demi-kilo de clous, une scie, un marteau, un tour leur feraient davantage plaisir que le plus beau des « jeux » et qu'un maître qui leur apprendrait à manier les outils leur serait plus utile que le professeur de gymnastique ou de piano ? Mais avant d'introduire un changement, il faudrait chasser de cette chambre son silence et sa propreté d'hôpital... et ne plus craindre les égratignures aux doigts.

« Va jouer », disent les parents préoccupés du bonheur de leur enfant et ils entendent avec tristesse leur bambin leur répondre : « Toujours jouer et jouer. »

Que peuvent-ils faire s'ils n'ont rien d'autre à lui proposer ?

Depuis, la situation a beaucoup évolué. Les jeux de plein air font partie des programmes des écoles et on réclame davantage de terrains. Les changements surviennent d'heure en heure : la mentalité d'un père de famille ou d'un éducateur moyen n'arrive même pas à les suivre[1].

76.

En dépit de ce qui vient d'être dit, il existe des enfants qui ne détestent pas la solitude et ne ressentent pas un grand besoin d'activité physique. Ce sont ces fameux « enfants sages » qu'on n'entend pas à la maison, qui ne s'ennuient jamais, qui s'amusent tout seuls et interrompent leurs jeux sur une simple demande. Leurs désirs ne sont jamais impérieux, ils cèdent sans qu'on ait besoin d'insister, le monde imaginaire remplace la vraie vie, d'autant plus que c'est bien cela que souhaitent leurs parents.

Ils se sentent perdus au milieu d'autres enfants dont ils ressentent douloureusement l'indifférence et qu'ils n'arrivent pas à suivre dans leurs jeux. Au lieu d'essayer de les comprendre, les mères voudraient qu'ils changent. Elles oublient que l'on ne peut imposer ce qui ne s'obtient que prudemment, au prix de lents et pénibles efforts où des échecs et des humiliations sont inévitables. En forçant ces enfants à rejoindre un jeu collectif, on les fait souffrir de la même manière qu'on fait souffrir les autres en interrompant brutalement leurs jeux.

Un fait : dans le jardin public les enfants font la ronde, ils chantent en se tenant par les mains ; au milieu du cercle, deux enfants qui jouent visiblement le rôle principal.

— Va les rejoindre !

Elle refuse ; elle ne connaît pas ce jeu, elle ne connaît aucun de ces enfants et puis, ne lui a-t-on déjà pas dit une fois : « Va-t'en, on ne veut plus de toi, tu n'es qu'une maladroite ! » Mais si, elle veut bien essayer encore, mais pas aujourd'hui, demain peut-être, ou dans une semaine. La mère ne veut pas attendre, la voilà qui intervient auprès des enfants pour qu'ils fassent une place à sa fille et la pousse dans la ronde. Intimidée, l'enfant donne la main à ses voisins mais elle le fait à contrecœur, elle préférerait les regarder de loin. Pour l'encourager, la mère commet un nouvel impair :

---

1. Commentaire de J. K. pour l'édition de 1929.

« Les enfants, pourquoi ce sont toujours les mêmes qui se trouvent au centre ? Regardez cette petite fille, elle n'y a pas encore été : il faut la choisir ! »

Celles qui ont l'air de mener le jeu protestent, puis finissent par accepter, mais sans enthousiasme.

Pauvre débutante au milieu d'un groupe malveillant !

La scène se termine par les larmes de l'enfant, la colère de la mère et la confusion dans la ronde.

77.

Travaux pratiques pour éducateurs : observer un groupe d'enfants qui jouent à la ronde dans un parc public, s'attachant tout d'abord à relever les comportements caractéristiques au niveau de l'ensemble, puis au niveau d'un seul enfant que l'on choisit librement.

L'initiative, la formation, l'épanouissement et la dislocation du jeu. Qui donne le départ, organise, mène et dissout le jeu ? Quels sont les enfants qui choisissent eux-mêmes leurs compagnons, quels sont ceux qui se laissent prendre par la main ? Qui est-ce qui s'écarte pour faire place à un nouvel arrivant, qui est-ce qui proteste si on le lui demande ? Qui change le plus souvent de place ? Si la ronde s'immobilise un moment, qui attend patiemment sans bouger, ou crie : « Allez, vite, on recommence ! », qui balance les bras, piétine d'impatience, rit à gorge déployée ? Qui est-ce qui bâille, qui est-ce qui se fâche ? Qui quitte le jeu, et pourquoi ? Quels sont ceux qui insistent pour aller au centre ? Qui proteste : « non, il est trop jeune » lorsqu'une mère essaie de leur imposer son enfant ? Lequel a dit : « Ça ne fait rien, qu'il reste là un peu » ?

Si un adulte dirigeait la ronde, il y aurait tout de suite introduit un tour de rôle qui, apparemment plus équitable, gênerait le jeu plus qu'il ne l'aiderait. Ils savent ce qu'ils font : deux garçons, presque toujours les mêmes, sont au centre. Ils courent (le chat et la souris), s'accroupissent (la toupie), répondent par une rime (que met-on dans mon corbillon ?). Est-ce que les autres s'ennuient pendant ce temps ? L'un regarde, l'autre écoute, le troisième se met à chanter, tout doucement, puis de plus en plus fort, le quatrième a envie de l'imiter, il hésite, son cœur bat la chamade. Le meneur, fin psychologue de dix ans, domine parfaitement le groupe, il en est le véritable maître.

Tout en faisant la même chose, chacun d'eux réagit à sa manière.

Ainsi, nous apprenons la personnalité de chacun de ces enfants dans la vie collective, dans l'action ; quelle est sa valeur par rapport à d'autres, son degré d'indépendance, sa résistance aux suggestions collectives ; nous voyons ce qu'il apprend des autres, ce qu'il leur donne, comment il s'en fait apprécier. Si nous observions un enfant isolé, nous ne pourrions pas nous rendre compte de tous ces aspects de son caractère.

Ici, nous pouvons trouver les réponses à beaucoup de questions intéressantes : s'il a de l'autorité, à quoi tient-elle, comment s'en sert-il ? S'il ne l'a pas, semble-t-il en souffrir, en est-il fâché, boude-t-il les autres, en est-il jaloux ? S'il proteste, le fait-il souvent, avec raison ou à tort, par ambition ou par caprice, délicatement ou avec brutalité ? Est-ce qu'il évite ou recherche la compagnie du meneur ?

— Écoutez, voilà ce qu'on va faire. Attendez, on peut faire mieux que ça. Moi, je ne joue plus. Bon, d'accord, fais comme tu veux.

78.

En jouant, les enfants échangent leurs pensées, rêvent sur un sujet donné, se donnent des pouvoirs dont ils ne disposent pas encore dans la vie réelle. Ils expriment ici l'essentiel de leurs opinions comme un auteur le fait dans son livre. En jouant à l'école, en se rendant des visites imaginaires, en offrant un thé à la poupée, en vendant et achetant, en engageant et congédiant des domestiques, ils caricaturent inconsciemment la société des adultes. Ils prennent leurs jeux au sérieux. S'ils sont à l'école, les passifs chercheront à s'attirer l'éloge du maître, les actifs choisiront le rôle du cancre. Leur façon de se comporter dans le jeu trahit leur véritable attitude à l'égard de l'école.

Si un enfant n'a même pas un jardin où aller jouer, il fera d'autant plus volontiers des voyages lointains : il sera capitaine au long cours, habitera sur des îles désertes. S'il n'a même pas un chien par qui se faire obéir, il commandera avec fermeté un régiment. Puisqu'il n'est rien, il veut être tout. Est-il cependant seul à agir de la sorte ? Voyons nos partis politiques qui proposent monts et merveilles. Ce n'est qu'au fur et à mesure qu'ils gagnent de l'influence sur des affaires publiques, qu'ils les abandonnent contre le pain quotidien des conquêtes réelles.

Certains des jeux d'enfants ne nous plaisent pas beaucoup. Il va marcher à quatre pattes et aboyer pour se rendre compte comment les animaux se débrouillent ; il fait semblant de boiter, de se tenir voûté comme un vieillard ; il louche, bégaye, marche en titubant comme un ivrogne, imite le fou qu'il a aperçu un jour dans la rue ; il avance les yeux fermés (un aveugle), se bouche les oreilles (un sourd), se couche en retenant son souffle (un mort), essaie les lunettes du grand-père, tire une bouffée de cigarette, remonte en cachette le réveil ; il arrache les ailes à une mouche : « Comment fera-t-elle pour voler ? » ; il prend un aimant pour soulever une plume en métal, regarde à l'intérieur de l'oreille pour y apercevoir le tympan, inspecte la gorge pour y découvrir les amygdales ; il propose à une petite fille de jouer au médecin dans l'espoir d'apprendre quelque chose sur son anatomie, emprunte du feu au soleil avec un bout de verre, écoute la mer dans un coquillage, frotte un silex contre un autre.

Il veut connaître, voir, vérifier, expérimenter tout ce qui est à sa portée ; de toute manière, il restera encore tant de choses qu'il lui faudra croire sur parole.

On dit qu'il n'y a qu'une seule lune, pourtant, on la rencontre partout.

— Dis donc, je vais de l'autre côté de la palissade, ne bouge surtout pas d'ici.

Ils ferment le portillon.

— Alors, tu en vois une au jardin ?

— Oui.

— Moi aussi, j'en vois une.

Ils échangent leur poste d'observation, vérifient à nouveau. Maintenant, c'est formel : il y a deux lunes.

79.

Les jeux qui permettent de mesurer ses forces, de se rendre compte de sa propre valeur, en se comparant aux autres, occupent une place à part.

Ce sera donc à qui fera les plus grands pas, marchera le plus longtemps les yeux fermés, se tiendra le plus longtemps sur une jambe sans cligner des yeux, regardera l'autre au fond des yeux sans éclater de rire, retiendra le plus longtemps sa respiration. Des paris : qui va crier le plus fort, cracher ou uriner le plus loin, lancer le plus haut une pierre ? Voyons qui réussira à sauter de la dernière marche de l'escalier ou supporter la douleur sans crier en se laissant serrer un doigt ? C'est le plus rapide, le plus agile, le plus fort qui gagne.

— Moi, je sais. Moi je peux le faire.

— Je le sais mieux que toi. J'en ai plus que toi. Le mien est meilleur.

— Ma mère le sait. Mon père peut le faire.

C'est ainsi que l'on force le respect, c'est ainsi que l'on gagne une place au soleil. Et il ne faut pas oublier que le bonheur d'un enfant ne dépend pas seulement de la manière dont le traitent les adultes mais aussi, sinon davantage, du jugement que portent sur lui ses compagnons de jeu. C'est leur opinion qui conditionne son adhésion au groupe.

Il arrive que les cinq ans soient acceptés parmi les huit ans et que ces derniers soient admis chez les dix ans dont l'indépendance les éblouit. Ne sont-ils pas déjà libres de marcher seuls dans la rue, n'ont-ils pas un plumier fermant à clé, un calepin avec des adresses ? C'est précieux d'avoir un copain qui a deux classes d'avance et qui est capable, pour la moitié d'un gâteau ou même pour rien, de vous expliquer des tas de choses passionnantes.

Si l'aimant attire le fer c'est parce qu'il est aimanté. C'est à cause de la minceur de leurs jambes que les chevaux arabes sont les meilleurs. Le sang des rois n'est pas rouge mais bleu. Ça doit être la même chose pour les lions et les aigles (il va falloir le vérifier). Si on donne la main à un cadavre, on ne peut plus la lui arracher. Dans la forêt, on rencontre des bonnes femmes qui, à la place des cheveux, ont des vipères sur la tête ; il en a vu sur des images, et même en vrai, mais de loin ; parce que, si tu les approches de près, elles te transforment en pierre (là, il doit mentir). Il a déjà vu un noyé et aussi comment naissent les enfants. Il sait faire un porte-monnaie en papier.

— Mais non, il ne dit pas seulement qu'il sait : l'autre jour, il en a fait un devant moi. Maman ne sait pas le faire.

80.

Si nous prenions vraiment au sérieux les sentiments, les aspirations et les jeux de nos enfants, nous verrions que leurs amitiés et leurs antipathies sont toujours parfaitement justifiées. Ils sont capables de se brouiller avec leurs meilleurs amis sans que leur amitié en soit compromise et refuser de voir ceux qu'ils n'aiment pas sans rien avoir à leur reprocher.

— On peut pas jouer avec lui; il pleure pour un oui ou pour un non, fait la tête, crie comme un imbécile; il ne fait que se vanter, il veut toujours commander, il bat tout le monde, il triche; il ne sait rien faire, il pleurniche tout le temps, il est trop petit, il est trop bête, il est sale, il est laid.

C'est vrai, un mioche qui est toujours à brailler et à faire des caprices peut gâcher le meilleur jeu. Ne nous étonnons pas s'ils cherchent à s'en débarrasser. Et ne leur disons pas : « Cédez-lui donc, il est encore petit. » Ce n'est pas un argument. Les grandes personnes ne cèdent pas non plus aux enfants.

Il refuse d'aller jouer dans la maison d'un ami. Pourquoi? Il y a là-bas des enfants qu'il connaît, ils ont déjà joué ensemble.

Oui, mais chez lui. Alors que, là-bas, il y a un monsieur qui crie, une dame qui l'embête avec ses baisers, une bonne qui a été méchante avec lui, la sœur de son ami qui ne fait que le vexer, un chien dont il a peur. Mais il a trop d'amour-propre pour l'avouer à sa mère, elle croit donc qu'il fait des caprices.

Elle ne veut pas aller au parc. Pourquoi? Parce qu'un garçon lui a promis une raclée, parce qu'elle s'est fait attraper par le jardinier lorsqu'elle allait chercher sa balle au milieu de la pelouse, parce que la nurse d'une petite fille a une dent contre elle, parce qu'elle a promis un timbre à un garçon et qu'elle n'a pas pu le retrouver.

Certes, il y a des enfants pathologiquement capricieux. J'en ai vu des dizaines défiler dans mon cabinet. Ce sont presque toujours les enfants entourés de trop de sollicitude qui les étouffe véritablement. Ils savent très bien ce qu'ils veulent mais, comme par hasard, ce sont toujours les choses qui leur seraient nuisibles. Si chez beaucoup d'enfants on note une certaine froideur à l'égard des adultes, dans les yeux de ces derniers on peut lire une véritable haine et le mépris envers leur entourage. Un amour mal compris peut faire d'un enfant un martyr. Ces enfants trop aimés devraient être protégés par la loi.

81.

Nous avons affublé les enfants de l'uniforme de la puérilité et nous croyons qu'ils nous aiment, qu'ils nous estiment, qu'ils ont confiance en nous, qu'ils sont innocents, candides et qu'ils nous savent gré de ce que nous faisons pour eux. Nous jouons à perfection notre rôle de tuteurs désintéressés et nous nous attendrissons sur nos sacrifices. Les enfants nous croient un certain temps mais, bientôt, le doute apparaît. Ils essaient parfois de le chasser jusqu'au jour où, s'apercevant de l'inutilité de leurs efforts, ils se mettent à nous tromper, nous acheter, nous exploiter.

Ils nous soutirent des concessions par un sourire gracieux, par un baiser, par un mot drôle. Ils nous forcent à leur céder en promettant d'être gentils ou nous achètent une promesse en nous cédant à leur tour. Quelquefois, avec tact, ils font valoir leurs droits ; quelquefois, ils nous forcent la main en se faisant pressants, insupportables ; quelquefois, ils y vont carrément en demandant ce qu'ils vont recevoir en échange de leur soumission.

Des esclaves, tour à tour soumis ou révoltés.

— Il ne faut pas le faire, c'est dangereux, c'est un péché. La maîtresse l'a dit à l'école. Si maman le savait !

— Si tu ne veux pas, tu n'as qu'à partir. Ta maîtresse n'est pas plus intelligente que toi. Vas-y, dis-le à maman, je m'en fiche.

Nous détestons voir un enfant que nous venons d'attraper, grommeler quelque chose entre ses dents. Nous savons que, dans son indignation, il prononce des mots sincères qui ne nous flattent pas.

Lors de ces innombrables conflits qui l'opposent à nous quotidiennement, l'enfant ressent parfois quelques remords mais il préfère nous les cacher. Par contre, ce qu'il ne dissimule jamais, c'est l'aversion profonde que lui inspire l'injustice despotique des adultes.

Si l'enfant semble témoigner beaucoup de sympathie à un oncle, c'est parce que celui-ci est gai, lui permet de passer quelques bons moments de liberté et sait lui offrir des cadeaux qui lui font vraiment plaisir. Parce que l'enfant n'apprécie pas forcément tous les cadeaux, et encore moins ceux qui lui viennent de la part des personnes qu'il n'aime pas. « Il croit m'avoir fait une grâce », dira-t-il, indigné.

82.

Les grandes personnes ne sont pas intelligentes : elles ne savent pas profiter de leur liberté. Elles ont la chance de pouvoir s'acheter tout ce qu'elles veulent, tout leur est permis, mais, au lieu d'être contentes, elles passent leur temps à rouspéter, à être de mauvaise humeur.

Les grandes personnes ne savent pas tout : elles disent parfois n'importe quoi, se débarrassent d'une question par une pirouette ou répondent d'une façon embrouillée. L'une dit oui, l'autre non, on finit par ne plus savoir où est la vérité. Combien y a-t-il d'étoiles ? Comment dit-on « cahier » en chinois ? Comment l'homme s'endort-il ? Est-ce que l'eau vit ? Comment sait-elle qu'elle est déjà à zéro degré pour se changer en glace ? Où est l'enfer ? Comment est-ce qu'il a fait, le monsieur, pour faire une omelette avec des montres ? Il les a mises dans son chapeau, mais le chapeau n'a même pas été abîmé après la cuisson et les montres ont marché aussi bien qu'avant. C'était un miracle ?

Les grandes personnes ne sont pas bonnes. Si elles nous donnent à manger, c'est parce qu'elles doivent le faire, sinon on mourrait. Elles ne nous laissent rien faire. Elles rient si on leur demande quelque chose et, au lieu d'expliquer, elles se moquent de nous. Elles sont injustes, mais si on les trompe, elles ne s'en aperçoivent même pas. Elles aiment bien qu'on les flatte. Quand elles sont de bonne humeur, tout est permis mais tout les dérange quand elles sont mécontentes.

Les grandes personnes mentent. Ce n'est pas vrai que les bonbons donnent des vers, ce n'est pas vrai qu'un tzigane vient prendre les enfants qui ne mangent pas, ce n'est pas vrai que les pauvres tirent le diable par la queue. Elles ne tiennent jamais leur parole : elles promettent, puis elles oublient. Si on le leur rappelle, elles disent que c'est une punition ou trouvent des tas d'excuses.

Elles veulent qu'on leur dise la vérité, mais il suffit d'essayer pour qu'elles se fâchent. Elles sont hypocrites : elles vous disent une chose en face et une autre derrière votre dos ; quand elles n'aiment pas quelqu'un, elles font semblant d'être gentilles : « je vous en prie, merci, pardon, mes hommages », comme si quelqu'un pouvait s'y méprendre.

Avez-vous observé l'expression du visage de l'enfant qui, alors qu'il jouait gaiement, se fait brusquement rudoyer par l'adulte pour un délit mineur? Sinon, je vous conseille de le faire.

Le père est en train d'écrire : l'enfant accourt lui dire quelque chose, l'attrape par la manche... et une tache d'encre s'étale sur un document important. Il regarde stupéfait : qu'est-ce qui s'est passé?

Ses questions tournées en ridicule, ses farces mal appréciées, ses secrets trahis, ses confidences exploitées avec perfidie, autant de tristes expériences qui apprennent à l'enfant à traiter l'adulte en animal sauvage qui se laisse apprivoiser mais dont les réactions sont toujours imprévisibles.

83.

Ce manque d'estime et ce ressentiment mêlé de crainte, que l'on observe parfois chez l'enfant à l'égard de l'adulte, s'accompagnent quelquefois d'une véritable aversion.

Une barbe qui pique, une peau rêche, l'odeur du cigare sont vraiment désagréables à l'enfant. Après chaque baiser, il s'essuiera soigneusement la bouche tant qu'on ne le lui aura pas interdit. La plupart des enfants détestent qu'on les prenne sur les genoux; ils n'aiment pas non plus qu'on les prenne par la main : ils vous la retirent doucement. Tolstoï l'a remarqué chez les petits paysans, mais ce réflexe leur est commun à tous tant que nous ne les aurons pas dépravés par le dressage.

L'odeur de la transpiration comme celle d'une eau de toilette un peu forte « pue » pour l'enfant et il ne cessera de le dire que le jour où nous lui mettrons en tête que ce mot est vilain et que le parfum ne peut que sentir bon, seulement il ne s'y connaît pas encore.

Tous ces messieurs et toutes ces dames qui souffrent de troubles gastriques, de courbatures, de coliques; qui ont une mauvaise haleine, craignent les courants d'air, ont peur de manger le soir, ont des quintes de toux, perdent leurs dents, s'essoufflent en montant l'escalier, tous lui paraissent également repoussants.

Et leurs caresses alors! Cette façon de vous tapoter la joue, de vous serrer dans leurs bras, ces diminutifs, cette familiarité, ces questions idiotes, ces rires qui ne riment à rien!

— À qui ressemble-t-elle? Mais c'est un grand garçon déjà! Mon Dieu, comme ça pousse vite...

Et l'enfant, gêné, attend que cela finisse.

Parfois, ils sont même indécents; ils disent devant tout le monde : « attention, tu vas perdre ta culotte » ou « tu vas pêcher le poisson la nuit ».

L'enfant se sent plus propre, mieux élevé, plus digne de respect que toutes ces grandes personnes.

— Il a peur de manger, il a peur de l'humidité : c'est un lâche. Moi, je n'ai peur de rien. Qu'il reste chez lui, s'il veut, pourquoi m'interdit-il de sortir ?

Il pleut : l'enfant sort en courant, reste un moment sous la pluie, puis s'enfuit en riant et lisse ses cheveux mouillés. Il gèle : il va serrer ses coudes, courber le dos en cachant sa tête dans ses épaules, bander ses muscles, retenir sa respiration pour suivre avec intérêt une bagarre dans la rue ou un convoi funéraire qui passe; il a les doigts gourds, les lèvres livides : brr, j'ai froid! Il court se réchauffer, tout content.

— Pauvres vieux, tout les dérange.

La pitié est peut-être le seul bon sentiment que l'enfant éprouve de façon constante à l'égard de l'adulte.

— Ça ne doit pas aller bien fort chez eux puisqu'ils ne sont jamais heureux. Pauvre papa qui travaille tant, pauvre maman qui est toujours fatiguée, ils vont peut-être mourir bientôt, il faut être gentil avec eux.

84.

Une réserve toutefois.

En dehors de tous ces sentiments négatifs et positifs dont on vient de parler, en dehors de sa capacité de raisonner en toute indépendance, l'enfant possède également le sens du devoir, car il ne se libère jamais entièrement de l'influence éducative de son milieu qui lui impose sa propre façon de voir les choses. L'enfant se retrouve ainsi en conflit avec lui-même, plus rapidement et plus nettement chez un sujet actif, plus tardivement et d'une façon moins précise chez un sujet passif. Le premier s'en aperçoit tout seul, un compagnon d'infortune ouvrira les yeux au second sans systématiser, bien sûr, comme je viens de le faire. L'âme de l'enfant est aussi complexe que la nôtre, remplie des mêmes contradictions, confrontée, comme la nôtre, à cet éternel et tragique : « Je veux mais je ne peux pas; je sais qu'il le faut, mais je n'y arrive pas. »

L'éducateur qui sait le comprendre vivra grâce à l'enfant

113

beaucoup de moments inspirés en assistant à ce combat de l'ange et de Satan, qui finit par le triomphe du premier.

Il a menti, il a mangé toutes les fraises du gâteau, il a soulevé la robe de la petite fille, il a frappé une grenouille à coups de pierre, il s'est moqué d'un bossu, il a cassé la statuette et remis les morceaux ensemble pour que personne ne le voie, il a fumé, il a dit des gros mots à son père.

Il sait qu'il a mal agi, mais il sait aussi qu'il va recommencer à la prochaine tentation.

Il arrive parfois qu'un « enfant terrible » devienne tout d'un coup silencieux, tendre et soumis. Les parents s'en méfient : « Il doit avoir quelque chose sur la conscience. » Souvent, ce changement survient au lendemain d'une tempête : larmes étouffées dans l'oreiller, résolutions, serments solennels. Et nous voilà prêts à tout pardonner contre une promesse, oh, même sans garantie, que cela ne va plus recommencer.

— Mais je ne peux pas changer. Je ne peux pas le promettre.

Ce n'est pas de l'obstination, c'est l'honnêteté qui dicte ses paroles.

— Je comprends ce que vous voulez dire, mais je suis incapable de le ressentir, m'a dit un garçon de douze ans.

Cette honnêteté digne de respect, nous la rencontrons même chez les enfants qui ont quelque penchant au vice.

— Je sais qu'il ne faut pas voler, que c'est une honte, un péché. Je ne veux pas voler. Mais je ne sais pas si je pourrais ne pas recommencer. Je ne le fais pas exprès.

85.

Nous nous faisons beaucoup d'illusions en croyant que l'enfant va se contenter longtemps d'une interprétation angélique du monde où tout est simple et bon, que nous réussirons à lui cacher nos faiblesses, nos contradictions, nos échecs, notre ignorance d'une formule générale de bonheur. Les recommandations naïves de petits guides éducatifs (il faut éviter de discuter en présence de l'enfant, le père ne devrait jamais critiquer la mère, il ne faut pas envoyer la bonne dire à un visiteur importun que « madame et monsieur sont sortis ») ne nous serviront pas à grand-chose lorsque l'enfant se mettra à nous poser des questions :

— Pourquoi est-ce qu'on attrape les mouches avec de la

glu s'il ne faut pas faire souffrir les animaux ? Pourquoi je ne dois pas dire « oh, la jolie robe ! » si maman le dit quand elle en achète une ? Est-ce que tous les chats sont faux ? Pourquoi nounou se signe quand elle voit un éclair et dit « Dieu miséricordieux » alors que la maîtresse nous dit que c'est de l'électricité ? Est-ce qu'il faut respecter un voleur parce que c'est une grande personne ? Pourquoi l'oncle a dit « le diable te crache au cul », il ne sait pas que c'est vilain ? Pourquoi « nom d'un chien » est un juron ? Pourquoi maman ne croit pas aux rêves alors que la cuisinière y croit ? Pourquoi on ne doit pas demander combien a coûté le cadeau ?

Comment répondre pour ne pas les embrouiller davantage ?

Le hasard a voulu que j'assiste deux fois à une scène similaire où il s'agissait d'expliquer à l'enfant ce qu'est un globe.

— C'est un ballon, nounou ?

— Oui, si tu veux, une sorte de ballon.

L'autre fois :

— Maman, qu'est-ce que c'est que cette boule ?

— Ce n'est pas une boule, c'est la Terre. C'est là-dessus que se trouvent toutes les maisons, les chevaux et maman.

— Toi ? et l'enfant de regarder sa mère avec une compassion mêlée de crainte.

86.

C'est lorsqu'ils chahutent ou pleurent, que nous remarquons le mieux les enfants, parce que, à ces moments-là, ils sont très différents de nous. Mais là où ils nous ressemblent le plus, dans leur sérieux, dans leur recueillement silencieux, dans leurs émotions profondes, leurs étonnements, leurs soupçons, leurs doutes, nous avons l'air d'oublier qu'ils restent toujours enfants. Pour être un « vrai enfant », notre enfant n'a pas besoin de sauter à cloche-pied, il l'est également lorsqu'il cherche à comprendre les mystères du conte étrange qu'est la vie. Le seul « faux enfant » est celui qui fait de l'esbroufe en empruntant aux adultes leurs mots et leurs attitudes. L'enfant n'a pas besoin de raisonner « comme un grand » pour réfléchir aux graves problèmes de la vie ; il le fait à sa manière parce qu'il manque d'expérience et de connaissances.

Je leur raconte une histoire remplie de magiciens, de dragons, de fées, de princesses et de princes charmants et j'entends l'un d'eux me demander naïvement :

— Est-ce vrai, tout ça?

À ma place, un garçon lui répond sur un ton de supériorité :

— Monsieur t'a bien dit que c'était une histoire.

Les personnages et l'action n'avaient rien d'invraisem-
blable, tout cela aurait pu arriver ou presque... Mais nous
avons expliqué aux enfants que les contes de fées n'avaient
rien à voir avec la vie réelle.

Les *mots*, qui devaient nous permettre de résoudre les
mystères du monde, n'ont fait qu'augmenter notre ignorance.
Jadis, nos besoins restreints n'exigeaient qu'un nombre limité
de réponses catégoriques. De nos jours, le vaste univers des
mots nous plonge dans l'océan des problèmes d'hier,
d'aujourd'hui, de demain. Dépassés, nous n'avons ni le moyen
ni le temps de réfléchir à tout. Le savoir théorique se détache
de la vie quotidienne et s'installe dans le domaine des hypothèses.

À ce stade de la vie de l'enfant, où il commence à se poser
des questions complexes, on distingue deux types d'intelligence : réaliste et réflexive, qui correspondent, respective-
ment, au tempérament actif et passif.

L'enfant réaliste croit ou ne croit pas, selon le vouloir de
celui auquel il est censé obéir ; le plus souvent, il croit, parce
que c'est plus commode. L'enfant à l'esprit réfléchi se pose des
questions, se renseigne, tire des conclusions des réponses
reçues, se révolte, en pensée et en actes. Mais si nous oppo-
sons l'opportunisme inconscient du premier à la volonté de
connaître du second, nous commettons une erreur qui peut
rendre difficile la thérapie éducative.

Dans des cliniques psychiatriques, un sténographe note
les monologues et les conversations des malades. On fera de
même dans de futures cliniques qui auront pour objet l'étude
de la physiologie et de la psychologie de l'enfant. Aujourd'hui,
nous ne disposons que du matériau de questions enfantines.

87.

Le conte fantastique de la vie : les histoires des animaux.

Dans la mer, il y a des poissons qui dévorent les hommes.
Est-ce que ces poissons sont plus grands qu'un bateau? Ris-
quent-ils de s'étrangler en avalant un homme? Peuvent-ils
avaler aussi un saint? Et qu'est-ce qu'ils mangent si aucun
bateau n'échoue? Peut-on attraper un de ces poissons? Et les

autres poissons, comment peuvent-ils vivre dans la mer ? Est-ce que les grands poissons sont nombreux ? Est-ce qu'ils sont plus d'un million ? Pourquoi ne les attrape-t-on pas ? Peut-on en faire un bateau ? Est-ce qu'ils sont préhistoriques ?

Pourquoi les abeilles ont-elles une reine et pas de roi ? Est-il mort ? Si les oiseaux savent comment voler jusqu'en Afrique, c'est qu'ils sont plus intelligents que les hommes parce qu'ils n'ont pas été à l'école. Pourquoi : « mille-pattes » ? Il n'en a pas autant. Combien en a-t-il pour de vrai ? Est-ce que tous les renards sont rusés ? Pourquoi ne changent-ils pas ? Est-ce que le chien resterait fidèle si on le battait et le torturait ? Pourquoi est-il interdit de regarder un chien monter sur un autre ? Est-ce qu'on empaille des animaux encore vivants ? Peut-on empailler un homme ? L'escargot, il doit être très à l'étroit dans sa maison ? Meurt-il si on le sort de sa coquille ? Pourquoi est-il si mouillé ? Est-ce une sorte de poisson ? Comprend-il quand on lui dit : « Escargot, montre tes cornes ? » Est-ce que les poissons ont du sang froid ? Est-ce qu'une vipère souffre quand elle change de peau ? Pourquoi ne souffre-t-elle pas ? De quoi peuvent bien parler les fourmis ? Pourquoi on dit que l'homme meurt et les animaux crèvent ? Si on cassait sa toile à l'araignée, est-ce qu'elle en crèverait ? D'où prendrait-elle du fil pour en faire une autre ? Comment la poule peut-elle naître d'un œuf ? Faut-il pour cela mettre l'œuf dans la terre ? Si l'autruche mange des pierres, comment se débrouille-t-elle pour faire caca ? Comment un dromadaire peut-il connaître la quantité d'eau qu'il lui faut emporter dans sa bosse ? Est-ce que le perroquet ne comprend rien de ce qu'il raconte ? Est-il plus intelligent qu'un chien ? Est-ce que Robinson a été le premier à le faire parler ? Est-ce difficile, comment s'y prend-on ?

Les histoires des plantes.

L'arbre vit, respire, meurt... d'un petit gland pousse un grand chêne... une petite fleur devient une poire... j'aimerais bien voir comment. Est-ce qu'on peut faire pousser des chemises comme si c'étaient des arbres ? La maîtresse l'a dit à l'école, je le jure. Papa a dit que c'était des histoires et maman que ce n'étaient pas des arbres mais du lin qui pousse dans des champs... La maîtresse n'a pas voulu qu'on en parle pendant la leçon d'arithmétique... elle l'expliquera une autre fois. Donc, ce n'était pas un mensonge ? Ce serait chouette de pouvoir voir au moins une fois un arbre comme ça.

Qu'est-ce qu'un dragon à côté de telles merveilles ! Il n'existe pas, mais il pourrait très bien exister. Et saint Michel terrassant le dragon ? Et la Sirène qui est l'emblème de Varsovie ?

88.

Les histoires des peuples.

Un nègre est si noir qu'on ne peut même pas savoir s'il s'est bien lavé. Mais sa langue n'est pas noire, ni ses dénis... Ce n'est pas un diable : il n'a pas de cornes, pas de queue non plus. Ses enfants sont noirs comme lui. Ils sont très sauvages : ils mangent les hommes. Ils ne croient pas en Dieu mais aux grenouilles... Avant, tous les hommes croyaient à l'arbre, ils étaient bêtes... Les Grecs croyaient aussi à des tas de bêtises, mais il paraît qu'ils étaient intelligents... pourquoi y croyaient-ils alors ? Les nègres marchent tout nus mais ils n'en ont pas honte. Ils se mettent des coquillages dans les trous du nez et pensent que c'est joli... pourquoi ne leur dit-on pas de ne plus le faire ? Ils mangent des figues, des dattes, des bananes... ils ont des singes... ils ne vont pas à l'école. Là-bas, un petit garçon va tout de suite à la chasse, ils en ont de la chance !

Les Chinois portent des nattes, ils sont très drôles. Les plus intelligents de tous sont les Français. Mais pourquoi mangent-ils des grenouilles et parlent en faisant des « bon-pon-fon-don » ? Les Allemands, c'est encore pire : « derdidas, was is das ». Les juifs ont peur de tout, ils crient « aï-waïe » et ils trichent. C'est normal, puisqu'ils ont tué le Jésus. En Amérique, il y a aussi des Polonais... Qu'est-ce qu'ils font là-bas ? Pourquoi sont-ils partis ? Est-ce que c'est beau, l'Amérique ? Les Tziganes volent les enfants, ils leur brisent les jambes et les obligent à mendier. Parfois, ils les vendent à un cirque. Ça doit être agréable de se produire dans un cirque. Est-ce vrai qu'il suffit de se démettre une fois le poignet pour réussir tous les tours d'acrobatie ? Est-ce que les lutins existent, pourquoi est-ce qu'on en parle alors ? L'autre jour, on a vu dans la rue un tout petit monsieur... Pourquoi les nains ne grandissent jamais, est-ce une punition ? Comment les Phéniciens ont-ils pu réussir à faire du verre avec du sable ? C'étaient des sorciers ? Est-ce qu'un alpiniste est capable d'escalader une montagne qui crache du feu ? Est-ce que les marins forment un peuple à part ? Qu'est-ce qui est plus difficile : être un bon marin ou un bon plongeur ? Lequel des deux est plus important ?

Tout en posant des questions, on s'inquiète parfois :

— Est-ce que ce serait suffisant de se mettre de l'encre sur tout le corps pour que les nègres ne vous reconnaissent pas?

L'enfant accepte difficilement une réponse abstraite. Il a besoin de tout voir, de tout toucher, de tout essayer, ne serait-ce qu'une fois.

89.

Les histoires et l'homme.

Est-il vrai qu'il existe des hommes avec des yeux en verre? Peuvent-ils les enlever quand ils veulent? Est-ce qu'ils voient bien avec ces yeux? À quoi cela sert, une perruque? Pourquoi se moque-t-on d'un chauve? Est-il vrai que certains hommes parlent avec leur ventre? Est-ce grâce au nombril? À quoi cela sert, un nombril? Pourquoi les larmes et la mer sont-elles salées? Pourquoi les filles ont-elles les cheveux longs sur la tête mais pas sous le ventre? Est-ce que ça se mange, un poisson d'avril? Est-ce qu'on est obligé de mourir? Où j'étais quand je n'étais pas encore né? La bonne a dit qu'il suffit de regarder quelqu'un méchamment pour qu'il tombe malade, mais si, après ça, on crache trois fois, le charme est rompu. Pourquoi est-ce qu'on éternue avec le nez? Est-ce que les fous sont de vrais malades? Et les ivrognes? Qu'est-ce qui est pire: être un fou ou un ivrogne? Pourquoi je n'ai pas encore le droit de savoir comment naissent les enfants? Est-ce que le vent souffle à chaque fois qu'un homme s'est pendu? Vaut-il mieux être aveugle ou sourd? Pourquoi les enfants meurent et les vieux continuent à vivre? Quand faut-il pleurer plus: après la mort du grand-père ou celle du petit frère? Pourquoi le canari n'a pas le droit d'aller au ciel? Est-ce qu'une marâtre doit toujours battre les enfants? Le lait qui est dans le sein, est-ce aussi la vache qui l'a donné? Les rêves sont-ils vrais ou faux? Qu'est-ce qui rend les cheveux roux? Pourquoi ne peut-on pas avoir un enfant si l'on n'a pas de mari? Qu'est-ce qu'il vaut mieux: manger un champignon vénéneux ou se faire piquer par une vipère? Est-ce qu'on pousse plus vite si l'on se promène sous la pluie? Qu'est-ce qu'un écho, pourquoi habite-t-il dans la forêt? Qu'est-ce que l'ombre, pourquoi ne peut-on pas la fuir? Est-il vrai qu'une fille aura des moustaches si elle se fait embrasser par un moustachu? Est-il vrai qu'on a des petits vers invisibles dans les dents?

90.

Les dieux, les demi-dieux et les héros de l'enfant.

Ils se divisent en visibles et invisibles, ils peuvent être animés ou inanimés. Il est très difficile de les classer par ordre hiérarchique : maman, papa, grand-mère, grand-père, les tantes, les oncles, les domestiques, l'agent de police, le roi, le docteur, les adultes dans leur ensemble, monsieur l'abbé, l'instituteur et aussi les camarades plus âgés.

Les puissances visibles inanimées : la croix, le rouleau de la Torah, le missel, les images saintes, les portraits des ancêtres, les statues de grands hommes, des photographies d'inconnus.

Les puissances invisibles : Dieu, la santé, l'âme, la conscience, les morts, les sorciers, les diables, les anges, les fantômes, les loups, des parents éloignés dont on entend souvent parler.

L'enfant comprend qu'il faut obéir à toutes ces autorités, même si cela lui coûte. Elles veulent aussi qu'il les aime et cela lui pose des problèmes.

— J'aime plus maman et papa.

Le petit coquin sait qu'en donnant une réponse absurde à une question absurde il nous désarme facilement. L'enfant plus âgé a horreur de ce genre de questions, il les trouve gênantes et humiliantes. Il aime parfois beaucoup, parfois moins, parfois comme ci comme ça, juste ce qu'il faut... il hait de temps en temps, oui, c'est terrible, mais c'est comme ça.

Le respect, c'est un sentiment si compliqué que, pour ne pas se tromper, l'enfant préfère s'en remettre à l'expérience des grands.

Maman commande à la bonne, la bonne a peur de maman, maman a le droit de l'attraper. Maman doit obéir au médecin, elle peut se faire gronder par un policier. Les copains d'école n'ont pas peur de maman. Papa est triste parce que son patron l'a grondé. Le soldat a peur de l'officier, l'officier du général, le général du roi : ça, au moins, c'est clair. (Est-ce pour cela que les garçons s'intéressent tant aux grades ?)

Les intermédiaires entre les autorités visibles et invisibles sont dignes de plus grand respect : monsieur l'abbé a parlé avec Dieu, pour le médecin la santé n'a pas de secrets, le soldat dépend du roi et la bonne sait des quantités de choses sur les sorciers et les fantômes.

Il y a pourtant des jours, où le plus digne de respect sera

un vacher qui sait sculpter des figurines dans le bois avec un simple couteau : ni maman ni papa ne sauraient en faire autant.

91.

Pourquoi les fruits pas mûrs donnent-ils mal au ventre ? Où est la santé : dans le ventre ou dans la tête ? Est-ce que l'âme et la santé c'est la même chose ? Pourquoi l'homme ne peut pas vivre sans âme alors que le chien en est capable ? Est-ce que le docteur peut tomber malade et mourir ? Pourquoi ? Pourquoi tous les grands hommes sont toujours morts ? Peut-on être un grand écrivain et ne pas mourir ? Les rois doivent mourir aussi : ils ne peuvent pas se cacher. Est-ce que Mickiewicz était un saint ? Est-ce qu'une reine a des ailes ? Est-ce que monsieur l'abbé a rencontré Dieu ? Est-ce que Dieu prie ? Est-ce qu'un aigle peut voler jusqu'au ciel ? Que peuvent-ils bien faire, les anges ? Dorment-ils, mangent-ils, jouent-ils au ballon comme nous ? Qui est-ce qui leur fait leurs robes ? Est-ce que les diables souffrent ? Est-ce que ce sont eux qui ont empoisonné les champignons vénéneux ? Si Dieu n'aime pas les brigands, pourquoi veut-il que l'on prie pour eux ? Pourquoi papa ne prie jamais, est-ce Dieu qui le lui a permis ? Peut-on dire que le tonnerre est un miracle et que l'air c'est Dieu ? Pourquoi ne voit-on jamais l'air ? Est-ce qu'il entre peu à peu dans une bouteille vide ou d'un seul coup ? Comment sait-il qu'elle n'est pas remplie d'eau ? Pourquoi les pauvres disent des gros mots ? De quoi fait-on les nuages ? Si l'on ne voit jamais une tante, est-ce que cela veut dire qu'elle habite dans un cercueil ?

Quel enfantillage de la part des parents (ne me dites surtout pas que ce sont des parents modernes) que de croire qu'il suffit de dire aux enfants que Dieu n'existe pas pour leur faciliter la compréhension du monde. Si Dieu n'existe pas, qu'est-ce qui existe à sa place, qui est-ce qui a fait tout cela, où irai-je après la mort, d'où vient le premier homme ? Est-ce vrai que si l'on ne prie pas, on vit comme des bêtes ? Papa a dit que les anges n'existent pas mais moi, j'en ai vu un de mes propres yeux. Pourquoi dire qu'il ne faut pas tuer si ce n'est pas un péché ? Une poule, ça souffre aussi.

Autant de doutes, autant de craintes.

92.

Les histoires tristes.

Pourquoi est-ce qu'il est pauvre ? Pourquoi ne peut-il pas s'acheter à manger ? Pourquoi n'a-t-il pas d'argent ? Pourquoi ne peut-on pas lui en donner « comme ça » ?

Tu dis à l'enfant :

Les enfants pauvres sont sales, ils disent des gros mots, ils ont des poux dans leurs cheveux et des maladies qui s'attrapent facilement. Ils se battent entre eux, jettent des pierres, ils pourraient te crever un œil. Ne va pas dans la cour, ne va pas dans la cuisine : il n'y a là rien d'intéressant.

Et la vie dit à l'enfant :

Ils ne sont jamais malades, ils courent gaiement toute la journée, boivent de l'eau du puits, s'achètent de délicieux bonbons colorés. Ils balayent la cour, enlèvent la neige avec des pelles, c'est très agréable. Ils n'ont pas de poux, ne jettent pas de pierre, ne se battent pas mais font des combats de boxe. Leurs gros mots sont bien amusants et on est cent fois mieux dans la cuisine que dans la chambre.

Tu dis à l'enfant :

Il faut aimer et respecter les pauvres; ils sont bons, travaillent dur. Il faut être reconnaissant à la cuisinière parce qu'elle nous prépare à manger et au concierge, parce qu'il garde notre maison. Va jouer avec les enfants du concierge.

Et la vie lui dit :

La cuisinière a tué une poule : on va la manger demain. Maman en mangera aussi, parce que la poule n'a plus mal quand elle est cuite... Mais la cuisinière l'a tuée quand elle vivait encore et même maman n'a pas supporté de voir cela. Le concierge a noyé les chiots... ils étaient si mignons! La cuisinière a les mains rêches, elle les plonge dans une eau dégoûtante. Un paysan, ça sent toujours mauvais, un juif aussi. On ne dit jamais d'une marchande que c'est une dame, un concierge, ce n'est pas un monsieur. Les enfants pauvres sont souvent sales et il suffit que tu leur montres quelque chose pour qu'ils te disent : « donne-le »; si tu refuses, ils te l'arrachent, rient méchamment et te crachent au visage...

Même si l'enfant n'a jamais entendu parler des sorciers, c'est avec crainte qu'il s'approchera d'un mendiant pour lui glisser un sou dans la main.

Il sait qu'on ne lui dit jamais toute la vérité, que là aussi, il doit y avoir un mystère, une laideur qu'on tient à lui cacher.

93.

Les bonnes manières.

Il est vilain de fourrer son doigt dans la bouche ou dans le nez, dire : « je ne veux pas », bâiller bruyamment, déclarer : « je m'ennuie », s'appuyer sur ses coudes, tendre la main en premier, balancer ses jambes, mettre ses mains dans ses poches, se retourner dans la rue pour regarder quelqu'un, faire tout haut certaines remarques, montrer les choses du doigt.

Toutes ces interdictions ont des motivations si diverses que les enfants n'arrivent pas à les comprendre.

Pourquoi faut-il se lever pour répondre à un adulte ? Faut-il saluer son père si on le rencontre dans la rue ? Comment réagir devant le mensonge de l'adulte, par exemple lorsque votre oncle vous dit : « tu es ma fiancée » ou « je t'ai achetée à ta mère » ?

— Pourquoi faut-il être gentil avec les filles ? me demanda un jour l'un de mes élèves.

— Parce que cela a une importance historique.

Quelques jours plus tard, je lui demande à mon tour :

— Pourquoi t'obstines-tu à écrire « genoux » avec un « s » à la fin ?

— Parce que cela a une importance historique, me dit-il avec un sourire malicieux.

Sa mère lui a fourni une réponse différente :

— Vois-tu, une fille deviendra un jour une mère, elle va souffrir, etc.

Quelque temps plus tard, il se dispute avec sa sœur :

— Future mère ou pas, tout ce que je lui demande c'est de ne pas pleurnicher.

Mais la pire des réponses, c'est peut-être celle qu'on entend le plus souvent :

— On va bien rire de toi.

Elle est efficace, parce que l'enfant craint le ridicule. Cependant, il peut arriver qu'on se moque de lui parce que, justement, il écoute sa mère, lui fait ses confidences, parce qu'il dit qu'il ne jouera jamais aux cartes, ne boira pas d'alcool, n'ira pas voir des prostituées.

La crainte du ridicule n'est pas étrangère non plus aux parents. C'est elle qui leur fait souvent recourir aux méthodes éducatives absurdes comme celle qui consiste à vouloir cacher aux autres les négligences de son système d'éducation; on demande à l'enfant de faire le singe devant les invités, lui, il s'y prête volontiers, surtout si on lui promet une récompense... puis, un jour, il se venge.

94.

La langue natale.

Ce n'est pas un ensemble de règles de grammaire et de moralités mises à la disposition de l'enfant, c'est la nourriture spirituelle de son âme : la vérité et le doute, la foi et la tradition, l'amour et la haine, la légèreté et le sérieux, la dignité et la bassesse, la richesse et la pauvreté, les paroles du poète, les insultes de l'ivrogne, les siècles de travail accompli dans la crainte de Dieu, les sombres années d'esclavage.

Mais qui se donne la peine d'y réfléchir? Qui prend le temps d'étudier, de décrire les moyens de l'assainissement de ce milieu naturel que les bactéries menacent? Il y a peut-être davantage de germes de la corruption dans une expression de salon du genre : « elle est digne d'un péché » que dans certaines expressions populaires.

— Dieu soit loué. C'est la punition de Dieu. Une fois n'est pas coutume. Vous ne l'emporterez pas au paradis. Etre ravi au septième ciel. C'est la croix et la bannière. Que Dieu te protège. Dire des Pater et des Ave. Tartuffe. N'avoir ni sou ni maille. Avoir plus de peur que de mal. Servir Dieu et Mammon. Il n'y a pas de fumée sans feu. C'est son péché mignon. À bon chat, bon rat.

— À votre santé. Vendredi treize : jour de poisse. Le hoquet : quelqu'un pense à vous. La soupe trop salée : la cuisinière est amoureuse. Un couteau tombe : on attend une visite.

— Faire des chichi. Vie de bohème. Parole de juif. L'œil du maître. Tête de mufle. Vie de misère.

— Vieux radoteur, vieil imbécile, vieille mégère. Petit morveux, blanc-bec, moutard, petite dinde, béjaune.

— Un aveugle? Non, un non-voyant. Vieux? Non, âgé. Infirme? Non, handicapé.

— Un temps de chien. Chienne de vie. Allez au diable. Être fou de rage. Courir comme un dératé. Avoir une faim de loup. Marcher à coups de trique.

— Être bête comme ses pieds. Avoir la tête à l'envers. Jeter de la poudre aux yeux. Avoir un grain. Crever de rire. Répondre par des pirouettes.

Qu'est-ce que tout cela? D'où cela vient-il? Pourquoi le dit-on?

— Les pieds : nom commun, sujet du verbe...

— Mais pourquoi « bête comme ses pieds » ? Est-ce que celui qui a inventé la grammaire était intelligent ?

95.

Les enfants n'aiment pas les expressions qui dépassent leur entendement et s'ils les utilisent parfois, c'est pour éblouir leur entourage. Ils ont leur propre façon de s'exprimer par laquelle ils s'opposent parfois aux tournures usitées par les adultes.

— Tu me le donnes, dis ? Montre-le-moi, tu veux ?

« Dis » et « veux » remplacent alors notre « s'il vous plaît » que l'enfant doit associer dans son esprit à la mendicité. Il n'aime pas les expressions humiliantes.

— Tu crois peut-être que je vais te supplier. Ne lui demande rien. Attends un peu, tu vas encore venir me le demander.

Même en s'adressant à l'adulte, l'enfant préfère l'impératif au courtois « s'il vous plaît » qu'il n'emploie que rarement et sous contrainte.

Pour éviter d'employer le désagréable « pardon », il se sert d'un plus commode « tu vois ».

— Je ne l'ai pas fait exprès, tu vois. Je ne le savais pas, tu vois.

Et la richesse des formules de persuasion et de mise en garde :

— Arrête, laisse, commence pas, va-t'en. Laisse-le, te dis-je ; arrête, tu m'entends ; va te faire voir chez les Grecs.

La menace :

— Tu veux une raclée ? Attends, tu vas le regretter. Tu l'auras cherché !

Le redoublement dédaigneux de mots :

— Bon, bon... Je sais, je sais... Tu verras, tu verras...

Et quand nous voulons lui faire peur :

— C'est fou, ce que j'en ai peur. Tu crois me faire peur ? Moi, avoir peur ?

Comme il n'est jamais tout à fait propriétaire des choses dont il se sert, il ne peut jamais rien donner sans en demander l'autorisation à ses parents. Simple usufruitier, il est d'autant plus sensible à la notion de propriété.

— Dis donc, il est à toi ce banc ?

— Oui, il est à moi (ou : il est peut-être à toi ?).

— Moi, j'étais le premier.

En tant que « premier » on peut s'emparer d'une place convoitée par les autres, d'un jouet trouvé.

Les adultes, soucieux avant tout de leur propre tranquillité, n'interviennent que rarement dans ces querelles d'enfants.

— C'est lui qui a commencé ! J'étais là, tranquille et lui...

— Tu me l'as promis. Tu as donné ta parole. Tu ne tiens pas ta parole.

Qui manque de parole, manque d'honneur. Les adultes ne doivent pas l'oublier.

Quelle richesse de matériaux pour un chercheur !

96.

Un enfant qu'on n'a pas réussi à brouiller tout à fait avec les humbles de ce monde aime la cuisine. Il l'aime non seulement parce qu'il y trouve des pruneaux d'Agen et des raisins secs, mais parce que, dans la cuisine, il se passe quelque chose, alors que, dans les chambres, il ne se passe rien ; il l'aime parce que les histoires y sont plus intéressantes, parce que, en plus des histoires, il y entend parler de la vie réelle, parce que lui-même peut y raconter ses histoires à lui et qu'on l'écoute avec intérêt, parce que dans la cuisine il se sent homme et non pas un Yorkshire sur un coussin de soie.

— Une histoire ? Bien, d'accord. Qu'est-ce que je voulais dire déjà ? Ah, oui, voilà comment c'était. Attends, que je m'en souvienne.

Avant que l'histoire commence, l'enfant a le temps de choisir une position confortable, arranger ses habits, toussoter, se préparer à écouter longtemps.

— Elle s'en va, elle s'en va, droit devant elle dans la forêt. Qu'est-ce qu'il y fait noir, c'est à rien y voir : ni arbre, ni animal, ni pierre. Rien que du noir. Alors, elle a si peur, si peur. Elle fait un signe de croix, déjà elle a moins peur, elle en refait un autre et va de l'avant.

J'ai essayé de la raconter de cette manière. Pas facile. Nous n'avons pas la patience, nous sommes pressés. On ne respecte ni le conte ni l'auditeur. L'enfant ne suit pas notre rythme. Peut-être, si nous savions parler comme cela du lin dont on fait la toile, l'enfant ne penserait pas que les chemises poussent sur les arbres ni que l'on sème de la cendre dans la terre.

Une histoire de la vie réelle :

— Je me lève le matin et voilà que je vois tout en double.

126

Je regarde une chose, j'en vois deux. Je regarde la cheminée et je vois deux cheminées ; je regarde la table et je vois deux tables. Je sais qu'il n'y a qu'une chose, mais j'en vois deux. Je me frotte les yeux, mais cela ne sert à rien. Et dans ma tête, ça résonne, ça résonne...

L'enfant attend la solution de la devinette et, quand enfin apparaît le nom étranger « typhoïde », il est préparé à le recevoir.

— Le docteur dit : « la fièvre typhoïde »...

Une petite pause. Le narrateur se repose et l'auditeur fait de même.

— Donc, quand j'ai attrapé la typhoïde...

Et l'histoire continue.

Une histoire simple d'un paysan qui n'avait pas peur des chiens et qui, après avoir fait un pari, apporta dans ses bras un chien méchant comme un loup, se transforme en épopée. Tout peut être intéressant : comment, à un mariage, un gars s'est déguisé en bonne femme et personne ne l'a reconnu ; comment un paysan s'est débrouillé pour retrouver son cheval qu'on lui a volé.

Un peu de bonne volonté et peut-être un conteur en robe de paysan apparaîtrait sur l'estrade pour nous apprendre comment parler aux enfants pour être écoutés. C'est de la patience qu'il faut. Nous lui préférons l'interdiction.

97.

« Est-ce que c'est vrai ? »

Il faut s'efforcer de comprendre le sens de cette question que nous n'aimons pas, la considérant comme superflue.

— Maman l'a dit, la maîtresse l'a dit : alors, c'est vrai.

L'enfant sait déjà que chaque personne ne détient qu'une partie de la vérité, qu'un cocher, par exemple, sait beaucoup plus sur les chevaux que papa ; que certains savent des choses mais ne les disent pas, soit parce qu'ils n'en ont pas envie, soit parce qu'ils les croient trop difficiles pour les enfants ; ils préfèrent alors les « adapter » et ce ne sont plus que des mensonges.

En dehors du savoir, il y a la foi : l'un croit, l'autre pas. La grand-mère, par exemple, croit aux rêves et maman n'y croit pas. Laquelle a raison ?

Il y a aussi le mensonge : le mensonge-plaisanterie et le mensonge-fanfaronnade.

— Est-ce vrai que la Terre est une boule ?

C'est ce que tout le monde soutient, mais il suffit d'un plaisantin pour que l'enfant se mette à en douter.

— Puisque vous êtes allé en Italie, dites-moi s'il est vrai qu'elle ressemble à une chaussure ?

Il tient à avoir des renseignements de source sûre et exige des réponses brèves, catégoriques, claires, sérieuses et honnêtes.

— Comment est-ce qu'il fait le thermomètre pour donner la température ?

L'un lui parle du mercure, l'autre du vif-argent (pourquoi vif ?), le troisième commence un cours sur la dilatation des corps (aurait-il un corps, le thermomètre ?), le quatrième lui promet de le lui expliquer plus tard.

La fable de la cigogne l'irrite et l'offense : il veut des réponses sérieuses à ses questions sérieuses, qu'il s'agisse de la naissance des enfants ou de l'antipathie entre chien et chat.

— Vous ne voulez pas me faciliter mon travail, soit, mais pourquoi me le rendre plus difficile, pourquoi vous moquer de mon désir d'apprendre ?

Pour se venger d'un camarade, l'enfant a l'habitude de dire :

— Puisque tu es comme ça, je ne te dirai rien.

Mais les adultes, de qui se vengent-ils ?

Je note encore quelques-unes de leurs questions habituelles :

— Est-ce qu'il n'y a personne au monde pour le savoir ? Ne peut-on vraiment pas le vérifier ? Qui est-ce qui l'a dit ? Est-ce que tout le monde est d'accord là-dessus ? Est-ce toujours comme ça ? Ne peut-il pas en être autrement ?

98.

— Est-ce que je peux ?

— Non, tu ne peux pas parce que tu es trop petit, parce que c'est vilain, parce que c'est un péché, parce que c'est comme ça, un point, c'est tout.

Mais, là non plus, rien n'est clair : une chose peut être tantôt défendue, tantôt permise, suivant l'humeur du moment et les circonstances. Il a envie de manger quelque chose : non, c'est mauvais pour la santé. Mais on le laissera y goûter si papa est de bonne humeur ou s'il y a des invités.

— Qu'est-ce que cela peut bien leur faire !

Mais c'est une véritable chance que la conséquence absolue ne soit possible qu'en théorie ! Comment, vous voudriez lâcher votre enfant dans la vie sans qu'il sache que tout n'y est pas toujours bon, juste et immuable ? Nos théories éducatives ne nous expliquent pas assez qu'en dehors de l'amour de la vérité, nous devons apprendre à l'enfant à reconnaître le mensonge ; qu'en dehors de l'art et de la manière d'aimer, de respecter, d'obéir, il est nécessaire de connaître l'art et la manière de haïr, de mépriser, de s'indigner, de se révolter.

Dans le domaine des sentiments négatifs nous sommes tous des autodidactes parce que, en nous apprenant l'abécédaire de la vie, on a oublié de nous en apprendre plusieurs lettres : que de fois ne nous arrive-t-il pas de nous indigner là où il suffirait de hausser légèrement les épaules ou de mépriser ceux que nous devrions plaindre !

Après avoir souffert mille contraintes durant cette période d'esclavage qu'est l'enfance, devenus adultes, nous ne connaissons toujours pas la liberté : les contraintes sont toujours là, elles n'auront que changé de forme. Elevés dans l'esclavage, incapables de transformer notre vie, comment saurions-nous donner la liberté à nos enfants ? Il nous faudrait pour cela nous débarrasser d'abord de nos propres chaînes.

Cependant, aller à contre-courant, se frayer de nouveaux chemins, n'est-ce pas un devoir aussi ingrat que pénible ? Si je voulais réformer l'éducation en supprimant une bonne partie des contraintes qu'elle impose à l'enfant, je m'exposerais certainement à des critiques sévères aussi bien de la part de mes collègues que de mes élèves. Il suffit de penser à tous ces oiseaux libres enfermés dans nos internats : combien ils souffrent après avoir passé quelques années de liberté relative dans leur maison de campagne ou chez un artisan où ils furent en apprentissage !

J'ai écrit ce livre au front, dans un hôpital militaire : le bruit du canon n'incite pas beaucoup à l'indulgence[1].

99.

Pourquoi une fille, avant même d'atteindre l'âge de la puberté, est-elle déjà si différente d'un garçon ?

Parce que, en plus des contraintes de l'enfance, elle doit subir déjà celles de la féminité. Le garçon, lui, s'agrippe aux

---

1. Commentaire de J. K. pour l'édition de 1929.

privilèges de son sexe et refuse de les partager avec sa compagne.

— Moi, je peux : je suis un garçon.

Si une fille cherche à s'introduire dans un groupe de garçons, elle a toutes les chances de passer pour une intruse. Il y en aura toujours un qui demandera aux autres :

— Qu'est-ce qu'elle fait ici, celle-là ?

Lorsqu'il y a une dispute, les garçons finissent toujours par régler leurs différends sans chercher à s'humilier mutuellement, alors qu'ils diront facilement à une fille :

— Si ça ne te plaît pas, tu peux aller ailleurs.

Une fille qui recherche la compagnie des garçons devient suspecte aux yeux de ses camarades.

— Si tu ne veux pas, on se passera de toi... Tu ferais mieux d'aller voir les garçons.

Blessée souvent dans son amour-propre, elle se défend en affichant une attitude de mépris. Il lui faut beaucoup de courage pour vivre comme elle l'entend sans tenir compte des commentaires du groupe. Celles qui ne se laissent pas démoraliser sont rares.

Il me semble que c'est cette hostilité à l'égard des filles affectant les jeux des garçons qui a donné naissance à cette loi étonnante et impitoyable dont les enfants sont les auteurs :

— Si le garçon a vu la culotte de la fille, la fille est déshonorée.

Une fille ne peut jamais courir librement parce que, si elle tombe, elle entend tout de suite les autres crier méchamment :

— Oh, la culotte !

— Pas vrai, dit alors la malheureuse, devenue toute rouge de honte, ou bien elle cache son humiliation sous une remarque provocante : « Et alors, qu'est-ce qu'il y a de drôle là-dedans ? »

C'est la même histoire lorsqu'elle essaie de se battre : le fameux cri la paralyse aussitôt.

Voilà pourquoi les filles sont moins agiles que les garçons, voilà pourquoi, au lieu de se battre, elles font la tête, se disputent, rapportent, pleurnichent. Rien d'étonnant à ce que les garçons les méprisent et qu'ils s'indignent lorsque les adultes leur parlent du respect qu'ils devraient témoigner à leurs petites camarades.

— Respecter une fille, lui céder ? Pourquoi ?

Tant que nous ne libérerons pas les filles de leurs robes longues qui engendrent tant de « ça ne se fait pas », il ne nous faut pas songer à ce qu'elles deviennent les égales des garçons.

Nous avons trouvé autre chose pour qu'ils jouent ensemble : au lieu d'aguerrir nos filles, nous avons efféminé nos garçons en leur faisant porter les cheveux longs et en les accablant des mêmes préjugés de « bonne éducation » que ceux dont nous avons accablé nos filles.

Les robes courtes, les maillots de bain, les habits de sport, les danses nouvelles : voilà une tentative audacieuse pour résoudre le problème en s'appuyant sur les nouvelles tendances de la mode. Qu'est-ce qui dicte cette évolution : la réflexion ou la légèreté?

Il faut éviter d'avoir une attitude trop critique ou trop méfiante à l'égard de toutes ces questions... Pourquoi ne pas faire confiance à la mode[1] ?

* * *

Si je devais analyser une nouvelle fois toutes les étapes de la croissance de l'enfant de la naissance à la puberté, je ne le ferais plus dans une courte brochure[1].

100.

L'enfant qui, durant les premières années de sa vie, vivait dans une sorte de rêve bleu, ignorant tout des laideurs de la vie, confiant, souriant aux surprises colorées de chaque journée nouvelle, se réveille brusquement dans un sursaut douloureux :

— Qu'est-ce que c'est que cela ? Pourquoi ?

La rue : un ivrogne qui titube, un aveugle qui avance à tâtons, un épileptique qui s'écroule, un voleur qu'on arrête, un cheval qui crève, un coq qu'on égorge.

Qu'est-ce que c'est ? Pourquoi ?

La maison : papa a fait pleurer maman, l'oncle a embrassé la bonne. La bonne l'a menacé du doigt mais elle ne s'est pas fâchée : ils rient tous les deux, se regardent dans les yeux. L'autre jour, l'oncle a été en colère après un monsieur, il a dit qu'il lui ferait la peau.

— Qu'est-ce que cela veut dire ? Pourquoi ?

Il a peur de le leur demander. Il se sent tout petit, tout seul, désemparé devant tant de mystères qui le dépassent.

Lui qui, il n'y a pas si longtemps, régnait sans partage sur

---

1. Commentaire de J. K. pour l'édition de 1929.

ce monde familier, lui dont chaque désir était un ordre, chaque larme, chaque sourire un bouleversement pour ses parents qui avaient l'air de n'exister que pour lui, s'aperçoit à présent qu'il n'est qu'un prince-esclave. Il se regarde, il regarde autour de lui et voit qu'il n'est qu'un petit chien savant dont le rôle est de divertir ses maîtres.

Il se doute bien qu'ils lui cachent des tas de choses. Ils veulent passer à ses yeux pour ce qu'ils ne sont pas et exigent de lui la même chose. Ils disent qu'il faut aimer la vérité mais ils ne font que mentir et voudraient qu'il mente lui aussi. Ils se moquent des enfants. Ils ont leurs secrets, leur propre vie que les enfants n'ont pas le droit de pénétrer. Ils ne sont contents que si on leur pose des questions naïves parce que la crédulité des enfants les arrange.

Partout, tant d'énigmes ; la mort, l'argent, la femme, Dieu, la vérité, la sagesse. Pourquoi refusent-ils de les expliquer ?

L'enfant repense avec nostalgie aux premières années de son enfance.

101.

Il est difficile de parler de la seconde période critique dans la vie de l'enfant qui correspond à ses années de scolarité. La seule chose que nous pouvons en dire est qu'elle existe. Tous les noms que la science essaie de lui donner ne sont que de fausses étiquettes inventées à l'intention du profane.

Au cours de la scolarité, un certain nombre de troubles apparaissent, tant sur le plan physique que psychique.

Troubles physiques : mauvaise mine, sommeil agité, manque d'appétit, apparition de tares héréditaires jusqu'alors invisibles ; l'enfant résiste mal aux maladies, il n'est pas « dans son assiette ».

Troubles psychiques : il se sent seul, en proie à un désarroi intérieur ; il est souvent agressif, cède facilement aux mauvaises influences de son entourage, laisse libre cours à ses penchants naturels résistant aux pressions éducatives.

— Qu'est-ce qui lui arrive, je ne le reconnais plus, dit la mère, désespérée.

Elle s'étonne, écoutant le médecin lui expliquer les liens qui existent entre les troubles physiques et psychiques qui l'inquiètent chez son enfant.

— Je pensais qu'il faisait des caprices ; je croyais à la mauvaise influence d'un camarade.

Au cours de ces premières années d'école l'enfant ressent douloureusement la séparation d'avec sa famille, il a du mal à s'adapter à la collectivité enfantine. Il se sent malheureux, abandonné, il manque de tendresse, d'aide, de conseils.

Lorsqu'on observe ces petits changements dans un internat où les enfants sont plus d'une centaine, lorsqu'on voit tantôt l'un, tantôt l'autre, devenir subitement paresseux, maladroit, capricieux, insubordonné, menteur, pour au bout d'un an redevenir parfaitement « normal », on ne doute plus que tous ces troubles dépendent étroitement de la croissance. Grâce à la balance et à la toise, ces deux outils d'une parfaite objectivité, nous pouvons entrevoir les mystères de l'organisme de l'enfant.

Peut-être, bientôt, le génie de l'homme mettra au point un appareil perfectionné qui, tel un sismographe, pourra enregistrer ou même prévoir les mouvements secrets des forces cachées d'un organisme vivant.

102.

Elle est tout à fait fausse cette image qui nous représente l'enfant comme un anarchiste-né ou un être aussi exigeant que vénal. L'enfant a le sens du devoir, respecte l'ordre et ne fuit pas ses responsabilités pour peu que nous ayons la sagesse de ne pas les lui imposer par contrainte et qu'elles ne dépassent pas ses forces. Il veut trouver auprès de nous de la compréhension pour ses difficultés et de l'indulgence pour ses erreurs éventuelles.

— Essaie, tu verras bien si tu peux soulever ce poids ; fais quelques pas avec, recommence le lendemain pour voir si tu peux en faire autant ; voilà la base de la rééducation musculaire.

L'enfant veut que nous le prenions au sérieux ; il a besoin de notre confiance, de nos conseils. Au lieu de tout cela, il se heurte le plus souvent à notre incompréhension, à nos plaisanteries, à nos éternels soupçons.

Une mère qui vient chercher conseil auprès du médecin évite de lui parler d'une façon concrète, elle se réfugie dans des généralités.

— Elle est nerveuse, désobéissante, fait des tas de caprices.

— Des faits, chère madame, des faits.

— Elle a mordu sa meilleure amie. Quelle honte ! Elle l'aimait bien pourtant : elles ont toujours joué ensemble.

Je parle avec l'enfant : elle hait son « amie » ; cette fille est méchante, elle se moque d'elle, de ses jouets ; elle a appelé sa mère « chiffonnière ».

Un autre exemple : l'enfant a peur la nuit ; chaque soir, il est terrifié à l'idée de rester seul dans sa chambre.

— Pourquoi n'en as-tu parlé à personne ?

— Mais si, je l'ai dit à maman.

La mère a minimisé l'affaire :

— Comment, un grand garçon comme toi aurait peur la nuit ?

Troisième exemple : il a craché sur la bonne ; il s'est jeté sur elle... on a cru qu'il allait lui arracher les cheveux ; on a eu grand mal à les séparer.

Le soir, la bonne le prenait dans son lit, elle lui disait de faire de petits câlins ; elle lui a dit que s'il la dénonçait, elle le mettrait dans une malle et le jetterait dans la rivière.

L'affreuse solitude de l'enfant qui souffre.

103.

La période de l'équilibre et de la sérénité.

Durant cette période, même les enfants habituellement « nerveux » se calment visiblement. L'enfant se sent en pleine forme ; son organisme fonctionne avec harmonie ; il retrouve sa vigueur et sa vivacité... et ses bonnes manières. Plus de questions inquiétantes, plus de caprices, plus de vilains tours. Les parents sont contents. L'enfant se soumet apparemment à l'influence idéologique de son milieu familial ; jouissant d'une liberté relative, il se garde bien de demander plus qu'on ne lui offre et ne dévoile que celles de ses pensées qui ne risquent pas de choquer l'entourage.

La vie multiple et colorée de l'école, avec ses traditions, sa discipline, ses victoires et ses défaites et le livre-compagnon constituent l'essentiel de sa vie. Il n'a pas de temps pour des recherches stériles.

Il sait déjà beaucoup de choses : il sait que tout n'est pas parfait dans ce bas monde ; que le bien et le mal, le savoir et l'ignorance, la justice et l'injustice, la liberté et l'esclavage font partie de la vie. Il ne comprend pas tout ? Tant pis, il n'en mourra pas. Il se laisse vivre.

Dieu ? Il faut prier. Si on doute, on ajoute une offrande à la prière, comme tout le monde. Le péché? Il suffit de faire un jour un acte de contrition et Dieu pardonne.

La mort? Eh oui, on pleure, on porte le deuil, on soupire en pensant au défunt : comme tout le monde.

Les parents voudraient qu'il soit bien élevé, gai, modeste, naïf, reconnaissant : qu'à cela ne tienne!

— S'il vous plaît, merci, pardon, maman vous transmet ses amitiés, je vous le souhaite de tout mon cœur (et pas seulement de la moitié). C'est simple, facile : vous avez la paix et en plus on vous fait des compliments.

Il sait quand, comment, avec qui parler. Il sait comment se sortir d'une situation délicate; il peut satisfaire le désir de n'importe qui, si seulement le jeu en vaut la chandelle.

Sa bonne forme psychique et physique le rendent compréhensif : les parents, si on y réfléchit bien, ne sont pas si mal que ça; le monde pas trop méchant dans son ensemble; la vie, quelques embêtements mis à part, vaut la peine d'être vécue.

Cette période de repos, d'absence de soucis permet aux parents de se préparer aux nouvelles tâches qui les attendent et de préparer l'enfant à affronter les problèmes qui surgiront bientôt. Le sport, la campagne, l'influence de l'école ou du prêtre leur fournissent des explications faciles à la bonne mine et à l'équilibre psychique de leur enfant.

Mais, tandis qu'ils se réjouissent de cette bonne entente mutuelle, l'organisme de l'enfant suit son évolution pour aboutir bientôt à l'éveil de l'instinct reproducteur qui troublera l'enfant dans son corps et dans son âme.

104.

Lorsque nous arrivons à maîtriser certains mystères du monde, nous nous empressons de les mettre en formules mathématiques. Mais il y a des mystères qui ne se laissent pas maîtriser, devant lesquels nous sommes désemparés comme les enfants. Nous avons trouvé des accommodements avec le ciel : l'orage, la pluie, la grêle pourraient avoir pour nous des conséquences catastrophiques, mais nous avons appris à nous organiser en construisant des barrages, en prenant des assurances, en créant des services de lutte contre l'incendie. Nous nous défendons. Seul, l'homme demeure pour nous un mystère : nous luttons en vain contre lui parce que nous ne le connaissons pas.

Il n'y a pas de frontières entre différentes périodes de la

vie : c'est nous qui y avons mis des bornes comme nous avons dessiné sur la carte du monde des tracés arbitraires séparant deux Etats.

— Il s'en sortira, c'est de son âge, dit l'éducateur avec un sourire indulgent en attendant que le hasard vienne le remplacer.

Un chercheur consciencieux aime son travail à cause de la volupté et de la souffrance qui en sont inséparables, mais il le hait en même temps à cause des erreurs qu'il risque de commettre.

Tout enfant connaît des périodes de lassitude et d'effervescence mais cela ne veut pas dire que nous devons toujours protéger chaque enfant fatigué ni qu'il nous faut lutter avec chaque enfant agité. Si le cœur de l'enfant ne suit pas sa croissance, il lui faut peut-être davantage de repos ou, au contraire, une activité accrue pour l'aider à se fortifier. La décision dépendra de chaque cas individuel mais, quelle qu'elle soit, elle ne pourra donner de résultats que si nous avons toute la confiance de l'enfant et lui, la nôtre.

Mais, avant tout, il faut que la science sache davantage que ce qu'elle sait aujourd'hui.

105.

Il faut soumettre à un examen critique tout ce qui caractérise à nos yeux l'âge de la puberté. Nous attachons à cet âge beaucoup d'importance, et nous avons raison de le faire. Toutefois, on pourrait se demander si nous n'y mettons pas trop d'exagération et si nous ne confondons pas certains faits. Si nous arrivions à mieux connaître les étapes précédant la puberté, nous serions peut-être capables de la juger avec davantage d'objectivité. Nous avons en effet tendance à y voir une période critique exceptionnelle et mystérieuse alors qu'en fait elle ne constitue qu'un des passages difficiles qui jalonnent la vie de l'enfant et qui ont beaucoup de caractéristiques en commun. N'est-ce pas un peu artificiellement que nous avons habillé l'adolescent de l'uniforme de l'inquiétude et du déséquilibre tout comme nous avons habillé l'enfant de celui de l'insouciance et de la gaieté? En lui communiquant notre propre désarroi n'ajoutons-nous pas aux troubles de cette période une inquiétude supplémentaire? Et puis, à tant parler de cet éveil de la vie et de ses emportements, ne perdons-nous pas de vue certains faits autrement importants ?

À quoi faut-il attribuer davantage d'importance : à l'accélération de la croissance générale ou au développement rapide de différents organes ? Quels sont les phénomènes qu'il faut mettre sur le compte des changements intervenus au niveau de la circulation, du cœur, des vaisseaux sanguins ou des cellules du cerveau et quels sont ceux qui dépendent du fonctionnement des glandes ?

Si certains des phénomènes accompagnant la puberté semblent affecter particulièrement tel ou tel adolescent, s'il est vrai qu'ils engendrent parfois de véritables drames, cela ne veut pas dire qu'il faut qu'il en soit toujours ainsi : ce sont les conditions sociales de notre vie qui en sont la cause principale ; tout, dans notre société, favorise en effet les accidents de parcours de l'âge de la formation.

Un soldat fatigué s'abandonne facilement à la panique, surtout quand il manque de confiance en ceux qui le mènent au combat. Il panique aussi quand il est miné par l'inquiétude, quand il ne sait pas où il se trouve, quand l'ennemi l'attaque par surprise, mais il panique peut-être plus encore quand il est seul.

La jeunesse, fatiguée par sa croissance, solitaire, privée d'une sage direction et perdue dans le labyrinthe de la vie, panique lorsqu'elle se trouve subitement confrontée à un ennemi dont l'importance lui a été exagérée.

Encore une question.

Ne sommes-nous pas en train de confondre la pathologie et la physiologie de la puberté sous l'influence de ces médecins qui ne voient que la *maturitas difficilis* ? Ne retombons-nous pas dans nos erreurs d'il y a cent ans, l'époque où nous attribuions à l'éruption dentaire tous les symptômes indésirables chez un enfant de moins de trois ans ? Peut-être, dans cent ans, la légende de la « formation difficile » partagera le sort de celle des premières « quenottes » ?

106.

Les recherches de Freud sur la sexualité infantile en entachant l'enfance ont blanchi l'adolescence : la dissipation de la chère illusion de la blancheur immaculée de l'enfant a aidé à dissiper l'obsession de « la bête qui sommeille ». J'emploie à dessein cette image usée pour souligner le caractère fataliste de nos idées sur l'évolution de l'instinct sexuel.

Or, il n'y a aucune tache dans la nébuleuse des instincts sexuels du jeune enfant auxquels seule une dépravation consciente ou inconsciente peut donner une forme prématurée ; il n'y en a pas non plus dans ce mince « quelque chose » qui apparaît chez l'adolescent ; après avoir coloré au cours des années de plus en plus nettement les sentiments des deux sexes, ce nouveau désir aboutit à la conception d'un nouvel être venu prendre sa place dans la suite des générations.

La maturité des organes génitaux : capacité pour l'organisme de se reproduire sans endommager son propre équilibre.

La maturité de l'instinct sexuel : désir nettement cristallisé de l'accouplement.

Chez les adolescents mâles, la vie sexuelle commence parfois avant la cristallisation de l'instinct ; chez les filles, elle suit des chemins tortueux dont les deux points cruciaux sont le mariage ou le viol.

Le problème n'est pas facile, mais c'est une raison de plus pour ne pas laisser l'enfant dans l'ignorance ; les parents qui choisissent cette solution de facilité ou qui froncent les sourcils dès qu'ils aperçoivent chez leur enfant le moindre intérêt à l'égard de la sexualité, font preuve d'une incompréhensible légèreté. Le jour où l'enfant aura vraiment besoin de conseils, ce n'est pas auprès de ses parents qu'il osera venir les chercher.

107.

L'amour.

L'Art en a fait un dieu et un fou. En lui mettant, tour à tour, des ailes ou une camisole de force, en l'asseyant sur le trône ou en lui faisant aguicher des passants dans la rue, il a commis mille absurdités, passant de l'adoration à l'outrage. La Science, après avoir chaussé ses lunettes, a penché son front chauve sur la physiologie de l'amour, s'attachant avant tout à ses abcès. Le rôle de l'amour n'est-il pas de « conserver l'espèce humaine » ? Sans doute, mais avec de telles idées on l'appauvrit singulièrement. L'astronomie, après avoir découvert que le soleil brille et dégage de la chaleur, cherche à en savoir davantage.

Ainsi, en sommes-nous venus à concevoir l'amour comme quelque chose de très suspect : un peu fou, un peu sale, souvent risible. Seul, l'attachement conjugal légitime et procréateur a trouvé grâce à nos yeux.

Nous sommes prêts à sourire lorsque nous voyons un gamin de six ans offrir la moitié de son gâteau à sa petite amie; lorsqu'une écolière pique un soleil en se voyant saluer dans la rue par un jeune garçon; lorsqu'un adolescent promène partout la photo de sa bien-aimée; lorsqu'une gamine se précipite pour ouvrir la porte au répétiteur de son frère.

Mais nous fronçons les sourcils quand nous les surprenons à jouer dans un coin un peu trop silencieusement à notre goût ou à se rouler par terre, essoufflés, dans un corps à corps passionné. Et nous entrons dans une colère noire quand l'amour de notre fille ou de notre fils contrecarre nos projets.

Nous rions quand l'amour est encore loin; nous nous inquiétons quand il semble s'approcher; nous nous fâchons quand il fausse nos calculs. Nous blessons nos enfants de nos moqueries et de nos soupçons, nous bafouons la pureté de leurs sentiments.

Alors ils se cachent pour s'aimer.

Il l'aime parce qu'elle lui fait penser à la madone de l'église du quartier, parce qu'elle est pure et belle, et ne ressemble en rien à cette fille de joie qu'il a aperçue l'autre jour sous une porte cochère.

Elle l'aime parce qu'il lui a dit qu'il accepterait de se marier avec elle sans l'obliger à se déshabiller devant lui; il se contenterait de lui baiser la main; un jour, elle lui permettrait de l'embrasser vraiment.

Ils arrivent à connaître tous les sentiments de l'amour sauf celui dont les soupçonnent les adultes.

— Au lieu de flirter, tu ferais mieux... À courir derrière les filles, tu finiras...

— Qu'est-ce qu'ils ont à nous épier toujours, à nous menacer?... Est-ce mal d'aimer quelqu'un plus que ses parents? C'est peut-être cela, le péché?

Il n'est pas nécessaire d'arriver à l'âge de la puberté pour connaître l'amour. Les uns savent aimer dès leur plus jeune âge, d'autres s'en moquent, qu'ils soient enfants ou adultes.

108.

Il suffit de regarder la courbe du poids de l'enfant au cours de la période de la formation, pour comprendre la cause de sa lassitude, de ses maladresses, de ses rêveries, de sa pâleur, de son indolence, de ses caprices.

La croissance demande à l'organisme un effort soutenu et ne lui fait grâce d'aucune journée de travail. Par certains de ses aspects elle se rapproche de la maladie, lorsque trop précoce ou présentant quelques déviations par rapport à la norme.

Les premières règles sont une tragédie pour une petite fille parce que la vue du sang lui fait peur. Elle a honte de son sexe, et sa poitrine qui commence à pointer l'afflige : tout le monde saura maintenant qu'elle n'est qu'une fille.

Le garçon, qui vit la même chose sur le plan physiologique, réagit différemment sur le plan psychologique. C'est avec impatience qu'il attend son premier duvet, symbole de virilité ; s'il a honte de sa voix qui évoque le chant du coq et de ses bras ballants, c'est parce que, justement, il ne ressent que les signes précurseurs de sa virilité.

Les filles, malheureuses et jalouses des privilèges des garçons, se mettent aussitôt à souligner leur seul avantage :

— Tu n'es qu'un gamin : dans trois ans tu seras toujours plongé dans tes bouquins alors que moi, je pourrai déjà me marier.

Et le gentil compagnon de jeu de lui envoyer un sourire méprisant :

— Tu te marieras, tiens... je me demande qui est-ce qui voudra d'une mocheté pareille. Moi, je n'ai pas besoin de me marier pour avoir ce que je veux.

Lorsqu'elle songe à l'amour, lui pense à l'amourette ; lorsqu'elle envisage le mariage, lui court les bistrots ; lorsqu'elle ressent l'éveil de l'instinct maternel, lui cherche à s'accoupler avec une femelle.

Cette incompatibilité entre les deux sexes prendra un jour un visage nouveau : autrefois lorsqu'elle le fuyait, il la poursuivait ; devenu son époux, il lui en veut de lui avoir volé certains de ses privilèges, de lui être devenu un poids.

109.

L'ancien ressentiment à l'égard des adultes prend maintenant un caractère nouveau.

Au lieu du repentir, nous lisons dans ses yeux la colère et la révolte. Lorsqu'il se sent coupable, l'enfant voudrait pouvoir compter sur l'indulgence de l'éducateur. Un carreau cassé, une bouteille d'encre renversée, un habit déchiré représentent pour lui des entreprises ratées et son sentiment d'échec est d'autant plus pénible qu'il sait que nous l'avons prévenu du risque qu'il encourait. L'adulte ne réagit pas autrement lorsque, échouant dans une entreprise qui lui tenait à cœur, au lieu de compassion, il rencontre des critiques sévères.

Plus l'enfant croyait à la supériorité de l'adulte, plus il y est hostile à présent. Il sera ravi chaque fois qu'il pourra le prendre en défaut.

— Tiens, c'était donc cela, voilà ce que tu es en réalité.

Il s'en doutait déjà avant, mais il avait autre chose à faire que d'espionner les grandes personnes. Maintenant, il veut savoir ; il en a besoin pour pouvoir les combattre plus efficacement. Et puis, il sent que tout cela le concerne un peu.

— Il est donc possible de ne pas avoir d'enfant quand on le désire ou d'en avoir sans être marié ; c'est donc vrai qu'il suffit de payer pour ne pas être obligée d'accoucher ; que tout le monde... que toutes ces maladies...

Et ils continuent tous à vivre comme si de rien n'était !

Il comprend à présent le sens de tous ces sourires, regards mystérieux... Voilà la raison de leur embarras, voilà pourquoi ils interdisent tant de choses.

Bien, nous allons régler nos comptes à présent.

La maîtresse fait les yeux doux au professeur de maths.

— Viens, j'ai quelque chose à te dire.

Ils regardent par le trou de la serrure, s'étranglent de rire, dessinent des cœurs flamboyants au tableau noir ou sur le papier buvard.

— La vieille s'est mise sur son trente et un. Le vieux commence à minauder.

Ils font encore semblant, ils essaient encore de mentir... Il faut les serrer de près, les démasquer, se venger de toutes ces années d'esclavage où ils ont abusé de votre confiance, où ils vous ont extorqué vos caresses ou vos confidences.

Les respecter ? Jamais. Il faut les mépriser, se moquer d'eux, leur déclarer la guerre pour se libérer de leur tutelle détestable.

— Non, je ne suis plus une enfant. Je n'ai de comptes à rendre à personne. Vous en êtes jalouse, maman ? Je n'ai pas demandé à naître. Les grandes personnes ce ne sont pas des saints non plus.

Ou bien faire celui qui ne comprend rien en disant « ah bon, je ne le savais pas », alors que vos yeux et votre sourire ironique disent : « je le sais très bien ».

141

110.

Ce n'est pas parce qu'il « sait » mais parce qu'il souffre que l'enfant se montre agressif et indiscipliné. Le bonheur est toujours serein ; c'est la fatigue et les préoccupations qui nous rendent irritables.

Mais il ne suffit pas de le comprendre pour éviter les problèmes que pose l'éducation. Même un éducateur compatissant est souvent obligé de sévir pour sauver les apparences tout en sachant que s'il peut imposer une discipline aux gestes des enfants, il ne peut l'imposer à leurs idées. Son expérience et son savoir sont souvent mis à rude épreuve.

— Moi, je peux le comprendre et le pardonner, mais le monde, la vie ne le pardonneront pas.

— Tiens-toi correctement dans la rue, ne manifeste pas trop bruyamment ta joie, réfrène ta colère, ne fais pas de remarques désobligeantes, garde-toi d'exprimer tes jugements, respecte les grandes personnes.

Ce n'est pas facile, même pour un enfant qui fait preuve de bonne volonté, même pour celui qui s'efforce d'y réfléchir en toute objectivité. L'ambiance de la maison familiale lui facilite-t-elle cette tâche ?

Ses seize ans à lui, c'est la quarantaine pour ses parents, l'âge où le bilan de la vie apparaît souvent déficitaire, l'âge des réflexions douloureuses, des derniers sursauts de révolte.

— La vie, que me donne-t-elle ? dit l'enfant.

— Et à moi, que m'a-t-elle donné ?

Le pressentiment nous dit qu'il ne gagnera pas lui non plus à la loterie de la vie, mais toute la différence est que nous avons déjà joué et perdu, alors que lui, il espère toujours. C'est au nom de cette vaine espérance qu'il s'arrache vers l'avenir ne s'apercevant même pas, dans son indifférence, qu'il nous enterre.

Où est le temps où ses gazouillements nous réveillaient tôt le matin ? Nous nous payions alors de notre peine par un baiser. Pour un pain d'épice nous recevions le joyau de son sourire radieux. Ses petits chaussons, son bonnet, son bavoir... tout cela était si neuf, si amusant et si peu cher ! Maintenant les dépenses ont augmenté, ses affaires s'usent vite et on ne reçoit même pas un mot de remerciement. Combien de semelles lui faudra-t-il encore user à poursuivre ses chimères ? Il refuse de porter des vêtements trop larges alors qu'il grandit si vite.

L'ENFANT DANS SA FAMILLE

— Tiens, voilà ton argent de poche...

Il faut bien qu'il s'amuse un peu, il a aussi quelques dépenses : il le prend à contrecœur, comme si c'était une aumône donnée par un ennemi.

Deux sensibilités blessées, deux souffrances face à face ; ce conflit serait plus grave encore si l'enfant n'avait pas réussi à comprendre tout seul, durant des années d'efforts patients, que nous ne sommes ni tout-puissants, ni omniscients, ni parfaits.

111.

Lorsque, en observant les adolescents, nous déplaçons notre regard de l'ensemble sur les individus qui le composent, nous nous apercevons que, là également, il existe deux types de tempéraments diamétralement opposés.

Nous y retrouvons celui qui vagissait doucement dans son berceau ; qui a mis beaucoup de temps avant de pouvoir se tenir debout par ses propres forces ; qui donnait sans protester son biscuit ; qui se tenait à distance lorsque les enfants jouaient à la ronde ; à présent, il noie son chagrin et sa révolte dans les larmes que la nuit soustrait aux regards indiscrets.

Nous y retrouvons aussi celui qui devenait cyanosé à force de crier ; qui ne pouvait rester seul une minute sans faire de bêtises ; qui arrachait la balle à son camarade ; qui commandait : « Allez, dépêchez-vous, prenez-vous par la main ! » ; aujourd'hui, il impose son programme de révolte, son inquiétude active aux camarades de son âge et à la société.

Je me suis souvent penché sur les lois énigmatiques qui régissent la vie collective, tant chez les enfants que chez les adultes, en cherchant à comprendre pourquoi l'honnêteté et la modestie y sont si souvent réduites au silence, pourquoi la bonté y passe pour de la bêtise ou de l'impuissance, alors que l'arrogance y a tous ses droits. Peut-être plus d'un militant social consciencieux, plus d'un politicien honnête se reconnaîtraient dans ces paroles de Jellenta [1] :

« Je ne suis pas assez fort en gueule pour riposter à leurs plaisanteries stupides et à leurs méchancetés gratuites ; je ne

---

1. Cesary Jellenta (1861-1935), critique d'art, poète et dramaturge polonais, rédacteur de plusieurs revues artistiques (*Ateneum, Rydwan*), célèbre pour ses conférences sur la culture polonaise. *(N.d.T.)*

sais pas discuter avec ceux qui ont une réponse toute prête à tout. »

Que faire pour permettre aux actifs et aux passifs une participation égale dans la vie de la société, pour assurer la libre circulation à tous les composants de la sève qui irrigue un organisme collectif?

— Ça, je ne le pardonnerai pas; je sais ce qui me reste à faire, assez joué, disent les paroles de la révolte.

— Laisse tomber. Tu as peut-être mal compris, tu vas te fatiguer pour rien.

Ces mots simples dictés par une hésitation honnête ou par une sage résignation ont un effet apaisant; ils sont autrement efficaces que toute cette phraséologie dont nous tyrannisons habituellement les enfants. Quoi d'étonnant à ce qu'ils nous refusent leur confiance. L'enfant suivra volontiers le conseil d'un ami mais il ne se laissera jamais convaincre ni émouvoir par un adulte qu'il soupçonne d'hypocrisie.

Toutefois, si tu comprends que tu ne résoudras aucun problème sans leur participation, tu peux toujours essayer de leur expliquer ce qui vient d'être dit ici. Si tu le fais, ne t'étonne pas si, à la fin de la réunion, tu les entends dire:

— Allez, les passifs, on rentre.

— Eh, l'actif, si tu continues, t'auras une mauvaise surprise.

— Fais gaffe, terrain dogmatique, tu t'en vas avec ma casquette...

Ils ne se moquent pas de toi.

112.

Rêves.

Il jouait à Robinson, à présent il rêve aux voyages lointains; il jouait aux brigands, maintenant il aimerait participer à une grande aventure.

Lorsque la vie est trop pauvre, on la fuit dans le rêve : les désirs les plus secrets revêtent ici une forme poétique et transforment le rêve en programme de vie. Ce programme se réalise toujours, seulement nous ne nous en rendons pas toujours compte parce que nous ne savons pas lire les rêves.

Un enfant pauvre qui devient un aide-infirmier, alors qu'il rêvait de devenir médecin, a réalisé le programme de sa vie. Celui qui voulait être millionnaire et qui échoue sur un lit de malade n'aura essuyé qu'un échec apparent : il rêvait de champagne, il a bu de la mauvaise vodka ; il désirait courir les soirées mondaines, il a fait la fête dans des cabarets mal famés ; il voulait jeter l'or à pleines mains, il a gaspillé son argent péniblement gagné. Il voulait être prêtre, le voilà devenu instituteur ou concierge ; il n'a pas manqué à sa vocation de servir les autres.

Dans ses rêves elle se voyait reine puissante faisant trembler ses sujets : devenue épouse d'un petit employé, ne tyrannise-t-elle pas son mari et ses enfants ? Une autre voulait devenir une reine adorée de son peuple : ne règne-t-elle pas sur les cœurs des enfants d'une école communale ? Une autre encore rêvait de devenir célèbre : c'est aujourd'hui une couturière ou une comptable appréciée.

Pourquoi la bohème attire-t-elle tant la jeunesse ? Pour les uns, elle symbolise une vie de plaisir, pour les autres, elle a le charme de l'exotisme, pour les deux enfin, elle représente le chemin de la carrière. De temps en temps, on y verra un vrai artiste qui refuse de monnayer son art ; il va mourir dans la misère et dans l'oubli, mais la gloire et l'argent n'ont jamais été son rêve : il voulait remporter une autre sorte de victoire. Lisez *L'Œuvre* de Zola ; il y a plus de logique dans la vie qu'on ne le croit.

Elle voulait entrer au couvent, elle a échoué dans une maison close. Mais n'est-elle pas une sœur de charité lorsqu'elle soigne ses amies malades, apaise leurs souffrances, leurs tristesses ? Une autre, qui songeait à une vie de plaisir, s'est retrouvée infirmière dans un hospice pour cancéreux où elle apporte un peu de sérénité par son sourire.

— La misère.

Un homme de science *réfléchit* comment y remédier en l'étudiant, en créant des théories, en émettant des hypothèses ; un jeune homme *rêve* de construire des hôpitaux, de faire la charité...

Le besoin de silence, d'animation, de travail, de sacrifice ; le désir de lutter, de chercher, de jouir de la vie ; les ambitions personnelles, le goût de la passivité : tout cela s'exprime dans le rêve quelle que soit la forme de celui-ci.

La vie donne corps aux rêves. C'est à partir des rêves que se construit la réalité.

113.

Première phase de la puberté : je sais mais je n'y crois pas encore ; je juge avec sévérité ce que la nature fait des autres ; je souffre parce que je me sens menacé à mon tour, mais je suis innocent ; je n'ai peur que pour moi-même, les autres, je les méprise.

Seconde phase : en rêve, en demi-sommeil, dans l'excitation du jeu, en dépit de la résistance et des interdictions, malgré le dégoût qu'ils inspirent surgissent les sentiments qui, au douloureux conflit avec le monde extérieur, ajoute le poids du conflit avec soi-même. C'est la période de l'incubation des pulsions sexuelles qui étonnent et troublent tout d'abord, comme le premier frisson de fièvre annonçant une grave maladie, et finissent par engendrer la peur et le désespoir.

L'épidémie des chuchotements dans les coins s'éteint peu à peu, les plaisanteries salaces n'amusent plus : l'enfant entre dans la période des confidences, des amitiés profondes où l'on se jure de ne jamais se quitter, de s'entraider dans l'infortune.

Malheureux lui-même, l'enfant devient sensible à toute la misère, toute la souffrance du monde. La sombre inquiétude, les formules de circonstance font place maintenant à une compassion profonde et sincère. Préoccupé par ses propres problèmes, il ne peut pas s'attendrir longtemps sur les autres, mais il trouve toujours le temps de verser une larme sur une fille séduite, un enfant battu, un prisonnier.

Tout mot d'ordre, toute idée, tout slogan nouveau trouve en lui un auditeur attentif, un partisan ardent. Il ne lit pas de livres : il se jette dans la vie à corps perdu. Et il lui arrive de prier pour que s'accomplissent des miracles. Dieu revient, mais ce n'est plus le Dieu de son enfance ni le Dieu, grand coupable de tous les malheurs du monde ; Dieu, à présent, c'est le grand mystère, ce qui dépasse la faible pensée de l'homme, un havre où s'abriter à l'heure où souffle la tempête.

Le ressentiment qu'il éprouvait à l'égard des adultes cède la place au sentiment de compassion. Avant, il pensait : « Du moment qu'ils m'obligent à prier, la prière n'est qu'un mensonge de plus ; s'ils jettent le discrédit sur l'un de mes amis, c'est en lui qu'il me faut avoir confiance. » Aujourd'hui, il voit que tout est infiniment plus complexe, y compris la « saleté » du monde qui cache quelque chose d'autre. Mais quoi ? Le livre n'explique pas tout, son ami est aussi ignorant et désemparé que lui-même. C'est le moment où nous avons la possibilité de reconquérir l'enfant : il attend, il est prêt à nous écouter.

Que lui dire ? Surtout pas comment se reproduisent les fleurs ou les hippopotames, ni que l'onanisme est nuisible. L'enfant sent très bien qu'il s'agit là d'une chose autrement importante que la propreté des doigts ou du drap ; il devine qu'il est à présent question de son avenir spirituel, de ses futures responsabilités morales.

Ah, être de nouveau un enfant innocent qui ne pense à rien, qui croit tout sur parole !

Ah, devenir enfin adulte, avoir derrière soi cette période « de transition », être comme eux, comme tout le monde !

Se réfugier dans un couvent, dans le silence, dans les pensées pieuses.

Non, plutôt dans la gloire des actions héroïques.

Les voyages, de nouveaux paysages, de nouvelles sensations.

Mourir, voilà la solution : à quoi bon vivre, à quoi bon souffrir ?

C'est le moment où l'éducateur peut intervenir efficacement s'il connaît bien l'enfant pour l'avoir observé attentivement au cours des années précédentes ; il peut l'aider à se connaître lui-même, à surmonter ses difficultés, à trouver sa propre voie.

114.

L'exubérance, les fous rires, la gaieté de la jeunesse.

La joie d'être ensemble, la conscience de sa force, l'explosion de la foi naïve : voilà qu'en dépit de la réalité nous sommes en train d'ébranler la Terre.

— Nous avons pour nous notre jeunesse, nos poings serrés, nos crocs pointus... On ne se laissera pas faire.

Un petit verre de vin ou un bock de bière dissipe le dernier doute.

À bas le vieux monde, vive la nouvelle vie !

Dans leur excitation, ils n'entendent pas celui qui, assis dans un coin, ricane à part lui : « imbéciles ! » ; ils ne voient pas celui qui les regarde tristement en murmurant : « les pauvres ! » ; ils ignorent celui qui s'efforce d'inaugurer quelque chose de sensé, qui voudrait les obliger peut-être à prendre un engagement solennel, afin que cette noble effervescence ne se disperse pas dans de vaines interjections, ne se noie pas dans l'orgie.

Cette gaieté collective, nous la prenons souvent pour un excès d'énergie alors qu'elle n'est qu'une excitation passagère que déclenche un moment de liberté ; on oublie pour un temps sa lassitude et son désespoir, on se berce d'illusions. Souvenez-vous des réactions d'un enfant dans un train ; ne sachant ni où il va ni combien de temps durera le voyage, apparemment content de tant de sensations nouvelles, il s'excite, devient capricieux parce que, justement, il y a trop de sensations, parce qu'il y a aussi l'attente de l'inconnu... et son rire se transforme bientôt en larmes.

Vous êtes-vous demandé déjà pourquoi la présence des adultes « gâche » toujours les jeux des enfants, les gêne visiblement ?

Une cérémonie quelconque : la pompe, les mines de circonstance. Et ces deux-là, il suffit que leurs yeux se croisent pour qu'ils s'étranglent en essayant de contenir leur rire, ils se poussent du coude, se disent quelque chose à l'oreille, puis, à nouveau, font des efforts surhumains pour ne pas s'écrouler de rire.

— Arrête, tu me fais rigoler... Fais attention.

Et, la cérémonie finie :

— Dis donc, tu as vu son nez comme il était rouge. Il avait sa cravate de travers. Pour un peu, ils allaient tous fondre en larmes. Fais voir, tu l'imites si bien.

L'enthousiasme de la jeunesse, son goût du travail bien fait. Lorsqu'on a besoin de mains agiles, d'un esprit inventif, la jeunesse est dans son élément. Là, vous assisterez à une véritable gaieté, à une effervescence saine.

Ils font des projets, prennent des décisions, s'épuisent, oublient les expériences manquées, surmontent les difficultés en riant.

115.

Nous aimons parler de la noblesse des jeunes.

Si vous appelez courageux un enfant qui se penche à la fenêtre du quatrième étage sans avoir peur ; si vous le croyez bon parce qu'il a donné à un clochard la montre en or que sa mère avait laissée sur la table ; si vous voyez en lui un criminel parce qu'il a blessé son frère avec un couteau, alors, d'accord pour la noblesse et la générosité de la jeunesse : elle manque d'expérience, elle ignore ce qu'est le travail gagne-pain, la hiérarchie sociale, les usages du monde.

Ceux qui manquent d'expérience peuvent croire qu'il est possible de manifester son amitié ou son hostilité, son respect ou son mépris selon les sentiments que l'on éprouve réellement.

Ils croient que l'on peut, selon son bon vouloir, nouer ou rompre ses relations, se conformer ou non aux règles établies, accepter ou rejeter les conventions.

— Je m'en fiche, tant mieux, qu'ils disent ce qu'ils veulent, je ne veux pas, un point, c'est tout : en quoi cela me regarde-t-il ?

Ils soufflent à peine, échappés partiellement à la tutelle parentale et déjà on voudrait leur imposer de nouvelles contraintes ? Holà, pas si vite !

Qu'est-ce que cela fait qu'on soit riche ou pauvre ; quelle importance tous ces « qu'en-dira-t-on » ?

Où sont ceux qui expliquent à la jeunesse à distinguer entre les concessions nécessaires et facultatives, entre ce qui blesse sans salir et ce qui déprave, entre l'hypocrisie et les contraintes du savoir-vivre ?

Nous disions à l'enfant :

— On va rire de toi.

Maintenant, il faudrait ajouter : ils te feront mourir de faim.

Vous parlez de l'idéalisme de la jeunesse, de sa candeur naïve qui lui fait croire que l'on peut toujours convaincre et améliorer le monde.

Vous pérorez voluptueusement, vous vous extasiez sur l'idéalisme, la gaieté, la liberté d'une « jeunesse » anonyme comme, autrefois, vous vous extasiez sur l'innocence, la grâce, la sensibilité d'un petit enfant. Mais que faites-vous de toute cette noblesse ? Vous la détruisez en vos propres enfants. Vous confondez l'idéalisme avec les maladies infantiles comme les oreillons ou la varicelle, vous croyez qu'il est aussi obligatoire que la visite d'une galerie de peinture au cours du voyage de noces.

Moi aussi j'ai admiré Rubens.

Mais la noblesse n'a rien à voir avec la brume matinale, elle doit ressembler à un faisceau lumineux. Si nous ne sommes pas capables d'élever des idéalistes, bornons-nous simplement à élever des honnêtes gens.

116.

Heureux l'auteur qui, au terme de son ouvrage, a la conviction d'y avoir exprimé tout son savoir, En confiant son manuscrit à l'éditeur, il éprouve la tranquille satisfaction d'avoir mis au monde un enfant qui possède suffisamment de maturité pour affronter la vie tout seul. Mais tel n'est pas toujours le cas : il arrive que l'auteur ne pense pas au lecteur moyen qui lui demande des formules toutes prêtes avec mode d'emploi. Sa démarche créative consiste à prêter une oreille attentive au cheminement de ses pensées indécises et jamais définitivement formulées. Ici, l'achèvement du travail est un réveil douloureux. Chaque chapitre a l'air de lui reprocher d'avoir été abandonné avant d'être terminé. La toute dernière idée du livre n'en constitue pas la conclusion ; elle étonne : c'est tout, pas plus ?

*

En rajouter ? Cela signifierait qu'il faut tout recommencer, rejeter ce que l'on sait déjà pour rencontrer des problèmes nouveaux et que l'on devine à peine, écrire un nouveau livre, aussi inachevé que le premier.

*

L'enfant introduit dans la vie d'une mère le merveilleux chant du silence dont la substance, la force, la vertu créatrice dépendent du nombre d'heures qu'elle aura passées à l'écouter vivre ses premiers mois paisibles où on se laisse vivre sans rien revendiquer, et des pensées dont elle l'aura enveloppé. C'est dans une calme méditation que la mère va se préparer à recevoir l'inspiration nécessaire au travail éducatif.

Elle la trouvera non pas dans un livre mais en elle-même. La valeur du livre sera alors peu de chose, mais si telle est la conclusion que l'on tire du mien, il aura accompli sa tâche.

Vigilance dans une sage solitude...

DEUXIÈME PARTIE

INTERNAT

1.

Je désire consacrer ce livre au « Refuge[1] », établissement privé qui, dans cette ville, héberge cent orphelins, garçons et filles, d'âge scolaire ; les enfants y sont entourés par un personnel restreint aidé de quelques gens de service.

Le régime de l'internat ne bénéficie pas d'une bibliographie abondante. Il a surtout inspiré, soit des traités relatifs à l'hygiène, soit des protestations véhémentes contre le principe même de l'éducation en collectivité.

En tant qu'éducateur, je connais les mystères colorés ou sombres de l'internat à travers les dortoirs, les lavabos, le réfectoire, la salle de jeux, la cour et les toilettes. Je ne connais pas les enfants revêtus de cet habit de gala qu'est leur uniforme de classe ; je les connais dans le négligé intime de la vie quotidienne.

Ce livre ne s'adresse pas aux seuls éducateurs de la prison-caserne qu'est l'internat, mais à tous ceux également qui savent combien la famille peut devenir une cellule de prison pour l'enfant d'aujourd'hui.

Tant dans un internat qu'au sein des familles, les enfants sont harcelés, molestés ; les plus énergiques d'entre eux tentent de tromper la surveillance, de se soustraire à la vigilance du

---

1. Fondateur, en 1911, à Varsovie, d'un orphelinat pour enfants juifs, J. K. a dirigé également, à partir de 1919, un refuge pour enfants polonais du milieu ouvrier. (N.d.T.)

contrôle et luttent avec un acharnement désespéré pour préserver leurs droits.

Je n'ai qu'une crainte : celle que le lecteur n'adopte trop vite mes conclusions car, en ce cas, sa lecture lui aurait été préjudiciable. Je préviens donc : le chemin que j'ai choisi de poursuivre pour atteindre mon but n'est ni le plus court ni le plus commode ; pourtant, il est le meilleur pour moi, car c'est le mien. Je l'ai trouvé non sans peine et non sans souffrance, et seulement après avoir compris que tous les livres, les expériences, les opinions des autres n'exprimaient pas la vérité.

Les éditeurs publient parfois les « pensées d'or » des Grands Hommes ; ne serait-il pas plus utile de présenter un choix des opinions fausses avancées par les tenants réputés de la vérité et du savoir ? Rousseau commence son *Émile* par une affirmation que dément toute la science contemporaine en matière d'hérédité [1].

2.

Ce livre sera court autant que faire se peut, car il devrait constituer une réponse rapide aux questions d'un jeune collègue ; pris dans le tourbillon des problèmes éducatifs les plus difficiles et d'une situation matérielle embrouillée, ce jeune homme, étourdi, exaspéré, crie au secours.

Le pauvre, il n'a plus le loisir d'étudier. L'autre nuit, il fut réveillé par deux fois. Tout d'abord, un enfant pleurait, car il avait mal aux dents, il fallut le soigner, puis le consoler. À peine rendormi, nouveau réveil ; cette fois, il s'agit du cauchemar fait par un autre enfant : des morts, des brigands qui voulaient le tuer, qui l'ont jeté dans la rivière... Et le jeune éducateur de bercer, de consoler une nouvelle fois, de rassurer.

Un homme qui a sommeil ne peut pas lire le soir de gros ouvrages éducatifs ; ses yeux se ferment. Privé de sommeil, il deviendra irritable, impatient, incapable d'appliquer durant le jour les préceptes salutaires appris la nuit dans le savant recueil. Je m'efforcerai donc d'être bref, afin de ne pas nuire au repos nocturne des éducateurs surmenés.

---

1. « Tout est bien sortant des mains de l'Auteur des choses, tout dégénère entre les mains de l'homme. » *(N.d.T.)*

INTERNAT

3.

Durant le jour, l'éducateur n'a pas davantage la possibilité d'étudier. À peine s'assied-t-il avec un livre qu'un enfant accourt. Il se plaint : tandis qu'il écrivait, son voisin l'a bousculé, une grosse tache est tombée sur son cahier... doit-il tout recommencer? laisser la page telle qu'elle est? arracher la feuille?... Un second survient en boitant : il ne peut pas marcher, il y a un clou dans son soulier. Le troisième demande s'il peut prendre le domino. Le quatrième voudrait la clef de l'armoire. Le cinquième apporte un mouchoir : « Tenez, je l'ai trouvé, je ne sais pas à qui il est! » Le sixième lui confie quatre sous qu'il vient de recevoir d'une tante. Le septième accourt pour réclamer le mouchoir « perdu » : « C'est le mien! je l'ai posé sur la fenêtre pour une minute, et lui, il me l'a pris tout de suite! »

Dans le coin, là-bas, un petit maladroit joue avec des ciseaux : il va se blesser, faire des dégâts. Qui lui a donné ces ciseaux?

Au milieu de la salle, une dispute commence ; la bagarre menace, il faut l'empêcher. Celui qui, la nuit dernière, souffrait des dents, court maintenant comme un dératé, risquant à tout instant de bousculer encore ceux qui écrivent, de renverser un encrier... la nuit prochaine, il aura peut-être à nouveau mal aux dents.

Il faut une énorme volonté à l'éducateur pour avoir le courage de lire, même si le livre n'est pas épais.

4.

Mais il peut renoncer à lire, par manque de confiance dans les manuels.

Un auteur, citations à l'appui, peut faire étalage de ses connaissances en pédagogie. Reprenant de vieux clichés, il exprimera les mêmes bonnes intentions, les mêmes pieux mensonges, les mêmes conseils irréalisables : ... « Ainsi l'éducateur pourra... ainsi, l'éducateur devra »... En fin de compte, ledit éducateur, que le cas soit grave ou futile, doit décider par lui-même selon ce qu'il sait et, surtout, selon ce qu'il peut.

— C'est bon en théorie! constate-t-il avec amertume. Car il ne peut s'empêcher d'éprouver quelque ressentiment à l'égard de ce pédagogue lointain, confortablement assis derrière son bureau pour édicter des règles, inapplicables parce que leur auteur ignore ce que peut être la promiscuité avec une bande de gosses agités, criards, insupportables. Qui ne veut agir en tyran devient presque inévitablement esclave. Sa vie à lui peut être radicalement perturbée par un seul de ces garnements, même si tous les autres s'efforcent de la lui rendre plus sereine.

À quoi bon l'irriter avec le mirage de la Science, des tâches nobles, des aspirations sublimes, puisqu'il est et doit demeurer un simple journalier-cendrillon.

5.

Il sent fuir l'enthousiasme qui le portait à aller de l'avant sans s'inquiéter de l'avis d'autrui. Naguère, il se réjouissait d'organiser un jeu nouveau, de préparer une surprise pour les enfants. Il souhaitait ranimer d'un souffle joyeux l'existence monotone et grise de l'internat. À présent, il s'estime heureux de pouvoir noter dans son carnet cette formule désenchantée : rien à signaler. Si aucun des gosses n'a vomi, cassé un carreau, mérité une semonce, la journée peut être considérée comme « bonne ».

Son énergie diminue ; il ferme les yeux sur les délits mineurs, préfère rester dans l'ignorance de certains faits, parce qu'il doit toujours parer au plus pressé.

Il répugne à prendre des initiatives. Auparavant, s'il recevait des friandises, un jouet, il savait d'instinct comment les employer au mieux ; maintenant, il se borne à les distribuer sans discernement : que cela disparaisse au plus vite, avant d'avoir pu susciter des jalousies, des disputes, des rancunes. Un nouveau meuble, un nouvel ustensile sont motifs d'appréhension : s'il ne redouble pas d'attention, les enfants vont tout casser, détériorer. Un pot de fleurs à la fenêtre, une image accrochée au mur... trop de choses requièrent son intervention ; or, lui ne sait plus, ne veut plus, ne peut plus, ne voit plus rien.

Il a perdu confiance en soi. Avant, aucun jour ne passait sans qu'il l'ait enrichi d'un aperçu nouveau relevé chez les enfants ou en lui-même. Les enfants venaient à lui ; désormais, ils l'évitent. Les aime-t-il encore ? Il leur parle avec rudesse, parfois même avec brutalité.

Lui qui brûlait de servir d'exemple, ne va-t-il pas ressembler bientôt à ceux dont il critiquait l'indifférence, la passivité, le manque d'ardeur au travail ?

6.

Mécontent de lui-même, il s'en prend à tout le monde autour de lui.

Voici une semaine, quand le courrier lui apporta la nouvelle d'une maladie de sa sœur et que les enfants, l'ayant su, respectèrent sa tristesse et se couchèrent sans bruit, il fut touché et reconnaissant.

Mais, l'autre jour, les mêmes enfants extorquèrent à un pensionnaire nouvellement arrivé tous ses bonbons, toutes ses images et même le plumier offert par sa famille ; on a menacé le garçon d'une raclée s'il osait dénoncer ses tourmenteurs. Même les enfants qu'il croyait honnêtes avaient participé à cette vilaine histoire.

Il arrive qu'un enfant se jette à son cou et, tout en déclarant : « Je t'aime ! » lui réclame un habit neuf.

Tour à tour attendri, puis écœuré, il s'étonne : comment est-il possible que le même enfant puisse manifester, tout à la fois, tant de subtilité, de sensibilité profonde et tant de perversité, de cupidité féroce ?

Il en vient alors à balancer entre le : « Je veux, je dois, c'est mon devoir ! » et le : « À quoi bon, cela ne sert à rien ! »

La théorie et son expérience personnelle de tous les jours se sont embrouillées à tel point qu'il a perdu le fil : plus il réfléchit, moins il comprend.

7.

Il ne comprend plus rien à ce qui se passe autour de lui. Il tâche de limiter les ordres et interdictions, il donne beaucoup de liberté aux enfants ; mécontents, ils en exigent davantage.

Il veut connaître leurs soucis. Apercevant un garçon qui, contrairement à ses habitudes, se tient isolé dans un coin, silencieux et maussade, il s'approche de lui : « Qu'y a-t-il ? Pourquoi es-tu triste ? » De mauvais gré l'enfant répond :

« Je n'ai rien. Je ne suis pas du tout triste » ; il veut lui caresser les cheveux : le garçon se dérobe brutalement.

Un groupe d'enfants discute avec animation. Il suffit qu'il s'en approche pour qu'ils se taisent aussitôt : « De quoi parliez-vous ? – De rien. »

Il pensait être aimé ; il s'aperçoit qu'ils se moquent de lui. Il croyait avoir gagné leur confiance ; il constate qu'ils lui cachent quelque chose. Ils paraissent approuver ses dires, mais prêtent volontiers une oreille complaisante aux bruits malveillants qui courent sur son compte.

Il ne comprend pas, il ne sait plus rien ; tout lui semble hostile, étranger. Il est malheureux.

Réjouis-toi plutôt, éducateur ! Déjà tu rejettes la vision sentimentale de l'enfance. Déjà tu sais que tu ne sais rien. Les choses ne sont pas telles que tu les imaginais ? Alors, c'est qu'elles sont autres. Sans t'en rendre compte tu es déjà sur la bonne voie. Tu te sens perdu ? Sache qu'il n'y a point de honte à se perdre dans l'immense forêt de la vie. Même en errant, tâche de regarder autour de toi ; tu découvriras des mosaïques saisissantes de beauté. Tu souffres ? La vérité naît dans la souffrance.

8.

Sois toi-même. Cherche ta propre voie. Apprends à te connaître avant de prétendre connaître les enfants. Mesure les limites de tes capacités avant de fixer celles des droits et des devoirs des enfants. Parmi tous ceux que tu pourrais avoir à comprendre, élever, instruire, tu viens en premier ; c'est par toi qu'il te faut commencer.

C'est une erreur de croire que la pédagogie est une science de l'enfant et non pas de l'homme.

Dans un moment d'emportement, un enfant violent frappe ; un adulte violent tue. À un enfant candide on soutire son jouet ; à un adulte naïf on fait signer des traites. Un enfant déraisonnable dépense en bonbons l'argent du cahier ; un adulte irresponsable dilapide au jeu son patrimoine. Enfant ? Adulte ? Il y a seulement des êtres humains. Seule existe une différence d'échelle entre les idées, les sentiments, les impulsions, les expériences de chacun d'eux. N'oublie pas que nous ne les connaissons pas.

Immatures, les enfants ?

Allez donc demander à un vieillard ce qu'il pense des hommes de quarante ans : il leur reprochera de manquer de maturité. Comment donc! Certaines classes sociales sont jugées immatures, parce que pauvres. Et que dire de ces nations entières placées sous une protection étrangère? Elles sont déclarées barbares parce qu'elles ne possèdent pas d'armes.

Sois ce que tu es et observe attentivement les enfants lorsqu'ils peuvent être vraiment eux-mêmes. Observe-les, mais ne leur demande rien. Car tu ne parviendras jamais à transformer un enfant turbulent ou agressif en enfant recueilli et tranquille. Jamais celui qui est méfiant et sombre ne deviendra franc et expansif, pas plus qu'un enfant ambitieux et têtu ne deviendra doux et soumis.

Et toi-même?

Si ton allure n'est pas imposante, ni ta poitrine puissante, en face d'une bande qui chahute tu userais en vain de la parole. As-tu un sourire doux et un regard patient? Alors, ne dis rien. Peut-être se calmeront-ils d'eux-mêmes? Cherche ta propre voie.

Ne t'applique pas à devenir un éducateur austère, une comptabilité psychologique dans le cœur et un code pédagogique dans la tête. Tu jouis d'un allié merveilleux : la jeunesse, et tu voudrais faire appel à cette grincheuse empotée qu'est l'expérience!

9.

Jamais ce qui *devrait* être, seulement ce qui *peut* être. Tu voudrais être aimé des enfants; pourtant, il te faut les plier aux formes étroites et étouffantes de la vie contemporaine, de l'hypocrisie contemporaine, de la contrainte contemporaine. Il te faut les obliger à remplir scrupuleusement des tâches imposées. Eux, ils s'y refusent, ils regimbent. Il est naturel qu'ils t'en veuillent.

Tu les voudrais francs, bien élevés; alors que les usages du monde sont empreints de fausseté et que la franchise y passe pour de l'insolence. Sais-tu ce qu'a pensé ce garçon à qui tu as demandé pourquoi il était triste? Il a pensé : « Fiche-moi la paix! » Déjà, il a manqué de franchise puisqu'il n'a pas voulu te le dire, il a esquivé ton geste d'amitié. Et cela a suffi pour te blesser.

Il n'est pas beau de rapporter, il est vilain de dire du mal d'un absent... mais, sans cela, comment peux-tu participer à leurs affaires, à leurs souffrances, comprendre leurs péchés ?

Pas de punitions, pas de récompenses. Cependant une discipline est indispensable et les ordres doivent être obéis. La cloche les avertit de se rassembler pour le déjeuner. Mais, s'ils viennent en retard ? S'ils refusent de venir ?

Tu es censé leur servir d'exemple. Comment éviter de laisser voir aussi tes défauts, tes faiblesses, tes ridicules ? Les masquer ? Tu n'y parviendras sûrement pas. Tu t'efforceras de les dissimuler ; ils feront semblant de ne pas les remarquer. C'est derrière ton dos, en chuchotant, qu'ils riront de toi.

C'est difficile, très difficile, même ? D'accord ! Mais, des difficultés, tout le monde en connaît, et il existe plusieurs façons de les surmonter. Seulement, les méthodes ne seront pas toujours d'une exactitude mathématique. Parce que la vie n'est pas un recueil de problèmes d'arithmétique où il n'y a qu'une solution et deux manières de la trouver.

10.

Donner aux enfants la possibilité d'un épanouissement harmonieux de toutes leurs facultés spirituelles ; dégager la totalité des forces latentes qu'elles contiennent ; les élever dans l'amour du bien, du beau, de la liberté... Essaie donc, homme naïf ! La société t'a confié un petit sauvage afin que tu le dégrossisses, lui inculques de bonnes manières, le rendes plus maniable... et elle attend. Attendent ainsi l'État, l'Église, le futur patron. L'État exigera de lui le patriotisme ; l'Église, la foi ; le patron, la probité ; et tous trois, de la médiocrité et de l'humilité. Trop fort, il sera brisé ; trop doux, maltraité ; rusé, il pourra être acheté ; pauvre, son chemin sera barré de tous côtés. Par qui ? Personne et tout le monde. La vie.

Tu penses qu'un enfant est peu de chose. Un orphelin, un oisillon tombé du nid ; s'il vient à mourir, nul ne s'en aperçoit et bientôt sa tombe sera recouverte par les herbes folles. Réfléchis bien à cela... tu verras, tu finiras par pleurer. Il faut lire les remarques de Prévost à propos des orphelinats tels qu'ils fonctionnent dans la France libre et républicaine.

L'enfant a le droit de vouloir, de réclamer, d'exiger. Il a le droit de progresser et, parvenu à la maturité, de donner son fruit. Or, l'éducation le restreint à : ne pas faire de bruit, ne pas traîner ses souliers, écouter et exécuter les ordres, ne pas critiquer et croire que tous n'ont en vue que son bien.

Alors que la bonne entente, la générosité, la liberté ont pour commandement : Aime ton prochain. Regarde autour de toi... et souris.

11.

Un nouveau pensionnaire.

Tu as coupé ses cheveux, ses ongles ; tu l'as baigné, vêtu proprement ; déjà il ressemble à tous les autres.

Déjà, il s'incline en disant : Bonjour ! Déjà, il remplace : « Je veux ! » par : « S'il vous plaît » et salue le premier un nouvel arrivant. Déjà, il est capable de réciter un poème. Il nettoie ses chaussures crottées, ne crache plus par terre, utilise un mouchoir pour se moucher.

Ne te fais pas d'illusions, ne crois pas avoir chassé de sa mémoire tous les sombres souvenirs, les mauvaises influences, les épreuves douloureuses. Ces enfants extérieurement nets et proprement habillés resteront longtemps encore froissés et endoloris. Il est des blessures infectées dont la guérison demande de longs mois de patience, et qui, même guéries, laissent des cicatrices toujours prêtes à suppurer de nouveau.

L'orphelinat est une clinique où tu rencontreras toutes les maladies du corps et de l'âme, aggravées par l'affaiblissement de l'organisme et dont la guérison est souvent retardée, voire empêchée, par des antécédents désastreux. Si l'internat n'est pas également un établissement de cure morale, il risque de devenir un foyer d'infection.

Même si tu fermais à double tour les portes de l'internat, de méchantes rumeurs, des voix cruelles de la rue s'y introduiraient et ce ne sont certainement pas tes exhortations au bien qui pourraient les étouffer. L'éducateur est libre de fermer les yeux, de faire semblant de les ignorer ; les enfants sont trop futés pour en être dupes.

12.

Tu dis : j'accepte certaines compromissions, j'accepte la charge de ces enfants que la vie a bien voulu me confier, je m'incline devant la nécessité de travailler dans des conditions particulièrement dures, mais j'exige un peu de liberté de mouvement, j'exige qu'on me facilite les menues tâches quotidiennes.

Naïf, tu ne peux rien exiger de tel.

Ton supérieur te fera des reproches si des débris de papier traînent par terre, si un petit distrait se fait une bosse, si les tabliers ne sont pas assez propres ou les lits mal faits.

Persuadé d'agir dans l'intérêt général, tu décides le renvoi d'un enfant douteux. On te demande aussitôt de revenir sur ta décision : la brebis galeuse s'amendera peut-être ?

Il fait froid dans les salles et la plupart de tes enfants, anémiques, ont les doigts couverts d'engelures. Le charbon, la chaleur, cela coûte cher ; mais le froid est une atteinte psychique autant que physique... Non, il faut aguerrir les enfants !

Tu te scandalises parce que deux œufs fournissent à peine une cuillerée d'omelette... on te répond sèchement que ce ne sont pas là tes affaires.

Ton collègue sait où se trouve la clef de l'armoire, tu en es sûr, il l'a peut-être même cachée exprès pour t'obliger à chercher partout Quand il sort le soir, son dortoir reste sans surveillance, mais il s'oppose à ce que tu t'occupes de sa salle.

Le despotisme capricieux et l'inconscience des supérieurs, la malhonnêteté de l'administration, la mauvaise volonté et le manque de scrupules du collègue... À quoi il faut ajouter la grossièreté des gens de service : la lingère te cherche querelle à propos d'un drap égaré ; la cuisinière, pour du lait qui sent le brûlé ; le concierge, parce que des chaussures boueuses ont laissé des traces dans l'escalier.

Il n'est pas impossible qu'un éducateur se trouve placé dans de meilleures conditions de travail ; tant mieux pour lui. Mais, s'il doit en subir d'aussi difficiles, qu'il ne s'étonne pas ; au lieu de s'indigner, qu'il rassemble sagement ses forces et son énergie pour un effort de longue haleine et non pour une mise en route de quelques jours ou de quelques mois.

13.

L'internat vu à vol d'oiseau :
Un joyeux brouhaha, l'animation, la jeunesse, la gaieté.
Un adorable petit État de petits hommes naïfs.
Tant d'enfants, et tout est si propre cependant !

L'harmonie des uniformes; l'ensemble rythmé du chant de la chorale.

Un simple mot : ils arrêtent de parler. Une invitation : ils s'installent à la table. Ni bagarres ni disputes.

Un joli minois furtivement aperçu, une paire d'yeux rieurs repérés au passage. Là-bas, un enfant qui paraît bien malingre... pauvre petit trésor!

L'éducateur se promène tranquillement, les yeux pleins de douceur. Un enfant accourt vers lui avec une question, il lui répond avec patience. Par manière de plaisanterie, il menace du doigt un garçon qui s'agite plus loin; celui-ci comprend aussitôt et se calme. Un cercle des plus fidèles se forme autour de lui :

— Vous êtes bien ici?

— Oui.

— Vous m'aimez bien?

Ils sourient, inclinent la tête, font des mines.

— Ce n'est pas correct de ne pas répondre, quand on vous pose une question. Vous m'aimez?

— On vous aime.

Quel travail agréable! combien ces tâches sont aisées! Quant aux petits soucis, petits besoins, ils font partie du petit monde enfantin.

— Ces pains d'épice sont pour vous, servez-vous.

Tous remercient gentiment. Aucun ne veut tendre la main le premier.

14.

Visiteur, hôte de passage, regarde plutôt les enfants qui se tiennent à l'écart.

Celui qui reste debout, dans un coin sombre, le doigt entortillé dans un chiffon sale. Les deux grands qui marmonnent en t'observant avec ironie. Quelques autres, trop occupés, ignorent même ta venue. Celui-ci fait semblant de lire, afin de n'être pas importuné par une conversation conventionnelle. Un autre encore, profitant de la distraction du maître, s'esquive discrètement pour aller commettre quelque sottise en toute impunité.

Un timide attend impatiemment que tu partes pour pouvoir demander quelque chose à son maître. Un vaniteux, en revanche, s'approche, pour bien se faire voir. Un troisième guette, préférant passer en dernier pour te rencontrer seul : il sait que le maître ne manquera pas de le présenter par un quelconque : « Voici notre chanteur »... ou : « Notre petite ménagère »... ou encore : « La victime d'une histoire tragique. »

Sous un habit semblable battent cent cœurs différents ; cent caractères, cent difficultés, cent craintes pour l'éducateur.

Cent enfants ? Non, cent hommes. Cent hommes non pas en devenir pour une échéance plus ou moins lointaine, mais cent hommes dès aujourd'hui. Leur monde n'est pas un « petit monde », c'est un monde tout court, avec ses valeurs, ses qualités, ses aspirations, ses désirs ; rien de tout cela n'est dérisoire, ni innocent, ni mièvre, car procède de l'essence de l'humanité.

Au lieu de leur demander s'ils t'aiment, demande-leur plutôt pourquoi ils t'obéissent, pourquoi ils respectent le règlement, l'ordre, la propreté...

— Les punitions n'existent pas !

C'est un mensonge.

15.

Quelles sont tes obligations ? D'abord, la vigilance. En tant que gardien, tu peux ne rien faire, mais si tu te veux éducateur, ta journée de travail comptera seize heures, sans interruption, sans trêves ni répit. Cette journée sera faite de tâches et de besognes souvent difficilement définies, mal contrôlées, improvisées sur-le-champ ; et de mots, de pensées, de sentiments ; et leur nom est MILLE.

Une discipline de parade, un vernis de bonnes manières sont les fruits d'un dressage n'exigeant qu'une main ferme et un règlement sévère. Les enfants sont toujours victimes de cet acharnement à leur prétendu bonheur ; acharnement qui est la source des pires injustices.

L'éducateur, comme le gardien, sait qu'un enfant trop brutalement frappé peut devenir aveugle, avoir un membre fracturé. Mais il sait aussi que nombreux sont les accidents qui ne tournent pas forcément au drame : « Il a manqué de perdre un œil, il a failli tomber d'une fenêtre, il s'est foulé une cheville alors qu'il risquait de se briser une jambe... » Les cas graves restent relativement rares, mais il n'en demeure pas moins qu'ils sont absolument imprévisibles, donc imparables.

Plus inconsistante est la vie spirituelle, plus insipide le visage moral de l'éducateur, plus grand sera le nombre des injonctions et interdictions qu'il imposera aux enfants, non point par souci de leur bien, mais pour sa propre tranquillité et son propre confort.

Un éducateur ennemi des surprises désagréables et fuyant ses responsabilités devant l'événement inattendu est un tyran pour les enfants.

16.

Tyran, il l'est aussi lorsqu'il se montre trop soucieux de leur moralité. Non content de poursuivre de ses soupçons tout couple d'enfants qui semble rechercher la solitude, il flaire l'ennemi dans les mains de l'enfant.

Un quidam inconnu, un jour, quelque part, a décidé que les enfants ne devaient pas garder leurs mains sous la couverture.

— Parce que j'ai froid; j'ai peur; je n'arrive pas à m'endormir!

S'il faisait chaud dans la chambre, l'enfant ne découvrirait pas seulement ses mains, mais il se découvrirait complètement. Et s'il avait sommeil, il s'endormirait au bout de cinq minutes. Nous rencontrons trop souvent ce genre de soupçons stupides, dont la source commune est la méconnaissance de l'enfant.

J'observais un jour le manège de quelques garçons déjà grands. Avec des mines de conspirateurs, ils entraînaient dans les toilettes des mioches qui, quelques instants plus tard, réapparaissaient, tout penauds. Il m'en a coûté de continuer à écrire impassiblement comme si de rien n'était. Le jeu se révéla des plus innocents. L'un des « grands » commençait son apprentissage chez un photographe et, fort du prestige acquis, persuadait aisément les petits qu'il était capable de leur « tirer le portrait ». Ayant recouvert d'un vaste tablier une boîte à cigares, il leur disait d'aller prendre la pose... juste sous le robinet fixé au mur; les autres s'immobilisaient, la bouche crispée en un sourire de circonstance, attendaient le signal convenu... Trois!... un jet d'eau froide leur tombait sur la tête.

Excellente leçon de prudence pour les petits crédules; aucun des douchés jamais plus n'acceptera de se rendre aux cabinets sur l'invitation imprécise d'un aîné.

Et toi, cher éducateur qui veilles avec étroitesse sur la

moralité des enfants, j'ai bien peur que tu n'aies pas toi-même la conscience très tranquille.

17.

Un théoricien classe les enfants par catégories selon leur tempérament, leurs facultés intellectuelles, leurs goûts et dispositions ; un éducateur expérimenté, lui, les divise surtout en faciles ou difficiles ; les moyens, qui suivent tout seuls, et les exceptionnels, auxquels il faut consacrer beaucoup de temps.

Les difficiles se recruteront chez les plus jeunes, au-dessous de la moyenne, et chez les plus âgés à l'esprit critique, frondeur. Les difficiles, ce sont aussi les maladroits, les insolents, les fragiles, les violents, les importuns.

L'enfant excédé qui se rebiffe contre les rigueurs de l'internat, qu'humilie la discipline du dortoir, du réfectoire, de la prière, du jeu, de la promenade.

L'enfant affligé d'une otite aiguë, d'un abcès, d'un panaris sous l'ongle, d'une conjonctivite, de maux de tête ; qui tousse.

Le lambin qui traîne pour s'habiller, se laver, se coiffer ; qui mange lentement. Dont le lit, la serviette sont les derniers à être rangés ; de qui l'assiette et le gobelet se font toujours attendre ; celui qui retarde le rangement du dortoir, celui qui empêche que la table soit débarrassée et le couvert renvoyé à temps à la cuisine.

L'enfant qui te harcèle toutes les deux minutes par une question, une plainte, un reproche ; il n'aime pas la compagnie de ses camarades et reste pendu à tes basques ; il ne sait jamais rien, a toujours besoin de quelque chose ; il a une communication à te faire.

L'enfant revêche qui te répond sur un ton rogue, qui offense un membre du personnel, qui se dispute, se bat, jette une pierre ; qui déchire, casse intentionnellement ; qui dit qu'il ne veut pas...

L'enfant trop sensible, impressionnable, que blessent la moindre observation, le moindre regard sévère, et sur qui la froide indifférence pèse comme la plus pénible des punitions.

Le gentil polisson qui bouche ton lavabo avec des cailloux, qui se balance sur le montant de la porte, ouvre les robinets, verrouille le poêle, dévisse la sonnette, barbouille tout un mur au crayon bleu, grave des lettres dans le bois de la table. Diaboliquement inventif et complètement irresponsable.

Tous volent ton temps, abusent de ta patience, tyrannisent ta conscience. Tu luttes contre eux, alors que tu sais qu'ils ne sont pas vraiment fautifs.

18.

Le réveil est fixé à six heures. Tu devrais n'avoir à dire que : « C'est l'heure ! les enfants, levez-vous ! », et rien d'autre.

Dans la réalité, sur un certain nombre d'enfants, quatre-vingts seulement seront assez dociles pour s'exécuter ; ils se lèveront, s'habilleront, feront leur toilette et seront fin prêts pour l'appel du petit déjeuner. Mais il y en aura huit à qui il faudra répéter deux fois de se lever ; cinq autres n'obéiront qu'à la troisième injonction. Trois autres t'obligeront à élever la voix. Les deux derniers demanderont quelques ménagements : l'un d'eux se plaint d'un mal de tête ; est-il malade, ou fait-il seulement semblant de l'être ?

Quatre-vingt-dix enfants s'habillent sans aide ; deux n'y parviennent pas et s'en remettent à toi, sinon ils seraient en retard. Celle-ci a perdu sa jarretière ; celui-là souffre d'une engelure à l'orteil et ne parvient pas à enfiler sa chaussure. L'un a son lacet coincé par un nœud. Un autre geint : on l'empêche de faire son lit. L'un refuse de passer le savon ; un autre bouscule tout le monde au lavabo, éclabousse ses voisins, prend n'importe quelle serviette, renverse de l'eau sur le sol. Là-bas, un enfant a mis son pied gauche dans le soulier droit ; il ne parvient pas à boutonner son tablier parce qu'il y manque un bouton. Un autre encore réclame : quelqu'un a pris sa chemise, qui était là, il n'y a qu'un instant... Un petit pleurniche : cette cuvette est à lui, il s'y lave toujours, mais l'autre est venu avant lui et l'a prise.

Cinq minutes t'ont suffi pour faire manger quatre-vingts enfants ; dix autres ont avalé leur bol de café en une minute ; mais deux enfants, à eux seuls, ont pris presque une demi-heure de ton temps.

Demain, tout recommencera de la même façon, à cela près que ce ne seront pas les mêmes qui auront perdu un objet, qui seront malades, qui feront mal leur lit.

Dans un mois, dans un an, dans cinq ans, rien n'aura changé.

19.

Tu pouvais dire : « Levez-vous, les enfants ! » et rien d'autre. Mais cela n'aurait pas suffi pour que chacun soit prêt à l'heure.

Jamais tu ne serais venu à bout de la situation si l'un des enfants, plus dégourdi, n'avait retrouvé la jarretière ou la chemise perdues ; si un autre n'avait apporté une chaussure de remplacement pour le pied gonflé d'engelures ; si un troisième n'avait pas démêlé le nœud du lacet.

Parce que la jarretière était si bien cachée qu'il fallut se mettre à quatre pattes pour la trouver sous le lit ; parce que la chaussure de rechange était rangée dans une pièce éloignée et parce que ton auxiliaire bénévole a dû travailler longtemps sur le nœud, peinant d'abord avec son ongle, puis avec une dent, s'aidant ensuite d'un clou trouvé la veille, puis d'un crochet à tricoter qu'il est allé emprunter tout exprès.

Tu ne peux pas ne pas t'apercevoir que tel enfant égare plus souvent ses affaires que ses camarades, que tel autre les rassemble plus rapidement ; l'un fait toujours des nœuds, qu'un autre passe son temps à défaire. Tu as vite fait de distinguer l'enfant souffreteux du robuste comme celui qui attend toujours une aide de celui qui s'empresse toujours d'offrir la sienne.

Supposons que tu fasses montre d'indulgence pour les premiers et néglige d'être reconnaissant aux seconds.

Ce matin, celui qui, hier soir, bavarda longtemps au lit, ne sait pas se lever. Les petits ont fait leur lit mieux que les grands. Le garçon qui se plaignait de la gorge est allé boire de l'eau du robinet malgré tes recommandations... Devine ce que tu vas leur dire, bien que tu saches, que tu comprennes, que tu acceptes, que tu pardonnes.

Plus nombreux seront les cas difficiles, davantage de temps il te faudra prélever, sur tes seize heures de labeur quotidien, pour aller et venir, t'affairer, rouspéter et moins il t'en restera pour le « sublime », (voir : « ... l'éducateur pourra... l'éducateur devra... »).

Moins de temps, et moins de forces.

20.

L'assistance que les enfants apportent à l'éducateur est parfois tout à fait désintéressée. Un enfant aide parce qu'il en a envie, parce que cela lui convient aujourd'hui et ne l'engage en rien pour demain.

Ce genre d'auxiliaire fantaisiste, ambitieux et honnête, n'accepte pas n'importe quelle tâche. Les difficultés imprévues le découragent aussitôt ; il boude si l'éducateur ne se montre pas content ; il n'agit pas sans directives précises, renouvelées au moindre doute. Il ne propose jamais sa collaboration, il faut la quémander ; vous lui demandez gentiment de vous aider, il prête volontiers son concours, vous le lui ordonnez, il refuse. Il n'est guère possible de compter sur lui, car il risque de flancher à l'instant où l'on aurait le plus besoin de son aide.

Un éducateur médiocre acceptera le zèle d'un autre type d'acolyte habile et énergique mais hypocrite, intéressé, il insiste pour proposer ses services ; repoussé, il revient à la charge ; on a besoin de lui ? Il est déjà là, comme surgi de nulle part, scrutant les yeux du maître pour y lire l'ordre à venir, prêt à se charger de n'importe quelle besogne.

S'il est incapable de mener sa tâche à bien, il se tire d'affaire par une pirouette ; réprimandé, il feint la contrition. Son rapport sera toujours : « Tout va bien. »

Si, au lieu de se pencher personnellement sur les « petits » problèmes et soucis des enfants, un éducateur peu scrupuleux, incapable ou encore épuisé, délègue ses pouvoirs à ce genre d'*enfant-pion*, ce dernier saura s'en tirer à merveille et, d'un enfant qui savait tout, était au courant de tout, rapportait tout, il deviendra vite un remplaçant en titre.

Il n'a rien d'un inoffensif flagorneur ; c'est un redoutable adjudant d'internat-caserne.

21.

En fait de surveillance, l'enfant se montre plus facilement despote que l'adulte. Si le surveillant adulte en vient à frapper, il mesure sa force ; s'il menace, c'est toujours avec quelque hésitation ; s'il punit, ce n'est jamais sans raison. Alors que l'enfant-pion, lorsqu'il donne un coup, ne vise pas le dos, mais la tête ou le ventre, parce que cela fera davantage mal ; quand il menace, ce n'est pas d'une punition prévisible, mais d'une éventualité d'autant plus terrifiante, encore que naïvement énoncée : « Attends un peu, quand tu dormiras je viendrai te couper la gorge avec mon couteau à cran d'arrêt ! » Sans broncher, il accusera un innocent et le contraindra à avouer un crime imaginaire : « Dis que c'est toi qui l'as mangé, qui l'as pris, qui l'as cassé... » Et le petit, tout tremblant, répétera : « C'est moi qui l'ai cassé, c'est moi qui l'ai volé. »

Les enfants le craignent bien plus qu'ils ne craignent leur éducateur, parce que cet enfant-pion connaît tous leurs secrets, parce qu'il ne les quitte jamais. Ceux qui refusent de se soumettre peuvent rarement se venger de leur tyran ; ils le haïssent mais ne peuvent le neutraliser qu'en l'achetant.

Le jeune persécuteur est bientôt entouré de quelques séides. Déjà, il n'agit plus directement, mais donne des ordres, dénonce ceux qui lui résistent... et répond de tout devant les autorités.

Il importe de bien établir la distinction : ce n'est pas un favori, pas un « chouchou », c'est un véritable factotum investi de la confiance du maître. Il veille au confort du maître et le maître tolère tout de lui. Le maître sait que son auxiliaire triche, lui ment, l'exploite, mais il ne peut se passer de lui ; du reste... il attend un poste plus intéressant.

22.

Les menaces perfides, insidieusement imprécises, remplacent les empoignades bruyantes, interdites dans l'internat.

« Attends un peu, je vais le dire à Monsieur ! Attends un peu, ce sera ta fête cette nuit ! »

Ce sont là formules quasi magiques pour le rusé malin, lequel en use pour asservir, contraindre au silence les plus jeunes, les plus faibles, les plus bêtes... et aussi les plus honnêtes.

Le cabinet de toilette et le dortoir sont deux endroits neutres où s'échangent librement des confidences, mais aussi où peuvent se tramer certains projets séditieux. Les éducateurs qui n'accordent à ces lieux qu'une surveillance de routine commettent une grave erreur.

Je connais le cas du garçon qui rampait la nuit jusqu'au lit de son ennemi ; pinçant les oreilles et tirant les cheveux de celui-ci, il l'avertissait à voix basse : « Reste tranquille ; si tu cries, tu vas réveiller le surveillant et il te mettra à la porte. »

Je connais le cas du garçon dans le lit duquel ses tourmenteurs versaient de l'eau afin que, se méprenant, le surveillant vienne glisser sous le drap le morceau de toile cirée infamant.

Je connais le cas du garçon qui coupait jusqu'au sang les ongles de ceux de ses camarades qui n'avaient pas l'heur de lui plaire.

Un autre préparait des bains glacés pour les garçons avec lesquels il était fâché.

Les forces mauvaises peuvent empoisonner l'atmosphère de l'internat, y enraciner la terreur et, blessant, dévastant tout, y répandre une épidémie d'immoralité. C'est seulement dans un tel climat de contrainte, de dissimulation, d'exploitation du faible par le fort, de silence apeuré, de mensonges, tous miasmes propices à la putréfaction morale, que peuvent naître des endémies d'onanisme ou de criminalité.

Un éducateur qui tombe par hasard dans un cloaque de ce genre, ou bien s'enfuit, ou bien, s'il ne le peut pas, dissimule la réalité aux yeux des autres.

Les enfants s'aperçoivent rapidement que leur tyranneau cache aux maîtres le favoritisme dont il fait bénéficier ceux qui vantent outrageusement ses mérites, tandis que ceux par qui une réprimande arrive deviennent des souffre-douleur.

En conséquence, ils acceptent d'adopter un *modus vivendi* : faire semblant que tout va pour le mieux ; si « un truc quelconque » se passe, personne n'en parlera.

Ainsi, les nouvelles ne parviennent pas jusqu'aux oreilles du surveillant général, retranché dans le calme de son bureau ; elles ne gagnent pas non plus l'extérieur. Par incapacité ou par négligence, l'autorité laisse ainsi s'accomplir nombre d'actes coupables.

Cet état de fait pourrait expliquer l'attitude renfermée et taciturne de certains internes qui ne répondent volontiers qu'aux questions banales du genre : « Tu es bien ici ? Es-tu toujours aussi gentil ? » Pour le reste, ils se taisent discrètement, craignant de « se trahir ». Dans cette ambiance alourdie de sous-entendus, un entretien avec un enfant qui ne cesse d'interroger du regard son éducateur avant de répondre à vos questions devient extrêmement gênant et désagréable.

Dans la troisième partie de ce livre, je raconterai comment, dans la Maison de l'orphelin, nous avons évité ces fâcheuses tendances en nous assurant la collaboration des enfants et comment nous sommes arrivés, de cette façon, à rendre plus ouverte la vie de l'internat.

Que la journée soit terne, coulée dans la routine des occupations quotidiennes et de l'affairement laborieux, ou bien qu'elle soit extraordinaire ou vouée à des célébrations solennelles, les enfants qui la vivent se partagent toujours en deux groupes : les commodes et les difficiles.

Pour un maître de chant, l'enfant doué d'une jolie voix est commode ; pour le professeur d'éducation physique, ce sera le plus agile. Le premier de ces maîtres pense au concours de la chorale et le second au tournoi d'athlétisme.

Les élèves doués, bien élevés, éveillés, sont désignés pour faire les honneurs de la maison, au cours d'une réception, car ils représentent bien leur institution et sont un témoignage vivant de la qualité de l'enseignement reçu ; c'est aussi au plus gracieux de visage et de manières que l'on demandera de remettre le bouquet de fleurs au visiteur de marque.

Comment un éducateur pourrait-il ne pas être reconnaissant à ces enfants-là ? Pourtant, où est leur mérite ? Bien sûr, l'un a bien chanté, l'autre brillamment joué du violon et celui-là interprété avec brio son rôle dans la pièce. Et après ? Pris de scrupules, l'éducateur honnête fait des efforts pour cacher son émotion.

Est-ce juste ? Une indifférence feinte peut-elle tromper ? En admettant qu'elle le fasse, ne porte-t-elle pas tort à l'enfant qui la subit ? Ce fut pour lui une journée importante, grandiose, inoubliable ; étourdi, intimidé par tant d'étrangers, de hautes personnalités, il accourt vers celui dont il se sent le plus proche, dont l'éloge a pour lui le plus grand prix ; il quête cet éloge, il en a le droit...

Ne leur permets pas de plastronner, mais tu dois les complimenter...

Que devient alors la grande règle de l'égalité absolue entre tous les enfants ?... Voyons, cette règle est un pur mensonge !

23.

Certains pupilles procurent à leur éducateur des instants de joie profonde qui le paient de toutes ses peines ; « enfants du dimanche de son âme », ils lui sont chers indépendamment de leurs qualités ou de leur « utilité ».

INTERNAT

Adorable parce que joli; adorable parce que souriant et gai : adorable parce que silencieux, sérieux, recueilli, grave; adorable parce que tout petit, maladroit, distrait; adorable parce que vif, audacieux, révolté.

Selon leur tempérament, leur idéal, leur vie intérieure, intellectuelle et spirituelle, les éducateurs s'attacheront à l'un ou l'autre de ces types d'enfants.

Un enfant vous en imposera par son énergie, un autre vous attendrira par sa gentillesse; un troisième réveillera les souvenirs de votre propre enfance; vous vous alarmerez pour l'avenir d'un quatrième, un cinquième vous inquiétera par la ferveur utopique de son idéalisme et le sixième par son humilité craintive.

Mais, parmi tous ces « aimables », un seul sera l'« unique », celui dont le bonheur primera dans tes préoccupations, dont l'amitié t'importera plus que tout, dont les larmes te déchireront, dont tu désireras cette seule chose : que jamais il ne t'oublie.

Comment cela s'est-il produit? Quand?... Tu n'en sais rien. C'est venu comme cela, sans raison, d'un seul coup, comme l'amour.

Ne cherche pas à le dissimuler : ton sourire, le ton de ta voix, ton regard te trahiraient.

Et les autres enfants? Ne crains rien; ils ne t'en voudront pas; chacun d'entre eux a aussi ses compagnons d'élection.

24.

Certains jeunes éducateurs encore mal aguerris ont tendance à s'attacher au plus silencieux de la foule des enfants : celui qui se tient volontiers à l'écart, comme apeuré, et dont le regard triste semble retenir les craintes d'une âme nostalgique. Ces éducateurs mettent toute la chaleur de leur dévouement à gagner la confiance de cet oublié, préparent leur zèle à ses confidences... Que peut ressentir, à quoi peut penser cet ange aux ailes fatiguées?

Cela froisse les autres enfants. Comment peut-on aimer celui-là, qui est si bête? et le voilà devenu le chouchou du maître, ce zéro, qu'une bourrade, hier encore, suffisait à écarter de votre chemin! De jaloux, ils deviennent persécuteurs.

Une lutte s'engage entre eux et l'éducateur dont l'enjeu est le petit favori. Lutte inégale où l'éducateur est perdant.

S'apercevant de son erreur, il éloigne progressivement l'enfant résigné d'avance qui le regarde avec une tristesse que, lui, prend pour un reproche. L'éducateur souffre, le voilà fâché contre lui-même et contre les enfants.

Ô tendre poète, qui n'as pas compris que le seul mystère contenu dans ces grands yeux aux longs cils était celui de la tuberculose héréditaire. Si tu avais saisi cela, au lieu d'espérer des confidences, tu aurais craint la toux ; au lieu d'avancer un geste caressant, tu aurais administré de l'huile de foie de morue. Et tu aurais ainsi épargné, à toi, à lui, aux autres enfants, beaucoup de moments pénibles.

25.

Il se peut que tu aimes un enfant d'un amour sans réciprocité. Lui, il veut jouer à la balle, à la course, à la guerre ; toi, tu aimerais lui caresser la tête, le presser contre ta poitrine, ce qui l'irrite, l'agace, l'humilie ; il réagit soit par une dérobade aux manifestations inutiles, soit avec opportunisme, ses bras jetés autour de ton cou, lorsqu'il veut te demander un habit neuf. Ce n'est pas sa faute, seulement la tienne.

Parfois, plusieurs membres du personnel de l'internat se mettent simultanément à aduler le même enfant ; le petit favori est alors obligé de louvoyer afin de ménager chacun de ses admirateurs, et son crédit auprès d'eux. Il sait que, toi, tu lui permets d'aller se coucher tard ; que l'intendant lui changera ses bas déchirés ; que la cuisinière lui offrira une pomme ou une poignée de raisins secs.

Il arrive aussi qu'un enfant vicieux ou précocement sensuel cherche du plaisir dans des caresses. Alors, il touchera ta main, la disant douce, et que tes cheveux sentent bon ; il t'embrassera dans l'oreille ou dans le cou et posera ses lèvres sur le bout de tes doigts. Garde tes yeux grands ouverts : ce sont là de mauvaises caresses.

La sensualité est plus ou moins latente en chaque enfant. L'instinct de reproduction est inscrit par la nature dans chaque destinée, ni l'homme, ni l'animal, ni la plante ne peuvent y échapper. L'éveil des sens ne survient jamais inopinément ; ils dorment, mais tu peux percevoir leur respiration légère. Il est chez des enfants, des gestes, des étreintes, des baisers, des jeux inconsciemment ou consciemment sensuels.

L'éducateur n'a pas à s'en affliger, à lever les yeux au ciel, à croiser ses bras en signe de résignation, ni à faire de grands gestes d'indignation.

Il faut laisser la vie enfantine prendre son envol au lieu de la murer dans l'ennui ; permets à l'enfant de courir, de faire du bruit, de dormir tant qu'il voudra : son équilibre sexuel s'établira naturellement, sans lui faire de tort ni le salir.

26.

L'œil perspicace de la Science a voulu découvrir des éléments troubles dans le sentiment naturel qui lie les parents aux enfants : et voilà condamnés la mère qui allaite et le père qui presse contre ses lèvres les froides mains de son enfant mort !

Caresser d'un geste innocent le visage ou les cheveux d'un enfant, border tendrement cet enfant dans son lit, prier aussi pour son bonheur tandis qu'il sommeille tranquillement, sont des manifestations normales d'un amour naturel et sage ; alors qu'abandonner un enfant aux soins des domestiques afin de mieux courir les plaisirs frelatés des vains bavardages mondains relève de la perversion.

Les sentiments purs paraissent insuffisants, trop tièdes, aux sens émoussés, dégénérés. Ici, une mère devra dévorer de baisers les petits pieds, le dos, le ventre de son bébé pour ressentir ce qu'une mère normale éprouve par un simple toucher léger. L'amour honnête des sens ne lui suffit pas, il lui faut une sensualité plus raffinée.

Cela t'étonne ? Tu refuses d'y croire ? Peut-être parce que ce que je viens de dire confirme ce que tu pressentais mais que tu rejetais avec indignation ?

Ignores-tu donc que l'instinct de reproduction oscille entre l'inspiration créatrice la plus élevée et le plus ignoble des crimes ?

Il est indispensable que tu prennes bien conscience de la nature du sentiment que tu portes aux enfants ; que tu contrôles sans cesse ce sentiment, n'oubliant jamais que tu es autant éducable qu'éducateur et qu'un enfant, par surprise, peut te corrompre.

Les quatre murs d'une maison, d'une école, d'un internat, recèlent de sombres secrets. Parfois, un scandale de mœurs les dévoile au grand jour, le temps d'un éclair. Et puis, ce sont de nouveau les ténèbres.

Là où un certain système d'éducation moderne autorise ces violations des âmes enfantines; là où un pouvoir despotique confine des êtres dans un servage dissimulé... là sont tapis la licence et le vice.

27.

L'éducateur-apôtre. L'avenir de la nation. Le bonheur des générations à venir.

Mais, dans tout cela, où est ma vie à moi? Mon avenir à moi? Mon bonheur à moi? Mon cœur?

Je dispense ma pensée, mes sentiments, conseils, avertissements. Je me dépense avec générosité... Oui, sans répit ils sont là et viennent à toi avec, continuellement renouvelées, une question, une demande, une exigence, qui vont voler tout à la fois tes pensées, ton temps, ta personnalité. Tu ressens douloureusement cette déperdition, tu étais le soleil de ce petit troupeau et, à force de les éclairer, de répandre sur eux la chaleur de tes rayons, te voilà comme une planète en train de se refroidir.

Tout pour les enfants et rien pour moi?

Eux s'enrichissent de connaissances, de savoir, d'expérience, d'exemples moraux; ils augmentent leur bagage. Moi, je m'appauvris. Comment administrer ses propres ressources intellectuelles et spirituelles sans faire faillite?

Supposons que l'éducateur ait pu surmonter les élans de la première jeunesse et la fougue d'un tempérament qui réclame ses droits; aucune famille ne l'enchaîne; il se trouve à l'abri des soucis matériels et jouit d'une santé satisfaisante. Dégagé de tous liens, voué corps et âme à la sainte cause de l'éducation, cet homme ne peut-il conserver le droit d'éprouver des sentiments? Il devrait pouvoir le préserver.

Rentrant à ce foyer qui est censé être le sien, il ne peut aller en saluer chaleureusement tous les occupants, mais ne peut-il accorder un sourire à l'un d'entre eux? Le soir, au moment de quitter le dortoir, il n'ira pas embrasser tendrement chacun des petits, mais pourquoi se refuserait-il d'en distinguer un ou deux par un : « Dors bien, fiston! dors bien, polisson! » Et, s'il gronde un enfant pour un délit mineur, ne lui est-il pas permis de pardonner du regard tandis qu'il formule les reproches mérités?

S'il se trompe, si son choix n'est pas le meilleur, quelle

importance ? Ce qui importe, c'est l'émotion joyeuse que cet enfant a éveillée en lui et qui compense toutes ses peines ; le rayonnement de ce sourire aimant se répand ensuite sur tous les autres.

Peut-être existe-t-il des éducateurs pour qui tous les enfants sont également détestables ; aucun éducateur ne considérera jamais tous les enfants comme également proches.

28.

Supposons une égalité absolue. Abolie la disparité entre enfants faciles et enfants difficiles ; disparue la qualification de gentils et méchants. Pour tous, une identique portion de pain, de soupe ; le même nombre d'heures de sommeil et de travail, la même rigueur et la même indulgence ; uniformisés : habit, repas, règlement, sentiments. Bien qu'irréalisable, cette supposition contient en germe l'idéal : pas de privilèges, pas d'exceptions, aucune distinction, parce que tout cela pourrit l'enfant.

Pourtant, même alors un éducateur pourrait commettre des erreurs, quitte à en subir les conséquences.

Dans l'œuvre magistrale de Pestalozzi, les lettres relatant le séjour de l'auteur à Stans contiennent cet aveu :

« ... L'un de mes élèves préférés avait abusé de mon affection en menaçant injustement l'un de ses condisciples ; ceci m'avait indigné ; je lui fis comprendre assez sévèrement mon mécontentement. »

Tiens, le grand Pestalozzi avait donc ses élèves préférés, et il s'emportait...

S'étant trompé par excès de confiance ou excès d'éloges, il fut le premier puni : par une amère déception.

Il est étonnant de constater combien rapidement parfois un éducateur est amené à expier ses erreurs de jugement. Qu'il s'attache donc soigneusement à les prévenir.

Hélas, il n'en a pas toujours la possibilité, même lorsqu'il s'agit des questions les plus graves.

29.

Pas de bruit !

Les enfants ne dépensent qu'en partie l'énergie accumulée

dans leur gorge, leurs poumons, leurs muscles, leur âme. Pour obéir, ils étranglent leur cri jusqu'aux limites du possible.

— Silence ! est l'ordre impératif dans la salle d'études.

— Pas de bruit ! pendant le déjeuner.

— Pas de bruit ! au dortoir.

Alors, les enfants mettent une application émouvante à rendre moins sonore leur activité ; la façon dont ils courent en prenant d'infinies précautions pour ne pas heurter la table fait monter les larmes aux yeux ; ils cèdent pour éviter les disputes et les histoires, ne pas entendre une fois de plus l'odieux : « Seulement, pas de bruit ! »

Même dans la cour, ils n'ont pas le droit de crier, car cela dérangerait les voisins. La faute en est que chaque mètre carré de terrain coûte cher, en ville.

— Vous n'êtes pas dans un bois !

Remarque cynique ; l'enfant est brimé parce qu'il ne se trouve pas là où il aimerait être. Permettez-leur de s'ébattre dans un pré, et vous n'entendrez plus de braillements, mais seulement l'adorable gazouillis des oiseaux humains.

La plupart des enfants, sinon tous, aiment le mouvement et le vacarme ; leur santé morale et physique dépend de leur liberté d'action et de cri. Et toi, sachant cela, tu dois pourtant leur imposer :

— Restez tranquilles ! Silence !

30.

Tu commets toujours, avec un étonnant esprit de suite, cette même faute qui consiste à lutter contre l'obstination légitime de l'enfant.

— Je ne veux pas !

Il ne veut pas aller dormir, bien que l'heure du coucher ait sonné, parce que la soirée est embaumée de cent parfums ou parce qu'un coin du ciel étoilé semble sourire. Il refuse de se rendre à l'école, parce que la première neige est tombée durant la nuit et qu'il fait trop gai dehors pour aller s'enfermer. Il ne veut pas se lever, parce qu'il fait froid, parce qu'il fait triste... J'aime mieux me passer de déjeuner, mais finir la partie de ballon... Non, je ne demanderai pas pardon à la maîtresse ! elle m'a puni injustement... Je ne peux pas faire mes devoirs, je lis *Robinson Crusoé*... Je ne mettrai pas mes culottes courtes, les autres se moqueraient de moi.

— Tu dois !

Il t'arrive de donner certains ordres avec force, mais sans conviction intime, car tu es bien forcé de les transmettre et, quoique tu t'en défendes, tu devras veiller à leur rigoureux accomplissement.

Obéir, non pas à toi qui pèses chaque injonction avant de la prononcer, mais à des autorités anonymes dont les lois sont cruelles et injustes.

— Étudie ! respecte ! crois sur parole !

— Je ne veux pas ! s'insurge l'enfant, du fond de son âme.

Toi, tu te contrains à insister, parce que l'homme contemporain ne vit pas dans les bois mais dans une société.

Tu le dois, sinon c'est l'anarchie.

Plus tu mettras de douceur à venir à bout de leur entêtement, mieux cela vaudra ; plus rapidement, plus fermement tu le feras, et moins douloureusement sera ressentie cette discipline que tu dois maintenir, ce minimum d'ordre qui est indispensable. Malheur à toi si, trop indulgent, tu n'y parviens pas.

Seuls quelques enfants exceptionnels peuvent se développer normalement en dépit du relâchement des règles et des défaillances de l'organisation ; des dizaines d'autres souffriront d'abandon.

31.

Il est des erreurs que tu commettras toujours, parce que tu es un homme et non pas une machine.

Lorsque, triste, fatigué, souffrant, aigri, tu crois déceler chez un enfant l'un de ces traits de caractère qui présagent un adulte méchant ou nuisible : hypocrisie, froid calcul, vanité méprisante, ruse tortueuse, avidité effrénée... es-tu sûr de ne pas réagir avec trop de violence ?

Un fait : je suis plongé dans des comptes difficiles dont les résultats n'arrivent pas à concorder. Bien que l'entrée de mon bureau soit strictement interdite, toutes les deux minutes un enfant enfreint la consigne. En dernier, vient un garçonnet qui m'offre un petit bouquet de fleurs... je jette le bouquet par la fenêtre et, attrapant le gosse par une oreille, je le mets à la porte !

À quoi bon multiplier les exemples de tels agissements sots et brutaux...

Mais l'enfant pardonne toujours. Il peut se vexer, se fâcher; après avoir réfléchi, sa confiance naturelle le portera le plus souvent à conclure à son propre défaut. Quelques-uns, plus sensibles, t'éviteront peut-être, durant quelque temps, lorsqu'ils te sentiront énervé ou préoccupé; finalement, ils pardonneront, connaissant ta bienveillance.

Cela ne découle pas d'une intuition surnaturelle révélant à l'enfant de qui il est aimé, mais de la vigilance d'un être assujetti, obligé de connaître à fond celui de qui son bonheur dépend. Ainsi, un subordonné-esclave observe longtemps son chef, pour apprendre à connaître ses habitudes, ses goûts, ses tics, ses sautes d'humeur; il interprète le mouvement de ses lèvres, les gestes de sa main, la lueur de son regard. Alors, il peut saisir le moment propice pour demander une augmentation, ou un congé et, s'il le faut, il sait attendre patiemment de longues semaines. Donnez-leur l'indépendance, et ils perdront cette sorte de perspicacité.

L'enfant pardonnera volontiers une indélicatesse, voire une injustice, mais jamais il ne s'attachera à un éducateur pédant ou despotique. S'il sent chez lui la moindre hypocrisie, il le repoussera ou se moquera de lui.

32.

Il est impossible d'éviter certaines erreurs nées de l'habitude, des idées reçues, des traditions consacrées par l'usage, comme cette façon de traiter les enfants en êtres inférieurs, irresponsables, désarmants de naïveté et d'inexpérience.

Si tu adoptes un ton badin, ou protecteur, ou trop désinvolte, à propos de leurs soucis, désirs ou interrogations, tu en froisseras toujours un, d'une manière ou d'une autre.

L'enfant mérite que tu respectes ses peines, même si leur cause n'est que la perte d'un caillou; que tu tiennes compte de ses souhaits, fût-ce l'envie de se promener sans manteau alors qu'il gèle au-dehors, et de ses questions, même les plus apparemment absurdes. Or, tu méprises son chagrin; d'un bref : « Pas question », tu éludes sa demande et, d'un seul : « Tu es un bêta ! » tu le laisses en proie à ses hésitations.

As-tu compris pourquoi, par une journée de grande chaleur, tel garçon tenait à endosser sa pèlerine ? Parce que son bas était vilainement reprisé au genou, alors qu'il allait rencontrer au jardin une fillette dont il était amoureux.

Le temps te manque pour concentrer ton attention, réfléchir et chercher à comprendre les raisons secrètes de tel ou tel désir, à première vue stupide ; pour pénétrer les détours inconnus de la logique enfantine et suivre, par-delà les écarts de la fantaisie, leur sérieuse démarche vers la vérité ; il ne t'est pas possible de te plier toujours à leurs exigences, à leurs caprices.

Tu commettras toutes ces erreurs parce que seul celui qui ne fait rien ne se trompe jamais.

33.

Je suis un homme emporté. Ni le calme olympien ni le stoïcisme ne sont mon apanage. Ce n'est pas bien ?... Qu'y puis-je, puisque je suis ainsi fait !

Lorsque mon supérieur (la vie) me rappelle à mes obligations de surveillant, je suis fâché de ce que l'esclave-enfant ne comprend pas quels efforts j'ai dû déployer pour lui dénicher des fers plus lâches d'un maillon, plus légers d'un gramme... Lorsque je rencontre une résistance sur un point où je n'ai pas le droit de céder, comme employé, je m'adjure : « Tu dois ! » ; comme individu, j'hésite : « Tu ne peux pas. » Tantôt je peste, tel le valet de ferme qui s'affole de voir le bétail échappé commettre des dégâts dans les cultures, et tantôt je me réjouis, en homme heureux de ce que les enfants connaissent une vraie joie de vivre. Je suis, tour à tour, le gardien de prison qui veille à la stricte observation du règlement imprimé sur la circulaire, et puis un esclave parmi d'autres esclaves, participant à la révolte contre une loi inhumaine.

Si j'ai buté contre tel problème, impuissant à le résoudre ; si je perçois l'approche d'événements funestes, n'étant déjà plus moi-même que peur et appréhension, je ne peux m'empêcher d'être envahi tour à tour par une colère douloureuse ou une affection bienveillante devant leur insouciance et leur confiance aveugle.

Lorsque j'aperçois chez un enfant l'étincelle immortelle du feu dérobé aux dieux, la lueur d'une pensée libre, la majesté de l'indignation, l'élan de l'enthousiasme, la mélancolie précoce de l'automne et la douceur de la charité ; lorsque je considère sa dignité craintive, sa quête courageuse, joyeuse et assurée des causes et des finalités ; toutes ses tentatives laborieuses, alors, je m'agenouille humblement, parce que, faible et lâche, je ne me sens pas digne de lui.

Que suis-je pour vous, sinon un poids qui retient votre envol, sinon une toile d'araignée agrippant vos ailes colorées ; le sécateur dévolu à l'émondage des jeunes rameaux trop exubérants dont il fait couler la sève ?

Je me mets en travers de votre route, ou bien, perplexe, je tourne en rond sans savoir intervenir, je grogne, je sévis, je me tais ou bien tente maladroitement de convaincre. Terne et ridicule.

34.

Seule la quantité des injustices commises et celle des aberrations pédagogiques permettent d'établir une discrimination entre le bon éducateur et le mauvais.

Il est des bévues que le bon éducateur ne commet qu'une seule fois ; il reconnaît aussitôt leur caractère pernicieux et le fixe dans sa mémoire afin de ne pas retomber dans la même erreur. Si – par fatigue peut-être –, il se sent entraîné vers l'injustice, la brusquerie, il remonte le courant en s'attachant d'abord à assurer le déroulement parfait et quasi mécanique des menues et pénibles besognes de la routine quotidienne ; il sait que si bien des choses vont mal c'est parce qu'il n'a pas le temps de s'en occuper lui-même. Le mauvais éducateur, lui, fait porter aux enfants la responsabilité de ses erreurs.

Le bon éducateur sait que le plus mince des incidents doit être examiné de près, car il peut constituer un symptôme d'une affection plus sérieuse et il serait dangereux de le prendre à la légère.

Le bon éducateur sait lesquels de ses devoirs lui sont imposés par le pouvoir triomphant, par l'Église régnante, par les traditions en vigueur, par les usages... Il comprend que, pour les enfants, la contrainte n'est bonne que dans la mesure où elle les habitue à se plier aux circonstances, à céder, à calculer ; où elle les forme en vue des compromissions futures, celles de l'âge adulte.

Le mauvais éducateur, lorsqu'il interdit aux enfants de faire du bruit ou de salir leurs vêlements, mais exige d'eux de savoir réciter par cœur les règles de grammaire, ne se pose jamais de questions ; pour lui, la contrainte fait partie de l'ordre naturel des choses.

Le bon éducateur fait confiance aux enfants; et si leurs réactions, parfois, le surprennent, il prend son temps, réfléchit, quitte à demander des éclaircissements aux intéressés eux-mêmes. Pour peu qu'il sache se montrer un auditeur attentif, ils sauront lui expliquer de quelle méthode user avec eux pour respecter leurs sentiments sans perdre de son autorité.

35.

« Je suis contre les punitions; vous ne me verrez jamais en user », dit l'éducateur sans se douter que les méthodes éducatives qui sont les siennes présentent souvent un caractère répressif.

Le cachot n'existe plus... Mais n'est-ce pas priver l'enfant de liberté que de le mettre au coin, le faire asseoir à l'écart, lui défendre le droit de visite dans sa famille? On lui confisque sa balle, son aimant, une image, un petit flacon à parfum... N'est-ce pas une atteinte à la propriété? On lui interdit de coucher au dortoir des grands, de mettre, un jour de fête, son nouveau costume... Qu'est-ce donc sinon le priver de ses droits et privilèges d'enfant? N'est-ce pas le punir aussi que de le regarder avec froideur ou malveillance afin de lui marquer sa désapprobation?

À changer un châtiment de forme ou à l'atténuer, tu n'y as pas renoncé pour autant. Qu'un châtiment soit grave, léger ou seulement symbolique, les enfants le craignent toujours. Tu le sais et ton raisonnement est le suivant : si les enfants ont peur, la discipline est sauve.

On peut fustiger la sensibilité, l'amour-propre de l'enfant, comme, dans l'ancien temps, on fustigeait son corps.

36.

« Je ne punis jamais, j'explique à l'enfant qu'il a mal agi. » Comment le lui expliques-tu?

Tu lui dis que s'il ne change pas tu seras obligé de le renvoyer. Bien sûr, tu n'en as pas vraiment l'intention; l'autre, que tu as renvoyé, voici un an, était malade, un handicapé; celui-ci est un enfant bien portant, un gentil polisson qui deviendra sans doute quelqu'un; tu as voulu seulement lui faire un peu peur... Une tendre nounou agit-elle autrement qui promet à l'enfant d'appeler le croque-mitaine ou de l'emmener au bois où le méchant loup mange les garçons qui désobéissent ?

Tu convoques ses tuteurs pour un entretien en tête à tête : une sanction plus raffinée encore.

Tu le menaces de l'envoyer dormir dans le couloir, manger en bas de l'escalier, lui faire mettre un bavoir, et tu prends soin de rendre chaque nouvelle menace plus redoutable que la précédente.

Parfois, ce sont des formules imprécatoires vagues :

— Je te le répète pour la dernière fois. – Tu verras, cela va mal finir. – Tu ne perds rien pour attendre. – J'en ai par-dessus la tête ; désormais, tu peux faire ce qu'il te plaît. – Je suis là pour te mettre au pas.

Rien que la richesse de ce répertoire indique l'emploi fréquent, pour ne pas dire excessif, que l'on fait de ces formules.

S'il n'y croit pas toujours tout à fait, l'enfant y reste sensible, il s'inquiète :

— Qu'est-ce que je vais devenir maintenant ?

— Il ne m'a encore jamais puni, mais s'il s'y décidait quand même ? Quand, comment le ferait-il ?

C'est la crainte de l'imprévu, de l'inattendu... Puni, le lendemain, l'enfant est déjà loin de l'épreuve douloureuse, prêt à se réconcilier, à l'oublier. Des menaces en l'air lui préparent des réveils angoissants : est-ce pour aujourd'hui, le règlement de comptes annoncé ?

On peut, par la menace, maintenir un enfant dans l'obéissance ; mais croire que c'est là une méthode non répressive prouve un singulier manque de discernement : l'intimidation par menace constitue une grave mesure de sévérité.

37.

Il existe une opinion toute faite selon laquelle l'enfant oublierait vite ses peines, ses ressentiments, ses bonnes résolutions. Il pleurait il y a un instant, le voilà qui rit ; ils viennent de se brouiller et déjà ils sont en train de jouer ensemble ; il y a une heure à peine qu'il a promis de ne plus recommencer, le voilà qui refait la même bêtise.

Rien de plus faux : l'enfant se souvient longtemps de chaque offense subie ; il est capable de vous ressortir votre remarque désobligeante ou injuste d'il y a un an ; quant à ses engagements à lui, s'ils lui ont été extorqués, il ne les tiendra pas, c'est un fait.

Entraîné par la gaieté générale, il courra, rira au milieu de ses camarades, mais, le soir, au lit, plongé dans une lecture, il reviendra à ses soucis de la journée et ses pensées se rempliront de tristesse.

Un jour, tu t'aperçois que l'un de tes enfants t'évite. Il n'accourt plus t'assaillir de ses questions, ne sourit plus si tu le trouves sur ton passage, ne vient plus te déranger dans ton cabinet.

Interrogé, il te répond : « Je vous croyais toujours fâché. »

Alors, tu fais un grand effort pour te souvenir que oui, en effet, il y a une semaine, à propos d'un délit mineur, tu lui as fait une remarque relativement désagréable, que tu as élevé la voix. Depuis, ambitieux ou sensible, l'enfant a vécu des moments d'angoisse solitaire ; toi, tu ne t'en es même pas aperçu.

Non, l'enfant n'oublie pas.

Une veuve en grand deuil, au milieu d'une conversation animée pourrait oublier, elle, jusqu'à éclater d'un grand rire ; mais elle se rattraperait immédiatement par un grand soupir douloureux : « Mon Dieu, me voilà en train de rire alors que mon cher époux... » ; elle connaît bien les usages et discerne ce qui se fait de ce qui ne se fait pas. Si tu veux initier les enfants à cet art, ta tâche sera facile. Il prend un air réjoui au lieu de marquer son repentir ? Tance-le vertement et tu le verras aussitôt changer de contenance. J'en ai fait moi-même l'expérience ; sous l'effet de mon regard assombri plus d'un petit voyou s'était cru obligé de prendre un air penaud, trahissant ainsi sa mauvaise conscience : « Zut, j'ai oublié qu'il était fâché... »

Certains enfants préfèrent feindre l'indifférence : « Qu'il n'aille surtout pas s'imaginer avoir réussi à me faire peur ; il serait trop content de me voir pleurer ! » Vous comptiez l'humilier par votre punition ? Il mettra son point d'honneur à faire semblant de s'en moquer. Ce sont ces enfants-là probablement qui ressentent le plus vivement un châtiment, qui s'en souviennent le plus longtemps.

38.

Jamais de sanctions chez toi, dis-tu ? A peine quelques remontrances, quelques avertissements ? Rien que des mots en somme ?

Et si ces mots dissimulaient une intention d'humilier l'enfant ?

— Regarde ton cahier ! De quoi as-tu l'air ! Ah, tu peux être fier de toi ! Voyez ce qu'il vient de faire !

Et ton public – les camarades du malheureux que tu es en train d'attraper – de sourire ironiquement, de marquer un mépris indigné. Pas tous cependant : les plus honnêtes répugneront à prendre ce genre de revanche facile.

Il existe une autre méthode efficace pour qui cherche à vexer un enfant : il suffit d'adopter à son égard une attitude de résignation constante :

— Tu n'as pas encore fini de manger ? Encore le dernier ? Quoi, tu l'as encore oublié ?

Un regard rempli de reproche, un geste découragé, un soupir de désespoir accompagnent le plus souvent ces paroles.

Convaincu de sa culpabilité, l'enfant baisse la tête... Parfois, cependant, tu peux surprendre son regard qui, destiné à la meute de ses persécuteurs, promet un règlement de comptes prochain.

— Tu me le donnes, dis ? répétait l'un des garçons, un peu plus souvent que les autres.

Un jour, excédé, je l'ai rudoyé. Quelques mois plus tard, lorsque j'ai demandé aux enfants d'établir la liste des surnoms dont ils s'affublaient les uns les autres, j'ai pu voir que c'était ce garçon-là qui portait le surnom le plus blessant, celui de « mendiant ». C'était l'écho de mon intervention brutale d'il y a un an.

La vexation est une punition grave, l'une de celles qui font le plus mal.

39.

Tu fais appel parfois aux sentiments de l'enfant :
— Alors, c'est comme ça que tu m'aimes ? C'est comme ça que tu tiens tes promesses ?

Dans ce domaine, tu n'as que l'embarras du choix : une douce prière, un reproche affectueux, un baiser donné à titre d'avance sur des progrès à venir... Tu sais t'y prendre pour extorquer une promesse.

C'est un grand poids dont tu alourdis sa conscience : il est désemparé, il doute de lui-même, mais, obligé par tant de bonté, par ton geste de pardon magnanime, le voilà qui renouvelle ses promesses, prêt à livrer un combat décisif contre sa brusquerie sa paresse, sa distraction... contre lui-même.

— Et s'il m'arrive encore d'oublier, d'être en retard, de me battre, de répondre avec insolence ?

Plus que le martinet, un baiser peut faire de l'enfant un esclave.

Dans ces conditions, l'enfant a toutes les chances de faillir à sa parole et là, fais attention, car, après un premier manquement, il en viendra bientôt un second, et d'autres ne tarderont pas à les suivre.

Tout échec engendre la douleur, mais celle-ci est mêlée de ressentiment. L'enfant en veut à l'éducateur de l'avoir contraint à une lutte inégale en lui arrachant son engagement par la ruse. Garde-toi alors de faire une nouvelle fois appel à ses sentiments. Il te repousserait avec une violence dont tu ne le croyais pas capable.

Tu lui répondrais en élevant la voix et tout cet orage n'aurait servi qu'à persuader l'enfant que tu lui as retiré ton amitié. Comment pourrait-il en être autrement, puisque, dans tes indignations, tu n'as pas l'habitude de ménager l'insolent : ce sont, tour à tour, reproches, vexations et menaces de punitions, suivies parfois d'exécution.

Dans de tels cas, l'enfant se sent seul, abandonné. Souviens-toi de la compassion que lui témoignent alors ses camarades, de la délicatesse qu'ils mettent à le consoler :

— Il l'a dit sans le penser vraiment. N'aie pas peur, c'est rien, ça. T'en fais pas, il l'oubliera.

Ils y mettent toutefois quelque prudence : ils ne veulent pas s'exposer à leur tour à la colère de l'éducateur, ni à celle de la victime qui, dans sa révolte, serait capable de quelques gestes inconsidérés.

J'ai vécu souvent ce genre de situations. Elles m'ont toujours inspiré deux sortes de sentiments : d'un côté, la gêne d'avoir fait un esclandre, de l'autre, la satisfaction d'avoir appris aux enfants la grande vertu de la solidarité dans le malheur. Comme tous les esclaves, ils en connaissent la valeur.

40.

C'est dans les yeux de l'enfant que tu peux lire sa révolte quand, pour lui enseigner la morale, tu montes sur tes grands chevaux.

— Tiens, tu crois peut-être que j'ai déjà oublié? J'ai une bonne mémoire, moi.

Et l'enfant, ce faux repenti, te défie d'un regard hostile :

— C'est tant pis pour toi, moi je n'y suis pour rien.

Moi :

— J'ai été patient; je me disais qu'un jour, tu finirais par comprendre.

Lui :

— Tu as eu tort; il ne fallait pas y compter.

Moi :

— Je te croyais plus raisonnable. Je vois que je me suis trompé.

Lui :

— Quelqu'un d'intelligent comme toi ne devrait jamais se tromper.

Moi :

— J'ai été trop indulgent avec toi, alors tu te crois tout permis.

Lui :

— Je ne le crois pas du tout. Est-ce bientôt fini?

Moi :

— Tu es insupportable.

Lui :

— Patati-patata... Une mouche l'a piqué aujourd'hui et il a fallu que cela tombe sur moi. »

Quelquefois, c'est le stoïcisme de l'enfant qui te surprend pendant que tu déchaînes la tempête.

— Combien de fois faut-il te répéter de ne pas sauter sur le lit? Un lit, ce n'est pas fait pour jouer. Va donc prendre une balle ou un casse-tête chinois!

— Qu'est-ce que c'est qu'un casse-tête? me demande-t-il, intéressé.

Une fessée remplace ta réponse.

Je me souviens d'un garçon qui, après m'avoir laissé faire ma grande scène d'indignation, m'a posé cette question :

— Monsieur, pourquoi devient-on tout rouge quand on est en colère?

Alors que j'épuisais ma voix et mon cerveau pour lui faire reprendre le chemin de la vertu, lui, il examinait tranquillement le jeu des couleurs sur mon visage affecté. Je l'ai embrassé; il était adorable.

41.

Les enfants détestent être accusés collectivement : ils ont raison.

— Être bon avec vous, cela ne sert à rien... Vous voilà qui recommencez... Si vous ne changez pas...

Pourquoi les rendre tous responsables de la faute d'un seul ou de quelques-uns d'entre eux ?

Si c'est un petit cynique qui a provoqué le scandale, il aura toutes les raisons d'être content : au lieu de la totalité de la punition, il n'en recevra qu'une partie. Un enfant honnête sera malheureux de voir son « crime » faire tant de victimes innocentes.

Tes foudres portent souvent un caractère discriminatoire : tantôt elles s'abattent sur tous les garçons que tu traites de bons à rien, tantôt sur toutes les filles que tu qualifies de vicieuses... Quant à la formule : « Allez les grands, vous qui devriez donner l'exemple, voyez un peu comme les petits sont sages », à force d'être répétée, elle tourne au radotage.

De tels procédés ne peuvent aboutir qu'à indigner les innocents, gêner les « chouchous » du maître – qui connaissent bien leurs péchés – et permettre des triomphes faciles aux méchants plaisantins : « C'est bien fait pour vous, bisque, bisque rage... »

Une mystérieuse affaire de vol m'avait, un jour, donné l'occasion de prononcer un discours plus solennel que ceux dont j'avais l'habitude de les gratifier. Venu au dortoir à l'heure du coucher, je prononçai ces mots d'une voix saccadée et sonore, les ponctuant, pour plus d'effet, de petits coups secs contre le dossier d'un lit :

— De nouveau un vol... Ceci doit prendre fin... Ce n'est pas la peine de travailler pour élever des voleurs...

J'ai refait le même discours au dortoir des filles.

Le lendemain, j'ai eu l'occasion de surprendre leur conversation :

— Chez vous aussi, il a crié ?

— Tu parles !

— Vous a-t-il dit qu'il mettrait tout le monde dehors ?

— Oui, il l'a dit.

— Et il donnait de grands coups de poing sur le lit ?

— Tant qu'il pouvait.

— C'était le lit de qui ? Parce que, chez nous, ce fut le lit de Mania.

Toutes les fois où je les ai pris collectivement à partie, le résultat fut identique : l'ensemble des enfants agacés, les plus braves, peinés, et moi, ridiculisé aux yeux des plus lucides d'entre eux : « Ce n'est rien, laissez-le piquer sa rage ; c'est bon pour la santé. »

42.

Comment l'éducateur ne comprend-il pas que la plupart des punitions ne peuvent être qu'injustes.

Ils se bagarrent :

— C'est lui qui m'a frappé le premier ; il a fait exprès de m'agacer ; il me l'a pris et ne voulait plus le rendre ; c'était seulement pour rire ; c'est pas moi, c'est lui qui m'a poussé.

Alors, tu les punis ; tu les punis, soit tous les deux ensemble (pourquoi ?), soit l'aîné des deux (pourquoi ? tu crois qu'il aurait dû céder au plus jeune ?), soit celui qui a frappé plus fort (mais n'était-ce pas là un effet du hasard ?). Tu les punis aussi parce qu'il est défendu de se battre. Et cafarder, est-ce permis ?

— Monsieur, il a renversé la chaise ; il l'a fait tomber...

— Je ne l'ai pas fait exprès.

L'enfant te rappelle ce que tu lui as toujours enseigné : qu'il faut pardonner à celui qui a mal agi sans en avoir eu l'intention.

Il te donne des tas de raisons valables pour expliquer un retard, un manquement : « Je ne le savais pas... Je pensais que c'était permis... » Toi, tu les prends pour des faux-fuyants. Tu commets là une double injustice : tu ne crois pas en ses paroles bien qu'il dise la vérité et tu le punis sans raison.

La rigueur tout arbitraire ou le caractère factice de certaines interdictions ne facilitent rien non plus.

Il est interdit de faire du bruit au dortoir, mais il est permis d'y parler à voix basse. Dans la réalité, c'est ton humeur qui décide : si tu es bien disposé, ils pourront te jouer quelques farces innocentes et tu seras le premier à en rire ; si tu es fatigué, au moindre échange de propos, ils risquent d'entendre ta voix sèche et impérative :

— Assez parlé ; plus un mot ! Le premier qui bavarde...

Il est interdit de venir te déranger dans ton bureau, mais les enfants savent qu'ils peuvent le faire quand même. Aujourd'hui, c'est le jour de l'inventaire ; tu as besoin de tranquillité.

Lui, il ne le savait pas, alors il s'est fait tirer l'oreille avant d'être mis brutalement à la porte.

— Qu'est-ce que tu viens fiche ici? Disparais immédiatement!

Tu ne lui aurais pas tiré l'oreille, le fait même de t'être mis en colère témoignerait déjà d'une injustice.

43.

Il a cassé un carreau en jouant au ballon; tu lui as pardonné parce que de tels accidents sont exceptionnels; ou parce que sa culpabilité n'était pas évidente; ou encore parce que tu n'aimes pas avoir à punir.

Mais voici qu'un quatrième carreau vient de partir en éclats et que, cette fois-ci, le coupable est un voyou notoire et par surcroît, le plus mauvais élève de la classe. Furieux, tu l'accables de cris, de menaces; tu fulmines. Lui, il se défend avec un courage qui, à tes yeux, paraît de l'insolence:

— Je ne l'ai pas fait exprès.

— Comment, un quatrième carreau? Tu n'es qu'un voyou, un cancre, un paresseux... et un arrogant par-dessus le marché!

Cette fois, cher éducateur, il n'y a pas de doute possible, c'est une bonne correction qui attend le casseur de carreaux. Comprendra-t-il ton geste? Certes pas; il n'est pas censé savoir que tu ne le punis pas seulement pour ce délit isolé mais aussi pour son comportement d'ensemble; ni, encore moins, que voyant en lui un sujet moins sensible, tu comptes expérimenter sur lui l'efficacité de méthodes plus sévères, le punir à titre d'exemple.

Lui, il ne sait qu'une chose: tu as pardonné aux enfants A, B et C, et lui, tu l'as puni injustement.

Supposons que tu agisses autrement: en supprimant le ballon et leur interdisant à tous de jouer.

Là, encore, tu serais injuste: ta sanction toucherait des dizaines d'enfants innocents.

Imaginons que tu fasses preuve de quelque indulgence: tu leur annoncerais que si, la prochaine fois, il y avait un carreau de cassé, ils seraient tous privés du droit de jouer au ballon. Mesure injuste: encore une fois tu les menacerais tous alors qu'il n'y a que quatre coupables en tout.

D'ailleurs, parmi ces quatre coupables, il y en a qui ne le sont pas tout à fait: le premier a cassé un carreau qui était déjà fêlé, le second n'en a cassé qu'un bout, le troisième ne l'a pas fait exprès; on l'a poussé alors qu'il courait derrière le ballon... Il apparaît ainsi que le seul coupable réel c'est le quatrième, celui-là même qui s'arrange toujours pour te faire perdre ton calme habituel.

44.

Tu décides de te montrer magnanime et tu pardonnes sans poser d'autres conditions. Tu crois avoir bien agi. Tu te trompes.

— Si moi, j'avais fait pareil... pense l'un.

— À celui-là, tout est permis; on voit que Monsieur l'aime bien, se dit l'autre.

Tu auras été encore une fois injuste.

Il existe des enfants pour qui le moindre froncement de tes sourcils, une semonce un peu rude ou un doux reproche : « tu m'as fait de la peine », sont déjà une punition. Si tu tiens vraiment à te montrer généreux en pardonnant à un enfant, fais-le de sorte que tous les autres comprennent le pourquoi de ton geste; que le coupable n'aille pas s'imaginer qu'il bénéficie là d'un privilège. Autrement, tu le rendrais insolent, prétentieux; il deviendrait la proie facile de tous les autres, jaloux de ce privilège. Ce serait une grave erreur de ta part et ils te la feraient payer cher, les uns comme les autres.

Essaie d'oublier un moment les quatre carreaux cassés (ou plutôt deux, car l'un était déjà fêlé et l'autre ne l'a été que partiellement). Oublie-les et regarde autour de toi. Vois-tu tous ces petits groupes où l'on discute ferme en commentant l'incident? Dans chaque groupe un enfant travaille l'opinion en ta faveur ou à ton désavantage.

La droite observe que les carreaux coûtent cher et que l'administration risque de te faire des ennuis : « L'éducateur est trop faible; les enfants font ce qu'ils veulent; c'est le désordre... » La droite pense que tu devrais te montrer plus sévère.

La gauche (les inconditionnels de la balle) dit : « On ne peut plus jouer à rien; tout vous est défendu; pour la moindre chose c'est tout de suite cris, menaces, histoires... On va quand même pas rester toute la journée à rien faire. »

Le centre reste confiant; cela pourrait être de la résignation.

Ne souris pas! Cela ne devrait pas t'amuser : c'est que tu

es en train de regarder la vraie vie des enfants condamnés à vivre dans des casernes.

Que faut-il faire, alors? Abandonner à tout jamais le système de punitions, laisser aux enfants une totale liberté d'action?

Mais si cette liberté, en avantageant les uns, limitait les droits des autres; si certains enfants, jugeant inutile de travailler eux-mêmes, voulaient en empêcher les autres; si, en laissant leurs lits défaits, ils encourageaient leurs voisins à en faire autant; si, en perdant leur manteau, ils trouvaient naturel de s'emparer de celui d'un camarade? Comment faire?

45.

— Je suis contre le cafardage; chez moi, il est interdit de moucharder.

As-tu essayé de te mettre à la place d'un enfant qui se voit dérober un objet auquel il tenait; dont on vient d'insulter le père ou la mère; de qui on dit du mal devant ses camarades; que l'on menace ou qu'on encourage à mal agir?

« Il est vilain de faire le cafard » : d'où vient ce principe consacré par l'usage? Seraient-ce les élèves qui l'auraient appris chez de mauvais maîtres ou, au contraire, les maîtres l'auraient-ils hérité des mauvais élèves? Car ce principe n'arrange que les pires d'entre eux.

Ce principe admet qu'un enfant sans défense soit agressé, exploité, humilié sans avoir le droit de demander une aide, sans pouvoir faire appel à la justice. Des offenseurs triomphant, des offensés souffrant en silence.

Un éducateur peu scrupuleux ou inexpérimenté, qui attache peu d'importance aux querelles d'enfants, dont l'intervention manque toujours d'efficacité, préfère sans doute ignorer leurs préoccupations.

« Qu'ils se réconcilient eux-mêmes; c'est encore la meilleure solution. » L'éducateur qui n'aime pas être dérangé fait facilement confiance aux enfants. Vous l'entendrez parler de leur sagesse naturelle, de leur sens inné de l'équité, de la nécessité pour eux d'acquérir une expérience de la vie. Oui, bien sûr, il les laisse entièrement libres.

Entièrement libres? Mais non, puisqu'ils n'ont pas le droit de se battre ni de se disputer; pas question pour eux de quitter le groupe sans permission ou d'exclure du jeu un camarade qui les embête. Un garçon s'est fâché avec un ami et refuse de l'avoir comme voisin de lit ou de table ? Cette exigence si normale et amplement justifiée se heurte pourtant à un non catégorique de l'éducateur.

Les enfants sont bagarreurs ? C'est faux, leur nature les porterait plutôt à être accommodants et tolérants. As-tu bien observé les conditions dans lesquelles ils vivent et travaillent ? Sinon, essaie d'entasser dans une même pièce une quarantaine d'employés ; fais-les asseoir sur des bancs inconfortables et dis-leur de rester ainsi cinq heures d'affilée ; demande-leur de fournir un travail sérieux sous la direction sourcilleuse d'un surveillant qui ne les lâcherait pas d'une semelle. Ces gens finiraient par s'arracher les yeux.

Prête une oreille attentive aux plaintes des enfants, observe-les de très près et tu trouveras sûrement le moyen de remédier à un plus grand nombre de leurs problèmes.

— Monsieur, mon voisin m'a poussé, vous voyez cette barre en travers de la page ; Monsieur, ma plume gratte, cela me fait plein d'éclaboussures dans le cahier !

Voilà l'essentiel de leurs problèmes de classe.

46.

Les plaintes de la récré, c'est un chapitre à part.

— Il ne nous laisse pas jouer... Il nous embête...

La récréation met certains enfants dans un état d'excitation qu'ils n'arrivent pas à contrôler. Ils courent, sautent, se bousculent : hurlements sauvages, gestes insensés, actes irresponsables. L'enfant s'élance dans une course sans but, bouscule tout le monde sur son passage, agite les bras, pousse des cris et finit par donner un coup au premier qui lui tombe sous la main. Il est intéressant d'observer la réaction de celui qui vient d'être ainsi agressé : s'étant d'abord retourné avec colère, dans la plupart des cas il dégagera le passage sans dire un mot.

La cause de bon nombre de plaintes est l'enfant « raseur » dont on ne peut jamais se débarrasser. Un « va-t'en, laisse-moi tranquille » ne l'offense jamais, au contraire, il en devient plus collant encore. Les enfants ne l'aiment pas et le méprisent pour son manque de tact et d'ambition.

— Monsieur, il vient encore nous déranger... On ne peut plus jouer à cause de lui...

Celui qui accourt avec cette plainte est au comble du désespoir : c'est si court, une récré, chaque minute est précieuse, et l'autre qui vient leur empoisonner la vie, voler les rares moments de liberté...

Ne le prends pas pour un cafardeur. S'il s'adresse à toi, c'est que sa patience a été mise à bout, c'est que, n'ayant pas envie de se battre, il ne sait plus quoi faire. Ne lui fais pas perdre son temps ; ne le gratifie pas d'une réponse peu amicale ou nonchalante. Le mieux serait d'avoir, pour ces occasions-là, une formule toute prête, « passe-partout ». Au lieu de me casser la tête, j'ai moi-même l'habitude de dire :

— Il vous embête ? Dis-lui de venir ici...

Cela suffit le plus souvent ; l'importun qu'il s'agissait de faire éloigner, voyant son camarade s'entretenir avec moi, va se cacher... et le but est atteint.

Si, trop scrupuleux, l'enfant revient (« il ne veut pas venir »), je fais ma grosse voix : « Dis-lui de venir sur-le-champ. »

La plupart des enfants répugnent à se plaindre ; aussi, si tu les vois souvent accourir vers toi, il te faudra en examiner la raison, réfléchir pourquoi ils le font si souvent. Tu ne comprendras jamais rien aux enfants si tu négliges leurs problèmes.

47.

— Monsieur, est-ce que je peux... Monsieur, vous me permettez...

L'éducateur qui n'aime pas les plaintes n'aime guère davantage les requêtes des enfants. Afin de motiver son attitude, il s'appuie sur le principe suivant :

« Les enfants doivent être tous traités de la même manière. Pas d'exceptions, pas de privilèges. »

Est-ce juste ? Peut-être seulement commode ?

Certes, la nécessité de répondre fréquemment : « Non, je ne le permets pas ; non, c'est défendu ; non, ce n'est pas possible », n'a rien d'agréable. Si nous croyons avoir réduit la contrainte à son strict minimum, il nous arrive d'être fâchés de voir les enfants venir nous demander d'autres concessions encore. Il arrive que, face à une requête bien fondée, nous la refusons de crainte que, une fois satisfaite, elle n'en déclenche d'autres. L'idéal, nous semble-t-il, serait que les enfants reconnaissent eux-mêmes la nécessité de certaines limites et n'exigent rien au-delà de celles qui leur sont imposées.

Mais si, au lieu de les rebuter d'emblée, tu prends la peine d'écouter patiemment toutes leurs demandes ; si, de plus, tu trouves le temps de les consigner et de les classer au fur et à mesure qu'elles t'arrivent, tu apprendras rapidement à y distinguer le banal et l'exceptionnel.

Chez nous, les requêtes les plus fréquentes et les plus agaçantes concernaient les places à table ; tout le monde voulait en changer ; nous avons fini par permettre aux enfants de le faire une fois par mois. Cette petite réforme se révéla si positive qu'il ne serait pas inutile de lui consacrer, un jour, une étude monographique ; sans les assommantes requêtes des enfants, elle n'aurait jamais vu le jour.

Plaignons les enfants chez qui on a réussi à tuer tout désir d'insoumission ! Ce sont ces rébellions et ces plaintes qui nous permettent de pénétrer la plupart des mystères de l'âme enfantine.

48.

À côté des requêtes personnelles, il y a celles qui se font « par procuration ».

— Il voudrait savoir si vous êtes d'accord... Il m'a dit de vous demander...

Ces plénipotentiaires m'ont longtemps agacé, plusieurs raisons expliquent mon attitude :

Les enfants qui se font volontiers ambassadeurs des autres, étant généralement connus pour être les plus importuns de tous, viennent te déranger aux moments les plus mal choisis : quand tu es pressé, occupé, de mauvaise humeur, leurs démarches ayant ainsi toutes les chances d'être rejetées ; si je disais oui, on pourrait croire que je fais du favoritisme : qu'est-ce qui me garantit que le petit envoyé n'ira pas s'attribuer le mérite de la décision favorable ? Enfin, il y avait dans tout cela un côté nonchalant qui m'irritait ; j'avais envie de dire à l'enfant : « Viens donc toi-même, daigne te déranger au lieu de m'envoyer des mandataires. »

J'avais beau désapprouver cet état de choses, chercher à y apporter des solutions, je dus capituler : ces habitudes étaient indéracinables. J'ai voulu alors comprendre pourquoi, j'ai cherché... et j'ai trouvé.

Les raisons profondes de cette lâcheté ou nonchalance

apparentes tiennent à la subtilité de l'âme humaine, je dis bien « humaine », pas seulement enfantine.

Celui qui vient vous solliciter au nom de quelqu'un d'autre ne craint pas l'offense : désintéressé à l'affaire, il ne voit même pas l'expression malveillante de votre visage, le froncement de vos sourcils, le geste impatient de votre main ; recevoir une réponse négative est tout ce qu'il risque.

J'ai pu voir quelquefois les réactions de l'intéressé qui guettait à distance le résultat de sa démarche, prêt à tout moment à accourir fournir de plus amples explications.

Lorsque, à la Maison de l'orphelin, nous avons introduit le système de correspondance, le nombre de requêtes par procuration a sensiblement diminué. Les enfants ont pris l'habitude de s'expliquer par écrit.

49.

« Il faut toujours répondre aux questions des enfants » est devenu un dogme de nos jours ; le pauvre éducateur qui le prend à la lettre découvre bientôt que ni ses capacités ni sa patience ne le lui permettent, et le voilà en proie aux doutes qui harcèlent sa conscience tourmentée. Cet homme scrupuleux est loin de se douter que plus souvent il éconduit un petit importun par un bref : « cesse de m'ennuyer », mieux il accomplit ses devoirs d'éducateur.

— Monsieur, est-ce que j'ai bien écrit ma lettre, nettoyé mes oreilles, ciré mes chaussures ?

Même en admettant que le premier ait vraiment eu de bonnes raisons de te poser ce genre de questions, tu peux être certain que le second, le troisième, que tous les autres ne le font que pour attirer sur eux ton attention ; ils viennent t'interrompre dans ton travail dans le seul but de recevoir une félicitation superflue.

Cependant, les enfants ne posent pas que ce genre de questions, ils viennent à toi avec des problèmes compliqués auxquels il vaut mieux parfois ne pas répondre du tout plutôt que de leur fournir une explication superficielle, obscure ou erronée. Dans ces cas-là, tu ferais mieux de dire : « Cela, mon garçon, personne ne le sait, c'est un grand mystère. » Ou alors : « Tu le comprendras quand tu auras étudié la physique, la chimie, la cosmographie. »

Une bonne réponse enfin exige une bonne connaissance de l'enfant; il te faut savoir s'il est sérieux ou superficiel; s'il te questionne pour satisfaire une simple curiosité de passage ou résoudre un problème scientifique ou moral qui le tourmente. Conscient de tout cela et aussi de tes propres possibilités, tu auras davantage de chances de ne pas leur lancer trop arbitrairement tous ces : « Tu le trouveras dans ton livre; tu n'es pas encore capable de le comprendre ; je ne sais pas; reviens me voir dans une semaine; laisse-moi tranquille. »

Je me méfie de l'éducateur qui prétend pouvoir répondre à toutes les questions des enfants. Soit il ment, soit il est à mille lieues de leurs problèmes, et je doute qu'ils viennent le trouver autrement que dans des situations tout à fait exceptionnelles.

50.

Si les plaintes, prières et questions des enfants sont la clé de leur âme, leurs confidences sont comme la grand-route qui y mène directement.

Voici une de ces confidences spontanées faite à la suite d'un incident déjà vieux de plusieurs mois :

— Nous étions furieux contre vous, lui et moi. Alors, on a décidé que, la nuit, l'un de nous entrerait dans votre chambre par la fenêtre, prendrait votre pince-nez et le jetterait dans les waters; après, on a pensé qu'il était dommage de le jeter, qu'on le cacherait seulement. On n'a pas dormi, on a attendu jusqu'à minuit... Je voulais me lever mais, juste à ce moment, un garçon s'est réveillé pour aller au petit coin... J'ai attendu et je me suis levé pour de bon; j'ai escaladé la fenêtre – mon cœur battait si fort – le pince-nez était là, sur la table. Vous dormiez. Alors, je l'ai pris, très vite, et je suis allé le cacher sous mon oreiller. Ensuite, nous avons eu très peur. Nous ne savions plus quoi faire... Alors, moi, je lui ai dit que c'était à lui d'y aller. Mais il n'a pas voulu. Alors, je me suis levé et j'y suis allé encore une fois mais sans escalader la fenêtre... Je l'ai glissé sous votre porte en le poussant un peu...

Je les connaissais bien tous les deux; je n'ai eu aucun mal à comprendre de qui venait l'initiative, comment le plan avait été mis sur pied, et pourquoi la vengeance ne réussit qu'à moitié.

Cet incident à lui seul pourrait faire l'objet d'une véritable étude tant il est riche de matériaux à réflexion.

51.

Lorsque tu souris à un enfant, tu comptes qu'il te réponde par un sourire ; lorsque tu lui racontes une histoire, tu penses qu'il est normal qu'il s'y intéresse ; lorsque tu le grondes, tu cherches sur son visage le signe du repentir.

Autrement dit, à chacune de tes actions (stimulus), tu t'attends à recevoir une réaction que tu juges normale. Il arrive cependant que l'enfant réagisse paradoxalement et te voilà qui t'étonnes ou t'en offusques. Tu as raison de te poser des questions, mais tu as tort de t'indigner.

Tu abordes un enfant avec gentillesse, lui se dérobe, te répond à contrecœur ; bientôt, tu t'aperçois qu'il t'évite systématiquement. Il se peut qu'il t'en veuille à cause d'une injustice que tu aurais commise à son égard ; il se peut que lui-même, coupable d'une faute que tu ignores, se croie indigne de ton amitié. Quoi qu'il en soit, il te faut noter ce fait et laisser passer quelque temps avant de l'aborder à nouveau. Une semaine, un mois plus tard il aura peut-être oublié son ressentiment et peut-être te fera-t-il alors ses confidences ? Mais s'il s'y refuse, si, d'un sourire gêné il t'indique que ce n'est pas encore le moment, respecte son secret.

Je les ai grondés un jour :

— Qu'est-ce que c'est que ces cachotteries, ces chuchotements dans les coins ? Vous savez bien que je n'aime pas cela.

Aucun repentir : quelques-uns ont pris un air stoïquement résigné, d'autres, celui d'une espiègle insouciance ; j'ai cru même distinguer quelques remarques taquines. J'ai soupçonné quelque coup monté et cela redoubla mon indignation. L'idée que tout cela pouvait avoir une explication plus innocente n'avait même pas effleuré mon esprit. La vérité – je l'ai sue plus tard – était que les enfants répétaient en secret une comédie dont ils voulaient nous faire la surprise. Combien j'ai dû être ridicule dans ma colère de maître outragé ! J'en rougis encore aujourd'hui.

52.

« Mon enfant n'a pas de secrets pour moi, il me confie toutes ses pensées », dit la mère.

J'en doute. Qu'elle l'exige de lui me semble plus probable. Cette mère ne doit pas avoir la vie facile.

Un fait :

L'enfant voit passer dans la rue un convoi funèbre. Un spectacle solennel, mystérieux ; la poésie des lanternes, du cercueil recouvert de crêpe ; en tête du convoi, un enfant en grand deuil. Alors, fulgurante, une pensée traverse son esprit : cela doit être agréable de marcher ainsi ; si maman mourait... Effrayé, il lui jette un coup d'œil ; oh ! non, il ne veut pas que sa maman meure !... D'où est-ce que cela vient, des pensées pareilles ?

Le voilà en conflit avec sa propre conscience. A-t-on le droit de l'importuner à un moment pareil, de forcer ses confidences ?

Réjouis-toi si l'enfant vient de lui-même te confier son secret ; ce serait, de sa part, la meilleure preuve de confiance. Mais ne l'y contrains jamais, ni par la prière, ni par la ruse, ni par la menace : toutes ces méthodes sont également indignes et, au lieu de te rapprocher de l'enfant, elles t'en éloigneraient plutôt.

Arrange-toi pour que chacun de tes : « Peux-tu me le dire ? » ne signifie jamais : « Il faut que tu me le dises. » À ton « pourquoi », l'enfant qui sait que tu respectes son secret ne répondra plus par des faux-fuyants mais par un franc :

— Je ne peux pas vous le dire ; je vous le dirai un jour ; je ne vous le dirai jamais.

53.

Un jour, j'ai surpris un petit garçon de onze ans en train de chuchoter quelque chose à l'oreille d'une petite fille dont je le savais amoureux. Elle rougit en réponse, haussa les épaules d'un geste de négation et baissa la tête, confuse.

Quelques jours plus tard, j'interroge le garçon : de quoi avait-il entretenu son amie ? Il ne se troubla aucunement et parut chercher sincèrement à se rappeler le détail de cette conversation.

— Ah oui, je lui ai demandé si elle savait combien faisait seize multiplié par seize.

Je me suis senti envahi de tendresse et de reconnaissance.

Une autre fois, j'ai entendu parler d'une aventure mystérieuse qu'une de nos filles aurait eue au jardin public le soir, où elle rentrait seule au Refuge. (Nos enfants sont autorisés à sortir seuls en ville ; cela fait partie de nos méthodes éducatives et renoncer à ce principe nous serait bien pénible ; il va sans dire que cela nous impose la plus grande vigilance.) L'histoire du jardin m'inquiéta beaucoup. J'ai convoqué la fille et lui ai enjoint de tout me dire ; sinon, elle serait privée de sortie.

L'enfant obéit sans difficulté et voici le résumé de son histoire : alors qu'elle se trouvait au jardin, un petit oiseau vint à passer juste au-dessus de sa tête et « a fait ses besoins » sur son chapeau...

Je ne sais pas qui de nous deux eut davantage honte.

Seule, notre indélicatesse à l'égard des enfants nous préserve de mourir d'humiliation pour toute l'indignité du monde qu'ils rencontrent en naissant et dont nous ne sommes pas en mesure de les défendre.

54.

Le murmure d'une confidence prend parfois la forme d'un chuchotement de délation.

Ne joue pas alors les hypocrites en poussant des cris indignés ; écoute le mouchard parce que ton devoir est de l'écouter.

— Il dit des gros mots, monsieur ; même qu'il vous a insulté.

— D'où sais-tu qu'il m'a insulté ?

— Beaucoup de garçons l'ont entendu.

Donc, il l'aura entendu par hasard, il n'a pas été écouter aux portes.

— D'accord, mais pourquoi me le dis-tu ?

Consternation. Il ne sait que répondre.

— Que voudrais-tu que je lui fasse ?

Consternation : il ne sait pas ce qu'il aimerait que je fasse à l'autre.

— Il était furieux contre vous...

La matière et l'intention manquent de précision, c'est très vague, tout cela... Comptait-il intriguer l'éducateur ? Tirait-il quelque fierté du fait que, dépositeur d'un secret, il pouvait en faire profiter un adulte ?

— Et toi, il ne t'arrive jamais de dire de gros mots quand tu n'es pas content ?

— Ça m'arrive des fois.

— Il vaut mieux ne plus le faire ; c'est moche comme habitude.

Inutile de lui faire des sermons. Peut-être a-t-il été animé de bons sentiments ? De toute façon, tu le punis assez par ton manque d'intérêt pour ses « révélations ».

55.

Un autre type de « mouchard » est l'enfant qui agit par esprit de vengeance.

— Les grands racontent des histoires cochonnes; ils se montrent des images et disent des poèmes sales.

— Quelles images, quels poèmes?

Il ne peut pas le dire exactement. Il avait dû se cacher de peur que les autres ne le voient; il vient le dire parce qu'il sait qu'il est interdit d'avoir des images cochonnes. Il veut que tu les punisses.

— Tu ne leur as pas demandé de te montrer une de ces images?

Si, il a demandé mais ils n'ont pas voulu; ils ont dit qu'il était trop jeune.

— Est-ce que je peux leur dire de qui je l'ai appris?

Non, il me demande de garder le secret : ils le battraient.

— Si tu m'interdis de te nommer, je ne peux rien faire. Ils soupçonneraient quelqu'un d'autre à ta place et le battraient pour rien.

— Ah bon, dans ce cas, faites comme vous voulez.

— Je te remercie de m'avoir informé. Je leur parlerai à la première occasion venue et leur dirai de ne plus le faire.

Oui, il a droit à mes remerciements : il a vu ce dont j'aurais dû m'apercevoir moi-même. Le moment serait mal choisi pour lui faire la morale. Je lui expliquerai une autre fois qu'il est vilain de vouloir se venger. Aujourd'hui il a eu son compte : il a été déçu, il s'attendait à un autre effet... la balle a tapé à côté.

56.

Il y a des indicateurs aux intentions pures et leurs informations sont souvent précieuses.

— Il est allé dans une maison où il y a la scarlatine. — Les petits se donnent rendez-vous au vestiaire pour fumer : ils vont brûler la maison. — Un tel pousse tel autre à voler. — Il va porter de la nourriture en cachette au concierge pour avoir des pommes en échange. — Hier, dans la rue, un monsieur a proposé à l'une des filles un bonbon et une promenade en voiture.

Il sait parfaitement bien pourquoi il vient me voir : ayant

vu un danger et ne trouvant pas de solutions lui-même, perplexe, après avoir hésité un peu, il se décide à me demander conseil parce qu'il a confiance en moi. Il sait que les autres peuvent se fâcher ; peut-être l'éviteront-ils désormais ?... Tant pis, il remplit son devoir.

Il me rend un fier service, je dois donc le recevoir comme un conseiller : désormais, nous réfléchirons ensemble aux meilleures solutions à prendre.

Cet enfant qui vient te voir avec des secrets que tu ignorais t'accuse indirectement : tu n'as pas rempli ton devoir d'éducateur ; toutes ces choses, tu devrais les connaître ; si tu ne les connais pas, c'est que tu n'as pas su gagner la confiance de tous les enfants.

57.

Maintenant que tu es au courant de tout, ne te presse surtout pas.

Premièrement, en remettant la « grande explication » à plus tard, tu te donnes la possibilité d'attraper toi-même les malhonnêtes ; tu protèges l'enfant qui t'a informé de la vengeance des coupables ; tu empêches l'indicateur intéressé de faire le fanfaron : « C'est moi qui m'en suis aperçu le premier ! »

Ensuite : si, à chaque fois que tu découvres un délit, tu te mets à sonner immédiatement l'alarme, tu donnes aux enfants la quasi-certitude que tu ne sais rien lorsque tu ne dis rien.

Ensuite : ne pas te presser te permet de choisir le moment le plus propice pour l'explication : l'affaire aura perdu de son acuité, se sera désactualisée, et l'enfant sera plus à l'aise pour en parler... « Ah oui, cette vieille histoire d'il y a un mois ! » ; il te racontera alors avec beaucoup plus de franchise comment la chose s'est passée ; comment il s'y est pris lui-même ; ce qu'il a ressenti avant, pendant et après...

Ensuite : tu ne risques pas de t'emporter, tu as le temps de réfléchir, de bien préparer ton intervention. De la façon dont tu t'y prendras peut dépendre ton attitude future à l'égard d'un enfant ou d'un groupe d'enfants...

Tu gardes ta bonne humeur : se croyant hors du danger un des petits coupables vient te demander la permission d'avoir, à lui tout seul, un tiroir fermant à clé.

— Bien volontiers... ainsi tu pourras mieux ranger tes images indécentes ; les petits ne risqueront pas de les découvrir.

Et lui de rougir de honte, confus, stupéfait.

Maintenant, c'est lui qui tient à te parler... Ne te presse surtout pas!... Quand il aura repris ses esprits, il viendra te remettre ses images (elles auront perdu l'attrait de la nouveauté), te dira de qui il les tient, à qui il les a montrées. Plus posément tu lui parleras et plus tu dédramatiseras l'affaire; plus intelligemment le feras-tu et plus tu t'approcheras de lui.

58.

Un bon principe : laissons l'enfant commettre tranquillement ses péchés.

Ne cherchons pas à prévenir chacun de ses gestes; ne lui indiquons pas son chemin à la moindre de ses hésitations; n'accourons pas à l'aide lors de son plus léger trébuchement. N'oublions pas : nous pouvons ne plus être là au moment où il aura à livrer ses plus durs combats.

Laissons-le pécher.

Que sa volonté toute fragile se mesure avec la force des passions, qu'il y succombe souvent : c'est dans ces escarmouches avec sa propre conscience que doit s'exercer et croître sa résistance morale.

Laissons-le pécher.

Celui qui ne s'égare pas dans son enfance; qui, surveillé et protégé, n'apprend pas à s'empoigner avec la tentation, sera un jour un être moralement passif, l'un de ceux dont la probité ne tient qu'au manque d'occasions de pécher et non à la force de freins moraux.

Ne lui dis pas :

— Ta conduite me dégoûte.

Mais plutôt :

— Rien d'étonnant que tu aies commis cette faute.

N'oublie jamais :

L'enfant a et n'a pas le droit de mentir, voler, te soutirer ce que bon lui semble.

Si, durant toute son enfance, il n'a jamais eu l'occasion de chiper quelques raisins secs ou manger en cachette un morceau de brioche, il ne sera jamais un homme honnête.

— Je suis indigné par ta conduite.

Tu mens.

— Je te méprise.

Tu mens.

— Je ne m'attendais pas à cela de ta part... J'ai cru pouvoir te faire confiance, je me suis trompé...

Tu as eu tort de ne pas t'y attendre ; tu as eu tort d'avoir une confiance illimitée. Quel piètre éducateur tu fais : tu ne sais même pas qu'un enfant... est un être humain.

Tu t'indignes, non pas parce que tu y vois un danger pour l'enfant, mais parce que tu crains pour la réputation de ton institution, de ton système éducatif, de ta propre personne : en fait, tu ne te soucies que de toi-même.

59.

Laisse-les errer et chercher eux-mêmes le droit chemin.

Ils ont besoin de rire, de courir, de faire mille bêtises. Si, pour toi, la vie ressemble à un cimetière, permets-leur d'y voir un pré. Même si tu as déposé le bilan de ton bonheur terrestre, ou revêtu le cilice du sacrifice, tâche de faire un effort pour leur offrir un sourire d'indulgence.

Ici, à tout prix, doit régner le climat de tolérance à l'égard de tous les péchés de l'enfance : ruses, mauvais tours, gamineries, mensonges...

Ici, pas de place pour la froide rigueur, l'austérité de pierre, la logique inflexible, la conviction immuable.

À force de commettre des erreurs, je désappris à jouer les sermonneurs.

Si, parfois, la vie de l'internat nous semble si trouble, c'est parce que nous lui fixons de très hauts idéaux. Dans cette caserne qu'est l'internat, jamais tu ne réussiras à faire s'acclimater les fleurs les plus rares de la vertu : probité sans tache, pureté craintive, candeur qui ignore tout du mal.

D'ailleurs, si tu t'attendris plus sur ces enfants doux, serviables, naturellement bons, que sur les autres, n'est-ce pas parce que tu sais combien ils auront à souffrir dans la vie ?

L'amour de la vérité peut-il se passer de la connaissance des chemins tortueux du mensonge ?... Voudrais-tu que le monde se charge de les dégriser à coups de poing, faisant voler en éclats leurs idéaux ?... Que, s'étant aperçus de ce premier mensonge, ils te refusent à tout jamais leur confiance ?

D'ailleurs, puisque, dans la vie, les griffes sont nécessaires, as-tu le droit de les laisser partir avec, pour seule arme, leur sourire timide, leur joue que colore la moindre émotion ?

Ton devoir est d'élever des hommes, pas des brebis ; des

travailleurs, pas des sermonneurs ; leur bonne santé physique et morale doit être le premier de tes soucis.

Que l'hypocrisie du monde m'accuse d'immoralité et je serai ravi.

60.

Les enfants mentent.

Ils mentent par peur, mais aussi quand ils savent que la vérité ne risque pas d'éclater au grand jour.

Ils mentent par pudeur, mais aussi chaque fois que vous voulez les contraindre à dire ce qu'ils ne veulent ou ne peuvent pas dire.

Ils mentent par nécessité.

Tu vois de l'eau répandue par terre :

— Qui est-ce qui a fait cela ?

— C'est moi, dira l'enfant qui sait que ce délit sans gravité lui vaudra tout au plus un « Prends la serpillière et essuie-moi ça », auquel, parfois, tu ajouteras « Petit maladroit, va ».

Pour lui faire avouer une faute plus grave, l'éducateur devra souvent faire preuve de persévérance.

Un fait : un jour, l'un de nos garçons, peu aimé de ses camarades, trouve les draps de son lit mouillés. Pas de coupable. J'annonce que je ne laisserai personne sortir du dortoir tant que l'auteur de cette plaisanterie douteuse ne se fera pas connaître. Le temps passe... Les plus grands des enfants doivent se rendre au travail ? Ils n'iront pas. L'heure du petit déjeuner approche ? Ils le prendront tous au dortoir. Tant pis, ils n'iront pas ce matin en classe. D'ailleurs, l'heure du premier cours est déjà passée. Ça commence à chuchoter dans les coins, on délibère. Déjà, des groupes se forment : des suspects, des innocents ? Ils doivent se douter de quelque chose... Peut-être savent-ils déjà ? Arriveront-ils à convaincre le coupable de la nécessité d'avouer sa faute ?

— Monsieur...

— C'est toi qui l'as fait ?

— Oui.

Le punir ? Ce serait superflu : il ne risque pas de recommencer.

Tu ne veux pas que les enfants te mentent ? Laisse-leur la possibilité de taire leurs secrets, ou celle de te déclarer franchement : « Je sais, mais je ne peux pas vous le dire. » Garde-toi de pousser des cris d'orfraie lorsqu'ils viennent te confier les plus blâmables de leurs sentiments.

61.

« Ce que les enfants peuvent vous aimer! C'est admirable », me disait une de mes relations, connue pour la subtilité de ses sentiments.

On dit certains prisonniers capables de s'attacher à leurs geôliers. Mais a-t-on jamais vu un enfant qui n'aurait pas quelques griefs contre son éducateur? Il suffit de si peu de chose : d'un mot désagréable, d'un ordre rébarbatif, d'un vœu qu'il sait ne pas pouvoir te confier... Ils m'aiment? Ils le croient peut-être; certains, parce qu'ils trouvent que cela va de soi : les grandes personnes ne leur disent-elles pas qu'il faut aimer son éducateur?; d'autres, par esprit d'imitation, pour ne pas rester en arrière...; beaucoup d'entre eux ne sont sûrs de rien : tantôt ils m'aiment, tantôt ils me haïssent. Mais tous, sans exception, sont conscients de mes imperfections et rêvent de me voir changer en mieux. Les pauvres! ils ignorent que mon plus grand défaut est de n'être plus un enfant.

— Comme ils peuvent vous aimer, les enfants!

Je me souviens du jour où je suis rentré du front : dès qu'ils m'ont vu, ils ont couru comme des fous, se sont pressés autour de moi avec des manifestations de tendresse... Cependant, leur joie ne serait-elle plus grande encore, si, à ma place, une souris blanche ou un cochon d'Inde surgissaient au milieu de la salle?

Père, mère, éducateur, si tu vois que l'enfant t'aime d'un amour profond, désintéressé, toujours égal à lui-même, recommande-lui une légère cure d'eau, voire un peu de bromure.

62.

Il y a des moments où l'enfant t'aime d'un amour sans limites, où tu lui es nécessaire comme Dieu aux hommes frappés par le malheur : ces moments-là sont la maladie et les nuits où il fait un mauvais rêve.

Je me souviens d'une nuit, à l'hôpital : j'étais assis au chevet d'une petite fille malade; je devais lui tendre, de temps en temps, le ballon d'oxygène; à demi endormie, elle me tenait par la main en la serrant très fort; au moindre de mes gestes, elle murmurait, sans ouvrir les yeux : « Ne t'en va pas, maman. »

Un autre souvenir me revient : au beau milieu de la nuit, effrayé, au comble du désespoir, un garçon fit irruption dans ma chambre : il venait de faire un cauchemar. Je l'ai pris dans mon lit. Il se mit à me raconter son rêve, me parla ensuite de ses parents morts; de son oncle qui l'avait recueilli chez lui. Sa voix débordait d'affection : voulut-il me récompenser d'avoir interrompu mon sommeil ? Eut-il peur de me voir me rendormir avant que ses cauchemars ne l'eussent définitivement quitté ?

J'ai, parmi mes papiers, la lettre d'un garçon qui accable de reproches la Maison de l'orphelin en me prenant particulièrement à partie : je ne l'aurais jamais compris, j'aurais été à son égard le plus méchant et injuste des éducateurs. Pour me prouver qu'il savait quand même apprécier la bonté, il me citait un fait de sa vie : une nuit, alors qu'il souffrait d'un mal de dents, il était venu me réveiller; sans me fâcher d'avoir été ainsi tiré de mon sommeil, et sans répulsion, je lui avais appliqué sur la dent malade un peu de pommade sur un bout de coton... Ce souvenir était, à ses yeux, le seul digne d'être mentionné avec quelque reconnaissance; il passa deux ans à la Maison de l'orphelin. Oui, mais, en attendant, l'éducateur est astreint à éloigner de l'internat les enfants malades et à prendre, la nuit, un peu de repos après une dure journée de travail.

63.

Ne leur demandons pas trop de sacrifices individuels ou collectifs.

Un père qui travaille dur; une mère qui souffre de maux de tête; un éducateur constamment fatigué : cela peut les émouvoir une fois, deux fois, trois à la rigueur, mais, à la longue, cela les lasse, les ennuie, les irrite. Bien sûr, à force de morigéner, nous pouvons les abrutir au point que, au plus léger signe de notre mécontentement, à la moindre grimace de douleur, ils se mettront à parler à voix basse et à marcher sur la pointe des pieds. Mais ces gestes seront dictés par la crainte, non par l'attachement.

Ils voient leur maître soucieux? Ils feront leur possible pour se montrer gentils, prévenants... à condition que cela n'arrive pas tous les jours.

Nous, les adultes, sommes-nous bien différents? Qualifionsnous toujours de vénérables les opinions de vieilles gens ? Ne nous fatiguent-ils pas avec leurs caprices et fantaisies séniles ?

À force d'être gavés de paroles édifiantes, de nombreux enfants finissent par prendre en aversion la vertu ; laissons-les découvrir eux-mêmes, graduellement, les bienfaits et les douceurs de l'altruisme.

Il m'arrive de rappeler aux enfants leurs devoirs à l'égard de leurs parents, de leurs frères et sœurs cadets : à ces occasions-là, j'ai souvent peur de commettre une erreur.

Ils iront, sans qu'on le leur rappelle, rapporter chez eux une image, quelques bonbons gagnés à la loterie. La joie du petit frère doit leur faire plaisir, mais, peut-être, y a-t-il également là quelque vanité d'avoir pu, eux aussi – comme des adultes –, offrir quelque chose.

Vous pouvez voir un enfant aller retirer de l'argent à la caisse d'épargne et le donner à sa sœur pour qu'elle s'achète des chaussures. Un très beau geste. Mais a-t-il une idée de la valeur de l'argent ? Ce geste peut témoigner aussi de son inconscience.

« Ce n'est pas le geste mais l'intention qui compte » reste très vrai, appliqué à l'enfant ; ce sont, en effet, ses intentions qui nous dessinent son vrai visage moral, qui nous donnent une idée de son développement futur.

64.

Nous écrasons l'enfant de notre autorité et exigeons de lui respect et reconnaissance. Il nous les montre, mais à sa manière.

L'enfant te respecte parce que tu portes une montre ; parce que tu reçois des lettres de l'étranger ; parce que tu as le droit d'avoir sur toi des allumettes et de te coucher tard. Il te respecte parce que tu signes ton nom avec de l'encre rouge ; parce que tu disposes d'un tiroir fermant à clef ; parce que tu jouis de tous les privilèges de l'adulte. Mais il t'estime beaucoup moins pour ta culture qu'il soupçonne toujours d'être incomplète : « Et le chinois, vous le parlez aussi ? Savez-vous compter jusqu'à un milliard ? »

L'éducateur raconte de belles histoires, mais le concierge ou la cuisinière en connaissent de plus belles encore. L'éducateur sait jouer du violon, mais il n'entend rien aux règles du jeu de palant [1].

_____

1. Jeu ressemblant au base-ball, très en faveur en Pologne à l'époque. (*N.d.T.*)

COMMENT AIMER UN ENFANT

Il y a des enfants candides prêts à croire tout ce qu'on leur dit, mais il y en a d'autres, doués d'un esprit critique : ceux-là, ni notre esprit ni notre autorité morale ne les impressionnent. Les adultes ? Ils ne font que mentir, tricher ; ils se servent de prétextes indignes, sont hypocrites. S'ils ne fument pas de cigarettes en cachette, c'est uniquement parce qu'ils peuvent le faire au grand jour. Ils ne font que ce dont ils ont envie.

Plus tu te prends au sérieux, plus il t'évite ; plus tu cherches à lui en imposer, plus il t'échappe. Mais, si tu ne t'es pas rendu complètement ridicule à ses yeux, si tu n'es pas complètement gâteux, si tu ne t'efforces pas bêtement de rentrer dans ses bonnes grâces... il te respectera à sa manière.

— À sa manière ?

Comment ? Cela dépend.

Il rira parce tu es grand et maigre, ou gras et chauve ; parce que tu as une verrue au front ; parce que, quand tu te fâches, ton nez se met à bouger ; parce que, quand tu ris, tu rentres ta tête dans tes épaules... et il se mettra à t'imiter : il voudra être maigre ou gras, bouger son nez quand il se fâche.

Essaie de les interroger sur ce qu'ils pensent de toi au cours de l'un de ces entretiens amicaux où tu réussis à leur parler comme un camarade :

— C'est que vous êtes, monsieur, tellement bizarre. Des fois, je vous aime bien, mais, il y a des moments où je ne sais pas ce que je vous ferais, tellement vous m'énervez.

— Quand vous nous parlez, on a envie de vous croire. Mais, dès qu'on y réfléchit un peu, on se rend compte que vous nous prenez pour des gosses.

— On n'arrive jamais à savoir ce que vous pensez au juste...

— On aimerait parfois rigoler avec vous, mais c'est si rare que vous soyez drôle !

65.

Personne n'a jamais protesté contre le fait que, dans un de mes livres pour enfants, *La Gloire*, j'autorise mon héros à commettre un vol. J'avais longtemps hésité avant d'opter pour cette solution, mais je n'ai pas pu faire autrement : ce garçon, doué d'une volonté de fer et d'une grande imagination, *devait* voler au moins une fois dans sa vie.

Parce que l'enfant vole quand il désire une chose au point de ne pas pouvoir y résister.

Il vole aussi pour d'autres raisons : quand il se trouve devant un grand amoncellement d'objets; quand il ne connaît pas le propriétaire; souvent, quand lui-même a été volé; chaque fois qu'il a un grand besoin de quelque chose; sur l'incitation d'un ami.

Il va convoiter de la même manière un caillou, une noix, un papier argenté, un clou, une boîte d'allumettes, un petit verre de couleur.

Il arrive qu'à force de se voler mutuellement, les enfants finissent par ne plus savoir à qui tel ou tel objet appartient. On s'empare de ce que l'on trouve. De petits vols que tu sembles tolérer :

— Tenez, voici quelques chiffons, amusez-vous.

Et s'ils se disputent ? Que fais-tu alors ?

— Cessez de vous disputer : tu en as plein, toi, passe-lui-en donc un peu...

Il a trouvé une plume cassée; il vient te la rapporter.

— Garde-la ou jette-la.

Il a trouvé une image déchirée, une ficelle, une perle : si j'ai le droit de les jeter, je peux aussi bien les garder.

Et, peu à peu, la plume, l'aiguille, une gomme usée, un crayon, un dé à coudre, tout objet qui traîne sur la fenêtre, sous la table, par terre, deviennent, en quelque sorte, la propriété de tout le monde. Si, dans la famille, ce genre de situation engendre cent disputes, à l'internat il y en aura mille chaque jour.

Il n'y a que deux remèdes à cela : l'un – que je trouve indigne – est d'interdire aux enfants de collectionner tout ce bric-à-brac; l'autre – plus juste à mon sens – est de faire en sorte que chaque objet ait un propriétaire; ainsi, on saura toujours à qui retourner un objet trouvé.

Les enfants sauront à quoi s'en tenir : il n'y aura plus trente-six espèces de vol, mais un seul. Cela dit, ils continueront à chaparder... et ce ne seront pas forcément les pires d'entre eux.

66.

Tricher est une manière de voler, c'est du vol déguisé.

Cadeaux forcés, paris manifestement absurdes, jeux de hasard, échanges des objets précieux (un canif, une trousse de classe, une bonbonnière) contre des objets sans valeur, prêts à délai indéterminé – sont autant d'occasions de filouterie.

Un éducateur, dont le principal souci est sa propre tranquillité, interdit le plus souvent ces pratiques et les condamne ainsi à la clandestinité. Pour les victimes, cette interdiction signifie l'impossibilité d'aller porter plainte, recours tout aussi prohibé, d'ailleurs.

Des centaines de faits de la vie des élèves constituant des matériaux d'information précieux passent inaperçus de l'éducateur, mais il va se saisir d'un seul scandale percé à jour pour se donner l'occasion d'un prêchi-prêcha sans rapport avec les réalités de la vie. Résultat : une autre interdiction, plus sévère que la précédente, qui assurera la paix... jusqu'au prochain scandale. Car la portée de toute interdiction est bien limitée dans le temps : c'est la vie elle-même qui la rejette.

Que de vilenie, de corruption, d'injustice pour un engagement pris à la légère, un cadeau extorqué, une transaction malhonnête !

67.

Quel désenchantement pour un éducateur qui, au début de sa carrière, croyait entrer dans un univers peuplé de petites âmes pures, tendres et franches ! Ne lui a-t-on pas dit qu'il lui suffirait de faire preuve de bonne volonté pour s'attirer rapidement leur sympathie et gagner leur confiance ? Malheureux, déçu, le voilà qui se retourne à présent contre les enfants au lieu d'en vouloir à ceux qui l'ont induit en erreur... et à lui-même pour les avoir crus. Est-ce leur faute si l'on t'a dépeint ton travail sous son jour le plus avantageux ?

La dépravation existe chez les enfants comme chez les adultes. Les mêmes comportements pervers s'y retrouvent car l'univers des enfants offre un échantillonnage complet de tous les caractères humains. Toutes les passions du monde sont là, en germe, qui vont s'épanouir dans ce sol fertile qu'est la vie. Si tu ne t'en aperçois pas tout de suite, c'est que les enfants n'ont pas toujours besoin de se montrer tels qu'ils sont, ou alors ils n'en ont pas l'opportunité.

Si, demain, je dois aller à la rencontre d'un nouveau groupe d'enfants, je dois savoir d'avance qu'il y aura parmi eux des doux, des passifs, des faibles, des confiants ; des pervers, des méchants, des agressifs, de faux soumis ; des malins, des intrigants, des malfaiteurs...

Je dois savoir qu'il me faudra lutter pour imposer un règlement et assurer la protection des faibles et des innocents ; qu'il me sera nécessaire de m'adresser aux éléments les plus positifs du groupe et les organiser de manière qu'ils puissent s'opposer efficacement aux forces mauvaises. Ce n'est qu'à cette condition que je pourrai commencer un travail éducatif méthodique, conscient des limites que va m'imposer le terrain sur lequel j'aurai à exercer mon influence pédagogique.

Je pourrai y greffer quelques principes de vérité, d'ordre, d'honnêteté, de franchise, mais je ne pourrai pas changer l'enfant en autre chose que ce qu'il est déjà. Un bouleau ou un chêne sont condamnés à rester bouleau et chêne, la bardane sera toujours bardane. Je peux éveiller ce qui somnole dans une âme, mais je ne peux la créer à nouveau. M'en voudrais-je, en accuserais-je l'enfant. Ce serait ridicule.

68.

J'ai remarqué que les éducateurs, et souvent les meilleurs d'entre eux, témoignent d'une sorte d'antipathie naturelle envers les enfants qui « jouent la comédie ». J'aimerais attirer leur attention sur le fait que l'esclavage dans lequel nous tenons les enfants favorise l'éclosion de l'hypocrisie : il les contraint à feindre l'attachement, à faire semblant de vouloir satisfaire nos goûts afin de mieux exploiter nos faiblesses. À différents degrés, ils sont tous atteints de ce mal.

Si tu regardais au fond de leur cœur, tu verrais que tous ces « comédiens » ne sont que de pauvres enfants, parfois ambitieux, mais sans dispositions particulières – à moins que celles-ci ne demeurent cachées –, parfois de faible constitution ou laids, donc méprisés ; parfois trop malléables, trop faciles à dresser et que l'on gâte par des privilèges comme si leur comportement exemplaire et leur attachement étaient naturels et sincères.

Mais s'il arrive que l'un de ces petits flatteurs vienne vers toi avec un geste de tendresse, ne le repousse surtout pas, même si tu le soupçonnes d'insincérité. Peut-être est-il seulement moins doué que les autres qui, eux, trichent avec le naturel d'un comédien qui rentre dans la peau de son personnage.

Peut-être parmi ces enfants, qui te font une cour trop empressée à ton goût, y a-t-il des mal-aimés, des faibles qui aimeraient que tu leur témoignes davantage d'affection, que tu les protèges de l'injustice ?

Quelqu'un leur aura peut-être suggéré : « Montre-toi aimable, donne-lui ce petit bouquet... tu pourras ensuite lui demander ce que tu veux ». Si l'enfant s'exécute sans conviction, contre sa nature profonde, son geste aura toujours quelque chose d'emprunté, voire d'hypocrite.

Un jour, j'ai été bien étonné de voir un garçon, habituellement froid et réservé, genre de misanthrope prématurément vieilli, se mettre à me témoigner des attentions délicates ; il riait le premier de mes plaisanteries, jouait des coudes pour me frayer le passage, devançait tous mes désirs. Il le faisait maladroitement, avec une envie manifeste d'attirer mon attention sur son amabilité. Ce manège avait duré un certain temps et je faisais de mon mieux pour cacher mon déplaisir. J'ai tout compris, le jour où il est venu me demander d'admettre à la Maison de l'orphelin son jeune frère. J'en ai eu des larmes aux yeux : le pauvre, combien cela avait-il dû lui coûter de se faire passer ainsi pour ce qu'il n'était pas !

69.

Enfant souffre-douleur, en butte aux tracasseries perpétuelles de ses camarades, et enfant meneur, leur favori, le chef de tous leurs complots : problème d'un intérêt capital. Son étude nous permettrait d'approcher peut-être ce quelque chose d'inconnu, d'insaisissable qui rend si énigmatiques certaines grandes réussites dans la vie que seuls le talent et la force de caractère n'arrivent pas à expliquer.

Les enfants beaux, jouissant d'une bonne santé, doués d'initiative, courageux ou talentueux, auront toujours des amis, des alliés, des adulateurs... ou des ennemis, si leurs ambitions paraissent démesurées. C'est autour d'eux que se forment des ligues, des factions. L'autorité et la séduction qu'ils exercent sur la collectivité enfantine ont cependant leurs aléas : la disgrâce guette ceux qui se hissent sur un piédestal trop haut.

Il est tout naturel qu'un enfant qui aime et sait amuser les autres, qui a toujours quelque chose d'intéressant à raconter, qui ne refuse jamais de partager son goûter avec un ami, soit un compagnon toujours recherché : il représente la gaieté, la fantaisie qui sont à l'esprit des enfants ce que les friandises sont à leur corps.

L'enfant mou ou agressif se voit rejeté par le groupe. C'est lui qui se tourne le plus souvent vers l'éducateur ; défavorisé physiquement ou spirituellement, il sait qu'il ne peut rien offrir aux autres et n'attend rien de leur part.

Il est normal que ce soient tous ces laissés-pour-compte qui t'absorbent le plus. N'exige pas des autres de les traiter sur un pied d'égalité ; eux-mêmes sont d'ailleurs peu exigeants,

Mais ne les repousse pas.

70.

Tout enfant se sert de ses avantages naturels comme d'un atout et je dirai qu'il a le droit de le faire. Il s'efforce d'attirer notre attention sur son physique agréable, son adresse, sa mémoire, son élocution facile, sa jolie voix, sa situation sociale privilégiée. Si nous avons l'air de l'en empêcher, il nous en voudra : il y verra un signe de mauvaise foi ou de jalousie.

— Tiens, voilà notre petit chanteur ; voilà le plus doué de nos gymnastes.

Avons-nous tort de les mettre ainsi en vedette ? Est-ce si mauvais qu'il soit fier d'être le meilleur de la chorale, le plus agile de l'équipe de sport ? Est-ce trop le gâter que l'encourager à s'exprimer franchement ?

N'est-il pas plus ennuyeux, indélicat, de dire à l'enfant sur un ton agressif :

— Tu crois peut-être que tout t'est permis du moment, que tu chantes bien ? – Tu crois m'impressionner avec ton père maire de village ?

Ou encore :

— Tiens, tu viens m'embrasser à présent ? Dois-je en conclure que tu as besoin de quelque chose ?

Bien sûr, il a besoin de quelque chose. Mais, toi-même, agirais-tu autrement ?

Ne t'arrive-t-il donc jamais de te servir de ta mémoire pour cacher le défaut d'une pensée personnelle ou, au contraire, de ton intelligence pour couvrir les défaillances de ta mémoire ? N'utilises-tu pas l'arme de ton sourire lorsque tu n'aimes pas ou ne sais pas être sévère ?

Ne fais-tu pas tout ton possible pour leur dissimuler tes défauts et faiblesses ?

Pourquoi veux-tu les priver du droit dont tu jouis toi-même, fort de tes pouvoirs et privilèges d'adulte ?

À défaut de maturité, la plupart des enfants se servent de leur malice. Locke disait que la malice est le singe de l'esprit.

Plus tôt tu créeras des conditions propices à leur développement intellectuel, plus vite tu verras tes petits singes amusants se transformer en hommes.

71.

De petits traînards toujours derniers à l'appel sont la pierre de touche de la patience de l'éducateur.

Sonnerie de la cloche : ceux qui n'en ont pas fait l'expérience ne se doutent même pas qu'il faut bien des efforts de la part de l'éducateur, beaucoup de bonne volonté de la part des enfants pour qu'ils se présentent tous là, au grand complet.

Encore une ligne d'un devoir qu'on est en train de copier, encore un numéro de loto, encore un mot pour riposter à un petit rigolo, encore une minute pour finir non pas le chapitre, mais au moins la phrase qu'on est en train de lire.

À la fin des cours, il te faudra attendre pour fermer la porte de la classe : même si la plupart se précipitent vers la sortie à grand renfort de coups et de cris, il y en a toujours un ou deux qui auront oublié de ranger ou d'emporter quelque chose.

Il en va de même lors de la distribution des chaussures ou des manteaux.

Alors, tu attends : devant une armoire ouverte, une lampe allumée, une baignoire à vider, une table à desservir; tu attends pour pouvoir commencer ou finir ce que tu as à faire à cause d'un seul ou de deux d'entre eux. Ils se débrouillent toujours pour égarer leur casquette au moment de la sortie, casser leur plume au début d'une dictée.

— Allez, plus vite... Remuez-vous... Vous en avez encore pour longtemps ?

Ne te fâche pas : ils ne peuvent être autrement.

72.

Tu viens de passer une nouvelle consigne et tu t'aperçois que personne ne la respecte. Ne te mets pas en colère.

À un moment donné, nous leur avons interdit de bavarder le soir au lit.

— Vous avez eu toute la journée pour papoter. À présent, il est temps de dormir.

C'est comme si je n'avais rien dit : le seul effet de mon exigence toute légitime était d'avoir assourdi un peu l'échange des propos qui se faisait à présent à mi-voix, en de longs chuchotements continus. Quelque chose les empêchait d'obéir.

J'ai essayé d'élever la voix : quelques minutes de silence, puis le chuchotis reprenait de plus belle. Tous les soirs, c'était le même manège.

Que faire ? Il fallait choisir entre la trique et l'enquête.

— De quoi avez-vous parlé, hier soir, au dortoir ?

— Je lui ai raconté comment nous vivions à la maison du vivant de mon père. – Je lui ai demandé pourquoi les Polonais n'aimaient pas les juifs. – Je lui ai dit que le meilleur moyen pour lui de ne plus se faire attraper était de devenir plus gentil. – Je lui ai dit que, quand je serai grand, j'irai chez des Esquimaux pour leur apprendre à lire et à construire des maisons.

Par un brutal : « silence », j'aurais interrompu ces quatre conversations !

Tu t'attends à un délit et tu pénètres dans le secret de l'âme enfantine, où tu découvres les peines les plus cachées. L'agitation de la journée ne laisse aucune place à la confidence ; pas moyen d'évoquer des souvenirs nostalgiques, de questionner intimement un ami. Cette foire continuelle te fatigue ? Tu aspires, le soir, à un peu de repos ? Les enfants aussi.

Et le matin, au réveil ? Que peuvent faire les enfants qui se réveillent plus tôt que l'heure prévue par le règlement ? Faire respecter le silence matinal s'est révélé aussi vain que faire respecter celui du soir. En remportant la victoire, les enfants m'ont permis de faire quelques découvertes non négligeables.

73.

Un autre exemple :

J'avais l'habitude de leur demander :

— Comment ça va ?... Quoi de nouveau ?... Pourquoi es-tu triste ?... Comment vont les tiens ?

La réponse, le plus souvent, était :

— Rien de spécial... Tout va bien... Mais non, je ne suis pas triste.

Je passais ma main sur la tête de l'enfant ; j'étais content : il m'en coûtait peu pour lui prouver mon intérêt, ma bienveillance.

Au bout d'un certain temps, je me suis aperçu que les

enfants n'aimaient pas ce genre de questions et de manifesta-tions de tendresse. Certains me répondaient à contrecœur, comme gênés, d'autres affectaient une froide réserve ou me gratifiaient d'un sourire ironique ; les plus sensibles m'évitaient carrément, de crainte de s'exposer à ces marques soudaines d'affection. De temps en temps, tel enfant qui, un moment plus tôt, m'affirmait que tout allait bien, venait me trouver pour une affaire qui prouvait tout le contraire.

J'avoue que cela m'agaçait... Je n'ai cessé de m'en offus-quer que le jour où j'ai compris que ces gestes et formules d'amabilité conventionnelle ne peuvent constituer, aux yeux d'un enfant, une preuve d'amitié ; il s'en méfie et il est rare qu'il vienne vous confier un problème qui le préoccupe vrai-ment. Il a raison. En présentant à votre invité une boîte de chocolats, ne vous attendez-vous pas qu'il n'en prenne qu'un seul, et encore pas le plus gros ? Si l'enfant sent que vous n'avez que quelques secondes à lui consacrer, son « ça va bien » n'est-il pas la réponse à laquelle vous vous attendiez ? Il vous montre qu'il connaît les règles du savoir-vivre mais, au fond de lui-même, il vous méprise pour votre hypocrisie ; il refuse d'être traité aussi légèrement, à la va-vite.

— Alors, comment vont ces petites maladies ? demande un médecin en faisant sa tournée d'hôpital.

Le ton de sa voix, ses gestes indiquent au malade combien il est pressé et celui-ci ne peut que lui répondre, déçu :

— Merci, ça va mieux.

74.

Les enfants ne connaissent rien aux faux usages du monde ni, j'ajouterais, aux mensonges du langage de tous les jours.

— Les bras m'en tombent... Il devrait y avoir un silence d'église... Celui-là, il nous donne du fil à retordre... Je te l'ai déjà dit cent fois, ne compte pas sur moi pour te le répéter.

Autant de mensonges pour un enfant.

N'est-ce pas une honte de soutenir que les bras vous tom-bent alors que vous êtes en train de les bouger ?... Une église, ce n'est jamais aussi silencieux que cela... Il ne vous donne jamais du fil à retordre, tout au plus du fil à recoudre sa culotte déchirée... Il peut toucher à des tas de choses sans pour autant les abîmer ; l'autre fois, il en a cassé une, mais cela arrive à tout le monde. Non, ce n'est pas cent fois que vous le lui aviez dit mais cinq tout au plus et vous le répéterez encore, hélas, il en est sûr !

— Tu es devenu sourd, ou quoi ?

— Bien sûr que non, quelle idée !

— Disparais, et que je ne te voie plus !

Mensonge : tu lui diras de passer à table à l'heure du déjeuner.

Tu le trouves souvent agressif ? Il préfère sans doute une fessée à ces sermons qui l'assomment. Peut-être souffre-t-il de voir s'amenuiser le sentiment de respect qu'il croyait devoir te porter ? Il t'obéirait bien plus facilement s'il pouvait croire à ta supériorité morale.

75.

Nous avons introduit une réforme à la Maison de l'orphelin : à tous les repas, les enfants avaient le droit de réclamer autant de rations supplémentaires de pain qu'ils le désiraient, à condition de ne pas le jeter ni d'en laisser. Personne ne le voit en prendre plus que la quantité qu'il pouvait réellement manger. Arriver à une telle discipline n'était pas facile : du pain frais constituait pour beaucoup une véritable friandise.

Un jour, à la fin du dîner, alors que les petits montaient au dortoir, je vois une des grandes filles se lever, prendre un morceau de pain et, après y avoir mordu du bout des dents, le jeter sur la table où j'étais assis, puis s'éloigner d'un pas traînant. J'en suis resté interdit au point de ne pouvoir prononcer rien d'autre qu'un : « Tu n'es qu'une affreuse chipie, une insolente ! » Elle réagit par un geste nonchalant d'épaules et, les yeux remplis de larmes, elle se rendit au dortoir.

Monté peu après pour la voir, j'ai eu droit à une nouvelle surprise : je l'ai trouvée au lit en train de dormir.

Quelques jours après cet incident, elle m'annonçait son désir de se coucher plus tôt, en même temps que les petits.

C'était donc cela, l'explication de son geste absurde : trop orgueilleuse pour le dire directement, elle avait provoqué, inconsciemment ou demi-consciemment, ma colère pour avoir ainsi un prétexte d'offense, une raison de verser des larmes qui rendraient plausible sa décision de monter au dortoir plus tôt que prévu.

Quelques mots sur sa façon particulière de marcher.

Pour se déplacer, elle ne levait pas les pieds : elle les traînait avec une sorte de désinvolture. Cela devait plaire aux autres qui se sont mis à l'imiter. Pour ma part, je trouvais cette démarche laide et ridicule : peu naturelle, elle avait en plus quelque chose de sénile. J'ai mis un peu de temps avant de comprendre qu'elle était naturelle voire typique chez un enfant d'âge pubertaire : elle exprimait la lassitude.

Comme médecin, j'ai pris l'habitude d'interroger :

— N'avez-vous pas remarqué un changement dans sa manière de marcher ?

— En effet : elle marche comme une princesse offusquée. Cela me désespère : elle traîne les pieds comme si elle avait cent ans ou comme si elle était Dieu sait combien fatiguée.

76.

Ce seul exemple ne nous démontre-t-il pas déjà combien le comportement psychique de l'enfant peut être lié à sa physiologie ?

En abandonnant l'hôpital pour l'internat, je n'ai pas trahi la médecine. C'est à tort que d'aucuns l'ont prétendu. Au bout de huit ans de pratique hospitalière, j'ai compris que ce qui nous reste à connaître de l'enfant – mis à part les problèmes relevant du pur hasard comme un accident d'automobile ou un clou avalé – exigerait une observation clinique quotidienne. J'ai compris que ce n'est pas à l'occasion d'une maladie-catastrophe que nous pourrons y arriver mais en observant l'enfant dans les périodes claires de sa vie.

L'hôpital berlinois et la littérature médicale allemande m'ont appris à exercer ma pensée, lentement, systématiquement, sur ce que nous savons déjà. Paris m'a appris à me poser des questions sur ce que nous ne savons pas encore... mais que nous saurons un jour. Berlin, c'était une journée de travail avec ses démarches et ses tracasseries de routine. Paris, c'était la fête d'un lendemain chargé d'un puissant espoir, de pressentiments de triomphes inattendus. C'était la force de vouloir, la douleur d'ignorer et la volupté de chercher, que m'a donné Paris. De Berlin j'ai rapporté l'art de la simplification, l'ingéniosité et l'ordre dans les moindres petits détails.

Une grande synthèse sur l'enfant – voilà à quoi je rêvais quand, dans une bibliothèque parisienne, les joues colorées d'émotion, je lisais d'étranges ouvrages classiques de cliniciens français.

77.

Grâce à la médecine, j'ai appris la technique de l'ausculta-
tion et la discipline du raisonnement scientifique.

En tant que médecin, je constate des symptômes : je vois
une éruption sur la peau, j'entends la toux, je sens l'augmentation de la chaleur du corps; à l'aide de mon odorat je décèle
l'odeur d'acétone dans la bouche de l'enfant. Certains symptômes sont tout de suite visibles, d'autres, cachés, exigent un
examen plus poussé.

En tant qu'éducateur, je me trouve aussi en face de symptômes : un sourire, le rire, une joue colorée, des larmes, un
bâillement, un cri, un soupir. Là-bas, je dois reconnaître une
toux sèche, grasse, ou celle qui est due à l'irritation de la gorge,
ici, il me faut savoir qu'il existe plusieurs sortes de pleurs : des
larmes, des sanglots, mais aussi ceux qui laissent les yeux secs,
des pleurs intérieurs.

Ici et là, j'établis calmement le diagnostic : l'enfant fait de
la fièvre, l'enfant fait des caprices ? Je vais abaisser la température en agissant, si cela est possible, sur la cause directe du
mal ; pour diminuer l'intensité des caprices, je vais agir sur le
psychisme de l'enfant en prenant pour cela les précautions
nécessaires.

Le traitement que j'ai prescrit se révèle-t-il inefficace ? Je
ne m'énerve pas mais j'essaie d'en comprendre la cause. Mon
intervention pédagogique n'a pas donné le résultat espéré ?
Sans me fâcher, je tâche de mieux étudier le problème.

Le plus banal des symptômes, le plus insignifiant des
détails peuvent se rattacher à quelque grande loi de l'univers
ou de la nature humaine. En tant que médecin et en tant
qu'éducateur je ne connais pas de petits détails et j'observe
attentivement tout ce qui semble n'être dû qu'au hasard, tout
ce qui, à première vue, apparaît comme étant sans valeur. Une
affection sans gravité apparente peut parfois ruiner un organisme des plus solides. Un virus invisible à l'œil nu est capable
de dépeupler des villes entières.

La médecine m'a permis d'approcher les miracles accomplis grâce à l'observation obstinée des mystères de la nature.
J'ai vu, plus d'une fois, comment meurt l'homme et avec quelle
force impitoyable le fruit humain venu à maturité déchire le
sein maternel pour devenir homme.

C'est à la médecine que je dois d'avoir appris à rattacher

laborieusement des détails épars et des symptômes contradictoires en ce tableau logiquement construit qu'est le diagnostic.
Ainsi, riche de toutes ces expériences, conscient de la puissance des lois de la nature et du génie de la pensée de l'homme,
je me retrouve face à cet inconnu : l'enfant.

78.

Un regard courroucé, un éloge, une remontrance, une plaisanterie, un conseil, un baiser, une récompense sous forme d'un
conte de fées ou d'un encouragement oral : autant de soins
médicaux que, éducateur, tu dois savoir administrer à des doses
bien étudiées, plus ou moins fréquemment suivant le cas,
d'après les caractéristiques individuelles de chaque organisme.

Il existe des caractères déviés, déformés ; il existe des âmes
anémiées ; il existe des natures peu résistantes aux épidémies
d'ordre moral ; tout cela peut être reconnu et soigné. Mais il
suffit d'un peu trop de précipitation, d'une erreur de diagnostic, d'un traitement mal adapté ou trop énergique pour
que, au lieu de l'amélioration, survienne une aggravation.

La faim et la satiété sont aussi réelles dans la vie spirituelle
que dans la vie matérielle. L'enfant assoiffé de conseils et de
connaissances les dévore et les assimile sans difficultés ; gavé
de moralités, il les prend en dégoût.

La colère de l'enfant : problème aussi important que pas-
sionnant.

Tu lui racontes une histoire ; distrait, il t'écoute à peine.
Au lieu de t'interroger sur les causes de cette distraction, tu
t'impatientes, tu fais l'offensé :

— Tu n'as pas envie d'écouter, très bien : la prochaine fois
que tu me demanderas une histoire, je ne te dirai rien.

— Oh là là, je peux m'en passer, vous savez.

Même s'il ne le dit pas à haute voix, il doit le penser : tu le
vois d'après l'expression de son visage, d'après ses gestes
impatients...

Je tiens contre ma poitrine un petit polisson et, tout en
l'embrassant, je le supplie de se corriger. Il se met à pleurer
puis, en avalant ses larmes, me déclare d'une voix désespérée :

— C'est quand même pas ma faute à moi que vous n'aimiez
pas les voyous... Y a que des froussards, des bons à rien qui
vous plaisent. Demandez à l'un d'eux d'être un peu casse-cou
et vous verrez s'il vous obéit...

Ses larmes, ce n'était pas du tout du repentir et s'il ne me repoussait pas avec mes caresses et mes douces remontrances, c'est qu'il devait y voir un juste châtiment pour ses nombreux péchés. Mais il s'apitoyait sur lui-même : « Ce brave mais stupide éducateur n'arrive pas à comprendre que je ne peux pas être autrement ; je déteste ces ridicules baisers ; j'aimerais mieux me faire tirer l'oreille ou porter tout l'été une culotte déchirée. »

79.

En additionnant d'imposants résultats fournis par l'observation clinique des enfants malades, je me pose cette question : et l'internat, que nous a-t-il donné ? La réponse est toute courte, hélas : rien.

J'ai le droit de demander à l'internat : combien d'heures de sommeil faut-il à un enfant ? Il y a des manuels d'hygiène. Vous trouvez là des tableaux recopiés dans des livres dont on ne cite même pas l'auteur et qui vous apprennent que plus l'enfant est âgé, moins il a besoin de dormir. C'est faux : d'une manière générale, l'enfant a besoin de moins d'heures de sommeil que nous ne le croyons (le croire ne nous arrange-t-il pas, d'ailleurs ?). Ensuite, le nombre d'heures de sommeil nécessaires à un enfant varie suivant les périodes de sa croissance : il arrive que tel enfant de treize ans se couche avec les petits et que tel autre, âgé de dix ans, veille tard comme s'il se moquait des recommandations du livre.

Le même enfant qui, aujourd'hui, attend impatiemment la sonnerie du réveil pour bondir de son lit même s'il fait mauvais dehors, même si la pièce est glacée, un an plus tard, se lève avec effort, s'étire, traînasse, et le froid de la pièce le met au désespoir.

L'appétit de l'enfant : il ne mange pas, repousse les plats, les cède à un copain, invente mille prétextes et triche pour qu'on ne le force pas à manger. Un an passe ; il dévore et va voler un morceau de pain au buffet.

Et ses plats préférés ou détestés ?

À la question : « Quels sont tes deux plus grands soucis », un garçon répondait que le premier c'était qu'il n'avait plus de mère et le second, qu'on le forçait à manger la soupe aux pois cassés.

Mais quel sens peut-il y avoir à provoquer tel ou tel comportement particulier d'un enfant à partir du moment où la connaissance des lois générales qui régissent ce comportement nous fait défaut ?

Ce dos voûté de certains enfants qui se redresse, puis redevient courbé ; ces joues pâles et roses tour à tour ; ces enfants parfaitement équilibrés qui paraissent tout d'un coup capricieux, butés, indisciplinés pour, quelque temps après, « se calmer » d'une façon aussi inattendue : si nous pouvions mieux comprendre tous ces printemps et automnes de la croissance de l'enfant, que d'abus pharmaceutiques et d'escroqueries orthopédiques disparaîtraient à tout jamais du monde de la médecine !

L'hôpital s'occupe de l'enfant du point de vue des accidents de santé, des maladies nettement déclarées par des symptômes visibles. Mais où mieux observer tous ces mouvements imperceptibles de son organisme, toute cette horlogerie de précision de l'hygiène sinon à l'internat ?

80.

Nous ne connaissons pas l'enfant, pire : nous ne le connaissons qu'à travers des préjugés. C'est une honte de voir que la quasi-totalité des gens se réfèrent inlassablement à deux ou trois ouvrages écrits réellement auprès d'un berceau. C'est une honte de voir le premier chercheur un peu honnête devenir une autorité sur la plupart des problèmes. En médecine, le plus insignifiant des détails fait l'objet d'une littérature plus riche que celle qui concerne des domaines entiers de la pédagogie. Le médecin est un hôte d'honneur dans un internat, jamais le patron. Rien d'étonnant que quelqu'un ait pu dire méchamment que la réforme de l'internat n'a été qu'une réforme des murs et pas celle de l'esprit. C'est toujours la morale qui y règne et pas l'examen scientifique.

En relisant de vieux ouvrages cliniques écrits par des médecins, nous y voyons cette minutie extraordinaire qu'ils apportaient à l'examen, chose qui nous amuse parfois mais qui, avant tout, nous étonne : on comptait le nombre des boutons dans des maladies éruptives, un médecin veillait jour et nuit au lit du malade. Aujourd'hui, la médecine a le droit de négliger un peu la clinique en plaçant ses espoirs dans le laboratoire de recherche.

Et la pédagogie, où en est-elle ? Ayant sauté le stade clinique-internat, elle passe directement aux travaux de laboratoire.

INTERNAT

Voilà trois ans à peine que je suis dans l'internat, juste le temps d'une toute première reconnaissance, et je ne suis pas étonné d'être déjà en possession de véritables trésors en matière d'observation, de projets et d'hypothèses. Personne avant moi n'avait mis les pieds dans ce pays doré. On en ignore tout, jusqu'à son existence.

81.

Nous ne connaissons pas l'enfant.

Il y a l'enfant d'âge préscolaire, puis c'est tout de suite la ségrégation policière partout où existe la scolarité obligatoire. Des périodes : celle de la dentition, celle des dents définitives, celle de la puberté enfin. Rien d'étonnant à ce que, dans l'état actuel de l'observation de l'enfant, nous ne connaissions de lui que ses dents et ses poils sous les bras.

Nous ne sommes même pas capables de nous rendre compte des contradictions de son organisme qui, pourtant, nous sautent aux yeux : d'un côté, la vitalité des cellules, d'un autre, leur délicatesse ; d'une part, l'excitabilité, la résistance, la force, de l'autre, la fragilité, le déséquilibre, la lassitude. Ni le médecin ni l'éducateur ne savent si l'enfant est un être « increvable » ou un éternel fatigué.

Le cœur de l'enfant ? Oui, je sais. L'enfant en possède deux : l'un, central et surmené, l'autre, périphérique, placé en des vaisseaux élastiques. Cela explique pourquoi son pouls disparaît si facilement et, aussi, pourquoi il se rétablit si aisément de lui-même.

Mais pourquoi certains enfants, sous l'effet d'une émotion, ont-ils un pouls ralenti alors que d'autres l'ont rapide et régulier ? Pourquoi les uns pâlissent et d'autres rougissent ? Qui a pris la peine d'écouter le cœur d'enfants qui viennent de sauter une centaine de fois à la corde ? L'apparente vitalité de l'enfant, ne serait-ce pas son manque d'expérience dans l'exploitation des sources de son énergie qu'il n'hésite pas à épuiser complètement ? Pourquoi le pouls des filles, quand elles se trouvent sous le coup d'une vive émotion, est-il plus rapide que celui des garçons ? Qu'est-ce que cela signifie, qu'un garçon ait « une réaction de fille » au niveau du pouls ou qu'une fille réagisse comme un garçon ?

Ces questions, ce n'est pas un médecin qui se les pose mais un médecin-éducateur dans un internat.

82.

Un éducateur dit : « Mon système, mon point de vue. » Il a le droit de le dire même si ses études théoriques n'ont pas été très poussées, même si son expérience n'est pas étayée par beaucoup d'années de travail.

À une condition toutefois : que son système ou son opinion découlent d'une expérience vécue, qu'ils s'appuient sur un terrain éducatif concret de façon à lui donner la possibilité de justifier à tout moment ses prises de position par des exemples précis, en casuiste subtil, conscient de ses responsabilités, de sa valeur, de la situation.

Je lui donne même le droit de se prononcer sur ce qui est le plus difficile, le plus risqué : d'augurer de l'avenir de l'enfant.

Sous réserve qu'il soit conscient de sa faillibilité. Qu'aucune opinion ne soit jamais une conviction absolue, immuable. Que le jour présent ne soit qu'un passage de la somme des expériences d'hier à celle, enrichie, de demain.

Tout problème devrait être abordé indépendamment des opinions généralement admises ; tout phénomène exige un examen séparé. Car les faits se contredisent les uns les autres et ce n'est que leur accumulation, de part et d'autre, qui nous permet de pressentir quelquefois une des grandes lois qui les régissent.

Toutes ces conditions remplies, son travail ne lui paraîtra ni monotone ni décourageant. Chaque jour lui apportera quelque chose de nouveau, d'extraordinaire, d'inattendu ; chaque moment contribuera à son enrichissement.

Étonnants ou habituels : plainte, mensonge, dispute, requête, délit, marque d'hypocrisie ou de courage lui seront alors aussi précieux que le sont, pour un collectionneur, une pièce de monnaie rare, un fossile, une plante ou, pour un astronome, la position des étoiles sur la sphère céleste.

83.

Ce n'est qu'alors qu'il pourra aimer chaque enfant d'un amour sage, s'intéresser à sa vie spirituelle, à ses besoins, à son sort. Plus il s'approchera de l'enfant, plus il y verra de traits dignes de son attention. Et c'est dans cette observation scrupuleuse qu'il trouvera sa récompense et l'encouragement à fournir de nouveaux efforts, à aller toujours de l'avant.

Un exemple : une petite fille laide, rusée et méchante. Elle désorganise tous les jeux, provoque les autres pour se trouver des raisons de se plaindre. Ta gentillesse et ta compréhension à son égard ne font qu'accroître son insolence. Une intelligence faible, l'absence d'ambition, l'insensibilité.

Un pauvre petit laideron, cendrillon de la nature ! J'aime ce petit être gringalet et rempli de méchanceté comme un savant naturaliste qui s'intéresse aux bizarreries de la création.

Un autre cas, celui d'un petit rebelle :

— Rappelle-toi : interdiction absolue de quitter le lit !

Après cette mise en garde sévère, je suis reparti vers ma chambre transformée en infirmerie, où quelques blessés du jour attendaient leurs pansements.

Quelques instants plus tard, un craintif : « Monsieur » me parvenait du dortoir et sa signification était claire.

Il a désobéi, il a quitté le lit pour aller régler son compte à un adversaire.

Sans mot dire, je lui ai administré une paire de claques sur le dos de la main et, lui ayant jeté une couverture sur les épaules, lui ai enjoint de me suivre dans ma chambre.

Il y a six mois encore, il m'aurait résisté, cherchant à s'échapper par tous les moyens, s'accrochant aux barreaux des lits, aux montants des portes. Aujourd'hui le souvenir de quelques tentatives de résistance infructueuses le fait avancer. Un drôle de pas, à la cadence bien réglée : s'il marchait plus vite, cela signifierait la soumission, s'il ralentissait, ce serait un signe de rébellion. Je le pousse légèrement, juste assez pour lui rappeler qu'il marche sous la contrainte.

Il avance, l'air sinistre, on dirait que son âme projette sur son visage l'ombre d'un gros nuage noir qui annonce l'orage.

Nous voilà dans ma chambre : il se tient debout dans un coin, la tête baissée, pas un geste.

Je termine les derniers petits soins : de la teinture d'iode sur un doigt blessé, un peu de vaseline pour une lèvre couverte de gerçures, une goutte de glycérine pour adoucir la peau trop rêche d'une main, une cuillerée de sirop pour calmer une méchante toux.

— Tu peux partir...

Je l'accompagne, en mettant entre nous une légère distance : on ne sait jamais, il serait capable de me donner un coup... Il ralentit le pas, me jette un regard furtif; s'attend-il que je réagisse par un mot provocant du genre : « Alors, tu es content d'avoir été au coin ? »

De retour au lit, il enfouit sa tête sous la couverture : est-ce un subterfuge, désire-t-il me voir regagner ma chambre ?

Je me mets à déambuler entre les rangées de lits.

Il était sur la bonne voie, l'amélioration était nette... Aujourd'hui, il n'a vraiment pas eu de chance : il a claqué un peu fort une porte en oubliant qu'elle était vitrée; un carreau s'est fêlé et il a eu peur; il est venu me voir en racontant une histoire de courant d'air que j'ai crue.

En sautant à la corde, il n'a pas voulu attendre son tour; il a repoussé d'autres enfants qui sont venus s'en plaindre à moi. Le soir, il a refusé de dîner : son morceau de pain ne lui plaisait pas, mais le responsable du service n'a pas accepté de le lui changer.

Comment faire admettre aux enfants que celui-ci mériterait un traitement à part ? C'est difficile.

Le murmure de la salle s'éteint peu à peu, c'est bientôt le silence. Étrange moment où la pensée se fait audacieuse et légère.

Mes travaux scientifiques : courbes de poids, profils de développement, index de croissance, pronostics d'évolution somatique et psychique. Tant d'espoir... quel en sera le résultat ? Peut-être nul ?

Mais n'est-ce pas déjà une récompense suffisante que cette joie ressentie à les voir grandir et gagner, chaque jour, un peu plus de vigueur ? Éducateur, n'aurais-je pas le droit d'être un admirateur désintéressé de la nature ? Verdissez tranquillement mes arbrisseaux !

Voici un cours d'eau qui murmure doucement, un champ de blé, un jardin rempli de bruissement de feuillage : dois-je aller questionner sur leur destinée les grains des épis qui se balancent au vent, les gouttes d'eau qui scintillent au soleil ?

Pourquoi dérober à la nature ses secrets ?

Les voilà qui dorment à présent : chacun doit avoir sur sa conscience au moins un péché, comme ce bouton arraché qu'il n'aura pas recousu. Que tout cela est futile du point de vue de ce lendemain redoutable où une seule erreur risque de ruiner la vie entière.

Ils sont là, tranquilles, en sécurité.

Où dois-je vous conduire ? Vers de grands idéaux, des

actions héroïques? Me limiter à vous apprendre ce minimum qu'exige la société mais qu'il faut savoir de crainte de se voir rejeter par elle, et me consolant, qu'ainsi vous garderez au moins votre dignité? Mais ai-je seulement le droit d'imposer, d'exiger, de vouloir? Au nom de quoi? de ce peu de nourriture, de ces quelques soins dispensés durant quelques années? Peut-être, après tout, le seul chemin juste, pour chacun de vous, sera-t-il celui que vous vous serez fixé vous-mêmes, dût-il paraître indigne aux yeux des autres?...

Soudain, dans ce silence ponctué de respirations enfantines et de mes pensées inquiètes : un sanglot.

Je l'ai reconnu tout de suite, c'était encore lui... Il existe autant de façons de pleurer que d'enfants; elles peuvent être silencieuses et recueillies, capricieuses et insincères, criardes et impudiques.

On ressent toujours de la peine à entendre un enfant pleurer, mais celui-ci, avec ses sanglots étouffés, désespérés, navrants, me faisait plus que de la peine : il m'effrayait.

Dire d'un enfant qu'il est nerveux ce n'est rien dire; sous nos étiquettes passe-partout, nous cachons souvent notre ignorance de l'essentiel. Il est nerveux parce qu'il parle dans son sommeil, parce qu'il est trop sensible, trop vif, trop paresseux; il est nerveux parce que toujours fatigué, parce que développé bien au-dessus de son âge.

Rares sont les enfants qui ne sont pas plus vieux que leur âge réel : ils sont porteurs des tares de plusieurs générations. Dans les circonvolutions de leur cerveau saigne la douleur accumulée au cours de nombreux siècles de souffrance; parfois, à la moindre impulsion extérieure, cette douleur, cette rancune, cette révolte latentes remontent à la surface : la gravité de la réaction qu'elles déclenchent alors nous semble sans commune mesure avec le facteur qui l'a provoquée.

Ce n'est pas l'enfant qui pleure, ce sont la langueur, la douleur centenaires qui se lamentent : non pas pour avoir été mis au coin mais pour avoir toujours été opprimé, banni, méprisé, maudit. Fais-je de la poésie? Non, c'est une façon de poser la question à laquelle je ne trouve pas de réponse.

Elle doit être bien grande, cette tension intérieure, pour que la moindre petite chose le bouleverse si facilement; ils doivent être bien négatifs, les sentiments qui l'animent pour qu'il te soit si difficile de faire venir un sourire, un regard plus serein... et jamais tu n'obtiens l'un de ces signes bruyants qui caractérisent la joie enfantine.

Je me suis rapproché de lui et j'ai chuchoté d'un ton résolu mais empreint de douceur :

— Ne pleure pas, tu vas réveiller les autres.

Il s'est tu ; j'ai regagné ma chambre.

Un nouveau sanglot solitaire, mal étouffé, déchirant sanglot d'orphelin. Je suis venu m'agenouiller à son chevet et, d'une voix sourde et monocorde, je me suis mis à lui dire des mots que l'on ne trouve pas dans les manuels :

— Tu sais bien que je t'aime... Mais je ne peux pas te laisser faire tout ce qui te passe par la tête. Ce n'est pas le vent qui a cassé le carreau : c'est toi. C'est toi aussi qui as empêché les enfants de jouer ; ... c'est toi qui as refusé de dîner ; ... c'est toi qui as voulu te battre au dortoir. Je ne suis pas fâché. Tu as déjà fait des progrès : tout à l'heure tu n'as pas cherché à t'échapper... Tu es déjà beaucoup plus gentil que tu ne l'étais avant.

De nouveau, il s'est mis à sangloter. À vouloir apaiser un enfant on provoque parfois la réaction opposée : au lieu de calmer ses pleurs, on les fait redoubler d'intensité. Mais ils durent aussi moins longtemps.

— Tu as peut-être faim ? Veux-tu un morceau de pain ?

Les derniers spasmes de la gorge... À présent, il ne fait que pleurer doucement, son âme affligée se plaint des injustices subies.

— Je t'embrasse pour te dire bonne nuit ?

Un geste de refus de la tête.

— Allez, fiston, dors ; dors bien.

Je touche légèrement son front.

— Dors.

Il s'est endormi.

Seigneur, comment faire pour défendre cette âme si sensible de l'ignominie du monde ?

TROISIÈME PARTIE

COLONIES DE VACANCES

... Dis plutôt les espoirs que tu caressais, les illusions dont tu te berçais, les difficultés que tu rencontrais ; dis comment tu as souffert, mis devant les réalités de la vie, comment, pour corriger tes erreurs, tu as été amené à renoncer aux vérités sacro-saintes ; dis les compromis auxquels tu as consenti...

1.

Je dois beaucoup aux colonies de vacances. C'est là que j'ai rencontré une collectivité d'enfants ; c'est là que j'ai appris, grâce à mes seuls efforts, l'abécédaire de la pratique éducative.

Riche d'illusions, pauvre d'expérience, sentimental et jeune, je pensais que je pourrais beaucoup parce que je voulais beaucoup.

Je croyais qu'il était facile de gagner l'amour et la confiance du petit univers des enfants, qu'il fallait laisser à ceux-ci une entière liberté dès lors qu'ils se trouvaient à la campagne et qu'il était de mon devoir d'avoir la même attitude à l'égard de chacun d'entre eux, car, je n'en doutais point, ma bienveillance aurait vite fait de transformer en repenti chaque petit pécheur.

Mon désir était de faire de ces quatre semaines de colonie pour les enfants déshérités un vrai « ruban de gaieté et de joie » qu'aucune larme ne saurait assombrir.

Pauvres et chers collègues qui, comme moi dans ce temps-là, brûlez d'impatience de voir commencer ce moment tant attendu : que je vous plains ! Malheur à vous si, échaudés dès le commencement, ébranlés dans vos principes, vous accusant déjà vous-mêmes, vous n'arrivez pas à reconquérir rapidement votre équilibre compromis.

Parce que, très vite, la voix d'une expérience étrangère se mettra à vous tenter :

— Tu vois : cela ne sert à rien. Fais comme moi : soucie-toi de tes propres intérêts. Autrement, le diable t'emportera à la grande joie de tous les envieux et sans que ces enfants, auxquels tu souhaitais te vouer, en tirent le moindre profit. Cela n'en vaut pas la peine !

Tu es obligé de compter avec l'expérience des autres, après tout, eux, ils se débrouillent, alors que toi, avoue-le sincèrement, tu restes là, étonné et perplexe.

Les pauvres, que je vous plains !

2.

C'est si facile et gracieux comme tâche : tu es responsable d'une trentaine d'enfants sur les cent cinquante qui sont là et tu n'as aucun programme imposé. Tu peux faire ce que tu veux. Organiser des baignades, des excursions, leur raconter des contes de fées : tu as une totale liberté d'initiative. L'intendante fournit la nourriture, tes collègues éducateurs sont là pour te conseiller, des gens de service veillent à l'ordre, la campagne se charge de vous donner de beaux terrains de jeux, du soleil... et des sourires radieux.

Attendant avec impatience le jour du départ, je mettais au point des détails lointains et de troisième ordre, sans pressentir le moins du monde mes tâches les plus immédiates et les plus importantes. Je me suis donc procuré un gramophone, une lanterne magique ; j'ai sorti de mes tiroirs des feux d'artifice ; j'ai acheté un jeu de dames et des dominos au cas où il en manquerait parmi les jouets de la colonie.

Je savais pourtant que, dès l'arrivée, il me faudrait habiller les enfants d'uniformes de colonie, leur indiquer leurs lits au dortoir et leurs places à table, qu'il serait nécessaire par conséquent de retenir les noms et les visages de cette trentaine d'enfants, de tous les cent cinquante, peut-être même, qui sait ? Mais, au moment des préparatifs, ce problème ne me tracassait pas outre mesure : pensant aux enfants, je ne me préoccupais pas de savoir qui ils étaient.

3.

Comment faire pour se souvenir des trente noms, parfois difficiles, et des trente visages dont beaucoup se ressemblent ? Nul manuel ne le mentionne et pourtant, sans cela, il n'y a pas d'autorité qui tienne, impossible d'adopter une ligne de conduite.

En fait, il se pose ici plusieurs questions : quel genre de noms, quels types d'enfants retient-on le plus rapidement ? Qu'est-ce que la mémoire visuelle individuelle de l'éducateur ? Quelle en est l'incidence sur le sort des élèves, sur le caractère de l'ensemble du travail pédagogique dans des établissements abritant un nombre important d'enfants ?

Notre expérience nous dit qu'il existe des enfants que l'on « apprend » facilement et d'autres, qu'on est obligé d'« étudier ». L'important est de ne pas en faire une question de temps, car on risquerait de commettre beaucoup d'erreurs, et même de se ridiculiser pas mal de fois avant de connaître tous ses élèves.

On se souvient le plus facilement des infirmes et des enfants porteurs d'une marque particulière, des enfants à l'aspect inhabituel : les très petits ou les très grands, les très beaux ou les très laids, les bossus, les rouquins, etc. Cependant, avant même d'avoir vu l'enfant, l'éducateur peut être frappé par son nom. Si le succès commercial d'une marque de cigarettes ou d'un produit nouveau quelconque dépend souvent d'une appellation heureuse et de l'emballage, la même chose reste vraie, hélas, pour les hommes. De la foule des nouvelles impressions nous nous rappelons toujours les plus faciles à retenir, et, sur le plan des valeurs, celles qui exigent le moindre effort pour être assimilées et jugées en toute impartialité.

4.

Qu'il soit important pour un enfant représentant quelque valeur personnelle ou sachant s'en parer de ne pas passer inaperçu de nous, quoi de plus naturel ? Ne nous adressons-nous pas en premier lieu aux enfants que nous connaissons déjà ? C'est à eux que nous confions des messages, c'est eux qui ont le plus de chances d'arriver à bien s'entendre avec nous, c'est eux qui peuvent espérer se faire distinguer rapidement, acquérir quelques privilèges.

Il est certainement plus agréable à un enfant d'avoir affaire à un éducateur pour qui il n'est pas un inconnu. Une requête, une question ? On sait qu'elles auront plus de chances d'être mieux reçues si l'éducateur a déjà entendu parler de l'enfant ou se souvient de l'avoir déjà rencontré. Souvent un enfant au physique agréable ou au nom facile à retenir obtient aisément et vite ce qui demanderait, à un autre, des tas de démarches.

Quant aux autres, à ceux qui restent dans l'ombre, conscients de l'injustice subie ou persuadés dans leur candeur du peu de valeur qu'ils représentent, ils risquent de s'éloigner encore plus si, dès le début, tu ne fais pas l'effort de les « repérer » afin de les mieux connaître. Si tu ne le fais pas, tu les laisses sans aide et sans conseil, seuls avec leurs problèmes lors des conflits qui les opposeront au groupe.

Dans chaque bureau, chaque fabrique, chaque caserne il y a de ces gens injustement traités parce que mal connus ou ignorés de leurs supérieurs. Un potentiel humain de grande valeur parfois se trouve ainsi souvent gaspillé.

Dès votre première rencontre, tous ces enfants, déjà riches de quelques expériences, guetteront tes réactions : le petit Mickiewicz[1] ou le petit Sobieski[2] s'attendront à une question plaisante de ta part ; le gamin à la jolie frimousse exigera un sourire approbateur cependant que le vilain rouquin du coin et le nommé Mouton feront mine de savoir déjà que ce nouveau milieu ne peut leur préparer que de nouveaux désagréments. Que ton œil s'attarde un instant sur le petit mignon ou que tu passes un peu rapidement sur le nom malencontreux au moment de l'appel, et déjà tu auras confirmé les espoirs du premier et les craintes du second.

5.

Du point de vue des qualités et des défauts intérieurs, c'est avec les plus insupportables et les plus tapageurs que tu risques de faire le plus rapidement connaissance. Les voyous et les

---

1. Adam Mickiewicz (1798-1855), le plus grand poète polonais romantique. (*N.d.T.*)
2. Jean III Sobieski, roi de Pologne (1624-1696), a refoulé, à la bataille du Kahlenberg (1683), 300 000 Turcs assiégeant Vienne. (*N.d.T.*)

pleurnicheurs te signaleront leur présence par leurs fredaines et leurs larmes; les plus démunis matériellement te poseront des problèmes du fait de leurs mœurs de sauvages; les plus aisés et les hypocrites attireront ton attention par leurs bonnes manières et les quelques malins enfin t'importuneront en t'imposant leur aide, leurs conseils, leurs informations.

Les beaux, les riches, les sûrs d'eux, les porteurs des noms qui sonnent bien, exigeront que tu fasses vite leur connaissance aux dépens de la foule grise de ceux qui sont censés rester dans l'ombre. Ils s'étonneront si tu ne le fais pas sur-le-champ, ils se révolteront si tu t'y refuses et emploieront contre toi les mêmes ruses de guerre, les mêmes moyens de lutte que ceux dont se servent les adultes.

Un petit prince dans un cours privé pour gosses de riches, le fils du maire dans une école primaire exigent les mêmes privilèges, et quand ils ne les exigent pas eux-mêmes, on leur dit de les exiger. En cas de refus de ta part, on les conseillera sur la meilleure manière de se venger : « Tu diras qu'il vous bat, qu'il ne fait pas la prière, qu'il a dit du mal de ses supérieurs, qu'il ne vous apprend rien, qu'il ne s'occupe pas de vous... » Ils barbouilleront ta chaise avec de la craie, saliront le cabinet de toilette, provoqueront du désordre lors de la visite de l'inspecteur, inciteront à la révolte des indécis et des indifférents, fourreront dans une vilaine affaire quelques innocents, ceux justement que tu voulais prendre sous ta protection.

Attendant joyeusement le jour du départ, naïf, je ne me doutais même pas de combien de prudence et de tact il me faudrait bientôt faire preuve pour maîtriser ce troupeau redoutable.

6.

Au cours du voyage j'ai été obligé d'exhorter plusieurs enfants à ne pas se pencher par la fenêtre, puis, une fois arrivés, de leur dire de ne pas sortir sur la véranda. Tout cela ne m'avait pas trop inquiété. Lorsque l'un d'eux me proposa de noter les noms des désobéissants, j'ai rejeté sa suggestion par une remarque sévère :

— Occupe-toi de tes affaires; comment n'as-tu pas honte de noter les noms des camarades?

— Ce ne sont pas mes camarades, m'a-t-il répondu avec mépris.

Je m'en suis indigné puérilement.

Il y en avait qui mouraient de soif pendant le voyage. À ceux-là j'expliquais patiemment et sans succès que, aussitôt arrivés, ils auraient du lait à boire.

J'ai mis une sollicitude superflue à tranquilliser un mioche qui pleurait d'avoir été séparé d'avec sa mère, et un soin exagéré à veiller à ce qu'aucun d'eux ne passe par la fenêtre du train. J'ai perdu ensuite beaucoup de temps précieux en conversations futiles dont le but était de nouer quelques liens de sympathie avec les enfants de mon groupe : « As-tu déjà été à la campagne ? N'es-tu pas triste de ne pas avoir avec toi ton petit frère ? »

Je me suis rattrapé en expédiant rapidement la plate occupation consistant à me faire confier l'argent de poche et les cartes postales. J'ai gourmandé, sur un ton plaisant, ceux qui me remettaient des cartes déjà froissées et salies, et j'ai rassuré, quelque peu désenchanté, ceux qui, me voyant m'emparer sans façon de leur bien, me signalaient que leurs cartes à eux étaient propres et que les sous qu'ils me donnaient en dépôt étaient neufs et brillants. En revanche, je n'ai su que faire des brosses à dents qu'ils voulaient me remettre à la même occasion : « Gardez-les en attendant. »

7.

C'est avec soulagement que j'ai quitté le train, et c'est avec fierté que j'ai constaté que tout s'était bien passé ; aucun enfant ne manquait au moment du contrôle. Mais restait à effectuer l'autre partie du voyage, sur des charrettes à cheval.

Aussi peu expérimenté que je fusse, j'aurais dû m'attendre que les enfants, non prévenus, se jettent sur les charrettes, que les plus agiles et les plus entreprenants s'emparent des meilleures places, que les plus maladroits perdent leurs sacs à vêtements et les malheureuses brosses à dent, qu'il serait nécessaire de les changer de place, qu'il y aurait du bruit et de la confusion.

Le maintien de l'ordre dépend entièrement de votre capacité de prévoir. Un prévoyant peut toujours parer à tout. Si je veux faire une longue promenade en ville avec les enfants, je dois leur dire d'aller faire leurs besoins avant de partir, à défaut de quoi ils m'en confieront la nécessité pressante dans le tramway ou dans la rue...

Je me souviens d'une excursion à la campagne. Comme nous nous approchions d'une ferme où il y avait un puits, j'ai arrêté les enfants :

— Mettez-vous en rangs. Vous irez au puits quatre par quatre.

Si je ne les avais pas devancés, tout effort pour maintenir l'ordre aurait été vain. Et si une bagarre s'ensuivait, si le gobelet était cassé, le jardin piétiné, la clôture défoncée, le coupable, ce ne serait pas l'enfant mais l'inexpérience de l'éducateur.

Assurément, ce ne sont là que des vétilles ; ce savoir-là s'acquiert vite avec de la bonne volonté, mais il est pourtant décisif. Dès sa première intervention, l'éducateur donne aux enfants une image de lui-même qui va les marquer.

Cette dernière étape du voyage a été pour moi un véritable supplice. Lorsque le premier gosse est descendu de la charrette (parce que le voyage l'ennuyait), j'aurais dû lui ordonner de se rasseoir. Je ne l'ai pas fait. Alors, c'est avec des hurlements de sauvages, pêle-mêle, une partie sur des charrettes, une autre à pied, perdant en route leurs sacs et leurs livres de prières, se bousculant, excités et abrutis, que les enfants se retrouvèrent sous la véranda.

8.

Aucun manuel de pédagogie ne vous explique que, lorsque vous devez habiller une trentaine d'enfants d'uniformes réglementaires, il y en aura toujours quelques-uns qui trouveront leur chemise trop longue, ou trop juste à l'encolure, ou trop étroite aux épaules.

Que peuvent faire, devant des monceaux de linge et d'habits, un troupeau de gosses capricieux et agités et l'inexpérience totale de l'éducateur ? Pour avoir réussi à faire changer de vêtements quelques-uns d'entre eux, j'ai appris – et les enfants l'ont appris avec moi – que les bonnes intentions ne remplacent pas le savoir-faire.

C'est donc avec une reconnaissance non dissimulée que j'ai accepté le concours de l'intendante. Cette brave personne, sans effort et sans hâte, a su se débrouiller non seulement avec les enfants mais aussi avec le linge que j'avais eu le temps d'entremêler inextricablement. Quant à ceux que quelques manches trop longues, un bouton manquant ou un pantalon trop large laissaient mécontents, elle a su les tranquilliser en promettant que tout irait mieux dès le lendemain.

Le secret de son triomphe et de ma défaite consistait en cette vérité toute simple : alors que je cherchais à faire en sorte que tout vêtement aille bien et qu'il soit en outre esthétique, elle cherchait seulement à les habiller ; ainsi, pendant que je perdais mon temps avec quelques enfants en laissant s'impatienter tous les autres, elle avait déjà distribué l'ensemble des chemises en remettant les plus petites aux plus jeunes et le reste aux moyens et aux grands à qui l'initiative était laissée de procéder au choix par voie d'échange. Il en était de même pour les pantalons et les blousons. Résultat : les enfants débrouillards et adroits étaient habillés sur mesure, les maladroits et les naïfs avaient l'air de petits clowns de foire. Mais, ce qui était le plus important, au moment où la cloche annonça le dîner, c'est qu'ils étaient tous changés, leurs vêtements de ville pliés dans les sacs, numérotés et déposés au magasin.

9.

Comment disposer les enfants à table ?

Encore un problème que je n'ai pas su prévoir. Je me suis décidé au dernier moment, fidèle à la règle générale de la liberté : qu'ils se mettent comme ils veulent. Ce faisant, j'oubliais qu'à une table les seules places différentes des autres sont les quatre places d'angle ; que c'est donc pour ces quatre places qu'il risquait d'y avoir des disputes dont la gravité serait proportionnelle au nombre des candidats.

Ainsi, je n'ai pas prévu que les bagarres pour ces autres places se répéteraient à chaque repas, que les premiers occupants les revendiqueraient au nom de la priorité, s'opposant aux autres pour qui le principe de l'égalité était le seul valable.

Je n'ai pas prévu que, au fur et à mesure des connaissances et des amitiés nouées, les enfants voudraient changer tous les jours de voisins ; qu'il y aurait donc de nouveaux sujets de dispute au moment de la distribution du lait ou du potage dont l'une des propriétés est de se renverser facilement et de salir tout au passage dès l'instant où l'équilibre du récipient se trouve compromis.

Je n'ai pas pensé non plus qu'à cause de ces changements continuels de place, il me serait plus difficile de connaître rapidement tous les enfants. Dans mon imprudence, je suis allé jusqu'à leur permettre de choisir leurs lits au dortoir : que chacun dorme où cela lui plaît. Vraiment, si j'étais moi-même mis devant un tel choix, je ne saurais auquel de tant de lits donner ma préférence. L'absurdité de cette disposition était si évidente que je l'ai révoquée assez rapidement, pas assez rapidement toutefois pour éviter, là encore, le bruit et la confusion. Finalement, j'ai fait coucher les enfants d'après la liste des noms et j'ai éprouvé un grand soulagement au moment où un ordre relatif fut enfin rétabli.

Je me rendais confusément compte que je venais d'essuyer quelques défaites, mais j'étais encore trop abruti pour tenter d'en rechercher les causes.

10.

C'est la troisième fois qu'on m'appelait pour le dîner. Tous les autres surveillants avaient depuis longtemps quitté leurs dortoirs, mais moi, je croyais que le premier soir il ne fallait pas laisser les enfants tout seuls : ils pourraient avoir peur, pleurer. L'intendante, forte de son expérience, soutenait que, fatigués, ils s'endormiraient tout de suite. Comment ne pas la croire ? En effet, la plupart dormaient déjà. Je les ai quittés, mais pas pour longtemps. Il m'a fallu revenir précipitamment pour faire un pansement à un garçon qui venait d'avoir le front coupé à coups de boucle de ceinture et pour examiner l'autre combattant dont l'œil poché devait, au cours des jours suivants, changer de teinte, virant du rouge au jaune, puis du noir au gris sale.

— La saison commence bien, a dit l'intendante.

J'ai trouvé sa remarque acerbe et offensante, d'autant plus que c'était sur son conseil que j'avais quitté le dortoir.

On aurait pu prévoir pourtant que, au moment où une partie des enfants se serait endormie, l'autre, excitée par tant de sensations nouvelles, ne pouvant trouver le sommeil, risquait de commencer des disputes et des bagarres. J'étais préparé plutôt à consoler des tristes et des esseulés qu'à réconcilier des adversaires. Cependant, ô surprise, celui qui n'avait fait que pleurer, dormait à présent à poings fermés.

Là encore, je n'ai pas compris le plus important : que cette première bagarre, délit déjà grave en soi, était en outre un présage redoutable. Elle annonçait que, dès ce premier jour et à la suite de mes agissements fatals, mon autorité était sérieusement ébranlée.

Par parenthèse : l'un des combattants en question portait au visage des marques de petite vérole ; sans doute ont-elles joué un certain rôle dans cette querelle à l'issue tragique pour mes rêves bleus. Si des larmes avaient mouillé le voyage vers la colonie, à présent, c'était du sang.

11.

La nuit, j'ai mal dormi. L'un des enfants, sans doute peu habitué à dormir seul dans un lit étroit, glissa de la paillasse fraîchement garnie et tomba sur le sol avec un grand fracas. Un autre gémit dans son sommeil et marmonna des suites de mots indistincts. J'ai eu peur pour le garçon qui avait reçu le coup à l'œil : s'il devenait aveugle ? Mes nerfs étaient à vif.

J'avais à mon actif dix années de travail de répétiteur ; je n'étais ni un jeunot ni un novice dans le domaine de la péda- gogie ; j'avais lu beaucoup de livres sur la psychologie des enfants. Et pourtant, j'étais là, perplexe, face au mystère de l'âme collective de la société enfantine. Aucun doute, elle était en train de me poser quelques nouvelles exigences qui pre- naient pour moi la forme d'une surprise douloureuse. Mon ambition souffrait, une grande lassitude s'emparait déjà de moi.

Peut-être nourrissais-je encore quelques illusions : qu'à l'issue de cette première journée, qui avait le droit d'être excep- tionnelle après tout, viennent ces moments tant attendus rem- plis de couleurs d'arc-en-ciel et de sourires ! Malheureusement, j'ignorais ce qu'il fallait faire pour s'assurer ces lendemains tranquilles.

12.

Ma principale erreur consistait à avoir rejeté l'assistance du surveillant de l'année passée ; il m'aurait été d'un secours inestimable durant ces premiers jours à la colonie. Il aurait sur- veillé les portes du wagon, noté les noms des perturbateurs... Et pourquoi pas, si cela a toujours été ainsi ? Il m'aurait dit comment faire pour que les enfants ne dissimulent pas leur argent de poche, indiqué leurs places habituelles au réfectoire et au dortoir, expliqué par où il fallait passer pour se rendre au bain.

Pouvoir analyser mes erreurs passées aurait été bien ins- tructif. Hélas, dans les notes que j'avais prises alors, j'évitais de parler de mes échecs : les blessures étaient encore trop vives, trop douloureuses. Aujourd'hui, au bout de quatorze ans, je ne me souviens plus des détails. Je sais que les enfants se sont plaints de la faim, du mal aux pieds, des fourchettes pleines de sable. Bien sûr, puisqu'ils sortaient sans chaussures et sans pèlerines... Je vois encore le regard désapprobateur d'un collègue plus expérimenté que moi, que le désordre régnant dans mon groupe devait sans doute indigner. L'intendante, en revanche, était pleine de sollicitude à mon égard, elle devait trouver que j'endommageais ma santé par un excès de zèle inutile. Quant au concierge, il était franchement mécontent : mes garçons salissaient la forêt, dévastaient la véranda en retirant les briques de ses colonnes et usaient de trop d'eau pour leur toilette, ce qui l'obligeait à faire fonctionner trop souvent la pompe du réservoir.

Je me souviens enfin du pire, qui s'est produit au cours de la cinquième ou sixième soirée.

13.

Les garçons étaient déjà au lit, la salle baignait dans une demi-obscurité lorsque quelqu'un siffla très fort. Quelqu'un d'autre aboya aussitôt, puis ce fut le chant du coq, un beuglement et, après une pause, un nouveau sifflement perçant. Cela venait des différents coins du dortoir.

J'ai compris.

Sans doute, dès le début, j'avais eu quelques partisans parmi les enfants. À plusieurs reprises j'avais pu apprécier leur compréhension et leur bienveillance pour mes discours, mes explications, mes requêtes. Mais, ces forces positives de mon groupe, je n'ai su ni les repérer ni, à plus forte raison, les organiser. Alors, des hypocrites et des ambitieux dont j'avais déçu les espoirs et rejeté les offres d'assistance ont eu vite fait de s'entendre entre eux : mettant à profit mon manque d'expérience et ayant estimé ma faiblesse, ils me lançaient leur défi.

D'un pas lent, je me suis mis à marcher entre les lits : ils faisaient semblant de dormir, certains avaient leurs couvertures tirées sur leur tête. C'était pour mieux me narguer qu'ils jouaient ce gros jeu.

Dans mon lycée, nous avions un professeur dont le seul défaut était d'être trop indulgent, de ne pas savoir dominer sa classe. Je me souviens de ces véritables orgies de mauvais coups dont nous le persécutions.

Seuls les esclaves peuvent se venger ainsi d'un pouvoir haï lorsqu'ils prennent conscience de leur force. Chaque école despotique possède, parmi le personnel, une pareille victime qui, craignant autant la direction que les enfants, souffre et cache sa souffrance.

Comment décrire ce que j'ai vécu pendant ces quelques minutes qui ont duré une éternité?

14.

— C'est donc cela votre réponse à ma bienveillance, mon enthousiasme, mon travail?

Tout d'abord mon cœur se mit à saigner. Le pur édifice de mes rêves cristallins venait de tomber en ruine.

J'étais en colère, mon amour-propre était blessé! Ainsi, j'étais la risée de ceux que je dépassais en sensibilité, de ceux que je désirais convaincre, entraîner à suivre mon exemple, de ceux à qui je voulais peut-être même en imposer?

Je me suis arrêté au milieu de la salle et j'ai déclaré d'une voix calme mais quelque peu étranglée que si je découvrais le coupable, je lui ferais la peau. Mon cœur battait, mes lèvres tremblaient. Un nouveau sifflement m'avait interrompu.

J'ai attrapé le « coco », lui ai frotté les oreilles et, comme il protestait, je lui ai dit que j'allais le mettre dehors, sur la véranda où un chien méchant se promène la nuit.

Savez-vous qui j'ai ainsi corrigé? Celui qui venait de siffler pour la première fois. Il n'a pas su m'expliquer pourquoi il avait agi de la sorte.

Quelle extraordinaire leçon les enfants m'ont-ils donnée là!

Je partais, les gants blancs et la fleur à la boutonnière, à la rencontre des sensations agréables chez les affamés, les humiliés, les déshérités. Je voulais me tirer d'affaire avec quelques sourires, quelques feux d'artifice bon marché, je n'avais même pas pris la peine d'apprendre leurs noms. J'ignorais tranquillement tout de la manière de distribuer le linge, de tenir propres les cabinets de toilette. Je voulais qu'ils me témoignent leur sympathie, mais je refusais leurs défauts d'enfants des bas-fonds de la grande ville.

Je pensais au jeu et pas au travail. Cette révolte enfantine m'avait ouvert les yeux sur les côtés négatifs des vacances censées être joyeuses.

Au lieu de dresser le bilan de mes propres erreurs, je me suis emporté, je les ai menacés d'un chien méchant !

Mes collègues surveillants étaient venus ici par nécessité, pour gagner leur vie. Moi, c'était par idéal. Les enfants ont peut-être vu en moi un hypocrite qu'ils ont voulu punir ?

15.

Le lendemain, au début de la soirée, un des garçons est venu me prévenir que le désordre allait se reproduire et que si jamais je m'avisais de donner encore des coups, ils ne se laisseraient pas faire : ils étaient armés de bâtons.

Il fallait agir vite et énergiquement. J'ai posé une lampe bien claire sur la fenêtre de la salle, puis, m'étant posté à l'entrée, j'ai procédé à la confiscation des bâtons. Je leur ai donné l'ordre d'aller les porter dans ma chambre, en me disant que je les leur rendrais le lendemain.

Ont-ils compris qu'on leur avait tendu un piège, l'éclairage de la salle les a-t-il intimidés ou la confiscation d'armes de défense a-t-elle contrecarré leurs projets ? Toujours est-il que j'ai gagné.

Conspiration, révolte, trahison, répression, voilà quelle était la réponse de la vie à mes rêves chimériques.

— Nous en reparlerons demain, fis-je sévèrement, au lieu du sentimental « bonsoir, les enfants » dont je les gratifiais inutilement les premiers soirs.

Je me suis montré un vainqueur plein de tact.

La vie a démontré une fois de plus que ce que nous croyons être une catastrophe peut engendrer le bonheur, comme, dans une maladie, la traversée orageuse de la phase critique préfigure souvent le retour à la santé.

Non seulement je n'en ai pas perdu l'amitié des enfants, mais, au contraire, la confiance réciproque y a gagné. Pour eux, cette affaire n'a été qu'un petit épisode de leur vie, pour moi, un événement décisif.

J'ai compris que les enfants sont une force avec laquelle il faut compter. On peut en faire des collaborateurs fidèles comme on peut les décourager par le manque de respect. Par un curieux concours de circonstances, ces vérités m'ont été apprises à coups de bâton.

Le lendemain, au cours d'une promenade dans la forêt, j'ai parlé, pour la première fois, non pas aux enfants, mais avec les enfants. J'ai parlé avec eux, non pas de ce que je voudrais qu'ils soient, mais de ce qu'ils voulaient ou pouvaient être. Je crois que c'est alors que j'ai réalisé, pour la première fois aussi, que l'on peut beaucoup apprendre des enfants, que, eux aussi, posent – et ont le droit de poser – leurs exigences, leurs conditions, qu'ils peuvent avoir leurs objections.

16.

Si l'uniforme pèse aux enfants, ce n'est pas à cause de l'identité de la coupe et de la couleur. C'est le fait d'être obligé de porter des vêtements mal adaptés à leur corps qui les fait souffrir. Jamais un cordonnier ne prend en considération les propriétés du pied de l'enfant si un éducateur vigilant n'est pas là pour le lui rappeler. Donnez à un emmerdeur des chaussures confortables, il se pourrait qu'il en devienne un homme agréable et plein d'entrain. Le règlement de la colonie oblige-t-il les enfants à marcher pieds nus en été? C'est une joie pour la plupart d'entre eux qui, de toute façon, marchaient pieds nus en ville, mais une torture pour ceux qui ont un épiderme délicat. De même, les enfants anémiques, peu vifs, auront besoin de vêtements plus chauds que les autres.

Comment, dans un internat, distinguer un caprice d'un vrai besoin, quand ce n'est déjà pas facile dans la famille? Comment établir une différence entre ce qui constitue une difficulté passagère que de nouvelles habitudes feront disparaître et ce qui fait partie de la personnalité d'un enfant?

Dans un internat, même le sommeil porte un uniforme. Il est dosé selon la moyenne des besoins de l'enfant, alors que les écarts sont si importants. D'où les enfants chroniquement ensommeillés et ceux avec lesquels il vous faut lutter – le plus souvent sans succès – pour qu'ils ne chahutent pas le matin au dortoir. Rester au lit, sans avoir sommeil, c'est, pour un enfant, le même supplice que d'être obligé de se lever quand il se sent fatigué et endormi.

L'uniforme de la nourriture est là également, qui tient difficilement compte de la différence des âges et fait carrément abstraction de l'appétit de chaque enfant.

Dans un internat, il y a des enfants malheureux parce que inconfortablement ou insuffisamment vêtus, ensommeillés ou indisciplinés sur le plan du sommeil, à demi affamés ou affamés tout court.

Ce sont là des problèmes de première importance, déterminants en ce qui concerne l'éducation.

17.

Il n'existe pas de spectacle plus pénible que celui de voir un petit troupeau d'enfants affamés se précipiter sur un supplément de plat, se disputer à cause d'un morceau de pain ; il n'existe rien de plus démoralisant que de voir le marchandage dont la nourriture devient l'enjeu.

C'est le plus souvent l'origine de graves conflits entre un éducateur consciencieux et une consciencieuse intendante. Car l'éducateur aura vite fait de comprendre qu'il est impossible d'éduquer un enfant qui a faim, et que la faim est une mauvaise conseillère.

Les parents peuvent dire : « Il n'y a pas de pain », ils n'en perdront ni l'amour ni l'estime de leurs enfants ; l'éducateur a le droit de le dire à titre exceptionnel, mais seulement à ce titre et seulement si lui-même a faim. *La différence entre la ration moyenne que reçoit un enfant et celle qu'exige son appétit peut être comblée par le pain : qu'il en mange autant qu'il peut et tant qu'il veut.*

Je sais : les enfants rempliront de pain leurs poches, le cacheront sous leur oreiller, l'abandonneront sur des parapets de fenêtres, iront le jeter aux cabinets. Il en sera ainsi pendant une semaine, un mois peut-être si les éducateurs sont peu intelligents, mais pas plus longtemps. Il est permis de punir l'enfant qui agit de la sorte, mais on n'a pas le droit de le menacer :

— Plus de distribution de pain.

Si vous le faites, les plus prudents d'entre eux, par crainte de la répression annoncée, se mettront à faire des provisions.

Je sais : les enfants s'empiffreront de pain, alors que des plats servis iront à la poubelle. Bien sûr, du moment qu'une nourriture malpropre, peu ragoûtante rencontre des enfants pas trop affamés, il est naturel qu'elle cède devant un morceau de pain d'hier, pas trop flatteur pour le palais, mais qui, au moins, a le mérite de ne pas trop le dégoûter.

Je sais : il suffit qu'un bêta ou un autre s'en bourre à excès et c'est la confusion, les ennuis que l'on sait. Mais croyez-moi, il ne le fera qu'une ou deux fois, au plus : il n'y a que des enfants surprotégés qui manquent d'expérience.

18.

Des conflits, il y en aura même là où règne une parfaite harmonie entre l'intendante et le surveillant. Si les enfants mangent à leur faim, il peut arriver quelquefois qu'une partie de la nourriture reste dans leur assiette. Il suffit d'une journée de chaleur, de l'excitation précédant une excursion, du lait qui sent le brûlé, pour que l'intendante vous fasse des reproches.

— La moitié de la semoule est restée, et voici du pain trouvé sous la véranda!

Que l'éducateur boive alors, pour donner l'exemple, un grand verre de lait brûlé, qu'il annonce qu'il n'y aura pas d'excursion si la soupe n'est pas mangée, qu'il distribue le pain par petits morceaux mais à volonté, car il ne faut pas prendre à la légère le souci de la ménagère. Mais la distribution de pain doit être maintenue. On n'a pas le droit de capituler, même un jour. On n'en a pas le droit.

Les éducateurs ont souvent tendance à sous-estimer les soucis de l'intendante; quant à l'intendante, elle voit volontiers un manque de respect là où il n'y en a pas. Mais, même si les deux parties font preuve de bonne volonté, certains conflits sont inévitables : cela est naturel lorsque sur un même terrain se rencontrent des gens travaillant dans des secteurs différents. Cependant, il faut du tact partout et, à l'éducateur qui, sous l'impulsion de la colère, s'oublierait jusqu'à dire : « Vous feriez mieux de surveiller vos casseroles au lieu de vous mêler des enfants », je rappellerais que l'intendante a parfaitement le droit de lui répondre : « Et vous feriez mieux de torcher les fesses à vos gosses parce que la blanchisseuse n'arrive plus à nettoyer le linge. »

Car, s'il est, en effet, du devoir de l'intendante de veiller à la propreté de la cuisine, la propreté du linge relève des devoirs de l'éducateur. La bonne volonté leur dictera les règles d'une collaboration courtoise, leur permettra de comprendre qu'ils servent une même et juste cause.

Je dis bien : la bonne volonté.

19.

Les enfants ne se plaignent plus de la faim et tu crois avoir vaincu la résistance du personnel : attention! elle ne fait que se dissimuler. Aujourd'hui, la soupe est trop salée, le riz a la consistance d'une bouillie – est-ce exprès? Un autre jour, le repas vous surprend par sa richesse : grandes portions de viande, pommes de terre à discrétion, comme dessert : des groseilles à maquereau. On devine l'intention : « Qu'ils attrapent une bonne indigestion, il verra combien c'est commode. » Résultat : tout le riz va à la poubelle, après la soupe salée des enfants boivent des litres d'eau, et les groseilles, quand ce n'est pas le lait caillé, achèvent l'ouvrage.

Souviens-toi, jeune éducateur : si l'enfant est capable parfois d'une cruauté raffinée, il le fait inconsciemment ou à l'instigation d'un tiers, mais la perversité d'un adulte que tu as le malheur de gêner ne connaît pas de limites.

Déshérité, malmené par la vie, il se venge ici des injustices subies. Déçu dans ses aspirations, il trouve un exutoire dans une autorité abusive; il se complaît à forcer l'admiration, à donner des ordres despotiques, à se laisser servir. Des ratés et des incapables, des serviles et des hypocrites trouvent ici de l'embauche dans les tâches les plus ingrates, à condition qu'ils acceptent de se taire. Si tu les déranges, sois sûr qu'ils ne céderont pas sans une lutte longue et acharnée. Une victoire trop rapide et trop facile porte un germe de défaite : ils attendent que tu te lasses le premier, en s'efforçant d'endormir entretemps ta vigilance ou d'accumuler contre toi des preuves.

Si, tard dans la soirée, une jeune femme de chambre vient frapper à ta porte pour te remettre quelque chose de la part de l'intendante ou pour te faire une requête en son nom, cela peut être une simple coïncidence, mais peut avoir aussi un but caché. Plus tu es jeune et inexpérimenté, plus il te faut être prudent dans tes actes et paroles, méfiant à l'égard des réussites trop faciles.

20.

Si tu te refuses à suivre le courant : céder en tout à tes supérieurs, flatter ceux qui ont voix au chapitre, t'appuyer sur des malins et des flatteurs, mépriser les faibles, opprimer ceux qui osent te tenir tête; si tu penses veiller à tout, satisfaire à toute exigence justifiée, t'opposer aux abus, écouler toutes les plaintes, alors, en tant que modeste éducateur, tu auras forcément des ennemis. Si, trop fier et confiant, tu leur déclares la guerre sans prendre les précautions nécessaires, tu risques de t'y échauder rapidement et de laisser tomber là tes expériences afin de protéger ta tranquillité et, pourquoi pas, ta sécurité matérielle et ton avenir. Plus imprudent est ton envol, plus dangereuse risque d'être ta chute...

Et puis, ne me crois pas, je mens, je ne suis qu'un vieux grincheux. Fais ce que ton cœur te dicte de faire : sois emporté, passionné, intransigeant ; choisis le chemin le plus direct. On te mettra à la porte ? D'autres viendront te relayer, continuer ton œuvre. Pas d'arrangements avec des malhonnêtes ! Les incapables, dehors, et une gifle à la canaille ! Tu manques d'expérience ? Tant mieux si « expérience » veut dire : ramper toute la vie. Toi, tu le refuses : tu aimes mieux voler haut, ne fût-ce qu'une heure... Vaincu, tu ne gagneras pas l'estime de vieilles barbes, mais, aux yeux des jeunes, tu seras un héros.

Mais ne recule pas à mi-chemin...

Ne boude pas, tu l'as voulu toi-même...

Ne dis pas : on m'a menti, je n'ai pas été prévenu...

21.

Voici le discours que j'ai fait à propos du tapage de l'autre soir : « J'ai rossé un garçon, j'ai mal agi. Je l'ai menacé de l'expédier sous la véranda se faire mordre par un chien méchant : c'est très vilain. Mais à cause de qui ai-je commis ces deux vilaines actions ? À cause des enfants qui ont chahuté exprès pour me mettre en colère. Il se peut que j'aie puni un innocent. Mais à qui la faute ? Aux enfants qui se sont cachés en profitant de l'obscurité. Savez-vous pourquoi, hier soir, il n'y avait pas de bruit dans la salle ? Parce que la lampe est restée allumée. C'est à cause de vous que je me suis montré injuste. J'ai honte, mais il faudrait que vous ayez honte aussi. J'ai tout avoué, c'est votre tour à présent. Il y a des enfants bons et méchants, mais chaque enfant méchant peut se corriger s'il le veut ; je l'y aiderai volontiers. Mais, vous aussi, aidez-moi à devenir meilleur, à ne pas suivre votre mauvais exemple. Cela m'a été très pénible de voir un garçon avec un œil poché et un autre, un pansement à la tête ; et aussi d'entendre M. X. se plaindre de vous, et le concierge... »

Ensuite, chacun prit la parole pour réfléchir sur sa conduite : est-elle bonne, ou pas trop ? Puis, on s'est posé des questions sur les chances qu'on a de se corriger : le désire-t-on vraiment, un tout petit peu, pas du tout ? Tout a été soigneusement noté. J'ai connu toutes les tendances du groupe : la droite, le centre et la gauche.

Il existe des recueils de discours politiques, de plaidoiries, d'homélies. Pourquoi n'éditerait-on pas de discours d'éducateurs ? La plupart des gens semblent croire qu'il est facile de s'adresser aux âmes enfantines. J'ai passé souvent une semaine ou plus à préparer certains de mes discours.

22.

Nous discutions ensemble : comment faire pour que les enfants ne salissent pas la forêt, ne chahutent pas à table, ne jettent pas leur pain, se présentent au signal donné pour le bain ou un repas ?

Tout en continuant à commettre les fautes que j'aimerais pouvoir vous faire éviter, j'ai réussi à obtenir une promesse d'assistance de la part d'une partie de mon groupe.

Mes fautes se retournaient contre moi sous forme d'efforts inutiles, de stériles pertes d'énergie. Les enfants haussaient les épaules, tentaient de me convaincre et y réussissaient parfois.

Je me souviens d'une conversation à propos des notes de conduite. J'avais refusé de les noter : vous méritez tous de bons points parce que vous faites tous des efforts ; et si quelqu'un n'y arrive pas, il ne doit pas en être puni.

— Si je n'écris pas à mon père que j'ai la meilleure note, il croira que je me conduis mal.

— Dans d'autres groupes, il y en a qui font des bêtises et qui ont la moyenne ; et moi, je suis gentil et je n'ai rien.

— Si je fais un coup et que vous me collez un zéro, je sais au moins à quoi m'en tenir.

— Sans notes, on n'a pas envie d'obéir ; je ne sais pas moi-même pourquoi.

— Non, c'est pas ça : moi, si vous me notiez, j'aurais envie de me surveiller pour avoir la moyenne ; c'est bête qu'il y ait pas de notes.

Réfléchissez sur chacun de ces arguments, et vous verrez qu'ils touchent à des questions très sérieuses et qui éclairent la personnalité de chaque enfant.

J'ai cédé : que chacun propose la note qu'il croit mériter ; certains ont eu la mauvaise surprise de découvrir qu'ils étaient incapables de la définir.

23.

Longtemps, je m'en suis tenu à cette idée reçue que le numéro humilie l'enfant, j'ai refusé systématiquement de les mettre en rangs ou de les disposer à table suivant leurs numéros. Alors qu'en réalité l'enfant n'y voit aucun inconvénient, au contraire : s'il a neuf ans, il est ravi de porter le numéro neuf, ou le numéro vingt-deux, si c'est le numéro de la rue où habite sa tante. Un billet numéroté humilie-t-il un spectateur au théâtre ?

L'éducateur doit connaître ses enfants ; lors d'un entretien en tête à tête, les appeler par leurs petits noms, le même dont maman les appelle à la maison.

Il faut qu'il connaisse leur famille, qu'il prenne des nouvelles de la santé de la petite sœur, de l'oncle qui est au chômage. Si les lits sont numérotés, sur trente enfants, cinq voudront changer de place : pour pouvoir dormir près de son petit frère, à cause du voisin qui parle dans son sommeil, pour être plus près de votre chambre parce qu'il a peur la nuit.

Ils se mettent en rangs d'après leurs numéros pour se rendre aux bains ; mais que le numéro n'empêche personne de changer de rang s'il désire aller avec un ami, s'il trouve que son compagnon n'avance pas assez vite ou s'il a une blessure au pied.

Il arrive que les premiers jours déjà un numéro devienne un véritable nom dans le cas d'un enfant doué d'une forte personnalité : à travers le numéro on distingue nettement sa silhouette intellectuelle et morale. Dans un tel cas, il n'y a aucun inconvénient à porter un numéro.

24.

J'imposais mon affection aux enfants qui la refusaient, ne la supportaient pas, en avaient peur. Je croyais naïvement que quatre semaines, c'était largement suffisant pour guérir n'importe quelle blessure, apaiser n'importe quelle souffrance. Je perdais mon temps.

J'entourais d'une tendre sollicitude les plus indignes d'entre eux au lieu de les laisser tranquilles.

Aujourd'hui je me souviens avec émotion de ceux qui, à mes prières instantes, admettaient parmi eux des gosses qui gâchaient leurs jeux ou cédaient au despotisme d'un voyou enhardi par mon indulgence.

Au nom du principe : « chacun son tour », je leur disais de donner leur meilleure balle à un empoté qui, ne sachant pas jouer, la portait dans sa poche.

J'abusais de la bonne volonté de ceux qui, honnêtes, répugnaient à prendre des engagements irréalisables, en leur extorquant toutes sortes de promesses concernant leur conduite.

Je me réjouissais que tout aille mieux mais j'oubliais de compter le nombre des nuits sans sommeil et la somme d'énergie gaspillée. En fait, je méprisais les enfants : leurs jeux, disputes, préoccupations n'étaient encore pour moi que des « bagatelles ».

25.

Une colonie d'été n'est, ni plus ni moins, qu'un internat où vos tâches sont, certes, agréables mais difficiles. On vous confie ici, d'un seul coup, un important groupe d'enfants, alors qu'ailleurs ils intègrent un à un ou par petits groupes une collectivité déjà existante et organisée. Étant donné l'étendue du terrain, les conditions de surveillance ne sont pas des plus faciles non plus. La première semaine, où il faut tout organiser, est particulièrement dure, et la dernière, où les enfants pensent déjà au départ et reprennent leurs habitudes de la ville, exige une vigilance accrue.

C'est ici cependant qu'un éducateur inexpérimenté mais consciencieux peut éprouver ses forces sans s'exposer à trop de déceptions douloureuses. En prise directe sur les réalités de la vie quotidienne, il aura vite fait le tour des problèmes éducatifs que pose le travail d'internat. Le caractère temporaire de ses responsabilités lui permet de juger avec une plus grande objectivité les défauts et imperfections de l'établissement et ses propres erreurs. S'il revient la saison suivante, il peut, sans témoins de ses échecs passés, puisque les enfants auront changé, recommencer son travail sur des bases nouvelles.

Ici, pas besoin d'économiser ses forces, pas besoin de faire des provisions d'enthousiasme et d'énergie. La fatigue ne dure qu'un été, on se repose ensuite.

Riche d'expériences acquises lors d'un premier séjour, on va de succès en succès lors du second, et la satisfaction qu'on en éprouve encourage à aller de l'avant.

Le mal que vous vous êtes donné la première année n'aura

pas été perdu : chaque été vous rencontrerez des amis, cousins et connaissances des enfants de votre première colonie ; il vous suffira de leur poser quelques questions pour vous apercevoir qu'ils vous connaissent déjà, que vous avez leur sympathie et qu'ils sont prêts à se soumettre à votre autorité.

26.

Ma seconde saison commençait sous une bonne étoile.

Ayant reçu la veille du départ la liste des noms, je l'ai apprise par cœur. Certains noms m'inspiraient confiance, d'autres m'inquiétaient. Je ne plaisante pas : essayez de vous imaginer un peintre Gorgibus ou bien un paysan ou un cordonnier dont les noms respectifs seraient Limace et Misère.

Je suis arrivé armé d'un bloc-notes et d'un crayon. A côté du nom de chaque enfant, j'ai noté mes premières impressions sous forme de signes (+) et (−) et de points d'interrogation. De courtes remarques du genre « gentil, polisson, distrait, négligé, insolent » devaient servir de premiers points de repère. Ces observations, l'avenir pouvait les confirmer ou les démentir, mais pour l'instant elles permettaient une meilleure approche générale de l'ensemble.

Un bibliothécaire qui vient de recevoir un gros colis de livres réagit de la même façon : il parcourt d'un œil curieux les titres, examine rapidement la couverture, l'épaisseur de chaque volume. Il aime son travail : tant de bonnes lectures en vue !

Tout m'intéressait : les noms des enfants que l'on venait me confier avec toutes sortes de recommandations et qui arrivaient accompagnés de leurs familles et chargés de provisions, les noms de ceux qui venaient seuls ou en retard. Je notais leurs premières questions, requêtes et conseils : ils s'adressaient à moi pour la première fois. Voici un enfant qui a perdu son bulletin d'inscription, un autre qui, à l'appel des noms, répond très haut et très vite : « présent », un troisième qui attend que sa mère réponde à sa place. Un gamin vient se plaindre : on lui a pris son tour ; un autre se débrouille tout seul en distribuant des coups. Il y en a qui viennent me saluer gentiment, d'autres, maussades, font semblant de regarder ailleurs. Toutes ces choses ont leur importance. Consignées par écrit ou enregistrées dans la mémoire, elles vont constituer de précieux matériaux qui permettront à l'éducateur de mieux situer chaque enfant.

27.

Ils m'ont remis en dépôt leurs cartes postales. J'ai glissé chaque carte dans une feuille de papier séparée, numérotée et pliée en deux. Certaines cartes étaient froissées, avaient des taches de gras ou portaient des lignes tracées au crayon. J'ai adopté cette méthode car l'année dernière les enfants m'ont fait des reproches justifiés : leurs cartes ayant été mélangées, ils ont été obligés d'écrire à la maison sur des cartes qui ne leur appartenaient pas.

J'ai procédé de la même manière pour leur argent de poche : j'ai mis chaque pièce dans un petit papier numéroté et j'ai glissé le tout dans un mouchoir préparé la veille à cet effet.

C'était là un dépôt très précieux. Il était imposé aux enfants, il fallait donc le prendre très au sérieux, d'autant plus qu'en te confiant dix sous, l'enfant te confie tout son trésor.

Ayant mis des responsables à chaque porte et à chaque fenêtre du wagon, j'ai eu le temps d'échanger quelques mots avec les enfants de mon groupe. Mon carnet s'est enrichi de quelques observations nouvelles.

J'ai noté les noms des enfants qui insistaient pour qu'on leur donne de l'eau, de ceux qui sont venus se plaindre de leurs camarades et de ceux qui se sont disputés près de la fenêtre.

Je les ai fait défiler une troisième fois afin de marquer leurs sacs au crayon indélébile. Cette fois encore, il y en avait qui s'approchaient rapidement à l'appel de leur nom, d'autres attendaient que je le répète plusieurs fois. Quelques-uns, quittant leur poste à la fenêtre, sont venus s'intéresser à ce que je faisais. Un enfant s'est mis à pleurer : j'ai dit à l'un des garçons d'aller le voir, il le consolera mieux que moi. D'ailleurs, s'il pleure un peu, cela ne lui fera pas de mal.

28.

Je leur ai rappelé qu'il leur fallait faire leurs besoins avant la gare d'arrivée car nous avions à continuer notre voyage sur des charrettes. Qu'il était interdit de se bousculer pour grimper dessus et qu'il ne fallait pas en descendre en route. Qu'à l'arrivée ils allaient recevoir les uniformes de vacances et qu'ils pourraient les échanger dès le lendemain au cas où ils ne leur iraient pas. J'ai désigné deux garçons parmi ceux qui étaient déjà venus l'année dernière, pour qu'ils aident à la distribution du lait. Trois autres devaient nous donner un coup de main pendant que l'on remettrait des vêtements aux enfants.

Nos premiers liens de sympathie se sont créés sur la base de ces problèmes concrets. Sans flirt ni flatterie.

Les oreilles sales, les ongles en deuil, une chemise douteuse : à cela aussi il m'a fallu faire attention. Cet enfant avait peut-être une mère négligente (même pauvre, elle aurait pu s'occuper un peu de sa tenue à l'occasion du voyage), peut-être était-il déjà indépendant, livré à lui-même, peut-être n'avait-il plus de mère ? Quand je l'aurai lavé et habillé, ces détails n'y paraîtront plus.

Certains m'ont proposé leur concours. Je l'ai accepté volontiers. Je savais que je n'y arriverais pas tout seul. Et puis, mon rôle n'était-il pas de tout organiser et d'assurer un contrôle d'ensemble ? Si je voulais réussir mon examen d'aptitude professionnelle, il me fallait m'arranger de manière à trouver du temps pour les choses les plus importantes, sans oublier tous ces enfants à problèmes qui vous accaparent plus que les autres pour des raisons de santé, de tempérament, d'éducation négligée ou d'incapacité à intégrer le groupe ; sans oublier non plus ceux que distingue leur haute valeur morale.

Quand les enfants, déjà changés, se sont installés à table d'après leurs numéros, j'ai commencé par étudier leur visage.

J'avais le sentiment de les connaître déjà un peu : l'année dernière il m'a fallu plusieurs jours avant d'éprouver ce sentiment.

29.

Je reconnaissais le premier à ses taches de rousseur, le second à ses sourcils, le troisième à une envie sur la narine gauche, le quatrième à la forme de son crâne. Cette méthode a ses inconvénients : il reste toujours quelques enfants que vous confondez pendant un certain temps avec d'autres ou que vous ne reconnaissez pas. Un instituteur, qui voit ses élèves tous les jours assis toujours sur les mêmes bancs, ne connaît pas cette difficulté. La connaissent bien, en revanche, le pion, l'inspecteur ou le directeur d'école. A l'abri de son incognito plus d'un polisson leur a joué des tours et fait payer ses fredaines à quelques innocents.

— Ah, te revoilà. C'est pas la première fois que je te prends sur le fait...

Et le vrai coupable de se tordre de rire.

C'est pourquoi j'insiste tant sur la nécessité de bien connaître le plus rapidement possible les enfants, sans cela, on commet tout le temps des erreurs de jugement.

Je ne crois pas beaucoup exagérer en disant qu'un enfant beau a toutes les chances de passer pour un bon enfant, et un enfant laid, pour un mauvais sujet. Ou bien, se défiant de la grâce d'un enfant, un éducateur aura contre lui des préventions non fondées. Je répète : un éducateur se doit de bien connaître chacun des enfants qui lui sont confiés, sinon, il n'est qu'un mauvais éducateur.

30.

Le soir, quand ils étaient déjà tous sagement couchés, je suis venu leur raconter une histoire dont les héros étaient les garçons de l'année passée.

— Je vais vous parler des garçons qui ont dormi dans les lits numéro : cinq, onze, vingt et trente.

« Le premier était un garçon très gentil, le second se montrait toujours mécontent de tout, le troisième enfant difficile a fait des progrès étonnants, le quatrième n'arrêtait pas d'avoir des problèmes : une fois, il a mouillé son lit dans la nuit et tous les autres se sont moqués de lui. Mais après, ils ont vu combien il était faible et maladroit et ils l'ont pris sous leur protection. Où sont-ils aujourd'hui, à quoi pensent-ils ? »

Cette histoire, tirée de la vie des quatre garçons, avait un but didactique : elle devait leur faire entrevoir les activités de la journée et quelques-uns des « problèmes » auxquels ils risquaient de se heurter.

Je leur ai expliqué ce qu'il fallait faire au cas où ils auraient peur la nuit ou se réveilleraient trop tôt.

Ils se sont endormis tranquillement, sauf deux d'entre eux.

Le premier avait laissé chez lui son grand-père malade et pensait à lui; le second n'arrivait pas à s'endormir parce que, à la maison, sa mère venait toujours lui souhaiter bonne nuit. Sur trente-huit enfants c'était le seul qui avait besoin d'un baiser pour pouvoir s'endormir. J'ai pensé alors que lors de la première année de colonie, cet enfant si sensible aurait sans doute été fessé par erreur dans l'agitation et le désordre qui caractérisent cette première journée de vacances.

Dès ce premier soir j'ai trouvé le temps de prendre

quelques notes : j'ai consigné dans un carnet mes impressions de ce premier jour de colonie, dans un autre, mes remarques concernant chaque enfant. J'ai eu quelques détails à noter sur plus de la moitié d'entre eux.

31.

Le lendemain, à la première heure, j'étais déjà au dortoir en train d'étudier les enfants de mon groupe avant qu'ils s'éparpillent et se mélangent aux autres.

J'ai passé la journée à les interroger, un à un, sur leurs noms.

— Et moi, monsieur ? Comment est-ce que je m'appelle ?

Ceux qui se ressemblaient beaucoup, ou peut-être seulement à mes yeux, je les mettais côte à côte afin de les mieux étudier et des tas de volontaires accouraient pour m'assister dans cette tâche.

D'heure en heure, de petits faits s'accumulaient qui m'initiaient au secret de la vie intime et à la sensibilité de chaque enfant.

Rapidement et comme par enchantement, l'air de la campagne et de bonnes influences pédagogiques aidant, ces petites âmes froissées se tournaient vers ce qui est beau et harmonieux, étonnés et craintifs d'abord, puis de plus en plus confiants et radieux.

Hélas, toute méthode éducative connaît ses limites. Aucun miracle n'y peut rien. Même malmenée par la vie, une âme riche et sensible s'éveille rapidement alors qu'une âme indolente et sans ressources, incapable d'un sourire, ne peut qu'esquisser une grimace douloureuse. Cela vous fait-il de la peine ? Que pouvez-vous faire pendant quatre courtes semaines ?

Une droiture innée adhère d'elle-même aux formes claires de la vie, la perversité s'en détourne d'instinct.

Il existe des arbrisseaux malades, tout fanés, que la pluie arrive à ranimer, il existe de mauvaises herbes que la culture n'arrive pas à discipliner.

32.

À force d'observer les règles selon lesquelles s'organise une société enfantine, je suis arrivé à comprendre les raisons des difficultés que j'ai rencontrées au cours de ma première saison de colonie.

Pendant que les enfants, qui représentent les forces positives du groupe, essaient de reconnaître le nouveau terrain et, encore craintifs et réservés, cherchent à se rapprocher les uns des autres, les forces mauvaises sont déjà organisées et donnent le ton en forçant l'obéissance.

L'enfant qui comprend la nécessité d'un règlement, avec les restrictions et les contraintes qu'il impose, aide l'éducateur en s'y soumettant passivement. Celui qui compte exploiter sa bonne volonté et son amitié, profiter de ses scrupules, hésitations et faiblesses, se montre tout de suite actif et agressif.

On est stupéfait de voir comment un gamin de douze ans, séparé de sa famille, dans un milieu étranger, sous la surveillance d'inconnus, entouré de nouveaux camarades, peut, sans ressentir la moindre gêne ou timidité, dès le premier jour, exiger, résister, protester, comploter pour, après avoir trouvé des complices et attiré vers lui des passifs et des indécis, se nommer dictateur en lançant des mots d'ordre démagogiques.

Dans un tel cas, tu n'as pas une minute à perdre. Après l'avoir repéré, il te faut engager avec lui des pourparlers immédiats. En tant que représentant du pouvoir, tu es pour lui un ennemi. Fais-lui comprendre alors que le pouvoir que tu représentes n'est pas le même que celui qu'il a déjà eu l'occasion de connaître.

33.

Exemple :
Dans le wagon, je fais remarquer à l'un des garçons qu'il est interdit de sortir sur les quais. Il sort quand même. Je crie. Il ne répond pas. À mes reproches indignés, il donne une réponse nonchalante : « Vous en faites des histoires ; j'avais soif, moi. » Je lui demande son nom.

— Eh! toi, monsieur t'a noté.
— Et alors?

Déjà on le regarde avec intérêt, déjà il a des partisans, déjà il leur en impose. J'aurais dû m'en douter rien qu'à sa façon de dire : « ouais, ouais » et à hausser les épaules. Si c'est comme ça le premier jour, qu'est-ce que ce sera demain, dans une semaine?

Le soir, je l'ai convoqué chez moi. La conversation a été

sérieuse, objective, d'égal à égal. Nous avons mis au point les conditions de son séjour en colonie.

J'ai appris que dans la ville il vendait des journaux, jouait aux cartes, buvait de la vodka et qu'il avait fait l'expérience des maisons d'arrêt.

— Tu veux rester ici? – Comme-ci, comme-ça. – Ça ne te plaît pas, ici? – Je ne sais pas encore. – Pourquoi es-tu venu? – Une dame m'a dit que c'était bien.

Il m'a donné son nom, son prénom et une fausse adresse, à tout hasard.

— Ecoute, mon gars : j'aimerais que tu puisses rester ici le mois entier et que tu t'y plaises. Je ne te demande qu'une chose : si, à un moment ou à un autre, tu en as assez, viens me le dire, je te donnerai un billet pour Varsovie; mais ne t'enfuis pas tout seul et tâche de ne pas te comporter de façon à m'obliger de te renvoyer contre ton gré. Je te laisserai faire ce qu'il te plaît à condition que tu ne sèmes pas le désordre et ne te mêles pas des enfants. Bonsoir.

Je lui ai tendu la main.

Il ne fallait surtout pas le traiter en enfant. Il m'aurait ri au nez ou il aurait fait semblant de se repentir pour, une fois que je lui aurais tourné le dos, me qualifier d'un mot sarcastique ou singer mon attitude dans le but de me ridiculiser. Tout, sauf une fade sentimentalité, parce que, alors, on peut être sûr d'être méprisé, exploité, ridiculisé.

34.

Il y en avait un autre.

Un jour, dans un tête-à-tête inspiré, loin de la bande des enfants qu'il méprisait, les qualifiant de bêtes, lâches et serviles, il m'a fait ses confidences et, ému, promis de travailler à s'améliorer.

Ce genre de conversations, il ne faut jamais s'y référer par la suite, il ne faut jamais exiger d'un enfant qu'il tienne ses promesses. Lorsque, quelques jours plus tard, il jeta son bol à la tête d'un garçon qui avait eu le malheur de le bousculer à table, je lui rappelai durement la promesse qu'il m'avait faite. Il me répondit par un regard haineux. Peu après cet incident, il est allé chiper son costume de ville et, après s'être changé dans la forêt, s'est rendu à la gare.

J'aimerais rappeler ici à l'attention des jeunes éducateurs

qui ne connaissent pas les enfants des milieux pauvres, que, parmi ces enfants on trouve autant d'enfants bien élevés que d'enfants négligés. Ces deux catégories d'enfants s'évitent, ne s'aiment pas et se méprisent mutuellement. On s'aperçoit en outre que les *enfants des familles* ont véritablement peur des *enfants des rues*, leurs voisins. Un éducateur peu attentif reste parfois aveugle à la différence qui sépare un enfant pur d'un enfant corrompu parce qu'ils habitent tous les deux dans la banlieue pauvre et viennent des « bas-fonds ». C'est pourquoi d'ailleurs le premier craint le second et le croit dangereux. Nul n'a le droit de les forcer à être bons camarades.

— Tu me le paieras, va. Attends qu'on soit seulement de retour à Varsovie.

C'est la menace qu'on entend souvent à la fin du séjour dans la bouche des garçons à qui on a maladroitement imposé « un ami ».

35.

J'ai été témoin des efforts désespérés entrepris par quelques personnes de bonne volonté pour inaugurer à Varsovie des clubs d'enfants. J'ai lu un petit livre relatant des tentatives analogues qui ont eu lieu à Moscou. La même erreur engendra ici et là les mêmes difficultés. Citons l'exemple de cette directrice d'école qui, priée par les enfants d'éloigner de leur club quelques voyous, leur a répondu sur un ton de reproche :

— Mon fils joue avec eux et vous, vous le refusez ? C'est vilain de votre part.

Son fils le pouvait : il ne risquait pas de recevoir une volée de méchants coups en rentrant chez lui le soir ; il n'entendait jamais crier : « Eh ! qu'est-ce que c'est que cette nana ? » quand, dimanche, il accompagnait sa cousine à l'église ; personne ne l'accostait dans sa rue : « Eh ! toi ! t'as pas cent balles pour des sèches ? »

Ainsi, le jour où il se trouvait à la promenade en compagnie de sa maman et de sa tante et qu'un va-nu-pieds s'approchait de lui, à la question de la tante visiblement effrayée par cette rencontre :

— D'où est-ce qu'il les sort, Antoine, des connaissances pareilles ?

Sa mère pouvait répondre d'un ton supérieur :

— C'est un de ses camarades du club.

Le pieux obscurantisme de la vieille tante l'amusait.

Mais une mère ouvrière a toutes les raisons de craindre de pareilles amitiés pour son fils et de le mettre en garde contre leurs dangers.

De même qu'un ouvrier adulte a le droit de refuser d'être camarade avec un ivrogne ou un voleur parce que, même sans être dangereuse, une telle amitié le compromettrait, son fils a le droit, il a même le devoir, d'éviter toute mauvaise compagnie.

Supposons qu'un voyou fasse exprès d'adopter une conduite correcte pour s'introduire dans un milieu d'enfants de son âge qui, autrement, lui resterait fermé, et qu'il exploite cette amitié pour en tirer des profits malhonnêtes ?

Forcer l'amitié entre enfants complètement différents quant à leur valeur morale et l'expérience qu'ils peuvent avoir de la vie, les enfants que seule leur pauvreté unit, c'est faire preuve d'irresponsabilité : sous prétexte d'éprouver leur résistance morale, on les soumet aux dangereuses influences de camarades corrompus.

36.

Je leur disais : « Allez jouer avec eux. » Je m'adressais à leur amour-propre :

— Vous, vous êtes une trentaine alors que lui, il est seul. À trente vous n'arrivez pas à le rendre meilleur et vous croyez que tout seul il arriverait à vous corrompre tous ?

— Que voulez-vous qu'on fasse pour qu'il change ? Il ne veut pas jouer avec nous. Et s'il accepte, c'est pour nous gâcher notre jeu.

C'était les enfants qui avaient raison.

Avec le temps, j'ai compris que si l'éducateur introduit parmi les enfants une brebis galeuse, c'est à lui d'en supporter la responsabilité, c'est à lui de veiller à ce qu'il ne se passe rien d'anormal. Cette tâche dépasse les forces des enfants.

Nos plus beaux principes demandent à être vérifiés. Toute vérité qui nous semble évidente, et dont la mise en pratique est loin d'être facile, demande un examen critique consciencieux. Notre expérience dépasse celle des enfants, nous savons beaucoup de choses que les enfants ignorent, mais ce que pensent et ressentent les enfants, ils le savent bien mieux que nous.

Si l'enfant désire quelque chose mais ne sait pas nous dire pourquoi il la désire, il se peut qu'il nous en cache le véritable motif, mais il se peut aussi qu'il l'ignore vraiment. Tout l'art, quand on est un éducateur, est d'arriver à le connaître et, s'il en est à demi conscient, le pressentir, le deviner.

— Tiens, ça, ça doit cacher quelque chose...

Plus souvent vous vous surprenez à réagir de la sorte, plus vous avez de chances d'éviter les erreurs qu'engendrent de faux principes, et vous serez surpris de la rapidité avec laquelle vous progresserez.

37.

J'obligeais les enfants à accepter parmi eux des bons à rien, des endormis, des mauvaises têtes.

C'était absurde.

À colin-maillard, un enfant maladroit ne sait jamais reconnaître personne, un tricheur se fait attraper tout de suite parce qu'il veut être colin-maillard lui-même. Si c'est vous qui les imposez aux enfants, ils font exprès de les ignorer. Mais qui de nous, les adultes, irait s'asseoir aux cartes avec un tricheur ou quelqu'un qui ne sait pas jouer du tout ?

Vous leur remettez un ballon, mais à condition que « l'autre » soit aussi de la partie. Comment s'étonner qu'ils rechignent à cette condition ? Peut-on leur en vouloir de ne pas aimer l'intrus ? Et de le menacer de lui faire la peau si jamais le match était perdu ? À qui la faute alors ?

Il faut beaucoup de tact pour s'occuper de ce type d'enfants. Il faut veiller à ce que personne ne soit injuste avec eux, mais aussi à ce que, eux non plus, ne dérangent personne.

— Il est toujours à la traîne... Il nous empêche de jouer... On s'est fait encore attraper à cause de lui...

Si, au cours de ma première saison de colonie, je me suis souvent battu pour tel ou tel « indésirable », lors de la seconde, j'ai eu la merveilleuse surprise de voir l'un des « caïds » prendre sous sa protection, sans qu'on le lui demande, le plus timide et effacé des enfants de la colonie.

38.

Il ne faut jamais sous-estimer leurs problèmes.

Les garçons avaient l'habitude de jouer à un jeu qui était déjà connu des enfants de la Rome antique. Un des participants jette, sur la table ou par terre, cinq cailloux. Il en prend un et le lance : avant de le rattraper, il doit saisir de la même main l'un des quatre cailloux qui restent. Les difficultés du jeu vont croissant et il faut beaucoup d'adresse pour y réussir. Les cailloux doivent être de petite taille.

Les uns et les autres venaient tout le temps se plaindre de la disparition d'un ou plusieurs de leurs cailloux. À cette époque-là, j'étais contre les plaintes.

— Voyons, n'as-tu pas assez de cailloux autour de toi ? Tu n'as qu'à t'en chercher d'autres.

Trois erreurs.

Premièrement, le droit de propriété est garanti par la loi, s'agirait-il du plus futile des objets. Qu'il soit facile de rembourser la perte ? Ce n'est pas un argument. Qu'il se les cherche lui-même, ses cailloux, au lieu de me les chiper à moi !

Prendre les cailloux d'un autre, c'est s'approprier le bien d'autrui. C'est un acte malhonnête, ou du moins injuste.

Devenu joueur moi-même, je me suis rendu compte que tous les petits cailloux n'étaient pas également bons à jouer : trop ronds, ils avaient tendance à s'éparpiller au moment de tomber, trop anguleux, ils collaient les uns aux autres.

Cinq cailloux bien assortis d'après leur forme et leur couleur sont pour un joueur comme cinq chevaux de parade à la robe et à la taille identiques, comme cinq perles d'un collier, comme cinq chiens dressés à la chasse.

Nous avions heureusement des témoins : ils ont vu comment les choses se sont passées et ils ont su trancher la question de la propriété des cailloux.

Une fois de plus ce sont les enfants qui ont eu raison.

39.

« Il a insulté ma mère », puis, au bout d'une longue hésitation, « il a dit : enfant de pute ». Éducateur, je dois savoir que c'est là une épithète dont plus d'un père ouvrier doit qualifier un contremaître tourmenteur à l'usine ou un propriétaire grippe-sous qui refuse de lui faire réparer son poêle.

— Tu sais, c'est un coléreux. Avant, il se battait avec tout le monde, à présent, il dit des gros mots. C'est déjà un progrès. C'est vrai, « enfant de pute », c'est ce que les gens disent quand ils veulent offenser quelqu'un. Ils disent aussi : « canaille », « salaud », « crapule », le plus souvent sur un coup de colère, sans le penser vraiment. Parce que peut-on sérieusement prendre pour un salaud un garçon dont la seule faute est de vous avoir refusé son ballon ou de vous avoir heurté pendant que vous jouiez aux billes ? Des gens emportés, il y en a autant que de gens calmes...

Je voyais l'étonnement des garçons : je prononçais à voix haute et distincte des mots « pestiférés ». J'ai utilisé cette méthode, car il n'y a rien qui fermente plus vite que tous ces petits mots que l'on chuchote à l'oreille ; ils vous démangent et deviennent de vrais foyers d'infection morale. La fausse pudeur est ce qu'il y a de plus dangereux dans l'éducation. Si vous avez peur des mots, que ferez-vous face aux actes dont les enfants peuvent se rendre coupables ? Un éducateur ne peut avoir peur ni des mots, ni des pensées, ni des actions des enfants.

Que celui qui veut éduquer les enfants pauvres se souvienne que la médecine distingue la *praxis pauperum* de la *praxis aurea*, et qu'il n'oublie pas qu'il existe des libertins au langage châtié et des héros de la vertu à la parole grossière. Éducateur, tu te dois de connaître le milieu social d'où viennent tes élèves...

40.

Il serait trop risqué d'avancer que les enfants pauvres sont plus sains moralement que les enfants riches. Il existe des données alarmantes en ce qui concerne les uns et les autres. Une chose est sûre : toutes les observations auxquelles on s'est livré ont eu lieu dans les cages des appartements de villes où le manque d'espace, l'interdiction de crier, de courir, l'ennui et la paresse obligent les enfants à avoir recours aux sensations et émotions fortes mais qui ne troublent pas la paix de l'entourage.

Me fondant sur l'observation des enfants en colonie d'été, je prétends qu'un enfant normal préfère toujours un jeu de ballon, une course, une baignade, l'escalade d'un arbre, aux mystères d'un coin solitaire qui lui inspire on ne sait quelles rêveries.

C'est en toute tranquillité que l'on peut permettre aux garçons et aux filles, avec un minimum de surveillance, d'aller s'éparpiller dans la forêt, car la cueillette des fraises des bois ou des champignons les y absorbe au point que vous les verrez plutôt se bagarrer pour un butin sous forme de champignons que s'adonner à des manifestations de tendresse.

Un coin retiré de la cour d'une banlieue pauvre et l'espace entre deux armoires d'un appartement bourgeois cossu cachent bien des choses qu'on ne risque pas de découvrir dans un pré ou dans un champ. À condition que vous ne gardiez pas les enfants au lit onze heures sur vingt-quatre, même si cela vous arrangeait, car, surtout en été, ils ne dorment guère plus de huit à neuf heures.

41.

J'ai été surpris de voir que la discipline de la colonie, nécessaire au maintien de l'ordre au sein d'une collectivité, n'avait pas l'air de rebuter les enfants et qu'ils s'y soumettaient volontiers. Si jamais l'un d'eux y a manqué, il venait de lui-même vous avouer sa faute et exprimer son repentir, sinon, il vous disait honnêtement :

— Je sais, mais que faire puisque je n'y arrive pas ?

Il y en avait qui luttaient désespérément contre eux-mêmes et en faveur de l'ordre collectif. Il ne fallait surtout pas leur rendre cette lutte trop difficile en se montrant trop exigeant, car on risquait de les décourager ou d'en faire des sauvages.

C'est à l'éducateur de voir quelles interdictions doivent être strictement observées, et celles qui peuvent donner lieu à quelque indulgence. S'il est absolument interdit de se baigner seul dans la rivière, la défense de grimper aux arbres peut ouvrir sur quelques concessions ; s'il est absolument interdit d'arriver en retard au déjeuner, le fait de rater le moment du départ à la promenade a moins de gravité : le retardataire peut rejoindre le groupe quelques centaines de mètres plus loin ; on comprend qu'il soit difficile à un enfant de rester en place en attendant que tout le monde se soit réuni.

Aux enfants exceptionnels, des droits exceptionnels, à condition que tous soient d'accord : voici la plus difficile mais aussi la plus satisfaisante de tes tâches.

Si, parmi les cent cinquante enfants de la colonie, il y a un excellent nageur, capable de passer la moitié de la journée dans l'eau et de traverser la rivière sans la moindre fatigue, et qui, de plus, en connaît tous les dangers parce qu'il habite au bord de la Vistule, tu peux, avec le consentement d'autres enfants, lui permettre de se baigner seul. Mais il faut que tu aies alors le courage d'en endosser toute la responsabilité.

42.

Le savoir-vivre en société vient tout naturellement aux enfants. Au début, ils peuvent se montrer méfiants, soit qu'ils ne fassent pas confiance aux adultes, soit qu'ils ne comprennent pas certains principes de la vie en collectivité. Mais ils s'y font rapidement du moment où ils y participent eux-mêmes.

Comment faire pour qu'on ne jette plus de pain dans la forêt, pour que personne ne vienne en retard pour le déjeuner, pour qu'il n'y ait plus de bagarres, plus de gros mots? De tels débats, même s'ils n'apportent pas de remèdes immédiats, remontent le moral du groupe, renforcent le sens de la solidarité et celui du devoir social.

Il est bon de noter alors quels sont les enfants qui sont arrivés en retard pour ce débat. Consigne le nombre des bagarres de la journée. Si tu affiches le résultat sous la forme d'une courbe, tu verras bientôt qu'elles se feront plus rares. Les bagarres reprennent? Organise un nouveau débat.

Cependant, un discours, si beau soit-il, s'il suscite l'enthousiasme et encourage l'initiative, ne peut jamais remplacer l'action.

Il y en a qui attachent trop d'importance aux mots, en attendent trop, il y en a d'autres qui, pour avoir été trop souvent déçus, ont tendance à les sous-estimer. Ils ont tort les uns et les autres. Vous ne pouvez rien construire avec des mots, mais, sans eux, vous ne pouvez mener à bien aucun travail. La parole est votre alliée, elle n'est jamais votre remplaçante.

C'est tout ce que vous pouvez attendre d'elle.

43.

Le débat au sujet des cabinets de toilette dont la propreté laisse à désirer.

« Il y aurait un incendie ou une inondation, que les plus courageux d'entre vous accourraient à l'aide en exposant leur propre vie. C'est toujours les meilleurs qui se présentent dès qu'il y a une chose très difficile ou très pénible à faire. Une tâche difficile et pénible nous attend justement et nous nous adressons à vous... Qui est-ce qui accepterait d'être de corvée pour une demi-journée de temps à autre ? »

Naturellement, ils sont nombreux à se présenter. Mais

il faut se méfier de cet enthousiasme du début. Pour les premiers jours, tu choisiras les plus énergiques, ceux qui s'enflamment facilement mais dont la passion ne dure pas, ils s'acquitteront très bien d'un devoir dont la nouveauté et les difficultés auront de quoi les séduire. Tu leur expliqueras pourquoi tu les as choisis en premier.

Tu déclineras l'offre d'un coléreux par crainte d'histoires et aussi, parce que, peu aimé qu'il est, il serait exposé à des tas de vexations.

Tu ne voudras pas d'un violent : « Tu risquerais d'en venir tout de suite aux coups, il vaut mieux ne pas s'en mêler. »

Pour assurer la relève, tu désigneras les plus sérieux en espérant que, d'ici là, leur enthousiasme ne sera pas tombé.

Tu promettras au plus timide de penser à lui un peu plus tard : « Ce sera alors plus facile, tu ne pourrais pas te débrouiller les premiers jours. »

Tu préviendras les nouveaux responsables qu'il n'est pas impossible que d'aucuns viennent les traiter de « merdeux » ou de « garde-chiottes ». Qu'ils ne s'en offensent surtout pas, il ne faut pas s'occuper des imbéciles !

Tu leur expliqueras comment réagir au cas où un petit maladroit viendrait à salir les cabinets par inattention et que faire au cas où il le ferait exprès. Et aussi la marche à suivre si le coupable n'a pas été pris sur le fait.

Il te faudra les armer d'un balai et d'une serpillière et effectuer quelques tournées d'inspection pendant la journée. Aux heures de pointe, le matin ou après le déjeuner, tu pourras les assister ou même les remplacer pour un quart d'heure, quitte à prendre la serpillière toi-même dans les cas les plus problématiques.

Il ne sert à rien de te fâcher : « Combien de fois faut-il vous le répéter ? » Pourquoi le dire alors ? Parce que vous croyez qu'un certain nombre d'enfants finiront par comprendre la valeur d'une parole donnée, et que les autres, les peu scrupuleux, auront au moins l'occasion de s'entendre dire : « Pourquoi l'as-tu promis dans ce cas ? » Oui, sans doute, c'est un argument de poids.

Parce que l'enfant ne partage pas le cynisme d'un adulte qui, lui, pourrait te répondre :

« Est-il nécessaire de respecter tous ses engagements ? »

44.

La collaboration des enfants, indispensable à l'éducateur, n'est pas envisageable sans un contrôle vigilant et sans alternance. C'est le seul moyen d'éviter que vos jeunes collaborateurs se prennent trop au sérieux. Le pouvoir corrompt! Il faut leur expliquer, avec calme et prudence, que leur nouvelle responsabilité ne peut en aucun cas leur donner quelque privilège que ce soit, et qu'il ne s'agit là que d'un titre honorifique.

Nos responsables du service de table changeaient tous les jours à cause d'une coutume qui voulait qu'un responsable de service reçoive une plus grande portion de nourriture. Cela compliquait le travail de l'intendante, mais je le considérais comme indispensable.

Au dortoir, il y avait un responsable pour chaque rangée de lits dont la tâche était de voir si les enfants faisaient bien leurs lits; un autre surveillait la propreté des mains : c'était à lui d'apporter les cuvettes d'eau. Il y avait d'autres responsables encore : celui qui veillait à ce que les jouets soient bien rangés, celui qui devait rappeler aux enfants de bien accrocher leurs serviettes aux barreaux des lits, celui dont la tâche consistait à ramasser du verre pilé afin que les enfants, en courant, ne se blessent pas aux pieds.

À voir la façon dont ils s'acquittent de ces menues tâches quotidiennes, on arrive à mieux connaître les enfants qu'en suivant leurs progrès à l'école; là-bas comptent surtout leurs dons, leurs connaissances, le hasard. Ici, nous distinguons tout de suite à quel type d'enfant nous avons à faire : enthousiaste mais instable, ambitieux, agressif, consciencieux ou malhonnête.

45.

Les premiers jours de vacances servent aux enfants à faire connaissance. Si tu les observes bien à cette époque, tu t'apercevras que ce sont les meilleurs éléments qui ont le plus besoin d'être entourés, aidés et surtout protégés contre ceux à qui ton système n'a pas l'heur de plaire.

Tout comme les pouvoirs publics qui doivent assurer la protection des citoyens contre la violence et les abus d'éléments asociaux, un éducateur se doit de défendre les enfants contre la loi du poing, la menace et l'insulte ; il doit protéger leurs biens (fussent-ils un caillou ou un bâton) et toutes les formes de leur organisation sociale (y compris un jeu de ballon ou la construction de maisons de sable).

Le plus gros du travail accompli, il te suffira d'assurer un léger contrôle afin de prévenir d'éventuelles déviations.

Grâce à la collaboration des enfants et à leurs précieuses suggestions, nous pourrons consacrer une bonne partie de notre temps aux enfants qui représentent des cas particuliers, soit par leur valeur exceptionnelle, soit à cause de la mauvaise influence qu'ils pourraient avoir sur les autres, soit enfin par leur distance par rapport à la « normalité ».

En dehors de ces enfants exceptionnels dont nous devons et voulons nous occuper individuellement, nous avons aussi des situations exceptionnelles qui nous prennent beaucoup de temps. Un enfant malade, un vol, une plainte. Un jour, tu apprends qu'ils ont lancé des pierres ou des pommes de pin sur un mendiant, un autre, te voilà inquiet au sujet des quatre qui sont partis dans la forêt : il fait presque nuit et on ne les voit toujours pas.

Plus les enfants sont nombreux et plus tu risques d'avoir de cas et de situations exceptionnels. Cela est normal et il ne te servirait à rien de te fâcher. L'utilité d'une bonne organisation consiste justement en ce que, malgré tout cela, le travail suive son cours, que de petites choses se règlent d'elles-mêmes et qu'à tout moment, tu puisses dire :

— Débrouillez-vous, je suis occupé...

46.

La confiance en soi et la capacité de voir de loin ont toujours quelque chose de serein et s'accompagnent d'indulgence, alors que l'inexpérience est boudeuse et sujette à des sautes d'humeur.

Il faut bien que sur les trente ou quarante enfants dont tu as la charge il y en ait quelques-uns qui ne soient pas « comme les autres » : des pervers, des asociaux, des violents, des malingres ; ceux que personne n'aime et ceux qui imposent leur personnalité aux autres.

Tu organises une excursion : il s'en trouvera toujours un qui sera indisposé, un autre que tu auras involontairement offensé, un troisième qui fera la moue uniquement parce que tous les autres sont contents :

— Pouah! une excursion!

C'est toujours à la dernière minute que l'un d'eux se mettra à chercher sa casquette, qu'un autre trouvera le moyen de déclencher une bagarre, qu'un troisième aura besoin d'aller au petit coin.

En chemin, il y en aura toujours qui auront mal à la tête ou aux pieds, qui se seront blessés ou qui mourront de soif.

Si tu leur racontes une histoire, tu peux être sûr d'être immédiatement interrompu :

— Monsieur, vous avez vu cette bestiole?

— Monsieur, il se met une paille dans l'oreille!

— Oh, les moutons qui galopent!

Jeune et susceptible, tu choisis la menace :

— Si quelqu'un m'interrompt encore...

Mais si tu as quelque expérience des enfants, c'est avec un sourire indulgent que tu attendras qu'ils se calment un peu.

47.

Encore une petite remarque. Elle n'est pas sans utilité. Si tu penses être un bon éducateur, travailleur, consciencieux, doué, tâche d'être indulgent à l'égard de tes collègues qui se débrouillent moins bien que toi. Ne leur donne pas de complexes d'infériorité. Si le bien des enfants t'importe, évite tout conflit professionnel.

À la colonie, j'étais le plus zélé des éducateurs. C'était tout naturel. Pouvoir travailler avec les enfants c'était mon rêve le plus cher, alors que les autres en étaient déjà saturés. Moi, je me réjouissais de la simplicité de la vie à la campagne, eux, ils ne trouvaient plus aucun charme à dormir sur des paillasses et à boire du lait caillé.

Le jour où l'un de mes garçons eut un « petit malheur », ce qui entraîna une histoire avec la blanchisseuse, j'ai lavé moi-même la chemise et le drap salis. J'eus l'occasion de voir alors la confusion de la blanchisseuse, la gêne de l'intendante et la stupéfaction des collègues : effet que j'escomptais d'ailleurs. Quelqu'un d'autre à ma place aurait peut-être droit à un méprisant :

— Bien fait. Ça lui apprendra. Du reste, le gosse fait partie de son groupe.

Il faut se garder des beaux gestes gratuits. Du moment où une action, très positive en apparence, cache une arrière-pensée, elle agace plus que les mots.

Un zèle néophyte et les quelques succès obtenus au cours des premiers jours ou semaines ne sont jamais à mettre au compte des mérites. S'il en était autrement, cela témoignerait très mal de vos capacités d'éducateur : un nouveau collaborateur se doit d'être le plus fervent de tous et capable de voir certaines imperfections qui échappent à un œil fatigué par la routine.

48.

Je l'ai déjà dit et je le répète : l'éducateur est souvent amené à jouer le rôle d'infirmier. Ce rôle, il n'a pas le droit de le sous-estimer ni de s'y soustraire. Si un enfant a mouillé son lit, s'il a vomi, s'il a attrapé des boutons ou s'il a du pus à l'oreille, c'est à l'éducateur de s'en occuper. Il faut mettre l'enfant sur le pot, le laver, lui faire un pansement ? L'éducateur doit savoir le faire sans le moindre signe de dégoût.

Qu'il se débrouille : qu'il aille s'exercer à l'hôpital, dans un hospice pour cancéreux, dans une crèche, n'importe où, mais il faut qu'il s'y fasse.

L'éducateur des enfants pauvres, lui, doit en plus s'habituer à voir de la crasse. Les parasites font partie des maladies endémiques de l'enfance indigente du monde entier. S'il trouve donc un pou dans ses vêtements, qu'il n'en soit pas indigné ni dégoûté, mais, à l'instar des parents de ces enfants qui abordent calmement ce problème, qu'il prenne soin de l'hygiène de ses pupilles avec un maximum de calme et d'objectivité.

Un éducateur à qui les pieds sales des enfants donnent la nausée, qui ne supporte pas les mauvaises odeurs, qu'un pou trouvé sur son manteau bouleverse pour toute la journée, cet éducateur devrait au plus vite changer de métier. Qu'il aille dans le commerce, dans l'administration, où il veut, mais qu'il quitte l'école primaire ou l'internat, car il n'y a rien de plus humiliant que devoir gagner son pain avec dégoût.

— Je ne suis pas un mauvais éducateur, moi, et pourtant je hais la saleté, dites-vous en haussant les épaules.

Tu mens; ta bouche, tes poumons, ton sang sont remplis d'air empesté par les enfants.

De ce péché capital que tout éducateur peut commettre, la pratique médicale m'a libéré une fois pour toutes. « Dégoûtant » est un adjectif que je ne connais pas. C'est peut-être pour cela que mes pupilles aiment la propreté.

49.

Le génial entomologiste français, Fabre[1], était fier d'avoir pu mener à bien ses recherches sur les insectes – recherches qui firent date – sans avoir été obligé d'en tuer aucun. Il étudiait leur façon de voler, leurs habitudes, leurs peines et leurs joies. Il suivait avec attention leurs ébats dans les rayons du soleil et leurs combats mortels. Il regardait comment ils s'y prenaient pour se procurer de la nourriture, construire leurs abris, faire des provisions. Il contemplait les puissantes lois de la nature à travers les mouvements les plus imperceptibles et il ne s'indignait jamais. Il était instituteur à la campagne. Il faisait ses observations à l'œil nu.

Éducateur, sois le Fabre du monde des enfants.

---

1. Jean-Henri Fabre (1823-1915), auteur de remarquables *Souvenirs entomologiques. (N.d.T.)*

QUATRIÈME PARTIE

LA MAISON DE L'ORPHELIN

1.

Le bon fonctionnement d'un internat au niveau du quotidien dépend du bâtiment qui l'abrite et du terrain sur lequel il est construit.

Que de reproches amers ne s'abattent-ils pas sur la tête des enfants et du personnel à cause des erreurs commises par le constructeur ! Que d'entraves, de travaux supplémentaires, que de tourments du fait des négligences de l'architecte ! Et même si des modifications sont possibles, que de temps ne faut-il pas gaspiller pour mettre en évidence les défauts et persuader de la nécessité des travaux ; sans parler des erreurs irréparables.

La Maison de l'orphelin a été construite sous le signe du manque de confiance dans les enfants et dans le personnel : voir tout, être au courant de tout, pouvoir tout contrôler. L'immense salle de récréation c'est une place publique, un marché découvert. Il suffit du regard vigilant d'une personne pour surveiller l'ensemble. La même chose pour les vastes dortoirs-casernes. Si ce genre de construction a l'avantage de situer rapidement un enfant et peut s'appliquer à des colonies de vacances ou encore à une grande centrale d'où les enfants pourraient être ensemble transférés dans des internats d'un autre type, son principal défaut est l'absence totale de « coins tranquilles ». Bruit, tintamarre, bousculades y sont la règle. Les enfants s'en plaignent et ils ont raison.

Il faudrait rajouter à l'avenir un étage. Le système hôtelier conviendrait le mieux à mon avis : un couloir et, de part et d'autre, de petites chambres. Il faudrait penser aussi aux enfants souffrants. En dehors d'une pièce séparée pour de vrais malades, il serait bon de prévoir un endroit tranquille où pourraient se retirer, seuls ou avec un compagnon, ceux qui se sentent fatigués ou énervés, ceux qui ont mal dormi, qui se sont fait mal à la jambe ou qui ont mal à la tête... Un enfant souffrant a besoin de solitude. Bousculé par des camarades qu'il gêne, promenant sa peine au milieu de la joie des autres, il fait pitié et irrite souvent son entourage.

La disposition des toilettes demanderait aussi à être modifiée : elles devraient jouxter le dortoir, voire même se trouver à l'intérieur de celui-ci. Les en séparer par des vestibules et des couloirs est parfaitement absurde. Plus on les cache et plus leur propreté laisse à désirer.

Quant au logement du directeur, on en a fait une retraite tranquille de fonctionnaire censé représenter l'institution : loin des enfants, il peut correspondre en toute quiétude avec des autorités, surveiller le secrétariat, la comptabilité, mais son influence éducative est quasiment nulle. Au lieu d'être le véritable patron de l'internat, il y est un hôte, un étranger. L'architecte doit concevoir l'appartement du directeur de façon que celui-ci puisse rester un éducateur, c'est-à-dire voir et écouter l'enfant autrement qu'en le convoquant dans son cabinet. Car il ne faut jamais oublier que la vie de l'internat ce sont avant tout tous ces « petits détails ».

2.

J'ai entendu dire quelque part que la philanthropie, sans guérir aucune des plaies ni satisfaire aucun des besoins sociaux, accomplit néanmoins deux tâches considérables. La première de ces tâches serait de découvrir les insuffisances dont l'État, lui, ne s'aperçoit pas ou qu'il sous-estime, et, les ayant repérées, de prendre des initiatives à la place de l'État. Selon cette opinion, la philanthropie imposerait à la communauté et à l'État leurs devoirs en exigeant des subventions là où l'étendue des problèmes dépasserait ses propres possibilités. Sa deuxième tâche consisterait en l'innovation, en la recherche de voies nouvelles partout où sévissent la routine, le schématisme, « le bon marché » étatiques.

C'est vrai qu'à côté des orphelinats publics nous rencontrons partout des établissements privés d'assistance à l'enfance et qui semblent souvent de meilleure qualité : immeubles plus cossus, meilleure alimentation, budget plus large, méthodes éducatives plus souples. Toutefois, l'imprévisible et redoutable caprice du riche mécène peut ici remplacer efficacement la tyrannie du règlement bureaucratique d'un orphelinat d'État.

Pour comprendre pourquoi tant d'éducateurs de valeur ont du mal à se plier aux conditions de travail à l'intérieur de ces établissements de bienfaisance et pourquoi ceux-ci attirent tant d'incapables et de ratés, il faut penser que, souvent, toutes les initiatives et tous les efforts de la direction de ces maisons n'ont d'autre but que de satisfaire les goûts de leurs protecteurs inexpérimentés, qui ne connaissent rien des difficultés et des secrets propres à l'éducation collective des enfants.

Si ces riches protecteurs pouvaient savoir quel poison peut être pour une institution pédagogique un employé qui n'est pas à la hauteur, ils auraient peut-être renoncé une fois pour toutes à imposer ou seulement à recommander toutes ces personnes qui n'ont rien à voir avec le métier. À la limite, on peut même dire que le système de protection dans l'éducation est un délit, un crime !

Le problème des enfants recommandés mérite aussi quelques remarques.

Que de fois ne vient-on pas vous voir avec ces mots :

— La situation de l'enfant est des plus précaires : il faut que vous le preniez en charge.

Mal dirigé, un enfant ne tirera aucun avantage d'avoir changé de milieu et deviendra nuisible pour son nouvel entourage. Faire pression sur un éducateur pour qu'il accepte dans son établissement un enfant – alors qu'il a toutes les raisons de s'y opposer – est tout à fait inadmissible. Il faut que nous lui fassions confiance lorsqu'il nous déclare : « L'influence de cet enfant risque d'être néfaste pour les autres. » Il faut qu'il ait le droit de le dire : le difficile travail d'internat lui donne ce droit, comme beaucoup d'autres droits d'ailleurs. Dans tout ce qui relève des problèmes de l'éducation, sa voix doit être décisive.

Il devrait disposer également d'une somme d'argent qui lui serait allouée mensuellement et dont il serait le seul responsable. Cela, parce qu'il est le seul à pouvoir juger de la nécessité et de l'urgence de l'achat de certains objets dont l'acquisition pourrait sembler aux autres superflue ou peu urgente.

Un point important !

Si un internat possède plusieurs mécènes, il serait bon de mettre à leur disposition *un livre où ils pourraient noter leurs suggestions, leurs requêtes ainsi que leurs questions.* Les avantages d'une telle innovation pourraient être considérables : diminution du nombre des interventions, leur expression plus nuancée, disparition de dispositions contradictoires.

Quelques mots encore sur les assistants bénévoles. Ils sont fort utiles : leur disponibilité leur permet d'entourer les enfants de ces soins particuliers qui sont un véritable luxe pour un personnel dont le temps et la fantaisie sont grignotés par la multitude des tâches quotidiennes. Quelqu'un viendra raconter aux enfants un conte de fées, un autre les emmènera à la promenade ou leur donnera des leçons particulières. Toutefois, il ne faudrait pas que ces bénévoles deviennent une charge supplémentaire pour le personnel de l'internat : ils doivent respecter le règlement et se débrouiller tout seuls, sans rien attendre ni rien exiger de personne.

3.

L'année de la construction de la Maison de l'orphelin a été une année mémorable. Jamais je n'ai eu l'occasion de mieux comprendre la beauté d'une action concrète, d'un travail ardent comme une prière. Du jour au lendemain, un petit carré dessiné sur plan devenait une salle commune, une chambre, un couloir. Moi, qui étais un habitué des stériles querelles d'opinions, j'assistais enfin à une réalisation. Toute décision devenait aussitôt une directive pour un artisan chargé de lui donner forme. Chaque idée devait être évaluée en vue de sa finalité : il fallait réfléchir à son prix, à son utilité, aux moyens de sa réalisation. Un éducateur qui ignore qu'à partir du bois, de la tôle, du carton, de la paille ou des fils de fer il pourrait créer des tas d'objets propres à faciliter et à simplifier son travail, à économiser son temps et sa pensée, un tel éducateur, me semble-t-il, fait preuve d'une formation incomplète. Une étagère, un tableau, un clou fixé à un endroit bien choisi résoudraient bien des problèmes qui le tracassent...

Le Refuge devait être prêt en juillet, en novembre il ne l'était pas encore. Les enfants arrivèrent de la campagne, par un sombre et pluvieux après-midi d'automne, dans un grand tintamarre, armés de bâtons, transis de froid, excités et téméraires, et alors que la maison était encore remplie d'ouvriers. On leur a distribué le dîner et on les a couchés.

L'ancien Refuge occupait une inconfortable maison de location, avec des meubles hétéroclites, du linge usé, une intendante idiote et une cuisinière rusée. J'espérais qu'avec les nouvelles conditions de vie et une surveillance intelligente, les enfants accepteraient tout de suite les nouvelles règles de vie commune. Mais avant même que j'aie pu me rendre compte de la situation, ils m'ont déclaré la guerre. Et moi qui croyais que l'expérience des colonies me mettrait à l'abri de nouvelles surprises ! Je me suis trompé de nouveau et j'étais là, impuissant, face à une bande de voyous redoutables. C'est à partir de cette nouvelle expérience douloureuse que j'allais avoir à forger mes vérités claires et solides.

Face à mes exigences les enfants ont adopté une attitude de ferme opposition. Les paroles n'y pouvaient rien et la contrainte n'engendrait que l'hostilité. La maison à laquelle ils ont rêvé toute l'année était en train de leur devenir haïssable. C'est bien plus tard que j'ai compris les sentiments qui pouvaient les animer alors. La bohème de leur ancienne vie, malgré toute sa misère matérielle, leur laissait une liberté d'initiative : leur volonté pouvait s'y exercer librement, il y avait la place pour des fredaines pleines de fantaisie, pour des actions hardies, pour la bravoure, le désintéressement, l'insouciance. La discipline, c'était l'autorité de quelques-uns d'entre eux qui la rétablissait pour de courtes durées de temps. Alors qu'ici, c'est une autorité impersonnelle qui voulait la leur imposer durablement. Ces enfants ne pouvaient faire autrement que décevoir. Il me semble que l'éducateur obligé de travailler dans de mauvaises conditions matérielles et dans le désordre ne devrait pas trop rêver au confort, à la discipline : là aussi existent des difficultés sérieuses et des dangers considérables.

4.

Comment les enfants ont-ils manifesté leur hostilité ? Par des tas de petits détails dont seul l'éducateur est capable de saisir la signification, tellement ils sont imperceptibles et apparemment insignifiants. C'est surtout par leur fréquence qu'ils deviennent pénibles. Vous annoncez par exemple qu'il est interdit de quitter la table en emportant du pain : l'un vous demandera pourquoi vous en avez décidé ainsi ; un autre se lèvera, son morceau de pain à la main et vous dira : « Je n'ai pas eu le temps de le manger » ; deux ou trois autres dissimuleront leur pain. Il suffit que vous leur disiez : « Interdiction de cacher quoi que ce soit sous l'oreiller ou la paillasse », pour que l'un d'eux vous réponde que s'il rangeait ses affaires dans son casier, on les lui chiperait aussitôt ; l'autre, que vous avez surpris en train de glisser un livre sous son oreiller, vous dira, l'air innocent, qu'il croyait que « les livres, c'était permis ». On pourrait multiplier ce genre de scènes à l'infini. On ferme les lavabos : « Allez, dépêchez-vous ! » Ils seront plusieurs à traîner : « Je n'en ai pas pour longtemps ! » Mais essayez de demander à l'un d'eux pourquoi il ne range pas sa serviette, et il vous dira qu'il est pressé et prendra un air offensé, trois autres l'imiteront sur-le-champ. Le déjeuner. Un bruit commence à courir qu'il y a une petite bête dans la soupe. Et c'est bientôt la révolte : ils refusent d'en manger. Vous réussissez à mettre la main sur quelques-uns des chefs de l'opposition, mais vous pressentez qu'il y en a d'autres qui se dissimulent.

Lors de chacune de vos initiatives vous rencontrez des difficultés imprévues, vous assistez au lent sabordage de tout ce qui, à vos yeux, a été définitivement établi. Vous finissez par ne plus savoir ce qui est le fait du hasard, du malentendu ou de la mauvaise volonté. Une clé disparaît. On la retrouve peu de temps après et vous avez droit à une remarque ironique :

— Vous avez cru que je l'avais cachée exprès ?

C'est exact : je l'ai vraiment pensé...

À la question : « Qui est-ce qui l'a fait ? », la réponse sera invariablement : « Je ne sais pas. » Vous aurez beau leur expliquer que la chose n'est pas bien grave en soi, mais qu'il faut toujours dire la vérité, c'est le silence que vous aurez pour toute réponse. Pas le silence de la peur, celui du complot.

Je me souviens encore de ma voix étranglée et de mes yeux remplis de larmes d'impuissance alors que je leur tenais ce genre de discours.

Tout *jeune* éducateur, tout éducateur *nouveau* dans un établissement, vivra ces moments pénibles. Il ne faut pas qu'il se décourage, il ne faut pas qu'il dise trop tôt : « Je ne sais pas, je n'y arrive pas » ; car ce n'est qu'une apparence si la parole reste impuissante. Il faut du temps pour éveiller la conscience collective. L'éducateur qui fait preuve de bonne volonté et de méthodes avisées verra, jour après jour, augmenter le nombre de ses partisans venant renforcer le camp de la « nouvelle orientation ».

LA MAISON DE L'ORPHELIN

Un souvenir

Un jour, un de nos plus grands voyous, en faisant le ménage, a cassé la cuvette des cabinets, relativement précieuse, car en faïence. Je ne me suis pas fâché. Quelques jours plus tard, le voilà qui recommence : cette fois ce fut le tour d'une bonbonne contenant cinq litres d'huile de foie de morue. Là encore, je me suis contenté de lui faire un petit reproche sans gravité.

La méthode a porté : j'ai gagné un partisan.

Tout devient facile pour l'éducateur qui arrive à dominer son groupe, mais si, dans une colère impuissante, il se met à fulminer des reproches, malins, les enfants feront tout pour l'exciter davantage et sa vie deviendra un enfer. Il risque alors, par autodéfense, de faire appel aux formes les plus brutales de la contrainte.

5.

La cinquantaine d'enfants arrivés chez nous de l'ancien Refuge n'étaient pas, après tout, des inconnus : nous avons partagé nos vies et nos espoirs dans le passé et une véritable affection liait ces enfants à notre éducatrice, Mlle Stéphanie[1]. Ils regimbaient devant la discipline, mais ils en étaient capables. Peu après, une cinquantaine d'autres enfants est arrivée et, avec elle, de nouvelles difficultés. Notre maison a ouvert une école pour externes, ce qui m'a donné l'occasion de mesurer l'abîme qui peut séparer l'instituteur-aristocrate du cendrillon-éducateur.

Au bout d'une année, la nouvelle organisation était mise en place. Nous triomphions : une seule intendante, une seule éducatrice, un concierge et une cuisinière pour une centaine d'enfants. Nous avons échappé à la tyrannie du personnel habituel des orphelinats. C'est l'enfant qui est devenu chez nous l'hôte, l'employé et le directeur de la maison. Tout ce qu'on lira ensuite est l'œuvre des enfants, pas la nôtre.

---

1. Stefania Wilczyska, collaboratrice de J. K. qui l'assista à la Maison de l'orphelin jusqu'à la liquidation du Refuge et qui périt avec lui et les enfants dans le camp de concentration.

COMMENT AIMER UN ENFANT

Le tableau

À une place bien visible, pas trop haut, un tableau est accroché au mur sur lequel, à l'aide de punaises, nous fixons toutes sortes de communiqués et d'annonces.

Sans le tableau, la vie était un supplice. J'avais beau annoncer à voix haute et très distinctement :

— Les enfants A, B, C, D iront là et là (prendront/feront ceci et cela),

immédiatement, les enfants E, F, G étaient là à me demander :

— Moi aussi ?... Et lui ?... Et elle ?

Je me répétais alors, mais c'était toujours peine perdue :

— Et moi, monsieur ?

J'annonçais :

— Vous irez... vous prendrez...

La même chose : questions, bruit, confusion.

— Quand... où... pourquoi ?

Ils insistaient, ils se bousculaient, et me voilà fatigué, irrité, n'en pouvant plus. Mais pouvait-il en être autrement ? Certains enfants n'avaient pas tout entendu ou compris, d'autres avaient des doutes, se demandaient s'ils n'avaient pas confondu quelques détails, moi-même enfin, dans ce brouhaha, je n'étais jamais sûr de n'avoir pas oublié quelque chose.

Dans le tourbillon des affaires de tous les jours, l'éducateur est d'ailleurs forcé de prendre quelquefois une décision hâtive, donc souvent imparfaite, d'agir selon l'humeur du moment. Face à l'imprévu du dernier moment il lui arrive aussi de manquer de présence d'esprit. Le tableau l'obligerait à préparer d'avance le plan détaillé de chaque action. Hélas, les éducateurs ne savent pas communiquer avec les enfants par écrit et c'est bien dommage.

Même là où la plupart des enfants ne savent pas lire j'accrocherais quand même un tableau : ils n'ont pas besoin de connaître l'alphabet pour apprendre à reconnaître rapidement leurs noms, et le sentiment de dépendance qu'ils éprouvent par rapport aux enfants qui savent lire leur donnera envie d'acquérir eux-mêmes ce savoir.

Voici quelques exemples de nos annonces :

« Demain, 10 heures, distribution de nouveaux vêtements. Étant donné que tous les vêtements ne sont pas encore prêts, n'ont pas besoin de se présenter les enfants : A, B, C, D... Se présenteront pour retrait de vieux vêtements les enfants F et G... »

« Qui a trouvé ou aperçu une petite clé attachée à un ruban noir ? »

« Celui qui a cassé la vitre du lavabo doit venir dire son nom. »

« Hier, les garçons ont laissé leur dortoir en désordre. »

« Les enfants déchirent leurs livres et laissent traîner leurs stylos. »

« On ne dit pas la teinture d'iorde mais la teinture d'iode. »

« Les fêtes de Pâques sont dans un mois. Nous invitons les enfants à nous communiquer leurs suggestions sur la manière la plus agréable de les passer. »

« Ceux qui désirent changer de place au dortoir ou à table doivent se présenter demain, à 11 heures, dans la salle d'études. »

Tous ces communiqués, annonces et avertissements étaient affichés aussi bien par les enfants que par les adultes. On y trouvait de tout. Le tableau vivait. Nous nous demandions comment nous avions pu nous en passer avant.

— Moi aussi, monsieur ?

— C'est affiché au tableau.

— Mais je ne sais pas lire, moi...

— Demande à celui qui sait lire de t'aider...

Le tableau donnait des possibilités d'initiative quasi illimitées à l'éducateur et aux enfants. C'était aussi un divertissement. Dès que l'enfant disposait d'un peu de temps, il s'arrêtait devant pour faire le badaud : une information tirée d'un journal, une image, une charade, la courbe des bagarres, la liste des dégâts, les économies des enfants, leurs poids, leurs tailles... On pouvait tout afficher : noms de grandes villes, nombre de leurs habitants, prix des produits alimentaires. On aurait dit un almanach ou la vitrine d'un magasin.

La boîte aux lettres

L'éducateur qui a connu les avantages de la communication écrite avec les enfants conclut rapidement à la nécessité de disposer d'une boîte aux lettres.

Le tableau, c'est l'effort réduit au minimum, la possibilité de donner à toute question cette réponse machinale : « Va voir au tableau, c'est affiché. » La boîte aux lettres, elle, permet de remettre à plus tard une décision : « Écris-le-moi et nous verrons. »

Il est souvent plus facile d'écrire quelque chose que de le

dire. Quel est l'éducateur qui n'a jamais reçu un de ces gribouillis remplis de questions, de prières, de plaintes, d'excuses ou de confidences. Les enfants en ont écrit depuis toujours et la boîte aux lettres ne fait que fixer cette sage habitude.

Chaque soir vous en retirez une poignée de feuilles couvertes d'une écriture maladroite et, dans le silence de votre bureau, vous pouvez réfléchir calmement à tout ce qui, dans l'agitation de votre journée trop chargée, vous aurait probablement échappé ou vous aurait semblé peu important.

« Est-ce que je pourrais sortir demain, parce que le frère de maman est arrivé ? »

« Les enfants sont méchants avec moi. »

« Vous êtes injuste : vous taillez des crayons à tout le monde, et à moi, vous n'avez pas voulu le faire. »

« Je ne veux pas dormir près de la porte, parce que, la nuit, je crois toujours que quelqu'un va entrer. »

« Je suis fâché avec vous. »

« La maîtresse, à l'école, m'avait dit que j'avais fait des progrès. »

Vous y trouvez parfois un petit poème non signé : l'enfant a eu une idée, l'a couchée sur le papier et, ne sachant pas trop quoi en faire, l'avait glissée dans la boîte aux lettres. Vous pouvez tomber aussi sur une lettre anonyme contenant quelque insulte ou quelque menace.

Il y a des lettres banales, lettres de tous les jours, il y a aussi des lettres exceptionnelles. Les choses s'y répètent-elles ? Eh bien, c'est qu'il y a quelque malaise auquel il va falloir remédier. Si ce soir vous n'avez pas le temps, vous y réfléchirez demain. Le contenu d'une lettre vous a frappé ? Vous lui consacrerez plus de temps qu'aux autres.

La boîte aux lettres sert aussi d'enseignement utile aux enfants. Ils apprennent grâce à elle :

1. À attendre une réponse au lieu de l'exiger sur-le-champ et à n'importe quel moment.

2. À faire la part des choses : distinguer parmi leurs vœux, leurs peines, leurs doutes, ce qui est important de ce qui l'est moins. Écrire une lettre suppose une décision préalable (il n'est pas rare d'ailleurs que l'enfant veuille retirer la lettre qu'il a glissée dans la boîte).

3. À réfléchir, à motiver une action, une décision.

4. À avoir de la volonté (il faut vouloir pour savoir).

— Écris-le, tu pourras mettre ton mot dans la boîte.

— Je ne sais pas écrire.

— Alors fais-toi aider par quelqu'un qui sait.

Au début, je commettais souvent des erreurs. L'une d'elles, que j'aimerais faire éviter aux autres, consistait à envoyer à la boîte aux lettres les enfants raseurs. Je ne le faisais pas sans ironie. S'étant aperçu de ma mauvaise foi, ils m'en ont voulu, à moi et à la boîte, et ils ont eu raison de réagir ainsi.

— On ne peut plus jamais vous parler.

Certains éducateurs m'ont fait le même reproche : n'était-il pas trop officiel, ce moyen de communication avec les enfants ?

Or, je peux l'affirmer : la boîte aux lettres non seulement ne gêne pas la communication orale mais, tout au contraire, elle la facilite. Elle fait gagner du temps à l'éducateur qui peut ainsi consacrer une partie de sa journée aux enfants qui ont besoin d'un long entretien confidentiel et affectueux. C'est grâce à la boîte aux lettres que de tels moments ont pu être aménagés car la journée est devenue plus longue.

Y a-t-il des enfants qui n'aiment pas écrire ? Sans doute, mais ce sont presque toujours ceux qui comptent sur leur charme personnel, un sourire par-ci, un baiser par-là, ils profitent de chaque situation propice pour gagner vos faveurs. Ils ne prient jamais, ils contraignent leur entourage. Les autres, sûrs non pas d'eux-mêmes mais de leurs raisons, font confiance à la justice, écrivent leurs demandes et attendent tranquillement votre décision.

L'étagère

L'étagère pourrait jouer le rôle d'un complément par rapport au tableau. Nous n'en possédons pas encore à la Maison de l'orphelin, mais nous ressentons le besoin d'en avoir une. Sur l'étagère, on pourrait mettre un dictionnaire, un choix de proverbes, une encyclopédie, le plan de la ville, quelques anthologies, un calendrier, de petits manuels pratiques (tennis, football, etc.) et quelques jeux de société. L'existence de ce genre de coin-bibliothèque est une nécessité. Le service de prêt, limité à quelques heures dans la journée, pourrait être assuré par un responsable, ce qui garantirait les livres contre une usure excessive. L'instinct social des enfants serait mis ainsi à l'épreuve : s'ils détériorent ou perdent quelque chose, c'est tant pis pour eux.

Sur l'étagère, une place serait prévue pour les cahiers tenus par les enfants où ils pourraient noter leurs chansons préférées, des anecdotes, des charades et même les rêves dont ils aimeraient garder le souvenir. On pourrait y tenir également des statistiques des bagarres, des disputes, des retards ou des dégâts. Les gazettes rédigées par les enfants sur la nature, les voyages, les problèmes sociaux ou les livres pourraient y être également déposées.

Les rapports des surveillants ainsi que les journaux tenus par les enfants, ou même le journal de l'éducateur pourraient trouver ici leur place. Un journal intime ne signifie pas pour autant un journal que l'on glisse au fond d'un tiroir fermant à clé. Il me semble qu'un tel journal où l'éducateur consignerait ses déceptions, ses difficultés, ses erreurs ou, au contraire, ses joies et ses bonnes surprises, pourrait jouer un rôle pédagogique considérable.

Le coin-bibliothèque pourrait accueillir également un livre des contrôles (le contrôle des sorties, etc.), ainsi que le livre des « actes notariés ». C'est toujours volontiers que les enfants échangent, cèdent ou revendent des petits objets qui leur appartiennent. Nous n'avons pas à désapprouver ces pratiques ni, à plus forte raison, à les leur défendre. Si un canif ou une lanière constitue la propriété de l'enfant, pourquoi ne pourrait-il pas l'échanger contre un plumier, un aimant ou un verre grossissant ? Si nous craignons quelques transactions malhonnêtes, quelques brouilles ou querelles, introduisons le livre des « actes notariés ». Il empêchera les abus. Les enfants sont irréfléchis, inexpérimentés ? Justement, nous leur donnerons ainsi l'occasion d'acquérir l'expérience nécessaire.

Étant donné l'importance que j'attache au journal de l'éducateur, je me permets de citer ici, à titre d'exemple, quelques extraits de mon propre journal :

« Je me suis emporté aujourd'hui, injustement, contre l'un des garçons. Injustement, parce qu'il ne pouvait pas agir autrement. Que faire cependant, puisque je dois veiller au respect de l'égalité des droits pour tous les enfants. Que diraient-ils si je permettais aux uns ce que j'interdis aux autres ? »...

« Les grands ont tenu une réunion, ce soir, dans ma chambre. Nous avons parlé de l'avenir. Pourquoi sont-ils si pressés de devenir adultes ? Naïfs, ils croient que d'être grand, c'est pouvoir faire ce qu'on veut. Ils ignorent encore tout des fers qui entravent notre volonté d'adulte. »

« Un nouveau vol. Je sais que là où une centaine d'enfants vivent ensemble, il y en aura toujours un (seulement un ?) de malhonnête. Pourtant, je n'arrive pas à me faire à cette idée. J'ai l'impression de leur en vouloir à tous. »

« Ça y est : il a déjà changé. Je ne voulais pas y croire trop vite, mais voici plusieurs semaines que je l'observe attentivement... peut-être s'est-il trouvé un bon ami ? Pourvu que cela dure. »

« J'ai été mis au courant d'une nouvelle affaire bien pénible. Je fais semblant de l'ignorer. C'est tellement désagréable d'être toujours forcé de grogner, réprimander, mener des enquêtes. »

« Drôle de garçon. Nous le tenons tous en estime. Il pourrait avoir une bonne influence sur les autres, mais il semble vouloir garder ses distances par rapport à nos initiatives. Toujours lointain, renfermé. Pourtant, ce n'est certainement pas de l'égoïsme ni de la mauvaise volonté de sa part ; il ne sait pas être autrement, et c'est bien dommage. »

« Bonne journée. Tous bien portants, actifs et gais. Tout s'est déroulé sans accrocs, vite et bien. Puisse-t-il en être toujours ainsi. »

La vitrine aux objets trouvés

Le contenu des poches et des tiroirs des enfants a bien peu de chances de rencontrer un regard bienveillant de l'éducateur. Qu'est-ce qu'on n'y trouve pas ! Images, cartes postales, ficelles, clous, cailloux, chiffons, perles ; petites boîtes et flacons vides, verres de couleur, timbres-poste, plumes d'oiseaux, pommes de pin, marrons, rubans, feuilles et fleurs séchées, poupées découpées dans du papier, billets de tramway, fragments de choses disparues, embryons de celles qui auraient pu être un jour. Tous ces petits riens ont une légende, souvent bien compliquée, leur origine et leur valeur sentimentale propres. Ils représentent des souvenirs du passé et les projections nostalgiques de l'avenir. Un petit coquillage figure le rêve d'un voyage sur des mers lointaines ; une vis et quelques morceaux de fil de fer : un aéroplane, l'image d'un vol orgueilleux ; l'œil d'une poupée cassée depuis longtemps est souvent l'unique souvenir d'un amour qui fut et ne reviendra plus. Tu y découvres parfois la photo d'une maman ou, enveloppés dans un bout de papier rose, deux sous hérités d'un grand-père défunt.

De nouveaux objets arrivent, une partie des anciens perdent de leur valeur, on en fait des échanges ou des cadeaux, puis on se met à les regretter et on les reprend.

J'ai bien peur que la valeur sentimentale de ces trésors qui déchirent les poches, coincent les tiroirs, traînent partout, disparaissent, se retrouvent, puis s'éparpillent de nouveau, qui sont source permanente d'inquiétude et de désordre n'ait pas beaucoup de chances d'être comprise d'un éducateur à l'âme vulgaire. Cette brute est capable, dans un accès de rage, d'en faire un tas et de le jeter au feu. Barbare, tu commets là un crime inadmissible ! Comment oses-tu t'emparer ainsi de la propriété d'autrui ? Comment peux-tu ensuite t'attendre à ce que les enfants respectent quoi que ce soit ou qui que ce soit ? Ce ne sont pas des bouts de papier que tu brûles mais l'amour de la tradition et les rêves d'une vie plus belle.

Dans un internat où tout appartient à tout le monde, l'éducateur a le devoir de veiller à ce que chaque enfant puisse disposer d'un objet qui soit vraiment à lui et d'une cachette sûre où il pourrait le ranger. Si cette cachette est un tiroir, il faut que l'enfant soit assuré que personne n'ira y fouiller : parce que les deux petites perles de verre qu'il y a glissées ce sont ses boucles d'oreille précieuses ; un bout de papier argenté a pour lui la valeur d'un titre déposé en banque par un retraité, et son journal intime est comme un document secret confié aux archives. Ce même devoir impose à l'éducateur d'aider l'enfant à recouvrer son bien au cas où il l'aurait perdu.

Ainsi avons-nous été amenés à ouvrir une vitrine aux objets trouvés. Étant donné que le moindre petit objet est censé avoir un propriétaire, tout ce qu'on trouve sous la table, sur la fenêtre, dans le sable de la cour, doit être rapporté et placé dans la vitrine.

Bien sûr, du moment où de moins en moins de choses seront considérées comme n'étant à personne, le nombre de celles qui ont un propriétaire ira en augmentant et vous risquez d'être sans cesse dérangé par les va-et-vient des enfants venant réclamer leurs biens, se plaindre de la disparition d'un objet ou vous rapporter celui qu'ils viennent de trouver. Il vous faut vous organiser. Que faites-vous des objets que les enfants vous donnent à garder ? Vous les mettez dans votre poche ? Mais c'est leur donner un exemple de malhonnêteté.

À la Maison de l'orphelin nous avons trouvé la solution sous la forme d'une simple boîte où l'on met tout ce qui vient d'être trouvé ; le contenu de la boîte est ensuite transféré à la vitrine et c'est le surveillant qui, à l'heure convenue, est chargé de remettre les biens égarés à leurs propriétaires.

Durant la période la plus acharnée de mon combat pour le maintien de l'ordre, j'avais l'habitude d'envoyer aux objets trouvés toute casquette que je voyais traîner, tout tablier qui n'était pas accroché au portemanteau, tout livre laissé sur une table.

La boutique

Les besoins multiples des enfants pour justifiés qu'ils soient, n'en sont pas moins pour le personnel de l'internat une véritable calamité : on défile du matin au soir pour réclamer cahiers, crayons, plumes, lacets, dés à coudre, boutons, savons. Ils n'arrêtent pas d'en user, d'en casser, d'en perdre. Pas une minute de tranquillité !

D'où la nécessité d'une boutique. Cela peut être une petite pièce, une armoire, même un simple tiroir suffirait. L'important est que la distribution se fasse une seule fois dans la journée, à l'heure convenue d'avance. Les distraits et les retardataires en seront quittes pour revenir le jour suivant. Mais ceux-là seront-ils nombreux ?

Pendant la distribution, vous notez ce que vous remettez à chaque enfant. Vous trouvez que X casse trop souvent ses plumes ? Vous avez la possibilité de le lui prouver chiffres en main, en comparant sa consommation avec celle des autres.

À côté des articles gratuits, la boutique peut proposer aux enfants quelques objets à des prix qui leur sont accessibles.

Le balai-brosse

Ici, le titre aurait dû être : Les permanences. Mais j'ai préféré mettre « le balai-brosse » afin de souligner que tant que nous n'aurons pas imposé à la société le respect du balai, de la serpillière, du seau et de la pelle, les permanences ne représenteront pas grand-chose aux yeux de quiconque.

Les outils de travail manuel commencent à gagner déjà une certaine considération. Et quoique le livre continue à occuper une place privilégiée, déjà le marteau, la varlope, les pinces sortent de la clandestinité à laquelle les condamnaient les coins obscurs où l'on avait l'habitude de les ranger, et la machine à coudre fait son entrée dans les appartements.

À la Maison de l'orphelin, nous avons sorti le balai-brosse et la serpillière du petit réduit sous l'escalier où ils étaient rangés et nous les avons mis à la place d'honneur, c'est-à-dire à l'entrée principale du dortoir. Et, chose curieuse, à la lumière du jour, ces objets ordinaires se sont comme spiritualisés, ils réjouissent les yeux par leur aspect esthétique.

Des balais, nous en avons six pour nos deux dortoirs. S'il y en avait moins, que d'histoires, de disputes, de bagarres ne nous faudrait-il pas supporter! Si nous partons du principe qu'une table bien essuyée vaut une page d'écriture recopiée avec soin, si nous tenons à donner au travail de ménage un caractère éducatif et non celui de l'exploitation de la main-d'œuvre gratuite, nous devons faire de ce problème l'objet d'une étude préalable sérieuse, passer ensuite au stade de l'expérimentation et au moment de confier aux enfants leurs tâches respectives être à même d'en assurer un contrôle vigilant.

Cent enfants, cent préposés à l'ordre et au ménage et autant de natures différentes, plus ou moins douées, plus ou moins capables, pleines de bonne volonté ou indifférentes.

Fixer les jours et les heures des permanences, ce n'est pas le début mais la phase finale d'un travail d'organisation de plusieurs mois qui demande autant d'efforts physiques qu'intellectuels. Ce n'est pas par une petite « séance d'information » qu'on y arriverait.

Ce qui compte, c'est de bien connaître le travail et les enfants auxquels on va le confier. Une répartition des tâches faite à la légère (j'ai vu, sur ce chapitre, des cas pendables dans plusieurs internats) peut transformer les permanences en une véritable source de tourments pour les enfants, les démoraliser complètement, leur rendre haïssable toute idée de travail social.

Certaines permanences supposent des tâches faciles. Elles ne demandent ni force physique, ni dons spéciaux, ni qualités morales particulières. Elles sont faciles à contrôler. Pas besoin d'outils pour ranger les chaises ou ramasser de petits papiers, même le préposé à la poussière, responsable lui d'un chiffon, continue à exécuter un travail machinal.

C'est dans les classes qui comptent chacune quatre surveillants, qu'une bonne coordination des responsabilités devient nécessaire. Il s'agit de tâches de toutes sortes : celles de tous les jours (service du matin et du soir), hebdomadaires (distribution du linge, bains, coupe des cheveux), occasionnelles (par exemple mettre les matelas dehors pour le dépoussiérage), saisonnières (par exemple nettoyer les W.-C. du jardin en été ou ramasser la neige en hiver).

Les permanences changent tous les mois et la liste des responsables reste toujours affichée en un endroit bien visible. Ce sont les enfants eux-mêmes qui posent leur candidature en envoyant leurs demandes écrites, par exemple : « Je veux bien me charger du dortoir... » «Je peux balayer la classe et m'occuper des draps de bain... » «Je désire être de garde au lavabo ou bien au vestiaire... » «Je peux prendre sur moi les W.-C. et le service du déjeuner à la table n° 8... »

Pour chaque permanence il y a des volontaires : ils fixent leurs choix sur quelques services, s'arrangent entre eux et demandent l'autorisation. Souvent, de longs pourparlers sont nécessaires. L'enfant qui passe pour être un mauvais responsable aura beaucoup de soucis, beaucoup de démarches à faire, et il lui faudra faire pas mal de promesses avant d'obtenir une permanence. « Quoi, t'accepter avec moi ? Jamais. Tu ne fais que te disputer, t'es toujours en retard, t'es un paresseux. »

Dommage qu'une petite partie seulement de ces entretiens à haute valeur éducative parvienne à nos oreilles.

Chaque permanence a ses bons et ses mauvais côtés. Partout une bonne entente est nécessaire. Chaque nouveau travail prépare à l'enfant quelques surprises agréables et quelques difficultés qu'il lui faudra surmonter. Le fait d'exécuter quelque chose de nouveau incite à l'effort. Le travail vous plaît ? Vous redoublez d'énergie pour vous maintenir à la même place. Vous lasse-t-il ? Vous mettez les bouchées doubles pour avoir droit à la permanence que vous convoitez.

On arrive là à une réelle égalité des droits entre sexes et âges différents. Même très jeune, un enfant consciencieux aura vite de l'avancement, un garçon exécutera les ordres d'une fille.

Chaque secteur de travail employant plusieurs responsables de service est confié à un surveillant. Nous en avons un à chaque étage. Cette division n'a rien d'artificiel. Surveiller le travail des autres est une tâche plutôt pénible. Des personnes non initiées à notre système d'organisation nous ont fait des reproches au sujet de son caractère hiérarchique. Bien sûr, chacun devrait contrôler son travail lui-même, mais, dans la vie, les choses ne vont pas toujours comme elles le devraient. On en rencontre aussi chez les enfants des travailleurs peu consciencieux ou étourdis. Le problème, d'ailleurs, est non seulement de contrôler, mais aussi d'apprendre et d'aider. Là encore, si l'éducateur veut avoir le temps de s'entretenir avec chaque enfant en particulier, il devrait communiquer avec tous les autres par écrit. Les responsables des principaux secteurs de travail tiennent également un journal et, chaque soir, ils lisent le compte rendu des activités de la journée.

Puisque quelques surveillants sont déjà rémunérés par la Maison de l'orphelin, pourquoi ne pas les rémunérer tous? Dans notre désir de former de bons citoyens, nous n'avons pas besoin d'en faire des idéalistes. En s'occupant des enfants qui n'ont plus de parents, la Maison de l'orphelin ne leur fait aucune faveur : elle remplace leurs parents en leur procurant les soins auxquels ils ont droit et elle ne doit rien exiger d'eux en retour. Pourquoi ne pas apprendre aux enfants dès leur plus jeune âge ce qu'est l'argent? Pourquoi ne pas leur faire découvrir l'indépendance que donne le salaire reçu en récompense d'un travail fourni? Qu'ils comprennent les bons mais aussi les mauvais côtés d'avoir de l'argent. Faut-il faire cent idéalistes des cent enfants qui vous sont confiés? Aucun éducateur n'en est capable. Mais quelques-uns le deviendront probablement sans que l'éducateur y soit pour quelque chose. Et alors, malheur à eux s'ils ne savent pas compter ! Que l'argent ne donne pas le bonheur? Mais si, il le donne quelquefois, il donne même la sagesse, la santé, les bonnes mœurs. Mais vous, vous devez apprendre à l'enfant qu'il peut devenir également source de malheur, de maladie, qu'il peut brouiller la cervelle. Qu'il aille donc avec son argent se gaver de glaces pour voir ce que c'est qu'une bonne indigestion; qu'il voie comment on peut se brouiller avec son meilleur ami à cause d'une pièce de dix sous; qu'il le perde, cet argent, au jeu ou dans la rue, qu'il se le fasse voler; qu'il regrette d'avoir fait un achat inutile; qu'il rembourse un dégât dont il est l'auteur; qu'il se donne du mal pour obtenir une permanence qui rapporte pour se rendre compte ensuite que cela ne valait pas la peine.

Le comité de tutelle

Au lieu d'expliquer en quoi consistait ce comité, je cite les confidences écrites de l'un de nos mauvais sujets. Il les adressait à sa tutrice, élève comme lui à la Maison de l'orphelin, qui les lui renvoyait en y notant ses propres observations.

Le 16 avril

Moi, je voudrais être menuisier. Parce que, au moment de partir en voyage, je pourrais me fabriquer une caisse pour y mettre des tas de choses, des habits et le manger, et je m'achèterai un sabre et un fusil. Si des bêtes sauvages m'attaquent, je pourrai me défendre. J'aime Hélène, mais je ne me marierai pas avec une fille de la Maison de l'orphelin.

LA MAISON DE L'ORPHELIN

Remarque de la tutrice : Hélène t'aime aussi, mais elle t'aimerait plus si tu n'étais pas un voyou. Pourquoi ne veux-tu pas te marier avec une fille de notre maison ?

— Je ne veux pas parce que j'en aurais trop honte. Avant de partir en voyage à la découverte d'une partie du monde, j'apprendrai à bien naviguer, même sur l'océan. J'irai en Amérique, j'y travaillerai dur, je gagnerai de l'argent et je m'achèterai une voiture. Avec ma voiture, je traverserai toute l'Amérique. Mais d'abord j'irai chez les sauvages et j'y resterai trois semaines. Bonne nuit.

Remarque de la tutrice : Bonne nuit. M'écriras-tu des lettres delà-bas ?

— J'ai parlé avec R. de notre vie d'avant, chez nous. Moi, je lui ai dit que mon père était tailleur, le père de R. était cordonnier. Maintenant, nous sommes là comme dans une prison, parce que nous ne sommes plus chez nous. Moi, je lui ai dit que mon père m'envoyait chercher des boutons parce que lui, son père l'envoyait chercher des clous. Et ainsi de suite. J'ai oublié le reste.

Remarque de la tutrice : Écris plus lisiblement.

— Voilà ce que je ferai : quand je reviendrai de voyage, je me marierai. Veux-tu me conseiller avec qui je dois me marier : avec Dora, avec Hélène ou avec Mania ? Parce que je ne sais pas laquelle choisir. Bonne nuit.

Remarque de la tutrice : Dora m'a dit que tu étais un gamin. Mania n'est pas d'accord et Hélène ne fait que rire.

— Est-ce que je t'ai demandé d'aller tout leur raconter ? Je n'ai fait qu'écrire qui j'aimais. J'ai honte maintenant. J'ai seulement voulu te dire qui j'aime. Qu'est-ce qu'il faut faire maintenant ? J'ai honte d'aller les voir. Veux-tu me dire à quelle table je devrais m'asseoir pour faire des progrès en conduite ? Pourrais-tu m'écrire une histoire intéressante ? Je t'en prie, ne montre à personne ce que j'écris parce que j'ai peur qu'on me dise d'écrire encore plus. J'aimerais savoir comment sont les Australiens, de quoi est-ce qu'ils ont l'air ?

Remarque de la tutrice : Puisqu'elles n'ont pas honte, pourquoi en éprouverais-tu, toi ? Pour l'histoire, c'est pas possible, je ne peux pas l'écrire dans un petit carnet. Choisis la troisième table, s'ils t'y acceptent. Je tâcherai de te faire voir un Australien. Ton journal, je ne le montrerai à personne.

— J'aimerais avoir déjà douze ans, c'est une chance que d'être grand. Au moment du départ j'irai dire adieu à tout le monde. Je ne trouve rien d'autre à écrire.

Remarque de la tutrice : Tu m'as dit avoir tant de choses à écrire que tu t'inquiétais de ne pas pouvoir y arriver, et voilà qu'à présent tu n'as rien à dire.

— J'ai besoin de ton conseil. J'ai un grand souci, tu sais, et je n'ai pas la conscience tranquille. Je ne sais pas pourquoi, j'ai toujours en classe une mauvaise idée en tête. C'est d'aller voler. Et j'ai peur de commettre cette mauvaise idée. Mais je ne veux faire de peine à personne et je fais ce que je peux pour devenir meilleur. Pour ne plus penser à cette mauvaise idée, je compte voyager. Bonne nuit.

Remarque de la tutrice : Tu fais bien de me le dire. Nous parlerons et je tâcherai de te conseiller. Mais promets-moi de ne pas te fâcher si je te fais des remontrances.

— Ça va mieux. Je suis devenu copain avec G., il a une bonne influence sur moi. J'ai déjà fait des progrès. Mais, dis-moi, pourquoi on ne me permet pas de sortir plus souvent qu'une fois tous les quinze jours. En quoi suis-je différent des autres, est-ce qu'ils sont mieux que moi ? Eux, ils sortent toutes les semaines, et moi, seulement une fois sur deux. Je ne veux pas être différent des autres. Ma grand-mère m'a demandé de venir la voir chaque semaine et j'ai honte de lui dire que je n'ai pas le droit de sortir.

Remarque de la tutrice : Tu sais bien pourquoi tu n'as pas le droit de sortir comme tout le monde. J'essaierai d'intervenir en ta faveur mais je doute que cela réussisse.

— J'ai déjà eu mon compte quand on m'a mis à la porte à l'école ; à la Maison de l'orphelin on m'a dit alors qu'on me mettrait dehors si l'école ne m'acceptait pas. Maintenant, je suis retourné à l'école. Je connais déjà trente-cinq pays. J'ai un livre sur les voyages. J'aimerais avoir une boîte, n'importe laquelle. Réponds-moi, s'il te plaît.

Remarque de la tutrice : J'essaierai de te trouver une boîte. Dis-moi, à quoi doit-elle servir ?

— Cette boîte, j'en ai bien besoin, parce que j'ai des tas de choses à ranger : des lettres, des petits livres, plein de trucs utiles. Maintenant, je ne suis plus copain avec personne parce que je n'ai plus personne avec qui être ami. Quand je finirai ce carnet, est-ce que j'en aurai un autre ? Je n'ai pas une jolie écriture parce que j'écris trop gros. J'y écrirai tout, mes soucis, les choses mauvaises que j'ai faites, à quoi j'ai pensé et autre chose encore. J'ai des tas de choses intéressantes à écrire...

Le garçon avait neuf ans, sa tutrice, douze.

LA MAISON DE L'ORPHELIN

Les réunions-débats

L'enfant ne pense pas moins ni moins bien que l'adulte : il pense autrement. Notre façon de penser est faite d'images ternies et de sentiments poussiéreux. L'enfant, lui, pense avec ses sentiments, pas avec son intellect. Cela ne nous aide pas à communiquer avec lui et il n'y a probablement pas d'art plus difficile que celui de parler aux enfants. Longtemps, j'ai cru que la meilleure manière de s'adresser à eux c'était d'utiliser des mots faciles, imagés, convaincants, propres à capter leur intérêt. Aujourd'hui, je ne pense plus qu'il faille à tout prix adapter son vocabulaire à la mentalité enfantine ; ce qui compte davantage, je crois, c'est d'être bref, affectueux et franc. Je préfère dire aux enfants : « Je sais que ce que j'exige de vous peut vous sembler injuste, pénible, voire irréalisable, mais je ne peux pas agir autrement », que chercher à me justifier, à motiver ma décision pour, en fin de compte, les forcer à adopter mon point de vue.

Les réunions-débats peuvent constituer un bon moyen de communication entre l'éducateur et les enfants. Elles mobilisent la conscience collective et peuvent aider à résoudre certains problèmes particulièrement épineux ou douloureux. Rien de plus facile cependant que de transformer ce genre de réunion en parodie de débat.

Si vous convoquez les enfants pour vous plaindre, leur faire des reproches et les forcer à prendre une résolution – ce n'est pas une réunion-débat.

Si vous convoquez les enfants pour vous donner l'occasion de prononcer un discours dont le but serait de les émouvoir et d'imposer à quelques-uns d'entre eux diverses responsabilités – ce n'est toujours pas une réunion-débat.

Si vous convoquez les enfants pour leur raconter que vous n'arrivez pas à vous débrouiller et que c'est à eux de trouver des solutions – ce n'est pas une réunion-débat non plus.

Une vraie réunion-débat doit être libre de toute pression et de toute arrière-pensée ; il faut que les enfants puissent s'y exprimer librement devant un éducateur honnête et attentif. Aucune résolution ne doit être prise avant que l'éducateur ait mis au point un plan d'action valable. S'il n'en est pas capable, pourquoi les enfants le seraient-ils ? Et, surtout, pas de promesses irréalisables ! Il n'y a que les sots et les étourdis qui font des promesses irréfléchies, la sagesse se manifeste souvent dans la colère ou dans l'ironie.

COMMENT AIMER UN ENFANT

Une bonne entente avec les enfants, cela se mérite. Cela ne vient jamais tout seul ! L'enfant doit savoir qu'il lui est permis de s'exprimer en toute franchise, que ce qu'il dira au cours d'une réunion ne risque pas de fâcher l'éducateur ou de lui retirer l'amitié de celui-ci. Il doit savoir aussi que ses camarades ne se moqueront pas de lui, ne l'accuseront pas de vouloir gagner la sympathie de l'éducateur. Une réunion-débat doit avoir lieu dans un climat de dignité et de confiance. Si vous essayez de faire voter les enfants dans un sens conforme à vos désirs, vous transformez le débat en une inutile comédie. Autre remarque : il faut apprendre aux enfants ce qu'est une procédure de débat, son côté technique en somme. Tenir une réunion n'est pas une chose facile. Et, dernière recommandation : il ne faut pas que la participation des enfants aux délibérations et au vote devienne une contrainte. Si certains d'entre eux s'y refusent, il faut respecter leur volonté.

— On cause, on cause, et c'est toujours le même désordre.

— À quoi bon se réunir puisque, de toute façon, c'est Monsieur qui aura le dernier mot.

— Vous parlez d'un débat, quand on ne peut rien dire sans que les autres se fâchent ou se moquent de vous.

Il ne faut pas prendre à la légère ce genre de reproches ni les interpréter en tant que manifestation de mauvaise volonté. Ces enfants doués d'esprit critique ont souvent raison.

Cela dit, il ne faut quand même pas exagérer la valeur de ces discussions d'enfants. Au début de mon travail à la Maison de l'orphelin, j'avais tendance à attacher trop d'importance au pouvoir des mots. Aujourd'hui, je porte un jugement plus modéré sur le rôle de ces débats de groupe. Il est certain qu'ils contribuent à l'éveil de la conscience collective, qu'ils renforcent le sentiment de coresponsabilité, qu'ils laissent des traces durables dans le psychisme de l'enfant. Toutefois, soyons prudents. La camaraderie, la solidarité absolues, cela n'existe pas au niveau du groupe. Qu'est-ce qui attache un enfant à un autre ? Pour l'un, ce sera le fait de vivre sous le même toit ou d'être réveillé le matin par le son de la même cloche ; pour l'autre, ce seront des goûts communs ou l'école que l'on fréquente ensemble ; pour un troisième, la camaraderie peut se transformer en amitié ou en amour. Il y a des enfants qui aiment vivre en groupe, il y en a d'autres qui préfèrent rester seuls. Laissons ces derniers poursuivre leurs efforts et leurs pensées individuels.

LA MAISON DE L'ORPHELIN

Le journal

Il faudrait que tout établissement éducatif ait son propre journal. Autrement, c'est le désordre ; le personnel tourne en rond, les enfants sont mal suivis, tout se fait au hasard et arbitrairement, sans tenir compte des traditions, sans respect des souvenirs, sans une politique d'avenir cohérente.

Le journal, dont la lecture se fait à haute voix, est ce qui relie une semaine à l'autre, comme les maillons d'une même chaîne, et resserre les liens de solidarité entre les enfants, le personnel et les gens de service.

Chaque nouvelle initiative, chaque réforme, chaque problème qui surgit, chaque réclamation trouve immédiatement son écho sous la forme d'une courte note, d'un petit article ou d'un éditorial.

On peut, par exemple, noter brièvement : « A. s'est battu avec B. » Ou bien : « Les bagarres deviennent de plus en plus fréquentes. Voilà qu'on nous signale encore celle qui a opposé A. et B. Pourquoi, nous ne le savons pas, mais faut-il vraiment que chaque dispute se transforme en bataille ? » Ce même problème peut aussi donner lieu à un article plus important précédé d'un titre énergique, comme : « Non aux coups de poing », ou : « Finissons-en une fois pour toutes. »

Pour un éducateur qui, dans son désir de comprendre l'enfant, tient à contrôler sa propre conduite, le journal devient un parfait régulateur des mots et des actes, étant une chronique vivante des erreurs qu'il commet et des efforts qu'il accomplit en vue de les corriger. Le journal peut l'aider aussi à se défendre contre d'éventuels détracteurs car il constitue autant une preuve de ses capacités que le témoignage de toute son activité. Tout cela en fait un document scientifique de grande valeur.

Les cours de journalisme pédagogique pourront peut-être, dans un temps prochain, être inscrits au programme d'enseignement dans les écoles d'instituteurs.

Tribunal d'arbitrage

La place que je consacre dans ce livre aux tribunaux d'enfants peut sembler à certains démesurée ; c'est que j'y vois, moi, le premier pas vers l'émancipation de l'enfant, vers l'élaboration et la proclamation d'une Déclaration des droits de l'enfant.

L'enfant a le droit d'exiger que ses problèmes soient considérés avec impartialité et sérieux. Jusqu'à présent, tout dépendait de la bonne ou de la mauvaise volonté de l'éducateur, de son humeur du jour. Il est temps de mettre un terme à ce despotisme.

Le code du tribunal d'arbitrage

Si quelqu'un a mal agi, on commence par lui pardonner. Car, s'il l'a fait par ignorance, désormais, il pourra agir en connaissance de cause ; s'il l'a fait involontairement, à l'avenir il essaiera d'être plus prudent ; s'il l'a fait parce qu'il n'arrive pas à se dégager de ses mauvaises habitudes, nous espérons que la prochaine fois il en sera capable ; s'il l'a fait à l'instigation d'un autre, la prochaine fois, il n'aura pas envie de l'écouter.

Si quelqu'un a mal agi, on commence par lui pardonner et on attend qu'il s'amende lui-même. Cela dit, le tribunal doit veiller quand même au respect de l'ordre car c'est l'anarchie qui fait toujours souffrir les gens tranquilles, bons et consciencieux. Le tribunal doit les défendre, empêchant les forts, les insolents et les paresseux de leur faire du mal ou de les déranger.

Un tribunal, ce n'est pas encore la justice, mais faire régner la justice doit constituer son principal souci ; un tribunal ce n'est peut-être pas la vérité, mais la vérité est ce à quoi il aspire le plus.

Il peut arriver qu'un juge condamne quelqu'un pour un acte dont lui-même se rend parfois coupable, parce que, être juge, ne veut pas dire être à l'abri de l'erreur, mais si un juge prononçait sciemment un jugement mensonger, ce serait vraiment honteux.

Comment porter plainte ?

À un endroit bien visible, un tableau est accroché sur lequel tout un chacun a le droit d'inscrire le sujet de sa plainte : il y marque son nom et le nom de celui qu'il cite en justice. Tout enfant, tout adulte (l'éducateur y compris) peut être assignés à comparaître devant le tribunal.

Chaque soir, le secrétaire du tribunal inscrit les plaintes dans un livre prévu à cet effet et, dès le lendemain, il reçoit les dépositions des témoins. Les dépositions peuvent être orales ou écrites.

Les juges

Le tribunal siège une fois par semaine. Les juges sont désignés par tirage au sort parmi les enfants qui, au cours de la semaine écoulée, n'ont fait l'objet d'aucune plainte. Il faut cinq juges pour une cinquantaine d'affaires qui passent devant le tribunal.

Il peut arriver qu'il y ait, par exemple, cent vingt affaires à juger, ce qui nécessiterait une quinzaine de juges, et que le nombre d'enfants n'ayant pas eu de procès au cours de la semaine écoulée soit inférieur à quinze. On procède alors au tirage au sort parmi tous les enfants et les groupes de juges sont désignés de façon que personne n'ait à juger sa propre affaire.

Les jugements sont prononcés conformément au code du tribunal, avec le droit pour le secrétaire de soumettre certaines affaires, à moins que les juges ne s'y opposent, au Conseil juridique ou de les renvoyer à une séance ouverte où elles seraient débattues en présence de tous. La fonction du secrétaire est confiée à l'éducateur. Les jugements rendus sont inscrits dans un livre et lus à haute voix en présence de tous les enfants. Les mécontents peuvent faire appel mais pas avant qu'un mois se soit écoulé à partir de la date du jugement.

Le conseil juridique

Le Conseil juridique est représenté ici par l'éducateur et deux juges élus au vote secret pour la durée de trois mois.

En dehors des jugements, le Conseil est chargé d'élaborer les lois obligatoires pour tous.

Comme il n'est pas impossible que les juges rentrant au Conseil fassent eux-mêmes un jour figure d'accusés, deux suppléants leur ont été adjoints dont chacun peut, le cas échéant, remplacer l'un des trois juges titulaires.

Le secrétaire

Le secrétaire ne rend pas de jugements ; il recueille les dépositions des témoins et en fait la lecture au cours des délibérations du Conseil. Il est responsable du tableau du tribunal, du livre des dépositions et des verdicts, de la liste et du fonds de remboursement des dommages ; c'est lui également qui trace la courbe des sentences et rédige la gazette du tribunal.

Maintien de l'ordre

L'enfant qui est toujours en retard, fait du bruit, gêne les autres, ne range pas ses affaires, salit la maison, pénètre dans des endroits interdits, se dispute, provoque des bagarres, etc., est considéré comme perturbateur de l'ordre et il convient de réfléchir à son cas.

Le tribunal peut lui pardonner, tout en lui faisant comprendre que sa conduite laisse à désirer. Il peut aussi intervenir en sa faveur auprès du Conseil afin que celui-ci lui permette de manquer quelquefois au règlement.

Le Conseil peut lui accorder un délai d'indulgence, il peut même, à titre exceptionnel, lui donner le droit de faire ce qui est interdit aux autres.

Ponctualité

L'enfant qui n'apprend pas ses leçons, refuse de travailler, fait tout négligemment, se fait tort à lui-même et n'apporte rien aux autres.

Si l'action du tribunal se révèle inefficace, il faut s'adresser au Conseil pour que celui-ci examine le cas de l'enfant. Peut-être est-il malade ? Peut-être faut-il lui laisser le temps de s'habituer au travail ? Peut-être même faut-il l'en dispenser ?

Le tribunal veille au respect de la personne humaine

Les hommes vivent ensemble sans se ressembler : le petit à côté du grand, le fort à côté du faible, le sage à côté du moins sage, le gai à côté du triste. L'un est toujours bien portant, l'autre a toujours mal quelque part. Le tribunal veille à ce que le grand ne maltraite pas le petit et que le petit n'importune pas le grand ; à ce qu'un malin n'exploite pas un maladroit, qu'un plaisantin ne fasse pas de mauvaises blagues à celui qui n'a pas envie de plaisanter, qu'un coléreux ne cherche pas la bagarre à tout bout de champ mais aussi que les autres ne le provoquent pas inutilement.

Le tribunal doit veiller à ce que tout enfant ait ce dont il a besoin et qu'il n'ait pas de raison d'être triste ou en colère.

Le tribunal peut pardonner mais il peut aussi déclarer à un enfant qu'il a eu tort d'agir comme il l'a fait, que sa faute est grave ou très grave.

Le tribunal veille au respect de la propriété

Le jardin, la cour, la maison, les murs, la porte, les fenêtres, l'escalier, les poêles, les carreaux, les tables, les bancs, les armoires, les chaises : si on n'en prenait pas bien soin, tout serait détérioré, cassé, sali, enlaidi. La même chose pour les manteaux, les costumes, les casquettes, les mouchoirs, les assiettes, les cuillères, les couteaux : que de pertes quand ils sont égarés, déchirés, cassés ! Et les livres, les cahiers, les stylos, les jouets ? Eux aussi méritent qu'on les respecte, qu'on ne les abîme pas.

Les dommages et le chagrin dont ils sont la cause sont parfois légers, parfois très sérieux.

Ceux qui en sont responsables s'adressent eux-mêmes au tribunal qui décidera si c'est au coupable de réparer le dommage ou s'il y a lieu de faire appel au fonds spécial de remboursement dont le tribunal est l'administrateur.

La même chose concerne la propriété privée des enfants.

Protection de la santé

Une grave maladie, l'infirmité, la mort : ce sont de grands malheurs. Il est toujours possible de remplacer un carreau cassé, de racheter un ballon perdu, mais que faire si on vous a crevé un œil ?

Même si un tel malheur ne vous a jamais frappé, il faut rester très prudent.

Toute maladie, tout accident causé par imprudence sont annoncés au tableau du tribunal. Le Conseil juridique décide combien de temps l'annonce devra rester affichée.

COMMENT AIMER UN ENFANT

On ne connaît pas le coupable...

On ne connaît pas le coupable. Personne ne s'est fait connaître comme tel. Bien sûr, si on y tenait vraiment, on finirait par connaître la vérité. Mais épier, soupçonner, enquêter, c'est si désagréable ! Alors, dans le cas où l'auteur du délit reste inconnu, on intente un procès à X. Un jugement a lieu et le verdict est affiché au tableau du tribunal. S'il s'agit d'un délit qui déshonore l'institution tout entière, le Conseil décide de coudre, en signe de deuil, un ruban noir sur l'étendard de l'établissement.

Tout le monde est fautif...

Au cas où plusieurs enfants se rendent coupables d'une même faute, il convient de réfléchir à d'autres remèdes que le tribunal, étant donné qu'on ne peut pas les juger tous en même temps.

— Personne n'accroche sa casquette. Ils sont toujours tous en retard.

Ce n'est pas tout à fait exact : de nombreux enfants le sont peut-être, mais pas tous. Et puis, cela n'arrive pas tous les jours. Il n'empêche que c'est le désordre quand même.

Afin d'y remédier, le Conseil peut décider d'afficher une courbe des délits, il peut aussi prendre d'autres initiatives.

« Cas spéciaux »

Il existe des enfants qui ont du mal à suivre le règlement ou qui s'y soustraient systématiquement. Que faire si aucune des mesures habituelles ne donne de bons résultats ? Serait-ce vraiment si grave si on laissait à certains le droit de faire ce qu'on défend aux autres ? Si on les dispensait de ce qu'on impose à leurs camarades ?

Le Conseil juridique a le droit de déclarer quelqu'un « cas spécial » jusqu'au moment où l'intéressé lui-même décide de ne plus l'être. C'est au Conseil également de conclure à l'opportunité d'afficher au tableau du tribunal les noms des « cas spéciaux ».

Les premiers 99 articles du code du tribunal d'arbitrage sont des articles d'acquittement ou de non-lieu. Tout se passe comme si le délit n'avait jamais existé; pour encourager l'accusé à ne plus jamais recommencer, quelques traces de son délit lui rappelleront le jugement.

ARTICLE 100

Le tribunal ne conclut pas à la culpabilité, il n'y a pas de blâme, personne ne se fâche, mais, étant donné que l'article 100 représente la condamnation la plus légère, le jugement est porté sur la courbe des délits.

ARTICLE 200

L'article 200 dit :

« Il a eu tort d'agir de la sorte. »

Tant pis, ce qui est fait, est fait. Cela peut arriver à tout le monde. Nous lui demandons de ne plus recommencer.

ARTICLE 300

Cet article dit : « Il a mal agi. »

Le tribunal condamne.

Si, dans les articles 100 et 200, le tribunal demandait de ne plus recommencer, ici, il l'exige.

ARTICLE 400

L'article 400 équivaut à une « grande faute ».

Cet article dit : « Ce que tu as fait ou que tu es en train de faire est très grave. »

L'article 400, c'est la dernière tentative d'épargner à l'accusé la honte d'une condamnation publique, la dernière mise en garde.

ARTICLE 500

L'article 500 dit :

« Celui qui fait si peu de cas de nos prières et de nos exigences prouve, soit qu'il ne se respecte pas lui-même, soit qu'il se soucie bien peu de nous tous. Donc, nous non plus, nous n'avons pas de raison de nous soucier de lui en lui épargnant une condamnation. »

La sentence, avec les nom et prénom du coupable, est publiée en première page du journal.

ARTICLE 600

La sentence est publiée dans le journal et affichée, pendant une semaine, au tableau du tribunal.

Si quelqu'un a écopé de l'article 600 pour récidive, sa courbe pénale pourra rester affichée plus d'une semaine, mais, dans ce cas, ses nom et prénom seront remplacés par ses initiales.

ARTICLE 700

Les mêmes mesures punitives que celles de l'article 600 et le texte de la condamnation envoyé à la famille.

Comme l'enfant risque d'être mis à la porte, la famille doit être prévenue de cette éventualité. Si on lui disait, sans autre forme de procès : « Reprenez votre enfant », la famille aurait le droit d'être mécontente de n'avoir pas été avertie à temps et de croire qu'on lui a caché des faits sciemment.

ARTICLE 800

L'article 800 dit : « Le tribunal s'avoue impuissant. » Peut-être que les mesures punitives utilisées dans des établissements éducatifs d'autrefois auraient été plus efficaces que les nôtres, mais elles n'existent pas chez nous.

L'accusé se voit accorder un délai de réflexion d'une semaine. Pendant ce temps, aucune plainte ne sera déposée contre lui, mais lui-même non plus n'aura pas le droit de porter plainte contre qui que ce soit. Ce processus l'aidera peut-être à changer d'attitude.

La sentence est publiée dans le journal, affichée au tableau et transmise à la famille.

ARTICLE 900

Cet article dit :

« On a perdu tout espoir de le voir changer un jour. »

Ce qu'on peut traduire par :

« Nous n'avons plus confiance en lui. »

Ou :

« Il nous fait peur. »

Ou encore :

« Nous ne voulons plus de lui. »

Autrement dit, l'article 900 équivaut au renvoi. Toutefois, si quelqu'un se porte garant pour lui, l'enfant pourra rester dans l'établissement. De même, il lui suffit de trouver un tuteur pour pouvoir y revenir au cas où il aurait été mis à la porte.

Le tuteur répond devant le tribunal des fautes de son pupille.

Peuvent être tuteur l'éducateur ou l'un des enfants.

ARTICLE 1 000

Cet article dit :

« Nous le renvoyons. »

Le renvoyé pourra demander trois mois après son renvoi à être réintégré.

LA MAISON DE L'ORPHELIN

La courbe des sentences

Comme dans un hôpital, où chaque malade possède sa feuille de maladie accrochée au pied de son lit, nous affichons au tableau du tribunal la courbe de la santé morale de notre établissement. Cela permet de voir tout de suite si les choses vont bien ou mal.

Ainsi, si le tribunal a rendu quatre jugements selon l'article 100 (100 × 4 = 400), six selon l'article 200 (200 × 6 = 1 200) et un selon l'article 400, dont le total sera de 400 + 1 200 + 400 = 2 000, nous noterons que la courbe des sentences de la semaine est montée à 2 000.

Le code

Le tribunal renonce au jugement .
Art. 1 — Le tribunal annonce que A. a retiré sa plainte.
Art. 2 — Le tribunal considère l'accusation comme absurde.
Art. 3 — Le tribunal ignore les circonstances de l'affaire et renonce à la juger.
Art. 4 — Le tribunal est certain que la chose ne se reproduira plus et renonce au jugement.
Remarque : cet article exige l'assentiment de l'accusé.
Art. 5 — Prévoyant la disparition prochaine de ce genre de délit, le tribunal renonce au jugement.
Art. 6 — Le tribunal renvoie l'affaire à la prochaine séance.
Art. 7 — Le tribunal note avoir reçu l'avis du délit.
Art. 8 — ...
Art. 9 — ...

Le tribunal exprime son approbation, ses remerciements, ses regrets.
Art. 10 — Le tribunal ne voit rien de blâmable dans l'action de A. qui a, au contraire, donné l'exemple de courage civique (bravoure, probité, honnêteté, noblesse, sincérité, bonté).
Art. 11 — Le tribunal remercie A. de s'être dénoncé lui-même.
Art. 12 — Le tribunal présente ses excuses à A. de l'avoir dérangé inutilement.
Art. 13 — Le tribunal désapprouve l'action mais n'en accuse pas A.

Art. 14 — ...
Art. 15 — ...
Art. 16 — ...
Art. 17 — ...
Art. 18 — ...
Art. 19 — ...

Le tribunal rend un non-lieu.

Art. 20 — Le tribunal considère que A. n'a fait que remplir son devoir (il a agi comme il devait agir).
Art. 21 — Le tribunal considère que A. avait le droit d'agir, de s'exprimer ainsi.
Art. 22 — Le tribunal donne raison à A.
Art. 23 — Le tribunal considère que A. n'a pas insulté B.
Art. 24 — Le tribunal considère que A. a dit la vérité.
Art. 25 — Le tribunal ne voit aucun mal dans l'action de B.
Art. 26 — ...
Art. 27 — ...
Art. 28 — ...
Art. 29 — ...

Délits dus aux circonstances. — Responsabilité partagée. — Erreurs judiciaires.

Art. 30 — Le tribunal considère que A. n'a pas pu faire autrement.
Art. 31 — Le tribunal considère que le délit est dû aux circonstances et ne rend pas A. responsable de ce qui s'est passé.
Art. 32 — Puisque le délit a été commis à plusieurs, il serait injuste d'en accuser un seul.
Art. 33 — La responsabilité de l'action de A. retombe sur B.
Art. 34 — ...
Art. 35 — ...
Art. 36 — ...
Art. 37 — ...
Art. 38 — ...
Art. 39 — ...

Le tribunal souhaite qu'il y ait réconciliation.

Art. 40 — Le tribunal considère que B. n'a pas de raison d'être fâché avec A.

Art. 41 — Le tribunal souhaite la réconciliation.
Art. 42 — ...
Art. 43 — ...
Art. 44 — ...
Art. 45 — ...
Art. 46 — ...
Art. 47 — ...
Art. 48 — ...
Art. 49 — ...

Le tribunal pardonne en raison de l'absence de préméditation.

Art. 50 — Le tribunal pardonne à A. qui n'a pas compris son action, et espère qu'il ne la commettra plus.
Art. 51 — Le tribunal pardonne à A. qui ne comprenait qu'à moitié ce qu'il faisait et espère qu'il ne recommencera plus.
Art. 52 — Le tribunal pardonne à A. qui ne pouvait pas prévoir les conséquences de son geste (il ne l'a pas fait exprès, mais par imprudence, par erreur ou par oubli).
Art. 53 — Le tribunal pardonne à A. parce que celui-ci n'avait pas l'intention d'insulter B. (ou de lui faire de la peine).
Art. 54 — Le tribunal pardonne à A. parce que ce n'était qu'une mauvaise blague.
Art. 55 — ...
Art. 56 — ...
Art. 57 — ...
Art. 58 — ...
Art. 59 — ...

Le tribunal pardonne, ayant conclu aux circonstances atténuantes.

Art. 60 — Le tribunal pardonne à A. parce qu'il l'a dit (ou fait) dans un mouvement de colère ; il est trop impulsif, mais promet de se corriger.
Art. 61 — Le tribunal pardonne à A. qui a fait preuve de trop d'entêtement, mais qui promet de se corriger.
Art. 62 — Le tribunal pardonne à A. parce qu'il ne l'a fait que par une fierté mal placée, mais promet de se corriger.

Art. 63 — Le tribunal pardonne à A. qui est trop coléreux, mais qui promet de se corriger.

Art. 64 — Le tribunal pardonne à A. qui a agi par peur, mais qui désire devenir plus courageux.

Art. 65 — Le tribunal pardonne à A. qui est un enfant d'une santé délicate.

Art. 66 — Le tribunal pardonne à A. parce qu'il a agi ainsi à cause des brimades dont il était l'objet.

Art. 67 — Le tribunal pardonne à A. parce qu'il n'a pas réfléchi à ce qu'il faisait.

Art. 68 — ...

Art. 69 — ...

Le tribunal pardonne parce que le coupable s'est puni lui-même ou parce qu'il fait preuve de repentir.

Art. 70 — Le tribunal pardonne à A. parce qu'il a déjà eu sa punition.

Art. 71 — Le tribunal pardonne parce que A. regrette sincèrement son action.

Art. 72 — ...

Art. 73 — ...

Art. 74 — ...

Art. 75 — ...

Art. 76 — ...

Art. 77 — ...

Art. 78 — ...

Art. 79 — ...

Le tribunal essaie d'être indulgent.

Art. 80 — Le tribunal pardonne à A. étant d'avis que seule la bonté peut l'amender.

Art. 81 — Le tribunal tâche d'innocenter A.

Art. 82 — Le tribunal pardonne à A. dans l'espoir de le voir changer un jour.

Art. 83 — 84. — 85. — 86. — 87. — 88. — 89. — ...

Acquittements à titre d'exception.

Art. 90 — Le tribunal pardonne à A. qui n'arrive pas encore à contrôler son vouloir.

Art. 91 — Le tribunal pardonne à A. qui est chez nous depuis peu de temps et ne comprend pas encore que la discipline se passe de punitions.

Art. 92 — Le tribunal pardonne à A. parce qu'il doit nous quitter bientôt et qu'il ne faut pas qu'il garde un mauvais souvenir de notre maison.

Art. 93 — Le tribunal pardonne à A. parce qu'il a été trop gâté par tout le monde, et lui rappelle que tous sont égaux devant la loi.

Art. 94 — Le tribunal, tenant compte de l'intervention chaleureuse de son ami (de son frère, de sa sœur) pardonne à A.

Art. 95 — Le tribunal pardonne à A. à la demande insistante d'un des juges.

Art. 96 — Le tribunal pardonne à A. car celui-ci ne cherche pas à se disculper à n'importe quel prix.

Art. 97 — 98. — 99. — ...

Art. 100 — Pas d'acquittement : le tribunal constate que l'action de A. justifie l'accusation.

Art. 200 — Le tribunal estime que A. a eu bien tort d'agir de la sorte.

Art. 300 — Le tribunal déclare que A. a commis une mauvaise action.

Art. 400 — Le tribunal déclare que A. a commis une très mauvaise action.

Art. 500 — Le tribunal déclare A. coupable d'une très mauvaise action et décide de publier la sentence dans la gazette du tribunal.

Art. 600 — Le tribunal déclare A. coupable d'une très mauvaise action et décide de publier la sentence dans la gazette du tribunal et de l'afficher au tableau.

Art. 700 — Le tribunal déclare A. coupable d'une très mauvaise action et décide de publier la sentence dans la gazette du tribunal, de l'afficher au tableau et de la communiquer à la famille de A.

Art. 800 — Le tribunal fait déchoir A. de ses droits de pupille de l'établissement pour la période d'une semaine et convoque sa famille pour un entretien. La sentence sera publiée dans la gazette et affichée au tableau.

Art. 900 — Le tribunal cherche un tuteur pour A. Si, d'ici à deux jours, un tuteur n'est pas trouvé, A. sera renvoyé. La sentence sera publiée dans la gazette.

Art. 1000 — Le tribunal décide le renvoi de A. de rétablissement. La sentence sera publiée dans la gazette.

Compléments aux jugements rendus.

a) Le tribunal remercie A. pour la sincérité de sa déposition,
b) Le tribunal s'étonne que A. ne l'en ait pas informé lui-même.
c) Le tribunal demande que les faits ne se reproduisent plus.
d) Le tribunal fait appel au Conseil, lui demandant de veiller à ce que de pareils faits ne se reproduisent plus.
e) Le tribunal prie le Conseil de le dispenser d'ordonner l'exécution de la sentence.
f) Le tribunal exprime ses craintes quant à l'avenir de A. qui risque de devenir un homme nuisible à la société.
g) Le tribunal exprime son espoir de voir A. devenir un jour un homme digne de ce nom.

LA GAZETTE DU TRIBUNAL n° 1
À propos du tribunal d'arbitrage

Les adultes ont aussi leurs tribunaux. Ces tribunaux ne sont pas parfaits. Alors, de temps en temps, ils les modifient un peu. Les tribunaux d'adultes peuvent punir de différentes manières : amendes, arrestations, prison, travaux forcés, peine de mort font partie de ces punitions. Les tribunaux d'adultes ne sont pas toujours équitables : tantôt ils se montrent trop indulgents, tantôt trop sévères, et il leur arrive aussi de se tromper. Un jour, ils refusent de croire un innocent, un autre, ils acquittent un criminel. Alors, les gens se demandent s'il n'existe pas des moyens de rendre les tribunaux plus justes. Il y en a même qui se demandent comment faire pour que les tribunaux ne soient plus nécessaires du tout, pour que les gens ne commettent plus de crimes.

Dans les écoles, c'est le maître qui fait justice : c'est lui qui fixe des sanctions. Il peut envoyer quelqu'un au coin, le mettre à la porte, coller une retenue. Il lui arrive souvent de crier et, parfois, de donner une gifle. Il peut vous priver de déjeuner ou du droit de visite dans la famille.
Ses colères ne sont pas toujours justifiées et ses sanctions, pas toujours équitables.
C'est pourquoi, ici également, les gens réfléchissent, se

demandant comment changer les choses. Toutes sortes de tentatives ont déjà eu lieu et il y en aura encore d'autres. Notre tribunal d'arbitrage en fait partie.

Le tribunal d'arbitrage décide si quelqu'un est coupable ou innocent. S'il est coupable, le tribunal peut lui pardonner ou pas. Si le tribunal ne pardonne pas, c'est que soit il est *fâché* et, dans ce cas, il applique l'article 100, soit il est *très fâché* et il recourt aux articles 200, 300 et 400.

Le tribunal ne se met pas en colère, ne crie pas, n'insulte pas, ne blesse pas. Il annonce tranquillement :

— Tu as eu tort d'agir ainsi, tu as mal agi, tu as très mal agi.

Parfois, le tribunal tente de faire honte au coupable : peut-être fera-t-il plus attention à l'avenir.

Le tribunal siège une fois par semaine. Il s'est réuni déjà cinq fois et a rendu 261 jugements. Il est encore trop tôt pour dire si l'expérience est réussie mais on peut déjà en parler un peu.

La première semaine s'est soldée par trente-quatre citations en justice. Tous les coupables se sont accusés eux-mêmes.

Nous avons affiché trois petites annonces.

La première annonce disait :

« Tous ceux qui, hier, sont arrivés en retard, sont priés de donner leurs noms au tribunal. »

Treize retardataires se sont présentés.

La seconde annonce, affichée quelques jours plus tard, disait :

« Ceux qui sont sortis sans permission sont priés de se faire connaître au tribunal. »

Il s'en est fait connaître six.

Quelques jours plus tard encore, on pouvait lire dans la troisième petite annonce :

« Ceux qui, hier soir, ont fait du chahut au dortoir, sont priés de communiquer leurs noms au tribunal. »

Ils ont été quinze à donner leurs noms.

Trente-quatre affaires se sont accumulées ainsi qui furent passées en jugement lors de la première séance du tribunal.

Le tribunal a pardonné à tous.

Il est écrit dans la préface au code du tribunal :

« Si quelqu'un a mal agi, on commence par lui pardonner. »

Notre tribunal pardonne presque toujours.

Il n'a eu à dire « coupable » que dix-neuf fois.

Dix fois en application de l'article 100.

Six fois en application de l'article 200.

Deux fois seulement en application de l'article 300.

Et une seule fois en application de l'article 400.

Nous savons que d'aucuns trouvent notre tribunal trop enclin au pardon.

Le premier article de notre code dit :

« La plainte a été retirée. »

Cela signifie que le plaignant a pardonné à l'accusé.

C'est de cet article-là que le tribunal a eu à se servir le plus souvent.

Sur 120 plaintes déposées au tribunal, 62 plaignants ont pardonné d'eux-mêmes.

Il y a des enfants qui disent :

« L'article 100 ou 200, c'est ça leur punition ? »

C'en est une pour les uns, ce n'est pas grand-chose pour les autres qui se moquent que l'on soit fâché contre eux.

« Bon, je me suis fait attraper, ils sont en colère après moi, mais moi, je m'en fiche. »

C'est ce que disent certains.

Il arrive même que l'enfant que vous avez mis à la porte, collé ou corrigé d'importance, vous déclare :

« Et après ? J'ai eu un moment de tranquillité derrière la porte... » « J'ai passé une heure de colle pas trop embêtante... » « Les coups ne m'ont même pas fait mal. »

Nous demandons à tous ceux qui prétendent que l'article 100 ne constitue pas une punition de nous répondre en toute sincérité : tiennent-ils, oui ou non, à passer en jugement avec l'article 100 ou 200 comme perspective de sanction ? Si l'article 100 constitue un léger châtiment, c'est un châtiment quand même et nous voulons que la crainte de se le voir infliger dissuade les enfants de commettre de mauvaises actions.

Nous voulons même plus : qu'ils se conduisent bien sans que la crainte de la colère du tribunal les y contraigne. Un jour, peut-être, nos vœux deviendront-ils réalité ?

En attendant, nous avons l'article 100 qui, pour léger qu'il soit, constitue néanmoins un châtiment. Nous sommes tous d'accord là-dessus et celui qui prétend le contraire prouve, soit qu'il n'a pas réfléchi à la question, soit qu'il ne veut pas dire la vérité.

Plus longtemps le tribunal exercera ses fonctions, plus nous nous déshabituerons de toutes ces fâcheries, semonces et punitions, et plus l'article 100 gagnera en importance et, avec lui, tous ceux qui le précèdent et qui sont des articles de pardon.

Il y a des enfants qui disent :
« Pour la moindre bagatelle ils vous font passer en jugement. »
Cela n'est pas tout à fait vrai non plus.
On ne sait jamais d'avance si c'est pour faire une mauvaise plaisanterie qu'un enfant a porté plainte contre quelqu'un ou s'est dénoncé lui-même.
Une telle situation est toutefois prévue dans l'article 2 de notre code qui dit :
« L'affaire ne mérite pas d'être examinée par le tribunal. »
Pourtant, sur 261 citations, il n'y en a eu que quatre à avoir été rejetées par le tribunal. Seulement quatre ! Mais nous ne sommes pas en mesure de dire qu'il s'agissait là de mauvaises plaisanteries.
Les gens ne se ressemblent pas entre eux. Le même petit détail peut faire pleurer l'un et faire rire l'autre.
Prenons un surnom moqueur. On pourrait croire que c'est une bagatelle. Pourtant, que de larmes n'a-t-il pas fait couler, ce jeu apparemment innocent !
Des affaires de surnom, nous en avons eu 43. On distingue parfois difficilement un sobriquet plaisant d'un surnom blessant. Ce dernier peut devenir la source d'une véritable souffrance pour certains enfants.
Si on m'arrose avec de l'eau par pure plaisanterie, si on me confisque un objet en me disant par taquinerie que je ne le retrouverai plus, j'en rirai si je suis de bonne humeur, mais si j'ai quelque ennui ce jour-là, cette même plaisanterie me mettra en colère, peut-être même m'en sentirai-je blessé. Et puis, j'ai bien le droit de refuser de plaisanter ou de ne pas vouloir plaisanter avec n'importe qui.
Cela ne fait qu'un mois que le tribunal existe. Beaucoup d'enfants ne se rendent pas encore compte de son importance. Mais nous sommes certains qu'avec le temps il gagnera le respect de tous et qu'il y aura de moins en moins de plaintes faites à la légère.

Il y en a parmi nous qui disent :
« Moi, me faire juger par une espèce de mioche ? »

315

COMMENT AIMER UN ENFANT

Premièrement, les juges sont au nombre de cinq, dont toujours un grand. Deuxièmement, tout mioche n'est pas forcément un bêta. Troisièmement, ce qu'on demande à un juge, c'est avant tout d'être honnête ; or, même un jeune enfant peut être honnête.

Il peut être désagréable à un grand d'être jugé par un petit. Mais un jugement, ce n'est pas une partie de plaisir.

« C'est pénible d'être juge », pouvait-on entendre dire à certains.

Nous les croyons volontiers. C'est pourquoi nous avons décidé d'élire nos juges par tirage au sort. Ce moyen valait mieux que le vote, avons-nous pensé.

C'est en effet une affaire délicate que d'avoir à juger les autres. Si on est amené à le faire souvent ou pendant une longue période de temps, il y a le danger de se prendre pour un incorruptible, de considérer les délits des autres comme si on n'avait jamais commis de péché soi-même. Mais la fonction de juge vous donne également la possibilité de comprendre beaucoup de choses : on se rend mieux compte combien être juste est difficile et combien importante est la justice.

Cela fait à peine cinq semaines que notre tribunal existe. C'est peu et pourtant on note déjà son influence bénéfique.

Si un enfant dit à un autre : « Si tu ne cesses pas de m'embêter, j'irai me plaindre au tribunal », et que celui-ci le laisse tranquille, le tribunal, tout en ignorant l'incident, aura joué le rôle de défenseur.

Bien sûr, certains vous menacent du tribunal pour blaguer, mais il faudrait être bête pour ne pas distinguer une blague de la vérité. D'autres, par plaisanterie, demandent qu'on les dénonce au tribunal.

Ces plaisanteries ne sont pas toujours innocentes. Certains enfants en veulent au tribunal d'aborder chaque affaire avec sérieux, calme et honnêteté, de trouver toujours du temps pour ceux qui font appel à lui, d'écouter avec la même attention l'accusation et la défense, et de ne jamais minimiser un conflit, aussi petit soit-il, du moment qu'il recouvre la souffrance ou l'indignation de quelqu'un.

Non, le tribunal n'est apprécié ni de ceux qu'on appelle les « lécheurs », ni de ceux dont on dit « il n'est pire eau que l'eau qui dort », ni des rusés qui font du mal en prenant mille précautions pour ne pas être pris sur le fait. Le lécheur, à condition de ne pas commettre un méfait par trop horrible, peut se permettre pas mal de choses, car il sait gagner la sympathie de l'entourage. L'enfant qui se tait est capable de vous blesser plus gravement que celui qui est toujours à brailler et à donner des coups. Le rusé trouve toujours le moyen de se tirer d'affaire. Tous les trois, ils se passeraient bien du tribunal qui leur complique inutilement la vie. C'est pourquoi ils cherchent à le ridiculiser et à le détruire. Mais le tribunal, loin de s'en offenser, continue patiemment à améliorer ses méthodes et en attendant de mieux faire, accomplit ses devoirs selon ses capacités.

Il y a des enfants qui ont dix procès par mois, il y en a qui en ont un par an. C'est ainsi et il ne peut pas en être autrement. Inutile d'en discuter. Que chacun réfléchisse sur son propre cas.

À un moment donné, le grand souci était de savoir si le tribunal pourrait se débrouiller s'il avait trop d'affaires à juger. À présent, cette crainte n'existe plus, car le tribunal a prouvé qu'il était capable d'expédier en une heure ou deux au maximum l'ensemble des affaires de la semaine, même une centaine. Et ce n'est là qu'un début.

Mais ce serait encore mieux si le tribunal arrivait à introduire un ordre qui rendrait inutiles les fâcheries et la surveillance. Il suffirait alors d'une heure par semaine pour balayer tout le mal comme on balaie la chambre le soir ou le matin.

Voyons maintenant quelques-uns des conflits de ces dernières semaines qui ont été portés devant le tribunal. Ainsi on se rend peut-être mieux compte que le tribunal doit son efficacité à son calme, à l'absence chez lui de sautes d'humeur et de préférences personnelles, et à sa patience devant les explications des enfants.

Jugement 21. — Il est interdit de chahuter au dortoir. Mais ils lui ont défait son lit, il les a donc rabroués un peu brusquement. Article 5.

Jugement 42. — Ils l'ont arrosé avec de l'eau pour rire. Que faire ? Les arroser également, se battre, se disputer ? — On peut aussi pardonner. Il ne dit pas non, mais il ne peut pardonner tout de suite. Plus tard, peut-être, à condition qu'ils ne recommencent plus.

Jugement 52. — Une fille marche sur des échasses. Un garçon s'approche d'elle : « Laisse-les-moi. » Elle refuse. Le garçon se met à la battre, lui arrache une échasse, la pousse et lui allonge une gifle. La fille pleure. Elle voulait s'amuser, la voilà toute triste. Pourquoi? Que lui a-t-elle fait? Elle le dénonce d'abord au tribunal, mais finit par lui pardonner. Article 1.

Jugement 63. — On avait l'habitude de lui donner des surnoms blessants. Au début, il en a beaucoup souffert. Ensuite, il s'y est habitué. Tant pis, il ne pouvait pas se battre et se disputer avec tout le monde. Et puis soudain ce fut l'annonce d'un ordre nouveau et meilleur avec la venue du tribunal. Il a décidé de porter plainte contre le plus cruel de ses persécuteurs. Un mois est passé. Nous le convoquons : « Se moque-t-on moins de toi à présent? » — « Oui. Moins. » Et le tribunal, qui a su le défendre, a eu droit à un sourire reconnaissant.

Jugement 67. — Elle est revenue en retard de la visite à sa famille. Pourquoi? Elle n'a qu'une tante pour toute famille. Elle n'allait jamais la voir parce qu'elle ne l'aimait pas. Pourquoi? Ce n'était pas notre affaire. Elle y est allée enfin, s'est réconciliée avec sa famille et puis elle est partie se promener avec sa cousine : elles se sont assises dans l'herbe et se sont mises à parler. Elle en a oublié de revenir à la maison. Le tribunal lui a pardonné.

Jugement 82. — La surveillante veut lui couper les ongles. Lui, il prétend qu'ils lui sont nécessaires pour repiquer des plants (il travaille chez un jardinier). Dans quatre jours son travail sera terminé et là, il pourra se les laisser couper. A-t-il raison? Article 61.

Jugement 96. — L'ancienne liste des responsables de la literie n'est plus valable, la nouvelle n'est pas encore établie. La surveillante demande : « Qui est-ce qui veut aérer la literie? » Personne. Elle se tourne donc vers deux garçons : « C'est vous qui vous en chargerez. » Ils refusent : ils l'ont déjà fait il n'y a pas longtemps. Article 1.

Jugement 107. — Elle a emprunté un livre à la bibliothèque. Elle l'a emmené avec elle dans la cour où elle devait éplucher des pommes de terre. Le livre est resté oublié sur un banc. Un enfant de deux ans est arrivé et a déchiré le livre. Article 70.

Jugement 120. — Le cerceau a roulé jusqu'à la cour d'à côté. Ils sont allés le chercher. Le cerceau a été trouvé par un petit garçon qui ne voulait pas le rendre. Une dispute en est résultée et nous avons reçu une plainte comme quoi nos garçons se seraient montrés mal polis. Article 3.

Jugement 127. — Il a mis par mégarde la veste d'un autre. Avec des méprises pareilles on risque d'attraper la grattelle. Article 31.

Jugement 144. — Il s'est emparé de la ceinture d'un autre et refuse de la lui rendre. C'est une blague qu'il a voulu lui faire. Le voilà qui s'enfuit à présent en riant. « Rends-la-moi immédiatement! — Tiens! » Et il s'enfuit de nouveau. Bien sûr, l'affaire n'est pas bien grave. Mais ce genre d'incidents nous apprend que tout le monde n'aime pas la plaisanterie et que même ceux qui l'aiment préfèrent peut-être choisir eux-mêmes le moment et la personne pour plaisanter.

Jugement 153. — Il a claqué la porte... et il est venu lui-même au tribunal pour se dénoncer. Qu'importe alors que la plupart de ceux qui claquent la porte derrière eux ne viennent pas inscrire leurs noms au tableau? Qu'importe que d'autres dissimulent leurs vilaines actions? Ce sont ces petites choses-là qui nous intéressent en tant qu'expression d'une conscience en éveil. Elles ne sont pas si rares que ça et nous croyons qu'elles seront de plus en plus nombreuses. Il y a des êtres à qui il est pénible de commettre un acte répréhensible sans en être puni. Article 31.

Jugement 160. — En dehors de certaines heures, il est interdit d'aller dans la cour de devant. Une des grandes y va malgré les protestations du surveillant. Elle ne veut pas lui obéir parce qu'il est plus jeune qu'elle. Que doit faire le surveillant? Il va se plaindre au tribunal. Le tribunal ne va pas lui arracher la tête, à la fille. Il lui pardonnera après avoir exprimé son espoir que la chose ne se reproduise plus. Et la confiance du tribunal, cela oblige.

Jugement 165. — Être injustement soupçonné cela fait mal, parfois plus mal qu'un méchant coup. Nous avons eu plusieurs plaintes à ce sujet. Une petite fille est en train de compter ses sous. Un garçon s'approche d'elle : « Fais voir. » Elle de répondre : « Je ne veux pas. » « Tu ne veux pas parce que tu les as volés. » (Le garçon a perdu la veille un sou et le cherche partout.) La petite fille l'ignore, mais, même si elle le savait, de quel droit l'insulte-t-il? Comment peut-on prétendre reconnaître un sou? Article 1.

Jugement 167. — Une petite fille, à qui on a cassé son collier, toute peinée, est en train de ramasser ses perles. Elle les enfile une à une. Elle a un gros chagrin. Au moment où elle se penche de nouveau, il lui met des noyaux de cerises sur le cou, « Arrête », dit-elle avec colère. « Et qu'est-ce que tu vas me faire si je n'arrête pas ? » « Je te dénoncerai au tribunal. » « Dénonce-moi. » Vient le jour du jugement : la plainte a été retirée. Article 1.

Comme nous l'avons déjà mentionné, des incidents de ce genre, nous en avons eu plus d'une cinquantaine. Aurions-nous tort d'y voir, pour les uns une bonne école d'indulgence, et, pour les autres, celle du respect de son prochain ?

Jugement 172. — Il a grimpé sur un arbre pour montrer à un copain ce qu'il savait faire. Ensuite, comme il savait que cela était défendu, il est allé se dénoncer au tribunal. Article 20.

Jugement 206. — Il est allé laver son bol au vestiaire. Il ne savait pas que cela était interdit. L'ayant appris, il est venu au tribunal pour se dénoncer. Article 51.

Jugement 218. — Sur conseil des camarades, il a porté plainte au tribunal. Maintenant, il voit qu'il a fait une bêtise. C'était à l'offensé d'aller porter plainte. Article 1.

Jugement 223. — Pendant la leçon, quatre garçons étaient assis à la même table. Le cours fini, la table était toute tachée d'encre. Le tribunal a reçu les dépositions des témoins ; il en est ressorti que, des quatre garçons, un seul a écrit sur la table : 36 : 3, alors qu'un autre a laissé échapper de sa plume une goutte d'encre. Sans le tribunal, on les aurait accusés tous les quatre. Article 4.

Jugement 237. — Ils ont couru comme des fous en plaisantant à qui mieux mieux, jusqu'à ce que l'un d'eux ait reçu un gros coup de bâton. Comme il avait très mal à la main, il est allé porter plainte au tribunal. Mais, entre-temps, la douleur est partie. Article 1.

Jugement 238. — D'aucuns trouveront peut-être cette histoire comique : ils sont allés à deux au cabinet et l'un a mouillé l'autre sans le faire exprès. Le mouillé, pour se venger, a fait ses besoins sur le maladroit. Article 200.

Jugement 252. — Il donne beaucoup de soucis à la responsable de l'étage. Il oublie tout, fait mal son ménage et reste introuvable quand on a besoin de lui. Elle l'a menacé plusieurs fois de le dénoncer au tribunal, mais cela n'a servi à rien. Alors, à bout de patience, elle finit par porter plainte. L'affaire se termina par un pardon : il changera peut-être, qui sait ?

Jugement 254. — Ils étaient deux à balayer la cour le soir. L'un d'eux devait encore aller nettoyer les W.-C., et on leur a dit d'aller se laver les pieds avant de monter au dortoir. Mais voilà que quelques plaisantins les ont enfermés dans la cour et refusent d'ouvrir la porte. Article 100.

Jugement 258. — Elle est toujours en retard. Un jour, comme elle traînait au lavabo, la surveillante lui dit de sortir, mais elle, au lieu d'obéir, s'est mise à crier : « Je sortirai si je veux, tu t'acharnes contre moi parce que tu es en colère. »

Ici, également, tout finira par un pardon, mais, en attendant, le tribunal reçoit une nouvelle plainte. Cela vaut mieux qu'une nouvelle dispute. Article 1.

Jugement 260. — Après avoir fait du bruit au dortoir avant l'heure du lever, il est allé au tribunal pour demander à être jugé. Le tribunal lui a pardonné en le priant de ne plus le refaire. Article 32.

LA GAZETTE DU TRIBUNAL n° 9

— Ils n'en ont pas peur. Le tribunal ne sert pas à grand-chose. Ils ne le craignent pas... : voilà ce qu'on entendait souvent dire.

Alors, les uns ne s'adressaient plus au tribunal, lui dissimulant leurs problèmes.

Les autres ne se référaient plus qu'à l'article 1, jugeant tous les autres inutiles.

Les troisièmes enfin disaient : « Dénonce-moi, va... Si tu crois que j'en ai peur... »

De moins en moins de conflits parvenaient à la connaissance du tribunal. Ainsi, H., suspendu de ses fonctions de surveillant, n'a pas jugé utile de s'adresser au tribunal et personne de ceux qui étaient au courant de cette affaire n'a songé à la signaler. Les grandes filles, imitées bientôt des grands garçons, n'ont pas tardé à prendre l'exemple sur H., cessant de se dénoncer eux-mêmes.

Il y en avait malgré tout qui, jusqu'au dernier moment, ont continué de s'inscrire, ce qui prouve que, partout, il existe des gens qui, au lieu de « faire comme tout le monde », préfèrent s'adresser à leur propre conscience et à leur bon sens.

Le tribunal ne résoudrait-il donc aucun problème ?

Dire que quelque chose ne vaut rien est sans doute plus facile que se donner la peine de réfléchir. Une langue bien pendue est moins dure à trouver qu'une tête capable de conduire un raisonnement. Il suffit que l'un dise : « Cela ne sert à rien », pour que les autres, comme des moutons, répètent en chœur : « Non, cela ne sert à rien. »

Ceux qui criaient le plus fort étaient ceux pour qui le tribunal était gênant et dangereux. Car le tribunal garantissait le droit de recours. Chaque enfant qui déposait une plainte savait qu'elle allait être examinée avec le plus grand sérieux.

— On va lui coller l'article 4 ou 54.

Cependant, s'il y a des enfants pour qui les articles 1, 4 ou 54 constituent une mise en garde suffisante, il y en a d'autres, sur qui même l'article 800 ne ferait aucun effet.

Bien sûr, le rôle du tribunal est de mettre de l'ordre dans les rapports entre les hommes, mais il ne peut ni ne veut faire de miracles.

Cela tiendrait en effet d'un miracle si, après avoir reçu l'article 100, un enfant paresseux devenait tout d'un coup assidu dans son travail ou si un enfant violent, bruyant et bagarreur se transformait en un doux agneau. C'est la même chose à l'école où il ne suffit pas de donner un zéro pour qu'un cancre se métamorphose sur-le-champ en bon élève.

Ce que peut faire le tribunal, c'est garantir à chacun le droit de se dire :

— À partir de demain, je ferai attention. Je désire me débarrasser de mes défauts.

Et, si quelqu'un veut l'en empêcher, il a toujours la possibilité de le citer devant le tribunal.

Un exemple :

Un enfant querelleur décide d'en finir avec les bagarres. D'aucuns chercheront aussitôt à le provoquer. Un enfant qui prend de bonnes résolutions et dénonce ses agresseurs n'est pas toujours aimé de tout le monde. Il se peut qu'il soit accusé lui-même d'être de mauvaise foi par ceux contre qui il a porté plainte. Qu'il se rassure : le tribunal saura quoi en penser.

Non, le tribunal ne fait pas de miracles, mais les paroles de dissuasion, les menaces, la trique ne font pas de miracles non plus. Même là où l'on punit systématiquement, certains enfants vous diront souvent :

— Et alors, ça ne m'a même pas fait mal !

Et, au lieu de faire des progrès, ils deviennent de plus en plus vulgaires et méchants.

— Que faire ? Porter plainte, cela ne sert à rien. Dois-je continuer ?

— Et pourquoi pas ? Cela te donnerait-il trop de travail ?

C., sur qui tout le monde s'acharnait au début, venait systématiquement se plaindre au tribunal. On se moquait de lui, on le taquinait, il continuait de citer ses agresseurs. Ils l'ont laissé finalement tranquille et les plaintes de C. ont cessé du même coup.

Dans le cas récent du mauvais surveillant, je suis sûr que si l'on avait pris la peine de le citer trois fois par semaine pendant une quinzaine de jours, on l'aurait forcé à changer. Mais les filles responsables de l'étage étaient trop paresseuses pour aller inscrire l'affaire au tribunal. C'est tellement plus facile de faire des scènes en criant et en levant les bras au ciel en signe d'impuissance. Elles craignaient en fait que *le tribunal ne leur donne pas raison*, chose inadmissible pour qui se croit infaillible. Parce que, au lieu d'expliquer calmement les choses, elles avaient l'habitude de se quereller. Parce qu'elles manquaient de patience, ne voulant pas attendre quelques jours le moment de l'explication.

Les rancunes se sont accumulées en transformant le tribunal en un instrument de vengeance. C'était à présent la pendaison qu'on exigeait et les articles 4 ou 100 ne suffisaient plus à personne.

Quand, en été, nous discutions des sentiments qui nous poussent à détester les autres, l'un des garçons avait écrit :

— Quand je suis furieux, j'ai envie de tuer.

Comme le tribunal ne tuait personne, ils se sont mis à le critiquer.

On lui trouvait toutes sortes de défauts :

— Le tribunal n'écoute qu'un parti, il ne fait aucune attention à l'autre.

Il y avait d'autres problèmes : si un petit citait un grand, celui-ci ne se présentait pas, malgré les convocations. Il n'y avait rien à faire.

Les grands n'entraient même plus dans la classe en dépit des invitations qu'on leur faisait.

Le mépris dans lequel ils tenaient le tribunal prouvait qu'ils n'en avaient rien compris. Comme ils n'y comprenaient rien, ils le méprisaient et s'en moquaient.

Juger les autres, c'était un enfantillage pour les uns, un pénible devoir auquel il fallait échapper à tout prix, pour les autres.

— Moi, je m'arrange toujours pour être plaignant. Comme ça, je n'ai pas à être juge.

Et il mentait ou il trichait de la plus vilaine façon.

Ainsi, le tribunal, au lieu d'apprendre la vérité, apprenait le mensonge, au lieu d'encourager la franchise, poussait à la fourberie, au lieu de forger le courage, il développait la lâcheté, au lieu d'éveiller la pensée, l'engourdissait.

Le nombre des coupables inconnus augmentait chaque jour ;

personne n'avouait plus rien. S'ils ne craignaient pas le tribunal, pourquoi se dissimulaient-ils ? Aller fouiller dans les casiers des autres, cela, ils le faisaient bien, mais, lorsqu'il s'agissait de dire : « Oui, c'est moi », leur courage disparaissait. Monsieur prend le stylo d'un autre parce qu'il n'a pas peur du tribunal, mais il ne dira jamais : « Oui, c'est moi qui ai pris le stylo. »

Il y avait pire : on persécutait les enfants qui se plaignaient de la disparition de leurs objets. Ceux-ci finirent par ne plus rien vouloir dire sachant que non seulement ils ne retrouveraient pas leur bien, mais qu'ils s'exposeraient de plus aux désagréments inutiles.

Dans cette situation, les uns portaient plainte contre X, les autres – les honnêtes – ne citaient personne, parce qu'ils avaient peur.

Et l'article 1 dans tout cela ?

Il peut arriver que l'on porte plainte contre quelqu'un et qu'on oublie ensuite pourquoi. Un homme qui sait réfléchir se dirait dans un cas pareil :

— Si je ne me souviens même pas des raisons pour lesquelles j'ai porté plainte, le plus simple c'est de retirer ma plainte. À quoi bon déranger les autres et abuser de leur temps ?

Mais, eux, ils ne se présentaient même pas. L'article 1 ? Ils l'ignoraient. Pourquoi ?

Parce qu'ils ne comprenaient pas que l'on puisse agir autrement que sur ordre ou sous la menace de quelqu'un.

Quant aux déclarations, rien qu'à les écouter, on avait souvent honte, sans parler du désagrément que représentait l'obligation de les noter. Alors qu'il serait si facile de dire :

— J'ai eu tort d'agir ainsi.

Hélas, sur 1 950 jugements, trois fois, trois fois seulement, nous avons eu l'occasion d'entendre une telle déclaration.

Alors que nous espérions que, grâce au tribunal, les grandes personnes viendraient à respecter les enfants, l'effet fut inverse : même ceux qui les respectaient déjà, déçus, semblaient être en train de changer d'avis.

Il y avait plus grave encore : certains juges se mettaient d'accord pour ne pas condamner certains délits ou prononcer des sentences particulièrement indulgentes. C'était plus facile ainsi. Un jour, un juge a levé la main sur un autre parce que celui-ci avait prononcé le verdict selon sa conscience.

Il était difficile d'attendre plus longtemps : le tribunal ne remplissait plus son rôle. Au lieu de faire régner un ordre meilleur, il introduisait la confusion et corrompait même ceux qui valaient mieux que les autres. Un tel tribunal n'avait plus de raison d'être.

Six mois de travail gâchés. C'est triste et cela fait mal. Certains le comprendront peut-être plus tard, si un jour ils ont à accomplir un travail qui leur tient à cœur.

Nos enfants ne craignaient pas le tribunal et, comme ils ne le craignaient pas, ils ne le respectaient pas, et comme ils ne le respectaient pas, ils lui mentaient et se mentaient à eux-mêmes. Ils refusaient de se poser des questions sur eux-mêmes, ils refusaient de faire un effort pour devenir meilleurs.

Je sais que le tribunal est nécessaire et que, d'ici à cinquante ans, pas une école, pas un établissement pédagogique ne saura plus s'en passer. Il n'y a que la Maison de l'orphelin où il apparaît comme nuisible, parce que nos enfants ne veulent pas se comporter en hommes libres, ils préfèrent demeurer esclaves.

Le cas de H. Je ne cite qu'une partie des plaintes dont il a fait l'objet.

Vingt plaintes au sujet des sobriquets dont il s'amusait à ridiculiser ses camarades. On lui a pardonné neuf fois (art. 1), mais cela n'a pas servi à grand-chose. Deux fois, il a pu bénéficier de l'article 4, et, le même nombre de fois, des articles 63 et 83. Il fut condamné trois fois au nom de l'article 100, une fois au nom de l'article 200 et une fois, au nom de l'article 300.

Onze plaintes pour provocation et moquerie : art. 1, deux fois ; art. 54, quatre fois ; art. 82, deux fois ; art. 41, 100 et 200, une fois.

Une plainte pour avoir dérangé un autre dans son travail : article 300.

Douze plaintes pour bagarres : art. 1, trois fois ; art. 54, deux fois ; art. 32, 60, 80, 81, deux fois ; art. 100, deux fois ; art. 200, une fois.

Dix plaintes au sujet des permanences : art. 1, deux fois ; art. 4, 32, 82, une fois ; art. 100, 400, 500, 700, deux fois.

Trois plaintes pour mauvaise conduite en classe : art. 80, 82 et 200.

Trois plaintes pour tenue négligée.

Pour avoir refusé de se laver les mains : art. 100.

Pour avoir cassé l'encrier : art. 81.

Pour avoir cassé un pot : art. 31.

Pour avoir passé son repas à un autre : art. 4.

Pour avoir triché au jeu : art. 100.
Pour avoir dit du mal des autres : art. 60 et 200.
Pour inexactitude : art. 70 et 82.
Pour s'être mêlé de ce qui ne le regardait pas : art. 100.

Incorrigible. Pourtant, personne n'avait osé lui coller l'article 800 qui l'aurait privé, pendant une semaine, du droit de bénéficier du tribunal.

LA GAZETTE DU TRIBUNAL n° 19
Conseil juridique

Durant les six premiers mois, notre tribunal a exercé ses fonctions seul, sans le Conseil. Il s'agissait de l'expérimenter, d'abord, avant de l'élargir et de le perfectionner.

Rapidement, il apparut que, seul, le tribunal n'arriverait pas à arbitrer tous les différends. Il y en avait une centaine chaque semaine ce qui l'obligeait à régler certains d'entre eux d'une façon trop hâtive.

Le Conseil juridique a commencé son travail voilà dix semaines. Il a pu examiner soixante-dix litiges, autrement dit, dix litiges par semaine.

On soumet à l'arbitrage du Conseil les affaires suivantes :

1. — Tous les retards à la suite des visites dans des familles.

2. — Les délits qui, en plus de l'article adéquat, nécessitent l'établissement d'une nouvelle loi concernant toute la collectivité.

3. — Les délits entraînant réparation matérielle (carreau cassé, objets détruits, etc.).

4. — Les délits où le verdict encouru risque d'être supérieur à l'art. 500.

5. — Les cas des personnes qui, en une semaine, accumulent une telle quantité de délits, qu'il devient nécessaire de les grouper afin de pouvoir prononcer un jugement.

6. — Les cas particulièrement délicats qui demandent une enquête longue et minutieuse pour arriver à savoir laquelle des parties a raison.

C'est le secrétaire du tribunal qui dit :

— Nous renvoyons l'affaire au Conseil juridique.

Les juges sont le plus souvent d'accord. Il n'y a eu que quelques cas où les juges ont préféré se prononcer eux-mêmes, sans avoir recours au Conseil.

LA MAISON DE L'ORPHELIN

Il peut arriver que l'accusé lui-même demande l'arbitrage du Conseil. Le secrétaire peut y consentir, mais pas nécessairement.

Pour l'instant, tout cela n'est pas encore bien réglé, mais on s'en occupe.

PREMIER ARBITRAGE

H., un très jeune garçon, a eu déjà beaucoup de procès. De nombreux verdicts sont tombés, sans qu'on soit arrivé à changer son comportement. Il continuait à se moquer du tribunal, il était insupportable, prouvant par sa conduite que le tribunal ne pouvait rien dans son cas. Il n'y avait que deux choses à faire : soit conclure à l'inefficacité totale du tribunal et le supprimer soit exclure H. du tribunal.

Cité pour la énième fois devant le tribunal, il se mit en devoir de l'insulter. Accusé de l'outrage au tribunal, il fut envoyé devant le Conseil.

Là, il déclara que le tribunal l'agaçait, qu'il en avait assez d'entendre tout le temps les autres le menacer du tribunal, qu'il ne pouvait plus faire un pas sans qu'on lui crie immédiatement :

— Je te dénonce au tribunal !

C'est ainsi que, poussé à bout, il a fini par l'offenser en prononçant ces mots insolents :

« J'aime mieux continuer à recevoir des claques que vos stupides verdicts. »

Évidemment; il préférait faire ses quatre cents coups, quitte à recevoir, une fois sur cent, une tape sur le derrière, que s'amender et respecter le règlement comme tout le monde.

Les juges du Conseil se sont partagés en deux camps : les uns estimaient qu'il fallait pardonner une fois de plus, les autres exigeaient l'application de l'article 900.

En fin de compte, H. a récolté l'article 800. Il était exclu du tribunal pour une semaine et durant cette période, il pouvait faire ce que bon lui semblait :

1. — Samedi, il n'a pas eu ses bas, parce qu'il est venu en retard pour la distribution.

2. — Dimanche, il a eu droit à la fessée pour avoir refusé de faire le ménage.

3. — Mardi, il en a reçu une autre pour s'être querellé pendant l'épluchage des pommes de terre.

En revanche, en tant qu'exclu du tribunal, il n'a pas été cité une seule fois.

En dehors de ce jugement, H. a fait l'objet d'un autre verdict : il s'est montré grossier à l'égard de l'une des grandes filles en lui donnant, en présence des visiteurs, un surnom particulièrement blessant. Comme il venait d'être puni en vertu de l'article 800, il a eu droit à l'indulgence du tribunal et l'affaire se solda par l'article 60.

SECOND ARBITRAGE

Indiscipliné, bagarreur, paresseux. Il croit avoir toujours raison, se fâche pour la moindre observation. Mauvais surveillant, travailleur peu consciencieux.

Par sa faute, la soupe a été trop claire : il y manquait vingt pommes de terre. Article 90.

Il est de nouveau de service
Il y a déjà des plaintes au sujet de sa paresse

TROISIÈME ARBITRAGE

Une des grandes.

Sans demander la permission, elle est allée emprunter les ciseaux de la maîtresse, puis, les ayant égarés, pendant quatre semaines, elle n'a pas trouvé le temps de s'en excuser. Elle ne se donne même pas la peine de les chercher. Art. 400.

Trois autres affaires ont été examinées par le Conseil lors de la première séance.

1. Le surveillant I. a refusé de ramasser les balayures. (Art. 55.)

2. Ils sont allés cuire des pommes de terre dans la chaufferie. (Art. 41.)

3. Il arrive toujours en retard pour son service. (Art. 30.)

SECONDE SEMAINE

À la suite de nombreuses plaintes au sujet du désordre dans des casiers, le secrétaire a soumis au Conseil le projet suivant :

I. — Abandonner complètement l'utilisation de clés devenues inutiles du fait qu'elles ne protégeaient plus le secret du contenu des casiers,

ou bien

II. — Désigner des responsables qui, assis à une table à proximité de l'armoire à casiers, la surveilleraient du matin au soir,

ou bien

III. — Fermer l'armoire à clé et ne l'ouvrir que plusieurs fois par jour pour une durée d'une heure,

ou bien

IV. — Dépister le malfaiteur devenu par trop insolent.

Le Conseil a rejeté le projet. Un jugement fut rendu contre X en vertu de l'article 3 (le tribunal ignore comment les choses se sont passées) ; étant donné que :

1. De nombreux enfants permettent aux autres d'approcher des casiers pendant leur absence.

2. Les enfants rangent leurs livres avec ceux des autres, ce qui fait que les livres sortent souvent de l'armoire à l'insu de leurs propriétaires.

3. Il arrive parfois que l'on se serve dans le casier d'un autre.

Sans l'intermédiaire du Conseil juridique, l'armoire à casiers serait restée fermée, ce qui ne serait commode pour personne.

Le cas de B. : huit citations dans la semaine.

1. Alors qu'une petite fille se tenait tranquille dans un coin, il se met à la pousser et à lui donner des coups. — Je vais me plaindre au tribunal. — Fais-le, qu'est-ce que tu attends ? Et il continue de plus belle. Article 63.

2. Une autre fille tient une lettre à la main. B. la lui arrache et se met à courir dans toute la salle en criant qu'il va déchirer la lettre. Art. 63.

3. Un garçon va s'asseoir. B. l'attrape par les épaules, le secoue, puis se met à le pousser. Art. 63.

4. Une fille se tient près de la corbeille à papier. B. lui met la corbeille sur la tête. Art. 63.

5. Un des garçons a joué avec lui le matin. Le soir, il ne le voulait plus. B. l'a suivi partout, l'a ennuyé, ne l'a pas laissé tranquille un moment. — Je ne savais plus quoi en faire, dit le garçon. Art. 63.

6. Il s'approche d'une petite fille.

— Tu veux que je te donne un coup ?

— Va-t'en.

Il ne veut pas s'en aller, se met à la battre et la fait tomber de la chaise. Art. 63.

Il est également accusé de s'être mal acquitté de son travail. – Il « rechigne », fourre son nez partout, désobéit et trouve toujours cent réponses toutes prêtes à la moindre remarque. Art. 93.

B. s'en est sorti quand même car les plaignants ont pris sa défense. – B. n'est pas un mauvais gars, mais il adore embêter les autres, il est vraiment casse-pieds, il n'a aucun amour-propre. Quand on lui dit : « Va-t'en, fiche-moi la paix », il rit et continue à vous embêter. Sinon, il n'est pas sot, il est même agréable parfois de bavarder avec lui. – B. dit qu'il est triste parce qu'il n'a aucun ami véritable qui voudrait l'aider à se corriger. Au magasin, on est trop indulgent avec lui, alors il a pris de mauvaises habitudes, mais il changera.

D'AUTRES JUGEMENTS DE LA SEMAINE

a) Deux des petits ont été accusés de s'être mal tenus à table. Art. 81.

b) Deux des moyens ont été cités pour avoir quitté l'école sans permission. Art. 41-50.

c) Une citation au sujet d'une appréciation injuste que la responsable de l'étage a émise sur le surveillant. – Le Conseil a décidé que le surveillant devait être réhabilité.

QUATRIÈME SEMAINE

Il n'y a eu que quatre plaintes durant la quatrième semaine, dont l'une au sujet d'un mouchoir égaré dans la buanderie ou dans la lingerie.

CHAUSSURES BRULÉES

Deux garçons sont allés dans la chaufferie brûler une paire de sabots et une paire de chaussures en cuir. Ils l'ont fait sur l'ordre de l'intendante.

— Ils ont eu tort. On pouvait les réparer.

— Elles ne valaient plus rien.

LA MAISON DE L'ORPHELIN

— Les chaussures, même très usées, ça se répare toujours.

Art. 33 : les garçons ont agi sur un ordre donné; ce n'était pas leur faute.

Dimanche, ils sont venus à deux à la lingerie en disant qu'ils voulaient recoudre quelques boutons, etc. L'un s'est emparé du fil de coton qu'il est interdit de toucher, l'autre a déclaré qu'il désirait se confectionner une poche alors qu'il en avait déjà une, ce qui est largement suffisant. On lui a dit de sortir et lui, de répondre : tiens, tiens, Madame fait l'importante, elle va m'interdire de faire de la couture... Eh bien, justement, j'en ferai.

— Elle voulait me mettre dehors comme un chien. Il y en a qui ont deux poches, et puis, la mienne, elle avait un petit trou.

Le jugement rendu, le premier a reçu l'article 40, le second, l'article 200. On a décidé également que les réparations de vêtements devaient avoir lieu dans la salle de récréation et non à la lingerie. La responsable de la lingerie devait tenir un cahier comme celui des responsables des étages. Il faut voir s'il ne serait pas préférable de coudre avec du fil de coton plutôt qu'avec du mauvais fil de lin.

Cinq citations.

Il s'en est trouvé un autre qui déteste le tribunal. Cinq plaintes ont été déposées contre G.

Il fait du bruit au dortoir. Il refuse de se déshabiller, s'approche des lits des autres, bavarde tout haut. Si on lui fait une remarque, il s'en moque. Il chante et siffle au lavabo et si on lui dit d'arrêter, il répond :

— Dépose une plainte, va, qu'est-ce que tu attends ?

Quand il est de garde, il fait ce qu'il lui plaît, s'offense pour un oui, pour un non, refuse de faire le ménage ou le fait n'importe comment. Il n'en fait qu'à sa tête. Il ment : il dit avoir balayé sous le poêle et ce n'est pas vrai.

Cité devant le tribunal, il refuse de se présenter : « J'irai si cela me plaît. »

Un jour, il voit un garçon malade au lit :
— Qu'est-ce que tu as ? Pourquoi tu es couché ?
Comme l'autre ne répondait pas, il lui a donné des coups.
Voici ses explications :
— Je déteste, je hais le tribunal, je ne veux rien avoir affaire avec lui. Je n'ai pas envie de me justifier, ni de vive voix ni par écrit. Je sais que j'ai souvent tort. Mais ils veulent tous me faire peur avec leur tribunal. Qu'ils me citent si cela leur plaît, mais qu'ils cessent de m'en menacer. Art. 700.

Le tribunal, ce n'est pas très amusant, cela est vrai. Mais aussi, ce n'est pas pour jouer que nous l'avons créé. Son rôle est d'être le gardien de l'ordre et de faire respecter la loi. Son but est d'éviter à l'éducateur d'être un valet de ferme qui force l'obéissance à coups de bâton et avec des cris, et de l'aider à réfléchir tranquillement sur chaque problème, à l'examiner avec les enfants qui savent souvent mieux qui a raison et qui a tort, et dans quelle mesure. Le tribunal a pour but de remplacer les bagarres par un effort constructif de pensée, et les éclats de colère, par une bonne politique éducative.

LE CAS DE B.

Le voilà de nouveau devant le Conseil juridique.
Paresseux, désobéissant, négligent quand il était de service à la cuisine, il garde la même attitude à l'égard de ses nouvelles responsabilités. Là-bas, il refusait d'éplucher des pommes de terre, ici, il refuse de balayer l'escalier. Qu'est-ce que cela peut bien lui faire que les enfants mangent un potage trop clair, qu'est-ce que cela peut bien lui faire qu'ils soient obligés d'attendre après lui pour pouvoir laver l'escalier (puisqu'on ne peut pas laver un escalier tant qu'il n'a pas été balayé).
— Non, je ne le ferai pas. Je n'en ai pas envie.
Trois fois on est allé le voir – rien.
« Si je voulais le citer à chaque fois, c'est tous les jours que je devrais le faire. Il oublie sa pelle, jette des balayures par la fenêtre ou les glisse sous le poêle. Et si jamais il lui arrive de venir avec une pelle, il ne la remet jamais en place. Il ne range pas le balai, jette le torchon n'importe où. Vous lui faites une remarque, c'est lui qui a toujours raison. »
« Il n'est pas vraiment mauvais, mais il est très suscep-

tible. Il pique des colères et répond méchamment. Il se ravise plus tard, mais il faut tout lui apporter sur un plateau. Et puis, il est toujours en retard. » Art. 82.

Ce sont ces travailleurs-là qui font une mauvaise réputation à la Maison de l'orphelin.

Il devient de plus en plus difficile de trouver de bonnes places pour nos garçons.

Comme on sait, l'employeur de B. n'est pas content de lui : B. travaille depuis peu.

UNE BAGARRE

La cuisine. M. entre et dit :

— Tiens, j'ai vu ta sœur, elle te dit son bonjour.

— Que veux-tu que ça me fasse !

— Quelle drôle de sœur, tu fais, toi ! Ça ne t'intéresse même pas que ta sœur te dise bonjour.

— Je l'ai déjà entendu.

Tout le monde dans la cuisine se met à rire.

M. s'adresse à une autre fille :

— Et toi, tu m'aurais dit la même chose si j'avais rencontré ta sœur ?

On rit de nouveau.

D. attrape un poids et le lance en direction d'une des filles. D., quand il est en colère, provoque souvent des bagarres. Art. 200.

DES JEUX

Avant, lorsqu'on disait à quelqu'un : « tricheur », on ne savait souvent pas pourquoi. À présent, où il est permis de jouer pour des bonbons et de l'argent, des plaintes contre les tricheurs nous arrivent plus nombreuses. Car ce qui se faisait avant en cachette, se fait maintenant au grand jour et sous le contrôle du tribunal. Pourquoi défendre à tous de jouer s'il n'y a que trois ou quatre tricheurs ? Et puis, à quoi une interdiction servirait-elle du moment où l'on ne sait pas s'ils jouent aux dominos ou aux dames d'une façon désintéressée ou pour des bonbons ? Parce que perdre des caramels que l'on doit acheter ou perdre de l'argent, c'est la même chose. Les uns dépensent leur argent intelligemment, car ils sont raisonnables, ils jouent rarement, ils apprennent à être prudents. Alors que des imbéciles dépensent leur argent aussi bêtement qu'ils le perdent. Peut-être celui qui aura perdu un mark en jouant contre un tricheur en deviendra-t-il plus prudent et, adulte, n'ira-t-il pas perdre au jeu tout son bien ou celui d'un autre, parce que, des choses comme ça, cela arrive aussi.

La première citation pour jeu malhonnête se termina par l'interdiction, pour l'un des petits, de jouer pendant un mois. Mais, comme cela paraissait très long, on a réduit la peine, à la demande du coupable, à deux semaines. Article 3 : on ne sait pas comment les choses se sont passées. Des affaires de ce genre sont toujours très difficiles à juger.

SIXIÈME SEMAINE

On a réglé deux questions importantes : le transport du linge au grenier et la distribution des jouets. On a fait aussi un premier pas pour régler le problème de la prière.

SERVIABILITÉ

— J'ai toujours mille problèmes quand il s'agit de faire porter le linge au grenier. Les garçons ne veulent pas le faire ou le font de mauvais gré. L'un est fatigué, l'autre n'a pas le temps, le troisième promet de le faire plus tard. J'ai déposé une plainte au tribunal, mais, ce qui est bête, c'est que j'ai été obligée de citer celui qui porte le linge le plus souvent, parce que je ne m'adresse plus à ceux qui refusent toujours. Il m'a fâchée parce qu'il m'a dit qu'il était fatigué alors qu'il était rentré de l'école depuis une demi-heure déjà.

— À quoi bon me justifier ? De toute façon, on va dire que c'est moi le coupable, parce que c'est toujours les filles que l'on croit. Je n'aime pas aller au grenier parce que cela me coupe la lecture ou le jeu, et puis elle fait de ces mines... Il suffit de la regarder pour être furieux. Pourtant, c'est toujours moi qui propose de réunir les gars pour porter le linge. Nous, on veut bien le faire tout seuls désormais. Mais qu'elle ne croie pas que je le dis parce qu'elle m'a cité devant le tribunal. Art. 5.

— Ils étaient en train de jouer aux dominos. Je leur dis : « Venez épousseter les gilets d'hiver », alors ils me répondent que c'est déjà fait, qu'il n'y a que lui qui n'y a pas été, mais qu'il est trop fatigué. Il est arrivé finalement au bout de dix minutes. Mais c'était trop tard.

— Je suis allé porter une lettre rue Marszalkowska au n° 99. Ensuite, on s'est mis à jouer aux dominos. Je voulais terminer la partie. À partir de maintenant, j'irai dès qu'on m'appelle. Je ne veux pas qu'on me prenne pour un feignant. Art. 4.

JEUX

— J'ai porté plainte parce que je n'arrive plus à me débrouiller. Ils prennent des jeux, ne les rendent pas, les laissent traîner sur des tables, perdent des numéros de loto, des pions du jeu de dames. J'ai des tas d'ennuis à cause de cela.

— Il suffit de prendre un jeu pour que les autres le réclament. Comme j'allais balayer la classe, je l'ai prêté pour le temps où je serai absent. Je ne savais pas qu'il allait le perdre.

— Je prends le loto, on m'appelle pour le bain. Alors j'ai été obligé de le cacher dans mon casier parce que je n'avais personne à qui le confier. Art. 40 et 50.

Le Cercle des distractions utiles, sur la demande du Conseil juridique, a mis au point le règlement suivant :

I. — Il est permis de jouer aux dominos et aux dames contre des bonbons, des cartes postales et de l'argent uniquement les vendredis et samedis à partir de 16 h 30.

II. — Il est permis de quitter le jeu si l'on a perdu 30 sous.

III. — On n'a pas le droit de perdre plus de 50 sous.

IV. — Les créanciers sont tenus de rembourser leurs dettes dans le délai d'une semaine.

V. — Les dominos marqués seront confisqués.

VI. — Quiconque emprunte les dominos doit veiller à l'ordre ;

a) ne pas laisser traîner des petits papiers sous la fable ;

b) rendre le jeu à temps ;

c) fixer d'avance les règles du jeu ;

d) être responsable des numéros égarés ;

Attention : Il est interdit d'emprunter des jeux à quinze minutes de la fin des jeux.

Tout jeu doit être rendu au plus tard cinq minutes avant le dîner.

COMMENT AIMER UN ENFANT

— À table, il fait toujours le pitre et, pendant la prière, des grimaces qui font rire tout le monde. D'accord il est gentil, gai. Mais pendant la prière il devrait être plus sérieux.

Le secrétaire a proposé au Conseil de promulguer une loi qui obligerait à quitter la salle ceux qui troublent le moment de la prière, la sanction étant prévue pour la période d'une semaine.

Le Conseil a décidé de reporter l'affaire jusqu'à ce qu'un autre garçon soit chargé de dire la prière.

Le coupable a bénéficié de l'article 4 du code.

UN JUGE DEVANT LE TRIBUNAL

Il a été choisi au tirage au sort. Il ne s'est pas présenté à la séance. Il n'en avait pas envie. Pourquoi ?

1. — Parce que tout le monde vous reproche par la suite d'avoir été trop sévère ou injuste.

2. — Parce qu'il n'aime pas le tribunal et ne veut pas avoir affaire à lui.

Le secrétaire propose l'article 50 et l'exclusion du tirage au sort pour la durée de un à trois mois...

Lui, il ne comprend pas.

Il ne comprend pas que juger ce n'est pas une partie de plaisir mais un devoir social. Il peut paraître pénible à certains...

Il ne comprend pas qu'un tribunal ne peut pas exister sans les juges.

Il ne comprend pas que « je n'aime pas » ou « je ne veux pas », ne signifie pas : « Je ne le ferai pas. » Parce qu'un homme est souvent obligé de faire des choses qu'il ne veut ou n'aime pas faire.

Si le tribunal n'avait aucune importance, personne ne se serait adressé à lui. Si on s'y adresse, cela veut dire qu'il est utile. Notre devoir à tous est donc de faciliter son travail au lieu de le rendre plus difficile.

Ils disent : « Il est sévère, il est injuste... » Mais qui est-ce qui les empêche de faire appel ? Sur 3 000 jugements rendus, nous n'avons reçu que quatre appels. Si l'on doute de l'équité du jugement, au lieu de raconter des bêtises, on peut, au bout de quatre semaines, aller une nouvelle fois présenter son affaire au tribunal. Il n'y a que des sots et des têtes en l'air qui ne le font pas : ils aiment mieux tempêter contre le tribunal.

LA PREMIÈRE ANNÉE D'ESSAI

J'ai pu apprécier la valeur du tribunal et l'utilité du code au cours de la première année d'essai. 3 500 jugements ont été rendus. Entre 50 et 130 par semaine.

Au cours de cette année, 25 cahiers de la *Gazette du Tribunal* ont été publiés. Le premier cahier, comprenant l'ensemble des séances, parut au bout du premier mois d'essai.

Le cahier n° 9 sortit six mois après le premier, au moment où le tribunal était suspendu de ses fonctions pour la durée de quatre semaines. Cet incident nous a amenés à créer un Conseil juridique. Le n° 19 de la *Gazette du Tribunal* parle des activités du Conseil.

Mais je crois que le mieux est de raconter les choses telles qu'elles se sont passées dès le début.

Dès les premières semaines de mon travail, je me suis rendu compte que bon nombre de petites choses pénibles, qui irritent les enfants et troublent l'ordre de la maison, ne parviennent jamais et ne peuvent pas parvenir aux oreilles de l'éducateur. Un éducateur qui prétend être au courant de tout commet un mensonge. J'ai compris qu'un éducateur n'est pas un expert en tout ce qui concerne les enfants. J'ai compris d'autres choses encore : qu'il existe, parmi les enfants, toute une hiérarchie qui fait qu'un grand a le droit d'humilier un petit ou de ne pas compter avec lui, même si la différence d'âge ne dépasse pas deux ans ; que le despotisme des enfants est proportionnel à leur âge et que le gardien de tout cet édifice de l'anarchie est l'éducateur lui-même. *Sic volo, sic jubeo.*

Même s'il ne bat pas les enfants, même si la plus sévère de l'arsenal de ses punitions est une bourrade dans le dos, où réside l'avantage du moment que, *enhardi par l'impunité, un gamin peut gifler tranquillement une fille, plus jeune et plus faible que lui, pour s'emparer de ses échasses ?*

Certaines pratiques dans la maison, consacrées par l'usage, sont devenues tradition. Si un petit avait le malheur de prêter à un « grand » de treize ans un stylo ou du papier buvard, il pouvait être sûr qu'au moment de le réclamer, il recevait cette réponse aimable.

— Fous-moi la paix. Tu m'embêtes.

Ce genre de « petits incidents », il y en avait des dizaines. Il fallait de la patience pour les comprendre.

Beaucoup de ces incidents se réglaient en dehors du tribunal. La conviction qu'il valait mieux « avoir une explication » que d'intenter des procès à tout bout de champ était si enracinée parmi les enfants qu'il était inutile de lutter avec elle. Cela abaissait l'autorité du tribunal. Bien sûr, à partir du moment où les « grands » en rejetaient le principe, beaucoup de différends sérieux perdaient toute chance d'être portés devant le tribunal. Celui-ci devenait quelque chose d'intermédiaire entre un jeu et un moyen commode de se débarrasser des affaires dont on ne savait pas quoi faire. L'ancienne formule : « Fous-moi la paix » était désormais remplacée par une nouvelle : « Va donc te plaindre au tribunal ».

« Le tribunal ne sert à rien parce qu'ils ne le craignent pas, parce qu'ils s'en fichent », était pénible à entendre et remettait en question l'existence même de cette institution. Soulignons que cela avait lieu dans un internat où les punitions n'existaient pas officiellement.

Par punitions, nous entendons presque toujours le martinet, les retenues, les privations de toute sortes, etc., en oubliant qu'il en existe d'autres, que « passer un savon » à un enfant ou lui retirer brutalement son amitié peut représenter pour lui des sanctions très pénibles.

L'« humeur procédurière » des petits a causé un préjudice fatal au tribunal. Ils portaient plainte « pour un oui, pour un non ». La moitié des procès étaient alimentés par les conflits insignifiants de leur petit groupe. Les moqueries au sujet du petit X ou de la petite Y, devenus clients fidèles du tribunal, aggravaient encore cette atmosphère de mépris. « Tu n'as qu'à porter plainte », était la réponse habituelle à tout reproche fondé. Il semblait de plus en plus nécessaire d'arrêter cette inflation de procès.

Mais comment ?

Leur interdire de s'adresser au tribunal pour des « bêtises » ? Je n'hésite pas un instant à affirmer que nous n'en avons pas le droit. J'ai noté d'ailleurs une chose intéressante : si, au début, les juges avaient tendance à prendre à la légère les plaintes des petits, y compris celles au sujet des coups, des surnoms blessants, etc., très vite ils sont arrivés à admettre que la gravité d'une affaire se mesurait au degré de peine ressentie par la victime, au sentiment qu'elle avait d'avoir subi une injustice.

Pourquoi un carreau cassé devrait-il être considéré comme une affaire grave comparée à la destruction d'un objet appartenant à un enfant? Serait-ce moins punissable de tricher au jeu si la mise est constituée par des marrons au lieu d'argent?

Le jeu aux marrons était la source d'innombrables disputes et de plaintes. Que fait l'éducateur dans ce genre de situations? Il interdit le jeu. Ce faisant, non seulement il commet un acte de violence, mais il se prive en plus de l'un des meilleurs moyens de connaître les enfants. Au cours des jeux de hasard ressortent nettement certains traits de caractère qui pèsent tant dans la vie d'un homme : l'étourderie, la cupidité, la brusquerie, la malhonnêteté, etc. L'interdiction de jouer serait, à mon avis, aussi préjudiciable aux enfants qu'à l'éducateur. Pour nos petits, le jeu aux marrons constituait leur première école de civisme. Au début, il se passait des choses inimaginables. Quelqu'un perdait cent marrons et annonçait cyniquement qu'il ne les paierait pas. – Pourquoi? – Parce que. Ou bien deux associés se séparaient sur un coup de tête : ils devaient tenir en commun un fonds de marrons; ils se sont brouillés et alors, c'était tout de suite : « Pour des marrons, ne compte pas sur moi! » Certains témoignages devenaient pour moi un sujet de stupéfaction : en plein jour, sous les yeux de nombreux témoins, un garçon vole à une fille tous ses marrons et se moque d'elle par-dessus le marché : « Je fais ce qu'il me plaît, tra-la-la-lalère! » Elle n'a qu'un seul recours, aller demander de l'aide à un copain. Quelle forme cette aide peut-elle recevoir? Un coup dans le dos, on pousse l'adversaire, on le flanque par terre : des mœurs de Zoulous dans un internat qui se targue d'être celui d'un pays civilisé. Et pourtant, il n'y a pas si longtemps, non seulement j'acceptais cet état de choses, mais j'y trouvais même un certain charme; j'étais prêt à minimiser ce genre d'affaires, parce qu'un petit voyou gai m'était plus proche qu'une « gamine » un peu empotée. Que ce gentil voyou tyrannise tout un groupe d'enfants, qu'il me fasse visiblement du charme, que son impunité encourage ses instincts d'animal sauvage, tout cela, je n'avais pas l'air de m'en apercevoir, cela n'atteignait pas le seuil de ma conscience.

Un procès m'apprenait souvent davantage sur un enfant que plusieurs mois de contact quotidien avec lui. Comme secrétaire du tribunal, j'ai pu étudier l'abécédaire de ce monde particulier que sont les enfants. Me perfectionnant tous les jours, j'en devenais un expert.

Un tas de vieux marrons ridés, couverts d'égratignures, bons à jeter ? Ils s'animent dès que je les regarde : j'y distingue ceux qui étaient « drôlement chouettes à jouer », d'autres, « sans intérêt ». Marrons souvenirs, marrons porte-bonheur : « Moi, je gagne toujours avec celui-là... Je ne joue pas avec l'autre, je l'ai déjà dit... »

Connaissez-vous un éducateur qui aurait le temps de se pencher sur ce genre de problèmes ? D'en débattre du point de vu de la loi, de la justice, et non pas du point de vue de son indulgence souriante ?

Grâce à ces « petits » différends, j'ai été obligé de repenser à fond tous les difficiles problèmes de la vie du groupe. Surgissait le type d'enfant asocial, antisocial, l'individu refusant de sacrifier ses goûts et ses habitudes à ceux de la collectivité, pour réclamer, avec une force inouïe, une réponse nette à la question : que faire ?

— Je hais le tribunal, j'aime mieux une raclée, n'importe quoi plutôt que le tribunal. Je le hais, je ne peux pas le supporter. Je ne veux faire de procès à personne et je ne veux pas qu'on m'en fasse à moi non plus.

Ils étaient quelques-uns à réagir de la sorte. Le tribunal leur est apparu comme un ennemi inattendu et redoutable, ennemi capable de tout enregistrer, de tout tirer à la lumière crue de la place publique.

Lui, il ne veut pas se justifier, ça ne l'intéresse pas de savoir qui a raison, il n'a pas l'intention de s'imposer une contrainte. Qu'il réussisse ou qu'il échoue, c'est le hasard qu'il aime, c'est l'imprévu qui lui donne le plus d'émotion, il ne vit que d'aventure en aventure, l'ambiance du moment est son gouvernail, des explosions l'arrangent.

S'il se trouvait un jour un homme chanceux qui aurait la possibilité de faire une étude sérieuse sur le rôle éducatif des tribunaux d'enfants, je lui recommanderais d'observer tout particulièrement ce type d'enfant.

N'est-il pas significatif que ce soit justement ce petit groupe-là qui ait réussi à renverser le tribunal ? En décidant sa suspension, je savais qu'il ne s'agissait là que d'une interruption de quelques semaines qui permettrait d'introduire quelques changements, d'apporter quelques améliorations. Malgré cela, je l'ai ressentie comme un échec douloureux. Car j'ai réalisé les difficultés qu'aurait le tribunal à se frayer un chemin dans d'autres établissements dirigés par d'autres gens.

LA MAISON DE L'ORPHELIN

Je sais que les meilleurs parmi les éducateurs souhaitent se débarrasser de cette obligation pénible de grogner, de pester, d'engueuler, de s'agiter dans un sentiment d'impuissance, à moins qu'ils ne préfèrent, à l'exemple de l'école allemande, sans emportement, avec dignité, user d'un instrument de répression plus simple. Je sais pourtant que le tribunal doit décevoir leur espoir de trouver un moyen commode, radical et, chose importante, rapide de venir à bout de ces centaines de petits délits, fautes, offenses et conflits qui sont inévitables dans la vie d'un groupe appelé à devenir un jour une société organisée. Le tribunal ne va pas remplacer l'éducateur, au contraire, il va élargir le champ de ses interventions, rendre plus difficile, plus compliqué son travail en l'approfondissant, en le transformant en système.

On peut distribuer aux enfants des cahiers, crayons et plumes à n'importe quel moment de la journée et tout mémoriser, mais c'est le désordre. Alors que, fixant d'avance les jours et les heures de la distribution et notant tous les détails dans un carnet, nous assurons l'ordre et même une certaine justice. Il existe peut-être encore de nos jours des internats où il n'y a pas de repas fixes, où les enfants mangent quand ils veulent, les grands et les rusés plus et plus souvent que les petits et les timides. Les punitions, blâmes et reproches peuvent être administrés et dosés sans qu'il y ait besoin de recourir à l'institution du tribunal. S'il y a désordre, il n'est jamais pire que celui que l'on admet généralement. L'éducateur et les enfants se débrouillent comme ils peuvent mais ils se débrouillent toujours.

Mais instaurez un tribunal et vous serez stupéfait de voir comme chaque problème non résolu, chaque ordre, chaque interdiction absurde ressort au grand jour à chaque séance pour se retourner contre vous. C'est ainsi que le chahut et le désordre dans le dortoir, sous forme d'une longue série de plaintes de toutes sortes, nous a signalé tout le long de l'année, avec une régularité et une exactitude mathématiques, que le problème des heures de sommeil est loin d'être résolu et qu'il exige une sérieuse mise au point. L'impuissance du tribunal indiquait clairement qu'il n'y avait là que deux solutions : la trique ou un nouveau règlement conforme aux besoins psychophysiologiques des enfants.

Toute exigence irréalisable, « mal ficelée » du point de vue éducatif, est une porte ouverte aux concessions et aux solutions de fortune. Chaque enfant qui « n'entre pas » dans les normes générales devient automatiquement un « cas spécial ».

Ce qu'il nous faut, c'est une pensée éducative créatrice, dévouée, consciente de son rôle.

Imaginons le cas d'un instituteur qui ne sait pas se débrouiller avec sa classe. Le tribunal arrive — et voilà tous ses élèves qui s'appliquent au travail, ont une conduite exemplaire. Mais ce serait un miracle, ça ! Un miracle très bien venu pour un éducateur incapable, mais fatal pour les enfants.

Avant de décider de la suspension du tribunal, j'ai vécu une suite de moments très pénibles. Certains enfants pas très nombreux, il est vrai, mais particulièrement insupportables, exploitaient le tribunal à leur avantage. Ils faisaient semblant de le respecter quand cela les arrangeait, le méprisaient ouvertement quand il les gênait. Le désordre s'y infiltrait petit à petit, dans de petites choses tout d'abord ; mais que faire si le sentiment de l'impunité s'installe pour de bon ? Certaines affaires ne pouvaient pas attendre toute une semaine pour être réglées : « Je ne veux pas éplucher les pommes de terre, je refuse de faire le ménage. » Que faire ? Il y avait plus grave : « Puisque je suis déjà cité, à quoi bon faire le ménage ? Je ne le fais pas puisque de toute façon je passe en jugement. »

Quant aux sentences, elles étaient toutes légères. Aucun des collèges de juges successifs n'avait osé aller au-dessus de l'article 400. L'opposition encourageait cette répugnance à se servir des articles sévères. Une cour d'arbitrage n'est pas une cour d'assises : les juges et les accusés s'y connaissent, des liens multiples les unissent les uns aux autres. Prononcer une sentence sévère dans ces conditions, c'est ennuyeux, on s'expose à des tas de désagréments. Rappelons-nous combien pénibles peuvent être parfois des jugements d'honneur. Pourquoi se faire violence et s'exposer aux sarcasmes si l'on sait d'avance que coller à quelqu'un une lourde peine ne servirait de toute façon à rien ?

Le tribunal suscitait des sentiments partagés. À côté des ennemis déclarés et des supporters inconditionnels du système, la grande majorité croyait en son utilité, en considérant toutefois qu'il était nécessaire d'y apporter quelques modifications.

— Il est bon d'avoir un tribunal, mais le nôtre ne nous apporte pas grand-chose.

— Le tribunal est bon pour certains enfants, mais pour d'autres, il n'est d'aucune aide.

— Avec le temps, il deviendra très utile.

— S'il était différent, on en aurait bien besoin.

Ces quelques phrases (c'étaient des réponses à un questionnaire que nous avions soumis aux enfants) illustrent bien leur attitude à l'égard de la nouvelle institution.

Je l'abordais moi-même en tant qu'expérience qui pouvait ne pas réussir ; je m'attachais en premier lieu à exploiter les immenses matériaux factuels qu'il m'apportait. Ne disposant pas de beaucoup de temps, je me bornais à noter au moins les contours de chaque « procès ». Tout y était intéressant : la statistique, la casuistique, le banal et l'exceptionnel, les rapports entre plaignants, accusés et juges... J'avais de plus en plus conscience de la nécessité pour un directeur-éducateur (mais pas un bureaucrate-éducateur) d'être, à l'avenir, aussi le secrétaire du tribunal.

Le tribunal est nécessaire, indispensable, rien ne peut le remplacer.

Le tribunal a un rôle éducatif immense à jouer. Hélas, nous ne sommes pas encore à la hauteur de la tâche. Pas encore, en tout cas pas encore chez nous.

Chez nous, son entrée ne fut pas solennelle comme le serait celle d'un important acte législatif, il s'est glissé parmi nous docilement et craintivement. Pourtant, j'ai eu nettement le sentiment de commettre un coup d'État en décidant de sa suspension, et je crois, à moins que ce ne soit une illusion, que les enfants l'ont ressenti de la même manière. « Que deviendrons-nous à présent ? »

Certains enfants « ont respiré » : ils se sont débarrassés d'un contrôleur vigilant. D'autres, afin de prouver que le tribunal n'était pas indispensable, sont devenus plus disciplinés. Il s'est quand même trouvé un groupe qui demandait si et quand le tribunal recommencerait à fonctionner. D'autres encore, une fraction importante, manifestaient aussi peu d'intérêt pour le problème du tribunal que pour tous les autres problèmes de la vie collective.

Parmi les reproches « théoriques » qui parvenaient de l'extérieur, celui qu'on entendait le plus souvent était que le tribunal « développait chez les enfants la manie du procès ».

Pour moi, comme pour tout éducateur sans doute, « les enfants » ça n'existe pas ; il y a des êtres humains, chacun doué d'une personnalité bien à lui, chacun réagissant si différemment au monde qui l'entoure, que ce genre de reproche général ne peut que provoquer un sourire indulgent. Tout le long de cette année expérimentale, je n'ai eu aucune preuve qui pourrait étayer la thèse de la manie du procès ; bien au contraire, beaucoup de faits semblent prouver que le tribunal enseigne à l'enfant combien inconfortable, sotte et nuisible, peut être cette « manie ». L'influence du tribunal a aidé, selon moi, un travail considérable à s'accomplir : celui de la prise de conscience des conditions et des lois de la vie en collectivité. Pour celui qui ne sous-estime pas la société enfantine, qui y voit un univers et non pas « un petit monde », pour celui-là, le nombre de 3 500 jugements rendus sera l'explication suffisante de l'impossibilité pour moi de rentrer ici dans le détail ; car cette tâche exigerait plusieurs gros volumes. Je tiens cependant à ajouter une précision : sur cent enfants, un seul n'a pas su se débarrasser de son humeur procédurière, la plupart en ont été guéris, et pour longtemps sans doute.

Après cette interruption, trois importants paragraphes ont été ajoutés au statut du tribunal :

1. — Les enfants mécontents du verdict ont le droit de faire appel un mois après le jugement.

2. — Certains différends considérés comme n'étant pas de la compétence du tribunal peuvent être renvoyés devant le Conseil juridique.

3. — Les enfants ont le droit de citer des adultes devant le tribunal, le personnel y compris.

Je ne peux malheureusement pas m'étendre davantage.

En ce qui me concerne, j'ai été jugé cinq fois. La première fois, pour avoir frotté les oreilles à un garçon ; la seconde, pour avoir mis à la porte du dortoir un chahuteur ; la troisième, pour en avoir envoyé un autre au coin ; la quatrième, pour avoir insulté un juge ; la cinquième, pour avoir soupçonné une petite fille d'avoir volé. Lors des trois premiers procès, j'ai été jugé en vertu de l'article 21, lors du quatrième, en vertu de l'article 71, et lors du dernier, j'ai eu droit à l'article 7. Pour chaque procès j'ai fourni une vaste déposition écrite.

J'affirme que ces quelques procès ont été la pierre angulaire de ma propre éducation. Ils ont fait de moi un éducateur « constitutionnel » qui ne fait pas de mal aux enfants, non pas parce qu'il a de l'affection pour eux ou qu'il les aime, mais parce qu'il existe une institution qui les défend contre l'illégalité, l'arbitraire et le despotisme de l'éducateur.

LE PAIEMENT DE LA MAISON DE L'ORPHELIN

Dans la Maison de l'orphelin, les permanences ont déjà leur propre histoire vieille de sept ans. Elles ont traversé l'épreuve du feu dans plusieurs autres internats. La cuisine, la buanderie, l'inventaire du matériel, le contrôle des locaux, la surveillance des petits, tout cela a été confié aux élèves qui, surveillants à dix ans, deviennent membres du personnel à quatorze ou quinze ans. La gazette de l'établissement est toujours là, le tribunal fonctionne depuis deux ans déjà sans aucune interruption. Nous nous sommes dit que nous étions assez mûrs pour tenter l'expérience de l'autogestion. Cet itinéraire nous a amenés à créer un Parlement dont, à l'heure qu'il est, nous ne pouvons dire encore grand-chose. Le Parlement comprend vingt députés. L'électorat se divise en groupes de cinq personnes. Il faut avoir reçu quatre voix pour devenir député. Tout le monde peut voter, mais ne peut devenir député que celui qui n'a jamais été condamné pour malhonnêteté (vol, tricherie, etc.). Tout condamné pour malhonnêteté a droit à la réhabilitation. Le Parlement approuve ou rejette les lois proposées par le Conseil juridique. Il établit également le calendrier et décide de l'attribution des cartes-souvenir. S'il est de la compétence du tribunal de décider de l'expulsion d'un élève, le Parlement, lui, doit tendre à ce que toute décision concernant la réception d'un nouvel élève ou l'éloignement d'un adulte (le personnel y compris), soit soumise à son acceptation. Il nous faut être prudents, les attributions du Parlement doivent être élargies graduellement et avec circonspection, les limitations et les réserves peuvent être nombreuses mais nettes et sincères. S'il devait en être autrement, il vaudrait mieux ne pas s'amuser aux élections et à l'autonomie. Ce serait un jeu douteux et dangereux où nous-mêmes et les enfants feraient figure de dupes.

CALENDRIER
Je cite quelques paragraphes du projet :

§ 6. — Le Parlement, soit sur la proposition d'un député, soit à l'occasion de l'attribution d'une carte-souvenir, fixe les dates des jours de fête qui viennent s'ajouter à celles des fêtes religieuses.
§ 9. — Le 22 décembre. – Mot d'ordre : « Pas la peine de se lever » (parce que la journée est courte). – On reste au lit tant qu'on veut. – On ne fait pas le lit si on n'en a pas envie. – Détails à mettre au point par la commission législative du Parlement.
§ 10. — Le 22 juin. – Mot d'ordre : « Pas la peine de se coucher. » – On peut veiller toute la nuit. – Si le temps est suffisamment beau, une marche à travers la ville est prévue dans la nuit du 22 au 23 juin.

§ 12. – La journée de la première neige. – Mot d'ordre : « Course de traîneaux. » Sera dite journée de première neige la première journée où la neige tombera par moins 7 °C. Sont prévues : bataille de boules de neige, excursion, course de traîneaux pour un groupe choisi par élection.

§ 18. – Le jour des morts. – Au cours de la prière du matin, on évoquera les noms des pupilles disparus.

§ 19. – La journée du 365ᵉ déjeuner. – L'intendante et les surveillants ayant assuré des permanences à la cuisine recevront des bonbons en remerciement de leurs peines. – Mot d'ordre : « Fête de la cuisine. »

Attention : Prière de nous soumettre vos projets de mise en honneur de la buanderie.

§ 22. – La journée « crado ». – Mot d'ordre : « Interdit de se laver ». – Celui qui tient à faire sa toilette devra acquitter une taxe dont le montant sera fixé par le Parlement.

§ 27. – La journée de la montre. – Un jour, un cordonnier connu pour être négligent, a fait la promesse de devenir plus exact. Il a tenu sa promesse et pendant toute l'année nous a apporté nos chaussures aux jours et aux heures convenus. Le Parlement lui a remis la carte de la ponctualité. Pour commémorer cet événement, le jour marquant l'anniversaire de la décision du Parlement les enfants ont le droit de rester une heure de plus en ville.

§ 29. – Le jour du débraillé. – L'enfant désigné par un vote comme étant le moins soigneux reçoit un vêtement pour ne pas avoir l'air d'un souillon les jours de fête.

§ 28. – Le jour du chaudron. – Un jour, où le monte-charge entre la cuisine et la salle à manger était en panne, l'un des grands a refusé d'aider à transporter le chaudron. Le jour anniversaire de ce triste événement, deux garçons désignés par le tirage au sort apportent le déjeuner même si le monte-charge est en état de marche.

§ 32. – Le jour de l'encouragement. – Celui qui, au cours de l'année, a récolté le plus de condamnations, sera acquitté pour tous les délits de la semaine. Il peut être juge s'il le désire. – Le jour de l'encouragement a été institué pour commémorer l'exploit de l'un de nos grands voyous qui réussit à ne pas avoir un seul procès pendant toute une semaine.

§ 40. – Le Parlement décide pendant combien d'années les journées commémoratives seront inscrites au calendrier.

LA MAISON DE L'ORPHELIN

En attendant d'être voté par le Parlement, le statut provisoire de la remise des cartes-souvenir comporte, entre autres, les paragraphes suivants :

§ 3. — Inscription au verso de l'image :
« Par la décision du Parlement, il a été décerné à (nom) une carte-souvenir en reconnaissance de... » La date de la remise de la carte pourra être considérée comme une journée de fête à inscrire au calendrier.

§ 4. — Le solliciteur de la carte doit présenter sa demande sur une feuille de papier non froissée où, d'une écriture soignée et lisible, il énumérera des faits et actions qu'il désire rendre mémorables. Ces actions peuvent être bonnes ou mauvaises, utiles ou nuisibles, dignes d'éloge ou de blâme, la carte pouvant constituer un souvenir agréable ou désagréable, être un encouragement ou une mise en garde.

§ 5. — Voulant souligner le caractère mémorable d'un fait, le Parlement peut l'inscrire au calendrier des victoires et des défaites en tant qu'illustration d'un effort louable ou d'une négligence déplorable due au manque de volonté.

§ 7. — L'image représentée sur la carte doit être en rapport avec l'événement qui a été à l'origine de son attribution, ainsi :

1. Pour s'être levé toujours à l'heure pendant tout l'hiver, on reçoit un paysage hivernal ; pour avoir été matinal tout le printemps, un paysage printanier, etc.

2. Pour avoir épluché 2 500 livres de pommes de terre : « la carte des fleurs ».

3. Pour n'avoir pas respecté une loi ou un décret, pour avoir provoqué une bagarre ou une dispute : « la carte du tigre ».

4. Pour avoir assisté les petits et des « nouveaux » : « la carte de l'assistance ».

§ 10. — Celui qui, pendant plus d'un an, a assuré consciencieusement une même permanence a droit à une carte représentant une vue de Varsovie.

Le Parlement, estimant que la Maison de l'orphelin constitue une parcelle de Varsovie, pense que ce genre de souvenir sera cher à ceux qui, un jour, seront peut-être amenés à quitter leur ville natale.

§ 12. — En dehors des cartes-souvenir, le Parlement tâchera de concevoir une autre distinction sous forme de « cartes-diplômes » ; par exemple, un enfant qui se lève toujours tôt, après avoir reçu les cartes des quatre saisons, pourrait se voir décerner un « diplôme de la maîtrise de soi ».

§ 14. — On devrait introduire peu à peu d'autres cartes ; celle « de la bonne santé » pour les enfants qui ne sont jamais malades, font du sport et grandissent vite, des cartes-souvenir pour ceux qui ont participé à des spectacles et jeux organisés, ou pour ceux qui ont aidé à la rédaction du journal et au travail du tribunal.

§ 17. — La carte « ne-m'oubliez-pas » est une carte d'adieu signée des enfants et des éducateurs, c'est la dernière carte que l'on reçoit au moment du départ.

Une carte n'est pas une récompense mais un souvenir. Ce souvenir, certains enfants le perdront sur le chemin de la vie, d'autres le garderont longtemps.

LE DROIT DE L'ENFANT
AU RESPECT

En 1929, Korczak écrivait dans la préface à la deuxième édition de son livre Comment aimer un enfant :

« Quelle est mon attitude, aujourd'hui, à l'égard de l'enfant et de la société enfantine? Je réponds à cette question dans ma brochure Le Droit de l'enfant au respect. »

1

IRRESPECT ET MANQUE
DE CONFIANCE

Nous avons vécu dans l'idée que grand vaut mieux que petit.

— Je suis grand, s'écrie joyeusement un bambin mis debout sur une table. Je suis plus grand que toi, déclare-t-il avec orgueil à un copain du même âge mais plus petit de taille.

Qu'il est pénible de ne pas pouvoir atteindre un objet, surtout si, pour le faire, vous vous êtes dressé sur la pointe des pieds! Quelle fatigue pour les petites jambes de vouloir emboîter le pas à un adulte. Et de la main trop petite le verre glisse toujours. Que d'efforts, que de gestes maladroits, rien que pour grimper sur une chaise, monter un escalier, s'asseoir dans une voiture; impossible d'ouvrir une porte, de regarder par la fenêtre, de décrocher ou de suspendre un objet : c'est toujours trop haut. Dans une foule, personne ne fait attention à vous, on ne voit rien, on se fait bousculer. Décidément, il n'est pas facile ni agréable d'être petit.

Il faut être grand, occuper pas mal de place pour susciter estime et admiration. Petit veut dire toujours : banal, dépourvu d'intérêt. Petites gens, petits besoins, petites joies, petites tristesses.

Il n'y a que le grand pour nous en imposer : grandes villes, hautes montagnes, arbres majestueux.

Nous disons : « Une grande œuvre, un grand homme. »

Un enfant, c'est si petit, si léger... si peu de chose. Il nous faut nous pencher, nous abaisser jusqu'à lui.

Si faible aussi, et c'est le pire.

On peut le soulever, le projeter en l'air, le faire asseoir contre son gré, lui dire d'arrêter de courir, anéantir à chaque instant le moindre de ses efforts.

Se montre-t-il indocile ? Nous sommes assez forts pour en venir à bout. Nous disons : « T'en va pas, touche pas, pousse-toi, rends-le », et l'enfant sait qu'il lui faut obéir. Avant d'en arriver là, que de fois n'a-t-il pas protesté, toujours en vain. Le voilà à présent soumis, résigné.

Qui oserait traiter de la sorte un adulte ? Il faudrait que les circonstances soient exceptionnelles pour que celui-ci se voie brusqué, poussé, roué de coups. Alors qu'il nous semble naturel et innocent de donner une claque à l'enfant, de lui saisir la main pour qu'il nous suive docilement, de le serrer brutalement dans nos bras.

L'impuissance favorise le culte de la force. On s'arroge vite le droit de manifester librement sa mauvaise humeur ; plus besoin d'être adulte pour utiliser l'argument de la force, contraindre à l'obéissance. On peut faire mal impunément si l'on se sent plus âgé ou plus fort physiquement.

C'est notre propre exemple qui apprend à l'enfant à mépriser tout ce qui est faible. Mauvaise éducation et d'un triste présage.

Le visage du monde a changé. Nous n'avons plus besoin de nos muscles pour travailler ou nous défendre contre l'ennemi. Notre bien-être et notre sécurité ne dépendent plus de notre force physique ; à présent, c'est notre esclave obéissant, la machine, qui les arrache à la terre, aux forêts, à la mer. Depuis que les muscles ont perdu la valeur de garant exclusif de privilèges, l'intellect et la science sont montés dans notre estime.

La modeste cellule du penseur d'hier et le bric-à-brac de l'alchimiste sont devenus centre de recherche et grand laboratoire. Les bibliothèques s'agrandissent toujours, et leurs rayons ploient sous le poids des livres. D'orgueilleux temples de l'esprit attirent de plus en plus de monde. L'homme de science crée et ordonne. À travers les hiéroglyphes des chiffres et des symboles dont il bombarde la foule des mortels, il apporte le témoignage de la puissance de l'homme. Tout cela, il faut que l'esprit puisse l'embrasser, que la mémoire arrive à le fixer.

L'enseignement s'allonge en années de travail fastidieux ; toujours davantage d'écoles, d'examens, de paroles imprimées... et, de l'autre côté, le faible, le petit enfant qui a vécu si peu, qui ne comprend rien, qui ne sait rien encore.

LE DROIT DE L'ENFANT AU RESPECT

Question redoutable : Comment répartir les territoires conquis, les tâches et les salaires ? Comment aménager notre vie sur ce globe que nous nous sommes soumis ? Combien d'ateliers faut-il implanter pour donner du travail aux mains et aux cerveaux qui le réclament ? Et comment faire pour maintenir en ordre cette fourmilière humaine, assurer sa protection contre la mauvaise volonté ou la folie individuelles ? Comment meubler les heures de notre vie, trouver un équilibre entre le travail, le repos, la distraction, nous défendre de l'apathie, de la saturation, de l'ennui ? Créer des agglomérations disciplinées, faciliter la communication ou, au contraire, disperser et diviser ? Stimuler ou freiner, enflammer ou éteindre : qui, où et comment ?

Prudents, politiciens et juristes avancent leurs propositions, mais c'est, à chaque fois, une erreur nouvelle.

On s'intéresse aussi à l'enfant, débats et décisions se succèdent sans que jamais l'intéressé soit consulté. Aurait-il seulement quelque chose à dire ?

Dans cette lutte pour l'existence et l'influence, outre l'esprit et la science, la malice est d'une aide considérable. Un débrouillard, toujours à l'affût, dépiste vite les bonnes occasions et reçoit souvent plus que son dû. Il ne s'embarrasse point de scrupules, ses gains sont rapides et faciles; il éblouit et suscite l'envie. Non, il n'est pas facile de bien connaître l'homme : la vie construit des autels à l'ombre des porcheries.

Et l'enfant ? Il trottine, maladroit, avec son manuel scolaire, sa balle et sa poupée. Il pressent qu'au-dessus de lui, sans qu'il y participe en rien, il se passe des choses importantes qui décident de son bonheur ou de son malheur, des punitions et des récompenses, et qui brisent la résistance.

La fleur annonce le fruit; un poussin sera demain une poule qui pond des œufs; la génisse finira par nous donner du lait. Pour le moment, ils exigent beaucoup de soins et de dépenses et le souci n'est jamais absent : survivra-t-il, ne nous décevra-t-il pas ?

La jeunesse est source d'inquiétude, il faut attendre si longtemps! Peut-être deviendra-t-elle le soutien de notre vieillesse, nous récompensera-t-elle au-delà de notre attente... Cependant, la vie ne va pas sans les sécheresses, les gelées, les giboulées de printemps qui détruisent les récoltes.

Nous ne faisons qu'étudier des présages; nous voulons tout prévoir, nous assurer de tout. Cette attente anxieuse de ce qui sera augmente notre irrespect à l'égard de ce qui est.

COMMENT AIMER UN ENFANT

Le jeune et sa petite valeur marchande : il n'y a que devant la Loi et Dieu que la fleur de pommier et le blé en herbe valent autant qu'une pomme et que le champ de blé mûr.

Nous le berçons, le protégeons, le nourrissons, l'éduquons. Il reçoit tout sans se soucier de rien. Que serait-il sans nous à qui il doit tout ? Tout sans exception, à nous seuls.

Nous connaissons les chemins de la réussite, lui prodiguons leçons et conseils, développons ses qualités, corrigeons ses défauts. Nous nous chargerons de le diriger, de le rendre meilleur, de l'endurcir. Il ne peut rien, nous pouvons tout.

Nous donnons les ordres et exigeons la soumission.

Moralement et juridiquement responsables, sachant tout et prévoyant tout, nous sommes seuls juges de ses actes, mouvements, pensées et projets.

Nous fixons ses devoirs et veillons à ce qu'il les remplisse. Tout dépend de notre volonté et de notre compréhension ; ce sont nos enfants, notre propriété – interdit d'y toucher.

(La situation a tout de même quelque peu évolué : le contrôle social fait déjà une timide apparition, légèrement, imperceptiblement, il s'oppose à la volonté et à l'autorité parentales.)

Alors que même un mendiant dispose à sa guise de l'aumône reçue, l'enfant ne possède rien en toute propriété ; il lui faut rendre compte de chaque objet mis gratuitement entre ses mains : il ne peut ni déchirer, ni casser, ni salir, ni donner, ni refuser. Il doit l'accepter et s'en montrer satisfait. Tout est prévu et réglé d'avance, les lieux et les heures, avec prudence, et selon la nature de chaque occupation.

(Ne serait-ce pas la raison de son attachement aux objets sans valeur ? Attachement qui nous étonne et qui éveille notre commisération. Ces bouts de ficelle, boîtes et perles, tout ce bric-à-brac innommable, n'est-ce pas sa seule propriété ?)

L'enfant doit mériter tous ces bienfaits par l'obéissance et la bonne conduite. Nous pouvons être sensibles à une jolie prière, nous laisser attendrir... pourvu que l'enfant n'exige rien. Tout ce que nous lui donnons dépend de notre bon vouloir ; pas de ses droits, qui sont nuls. (Une comparaison douloureuse s'impose : celle d'une femme entretenue par un homme riche.)

Notre attitude à l'égard des enfants est corrompue par leur dépendance matérielle, par la misère de leur condition.

Nous manquons de respect à l'enfant parce qu'il ne sait rien, ne devine rien, ne pressent rien.

Il ne connaît pas les difficultés ni les complications de la vie adulte, il ignore d'où viennent ces périodes d'agitation, de découragement, de lassitude qui troublent notre paix et gâchent notre humeur ; il n'a aucune idée des défaites et des faillites qui accompagnent notre maturité. Naïf, il se laisse facilement endormir, tromper, sans se douter de quoi que ce soit.

Il croit la vie simple et facile. Il y a papa et maman. Papa gagne de l'argent, maman achète tout ce dont on a besoin. Il ne sait pas ce que c'est que de trahir ses devoirs ou de lutter pour ce à quoi on a droit, ou davantage.

Libéré de tout souci matériel, ignorant les tentations fortes, les bouleversements, il ne peut ni nous comprendre, ni nous juger. Nous, nous le devinons sans peine, d'un seul coup d'œil nous le perçons à jour ; pas besoin d'interrogatoires pour découvrir ses ruses maladroites.

Et si cette image que nous nous faisons de l'enfant n'était qu'une illusion ? Peut-être se dissimule-t-il, peut-être souffre-t-il en secret ?

Nous éventrons les montagnes, abattons les arbres, exterminons les animaux. De nouvelles cités surgissent en nombre là où autrefois il n'y avait que des forêts et des marécages. Nous implantons l'homme sur des terres toujours nouvelles.

Nous nous sommes assujetti le monde ; le fer et l'animal sont à notre service ; nous avons colonisé les races de couleur, réglé approximativement les rapports entre les peuples et amadoué les masses. La paix et la justice sont encore loin : dans le monde prédominent la misère et l'humiliation.

Que nos enfants nous paraissent puérils avec leurs doutes et leurs réserves !

L'esprit démocratique de l'enfant ne connaît pas de hiérarchie : il souffre également devant la peine de l'ouvrier, la faim d'un camarade, la misère d'un cheval de trait, le supplice d'une poule qu'on égorge. Le chien et l'oiseau sont ses proches ; le papillon et la fleur, ses égaux. Il découvre un frère dans une pierre ou dans un coquillage. Il se désolidarise de nous dans son orgueil de nouveau riche, il ignore que seul l'homme possède une âme.

Nous ne respectons pas l'enfant parce qu'il a beaucoup d'heures de vie devant lui.

Alors que nos pas deviennent pesants, nos gestes intéressés, que notre perception et nos sentiments s'appauvrissent, l'enfant, lui, court, saute, regarde autour de lui, s'étonne et interroge en pure gratuité. Il gaspille ses larmes et dépense généreusement son rire.

À l'automne, où le soleil se fait rare, toute belle journée est précieuse ; au printemps, les arbres sont verts de toute façon. Pas besoin de soins superflus, il faut si peu à l'enfant pour être heureux. Nous ne le prenons pas au sérieux, nous nous en débarrassons par des pirouettes, sans considération pour le foisonnement de sa vie ni pour sa joie – qui se donnent avec tant de facilité.

Nous courons après le temps, chaque quart d'heure, chaque année ont leur importance, tandis que l'enfant a tout son temps, il ne risque pas de manquer son rendez-vous avec la vie.

Il n'est pas encore soldat, il ne défend pas la patrie même s'il souffre en même temps qu'elle.

On n'a pas à gagner son suffrage parce qu'il n'est pas encore électeur ; il ne risque pas de proférer de menaces, n'exige rien, ne dit rien.

Petit, faible, pauvre, dépendant, il n'est qu'un citoyen potentiel.

Traité tantôt avec indulgence, tantôt avec brutalité, mais toujours et partout avec le même irrespect.

Ce n'est qu'un enfant, un gamin, qui ne sera homme que demain. Il lui faut encore attendre pour exister vraiment.

Le surveiller, l'avoir constamment à l'œil. Le surveiller, ne pas le lâcher d'une semelle. Le surveiller, qu'il ne soit jamais seul.

À tout moment, il risque de tomber, de se faire mal, tout salir, renverser, déchirer, casser, égarer, perdre ; mettre le feu à la maison, faire entrer les voleurs. Le malheur est si vite arrivé et c'est l'infirmité à vie : lui, son camarade de jeu, nous-mêmes, tout le monde est menacé.

Surveillance encore et toujours surveillance ; il faut lui interdire toute initiative, exercer un droit absolu de contrôle et de critique.

Il ne sait ni combien ni comment ni quoi manger ou boire ; ignore les limites qu'impose la fatigue. On veillera sur ses repas, son sommeil, son repos.

Pendant combien de temps ? Jusqu'à quand ? Toujours. Il a beau changer avec le temps, notre méfiance demeure, ou même s'accroît.

Il est incapable de discerner l'important du futile. L'ordre, un travail systématique, autant de notions qui lui restent étrangères. Distrait, il oublie tout, néglige ses devoirs. Il n'a aucune idée de ses responsabilités à venir.

Nous devons l'instruire, le diriger, lui servir d'exemple, le corriger, étouffer ses mauvais instincts, le mettre en garde, lui imposer une conduite à suivre.

Combattre ses grimaces, ses caprices, son entêtement.

Lui faire accepter notre programme fait de prudence, de prévoyance, de craintes et d'inquiétudes, de mauvais pressentiments et de sombres prévisions.

Riches de notre expérience, nous savons les dangers, les pièges, les mésaventures et les catastrophes qui le guettent.

Sachant que même la plus grande prudence ne nous met jamais entièrement à l'abri du danger, nous redoublons de méfiance par acquit de conscience. Ainsi, en cas de malheur, nous n'aurons pas à nous faire de reproches.

Espiègle par goût, on le dirait étrangement attiré par le mal : il prête volontiers l'oreille aux mauvais conseils et suit toujours les pires exemples.

Facile à pervertir, il se montre réfractaire à toute tentative de redressement.

Nous, qui ne voulons que son bien et ne désirons que lui faciliter la vie, nous mettons à sa disposition toute notre expérience : il n'a qu'à tendre la main et se servir. Toutes les choses préjudiciables aux enfants, nous les connaissons bien pour les avoir vécues... Puisse-t-il ne pas les vivre à son tour, que cela au moins lui soit épargné !

— Souviens-toi... sache-le... essaie de comprendre.

— Attends un peu, tu verras.

Il ne veut pas écouter. Il désobéit comme à dessein, par esprit de contradiction.

Que de travail, que de patience pour venir à bout de son entêtement, pour obtenir de lui un effort ! Tout seul, il irait vers le pire, s'engagerait dans les chemins les plus périlleux.

Peut-on tolérer ses coups pendables, ses bêtises insensées, ses gestes irréfléchis ?

Il n'est, à vrai dire, qu'un être primaire auquel il est difficile de faire confiance ; sa soumission, sa candeur même ne sont qu'apparentes. Un filou, un fin rusé en somme.

Il a plus d'un tour dans son sac pour échapper à notre contrôle, endormir notre vigilance, nous berner. Il trouve une excuse à tout, et n'en est pas à une dissimulation ou à un mensonge près.

COMMENT AIMER UN ENFANT

Avec lui, vous ne pouvez jamais être sûr de rien, le doute est toujours là, engendrant irrespect et méfiance et, au-delà, soupçons et accusations.

Une comparaison pénible vient à l'esprit : il serait donc pareil à un aventurier, un ivrogne, un révolté, un fou ?

Comment faire pour vivre ensemble sous un même toit ?

2

LE RESSENTIMENT

Tant pis. Nous aimons les enfants. Tels qu'ils sont, ils sont la douceur, l'espoir, la lumière de notre vie, notre joie et notre repos. Pourquoi les effaroucher, les accabler, les tourmenter? Qu'ils vivent libres et heureux...

D'où vient alors ce sentiment de poids, d'entrave, de surcharge encombrante? Comment expliquer que ce cher petit ait une si mauvaise réputation?

Avant même qu'il arrive en ce monde inhospitalier, la confusion et les restrictions apparaissent au sein de la vie familiale. Adieu les mois trop courts où l'attente n'était que joyeuse.

Au bout d'une longue période d'indispositions viennent la maladie et la douleur, puis les nuits agitées et les dépenses imprévues. La paix du foyer est troublée, l'ordre compromis, le budget déséquilibré.

Bientôt, à l'odeur aigre des couches et au cri perçant du nouveau-né, s'ajoute le bruit des chaînes conjugales.

Et cet autre inconvénient qui est de ne pas pouvoir se comprendre avec des mots, d'être condamné à jouer aux devinettes. On attend donc, on prend patience.

Lorsqu'il parle et marche enfin – c'est-à-dire, lorsqu'il se faufile partout, touche à tout, visite tous les coins – il nous gêne tout autant, le petit saligaud despote.

Il fait un tas de dégâts en s'opposant toujours à notre sage volonté, exige beaucoup et ne comprend que ce qui l'arrange.

Tout cela, ce ne sont point des bagatelles; notre ressentiment à l'égard de l'enfant se nourrit justement de tous ces réveils trop matinaux, journaux froissés, robes et murs tachés, tapis souillés, binocle ou vase cassés, lait, parfum renversés, honoraires à payer au médecin.

Il s'endort souvent au moment où cela nous arrange le moins, mange suivant sa propre fantaisie. Vous vous attendez à ce qu'il rie : effarouché, il se met à pleurer. Et fragile avec ça : la moindre imprudence risque de provoquer une maladie, de faire surgir de nouvelles difficultés.

Dès que l'un pardonne, l'autre, mécontent, s'empresse d'accuser; outre la mère, ce sont le père, la gouvernante, la bonne, la voisine qui prennent à cœur la bonne éducation de l'enfant : chacun d'eux peut punir contre la volonté maternelle, parfois sans qu'elle le sache.

Le petit intrigant est souvent cause de disputes et de frictions entre adultes; il se trouve toujours quelqu'un pour être fâché ou mal disposé. Il n'est pas rare que l'indulgence de l'un vaille à l'enfant d'avoir à en répondre devant l'autre. Notre bonté elle-même n'est souvent qu'une négligence déguisée et incompréhensible. Et c'est encore l'enfant qui endosse la responsabilité des fautes commises par d'autres.

(Qu'ils soient filles ou garçons, ils n'aiment pas beaucoup qu'on les appelle « enfants ». Quand ils se heurtent à nos reproches, ce nom les engage à répondre du passé, à partager la mauvaise réputation des petits.)

Non, l'enfant n'est pas souvent ce que nous voudrions qu'il soit et sa croissance est pour nous l'occasion de bien des déceptions.

— Il serait déjà grand temps qu'il...

Nous lui avons tant donné, et de si grand cœur! Ne pourrait-il pas nous récompenser un peu par sa bonne conduite? Il devrait pourtant comprendre, accepter certaines choses, renoncer à d'autres et, avant toute chose, se montrer reconnaissant.

À mesure qu'il grandit, ses devoirs et nos exigences augmentent. Mais la plupart du temps, il les interprète à l'envers et reste en deçà de ce qu'on attendait de lui.

Bientôt l'école va le prendre partiellement en charge et nous aurons à céder une partie de notre pouvoir et de nos exigences. Résultat : surveillance redoublée, responsabilité accrue, autorité dédoublée avec risques de conflits. Et de nouveaux défauts qui apparaissent.

Les parents ont tendance à les excuser : leur indulgence

découle d'un net sentiment de culpabilité d'avoir donné le jour à cet être imparfait ou, dans le cas d'un enfant infirme, de lui avoir imposé une souffrance. Il arrive que la mère recherche dans une maladie imaginaire le moyen de défendre l'enfant contre les accusations des étrangers ou contre ses propres doutes.

En règle générale, la voix de la mère n'inspire pas confiance. Elle est jugée partiale et incompétente. L'enfant mérite-t-il tant de bienveillance? Pour répondre à cette question qui nous préoccupe, adressons-nous plutôt à ces experts que sont les éducateurs.

Il est rare qu'un éducateur engagé comme précepteur chez un particulier y trouve les conditions favorables à une bonne entente avec les enfants.

Gêné par un contrôle qu'inspire la défiance, il se voit obligé de louvoyer entre les indications venant d'en haut et ses propres opinions, entre les exigences extérieures et sa propre commodité. Responsable de l'enfant qu'on lui a confié, il doit supporter les conséquences des décisions douteuses de ses patrons, tuteurs légaux de l'enfant.

Contraint à dissimuler ou à contourner les difficultés, il est menacé par la corruption et peut glisser facilement dans l'hypocrisie et la paresse.

Au fil des années, la distance augmente, entre ses exigences d'adulte et les désirs de l'enfant, ce qui l'amène à mettre au point des moyens de dressage peu honnêtes.

On commence à se plaindre de ce travail ingrat : pour punir quelqu'un, Dieu fait de lui un éducateur.

Qu'il est donc fatigant, cet être toujours agité, bruyant, curieux de la vie et de ses mystères; ses questions et ses étonnements nous lassent, tout comme ses découvertes et ses expériences, avortées presque toujours.

Il est rare que nous soyons ses conseillers ou ses consolateurs; nous sommes plus souvent cantonnés dans le rôle de juges. Cependant, les punitions infligées sur le coup n'ont que ce seul résultat :

— *Les écarts nés de l'ennui ou de la révolte se font plus rares mais plus violents, colorés de dépit. Afin d'en venir à bout, de s'assurer contre les mauvaises surprises, on renforce encore la surveillance.*

Sa chute une fois amorcée, voici la pente le long de laquelle glissera l'éducateur :

COMMENT AIMER UN ENFANT

— Faute de jugement, manque de confiance, soupçons ; l'éducateur se met à observer l'enfant et finit par le prendre en flagrant délit ; accusations, punitions ; recherche de moyens de prévention efficaces.

— Recours de plus en plus fréquents aux interdits et à la contrainte.

— Il ne voit plus les efforts de l'enfant qui tente de remplir proprement une page de son cahier ou une heure de sa vie. Il n'a plus pour lui que les froides paroles de la condamnation.

L'azur de son pardon se fait rare, remplacé par le rouge écarlate de la colère et de l'indignation.

La tâche est cependant encore plus ardue lorsqu'il s'agit d'un groupe d'enfants. Combien de compréhension faut-il alors ! Qu'il est facile de commettre l'erreur d'une accusation injuste, de concevoir une rancune ridicule !

Un seul enfant, même faible et petit, arrive déjà à nous lasser et ses quelques bêtises nous fâchent, mais combien plus redoutable, fatigante, exigeante et imprévisible dans ses réactions paraît à côté de lui la foule !

Comprenez : là, il ne s'agit plus d'enfants mais d'un groupe organisé en bande. Cela n'a plus rien à voir avec les enfants.

Tu t'es déjà fait à l'idée de ta force et te voilà tout d'un coup faible et petit. La foule, ce géant dont le poids représente celui d'une collectivité disposant d'un capital énorme d'expériences, se dresse à présent devant toi, tantôt solidaire dans sa résistance, tantôt divisée en d'innombrables paires de jambes et de mains, chacune surmontée d'une tête pleine d'idées et d'exigences secrètes.

Que tout est difficile pour un éducateur qui arrive dans une classe ou dans un internat où les enfants ont été trop tenus ! Dégoûtés d'une discipline trop sévère, insolents, ils s'organisent tels des brigands pour t'imposer leur loi. Qu'ils sont forts et dangereux quand, d'un effort collectif, ils vont heurter ta volonté qui fait barrage ! Ce ne sont plus des enfants mais des éléments déchaînés !

Que de révoltes cachées l'éducateur préfère taire, honteux de s'avouer plus faible que l'enfant !

Une fois échaudé, il ne s'embarrasse plus de scrupules pour étouffer, maîtriser les insolents. Finies les confidences, les plaisanteries même les plus innocentes ! Interdits les haussements d'épaules, les gestes hostiles, les silences obstinés, les regards courroucés ! Cette indocilité effrontée, il faut l'extirper avec les racines, la brûler au feu de la vengeance ! L'éducateur achètera donc les meneurs par quelques privilèges, choisira ses confidents, sévira sans tenir compte de la justice, pour l'exemple, décidé à éteindre aussitôt la première étincelle de révolte, pour que, même en pensée, cette foule redoutable ne s'avise pas de lui dicter sa volonté ou de se déchaîner.

La faiblesse de l'enfant éveille quelquefois notre tendresse ; la force du groupe ne peut que nous indigner et nous offenser.

Rien de plus faux que l'opinion selon laquelle la gentillesse rendrait les enfants insolents et la douceur entraînerait inévitablement le désordre et l'insubordination.

Mais, de grâce, n'appelons pas bonté notre négligence ni notre maladresse nourrie de bêtises. Parmi les éducateurs, outre les roublards aux manières de brutes et les misanthropes, nous rencontrons des bons à rien dont personne ne veut nulle part, incapables d'occuper aucun poste de responsabilité.

Il arrive que l'éducateur fasse appel à la séduction pour gagner rapidement et sans frais la confiance des enfants. Au lieu d'organiser la vie du groupe – ce qui représenterait un travail lent et consciencieux – il condescend à participer à leurs jeux les jours où il se sent bien disposé. Cette indulgence de seigneur est toujours à la merci de quelque éclat de mauvaise humeur et ne fait que le ridiculiser davantage aux yeux des enfants.

Il arrive que, trop ambitieux, il pense changer l'homme à l'aide de la persuasion, d'une parole moralisante ; il croit qu'il suffit d'émouvoir pour obtenir une promesse d'amendement. Il finit par agacer et ennuyer.

Et si, bienveillant en apparence, il compte se faire passer pour allié en usant de paroles hypocrites, sa perfidie percée à jour n'inspirera que dégoût.

Un mauvais traitement engendrera toujours le mépris, de fausses marques d'amitié, l'hostilité et la révolte, le manque de confiance, la conspiration.

Au fil des années de travail, une conviction naissait, de plus en plus ferme : oui, les enfants méritent notre respect, notre confiance, notre amitié. Il fait bon vivre dans cette atmosphère particulière faite de sentiments délicats, de rires joyeux, d'efforts enthousiastes, de premiers étonnements, de joies pures et claires. C'est un travail stimulant, utile et beau.

Une chose pourtant m'inquiétait, éveillait un doute :
Comment se fait-il que l'enfant le plus sûr parfois nous

déçoive? Pourquoi ces explosions – rares il est vrai – d'insubordination collective? Soit, les adultes ne valent pas mieux,
mais ils sont quand même plus pondérés, plus stables, nous
réservent moins de surprises désagréables.

Obstinément, je cherchai une explication et, peu à peu, je
suis arrivé à formuler ainsi ma réponse :

1. Si l'éducateur recherche avant tout certains traits de
caractère à ses yeux plus positifs, certaines qualités selon lui
plus précieuses, et cherche à modeler tous les enfants sur un
même patron, à les pousser tous dans la même direction, il
sera vite abusé : beaucoup feront seulement semblant de
répondre à ses vœux, d'autres sensibles à la suggestion s'effor-
ceront sincèrement de suivre ses préceptes; mais cela ne
durera qu'un temps.
Le jour où le vrai visage de l'enfant se sera enfin révélé, ce
n'est pas seulement l'éducateur, mais les enfants eux-mêmes
qui ressentiront douloureusement leur défaite. Ils réagiront
avec d'autant plus de violence qu'ils auront fait plus d'efforts
pour dissimuler ou se soumettre. Une fois démasqué, l'enfant
n'a plus rien à perdre. Quelle importante leçon à en tirer!

2. Les jugements de l'éducateur et ceux du groupe
n'obéissent pas aux mêmes critères. Des qualités, quelque don
particulier chez un camarade, les enfants décèlent tout cela
aussi vite que l'éducateur, mais, alors que celui-ci s'attache à
les faire s'épanouir, les enfants, eux, comptent en tirer un
profit immédiat. Ce privilégié partagera-t-il avec eux ses
richesses naturelles ou les gardera-t-il pour lui seul, cette
espèce d'orgueilleux, de sale égoïste, de pingre? « Monsieur
fait le difficile, il voudrait qu'on se mette à le supplier! » On lui
reprochera de n'avoir jamais voulu raconter une histoire, participer à un jeu, faire un dessin, rendre un service. Laissé seul,
celui-ci tentera par un geste spectaculaire de reconquérir la
sympathie du groupe. Sa conversion sera toujours accueillie
avec joie. Son geste ne signifiera aucunement un changement
en pire, au contraire, il prouvera que l'enfant a changé, qu'il
est devenu meilleur.

3. Ils ont déçu/offensé en tant que groupe.
L'explication, je l'ai trouvée dans un livre sur le dressage
des animaux et je n'ai pas honte de le dire. On y apprend que

ce n'est pas quand un lion est en colère qu'il est le plus dangereux, mais quand il est en train de jouer et que, tout excité, il voudrait continuer à folâtrer. Dans sa force, la foule ressemble à un lion.

La psychologie seule ne suffit pas à donner toutes les réponses ; on en trouvera davantage dans un livre de médecine, de sociologie, d'ethnologie, d'histoire, de poésie, de criminologie, dans un livre de prières ou un manuel de dressage d'animaux.

4. Et enfin, la dernière explication et de loin la plus ensoleillée : un enfant peut se soûler d'oxygène comme un adulte de vodka. Symptômes : excitation, contrôle amoindri, témérité, confusion et, comme conséquences : sentiment de culpabilité, gueule de bois et dégoût de soi. Mon observation est strictement clinique. On peut être très digne de respect et ne pas résister à l'alcool.

Ne pas punir : cette claire ivresse honore les enfants et devrait nous émouvoir. Au lieu de nous éloigner d'eux, elle nous en rapproche ; d'ennemis, elle nous aide à devenir leurs alliés.

Nous dissimulons nos défauts et nos plus viles actions. Sous peine de grave offense, les enfants ne peuvent ni nous critiquer ni même s'apercevoir de nos faiblesses, de nos travers, de nos ridicules. Nous posons aux êtres parfaits et défendons nos secrets, nous, le clan au pouvoir, nous, la caste des initiés investis des tâches élevées. L'enfant, tout le monde peut le dénuder impunément, le mettre au pilori.

Tricheurs professionnels, nous jouons contre les enfants avec des cartes truquées en abattant sous les as de nos qualités les petites cartes de leurs faiblesses. Nous nous arrangeons toujours de manière à opposer ce qui est le plus précieux en nous à ce qui est le pire en eux.

Où sont donc nos insouciants et nos étourdis, nos goinfres et nos paresseux, nos imbéciles, nos bambocheurs, nos aventuriers, nos tricheurs, nos ivrognes et nos voleurs ? Et notre brutalité, nos crimes notoires ou cachés ? Que de discordes, de ruses, de jalousies, de médisances, de chantages ; que de mots qui blessent, d'actes qui déshonorent ; que de sordides tragédies familiales dont les premiers martyrs sont les enfants !

Et nous avons l'audace de les accuser ?

Notre respectable société adulte est pourtant passée au travers de plus d'un crible : combien ont disparu dans les cimetières, les prisons, les maisons de fous ; combien sont allés rejoindre les eaux sales de la criminalité !

Au lieu de leur permettre de juger par eux-mêmes, nous leur imposons un respect aveugle pour l'âge et l'expérience. Nous encourageons ainsi un tas de jeunes impertinents, leurs aînés, à les entraîner, souvent par force, à partager leurs expériences douteuses.

Vicieux, déséquilibrés, ceux-là vont où bon leur semble, bousculent tout et tout le monde, distribuent des coups, font mal et contaminent les autres. Ils nous en font voir aussi au passage, c'est à cause d'eux que les enfants sont collectivement coupables. Ces quelques cas isolés alarment l'opinion en marquant de taches voyantes la surface de la vie enfantine et dictent à la routine pédagogique ses méthodes habituelles : mesures expéditives (bien qu'elles accablent plus qu'autre chose), rudesse (bien qu'elle soit blessante), sévérité (c'est-à-dire brutalité).

Nous ne donnons pas aux enfants les moyens de s'organiser. Irrespectueux, défiants, mal disposés à leur égard, c'est bien mal que nous en prenons soin. Pour savoir comment nous y prendre, il nous faudrait s'adresser à des experts, et les experts ici – ce sont les enfants.

Serions-nous à ce point dépourvus de sens critique que nous prendrions pour de l'amitié les caresses dont nous accablons les enfants ? Ne comprenons-nous donc pas qu'en serrant l'enfant dans nos bras nous cherchons à nous réfugier dans les siens, pour fuir les heures de souffrance, d'abandon ? Impunément, nous les chargeons du poids de notre douleur, de notre nostalgie d'adultes.

En dehors de cette fuite vers l'enfant à qui nous implorons un peu d'espoir, toute autre caresse relève d'une tentative coupable qui est celle de rechercher et d'éveiller en lui sa sensualité.

— Viens que je te serre dans mes bras parce que je suis triste. Un baiser et je te le donne, c'est promis.

C'est de l'égoïsme, pas de la tendresse.

3

LE DROIT AU RESPECT

C'est comme s'il y avait deux vies : l'une, sérieuse, respectable, l'autre, inférieure quoique tolérée avec indulgence. Nous disons : le futur homme, le futur travailleur, le futur citoyen. Ce qui veut dire que la vraie vie, les choses sérieuses commenceront pour eux plus tard, dans un avenir lointain. Nous condescendons à ce qu'ils tournent autour de nous, mais sans eux la vie semble bien plus commode.

Eh bien non, puisque les enfants ont toujours été et seront toujours. Ils ne nous sont pas tombés du ciel par surprise pour ne demeurer avec nous qu'un peu de temps. Un enfant n'est pas une relation qu'on rencontre au hasard d'une promenade et dont on peut se dégager rapidement par un sourire ou un simple bonjour.

Les enfants constituent un important pourcentage de l'humanité, de ses peuplades, peuples et nations en tant qu'habitants, nos concitoyens, nos compagnons de toujours. Ils ont été, ils sont, ils seront.

Une vie pour rire, cela n'existe pas. Non, l'enfance ce sont de longues et importantes années dans la vie d'un homme.

La loi cruelle mais franche de la Grèce et de la Rome antiques autorisait à tuer un enfant. Au Moyen Âge, les pêcheurs trouvaient dans leurs filets des cadavres de nourrissons noyés dans des fleuves. Dans le Paris du XVIIe siècle, on vendait de jeunes enfants aux mendiants et, sur le parvis de Notre-Dame, on se débarrassait pour rien de tout-petits. Ce n'est pas si vieux que ça. On en abandonne encore aujourd'hui lorsqu'ils sont de trop.

COMMENT AIMER UN ENFANT

Le nombre des enfants illégitimes, délaissés, négligés, exploités, dépravés, maltraités augmente tous les jours. Certes, ils sont protégés par la loi, mais le sont-ils suffisamment? Dans ce monde en pleine évolution, de vieilles lois demandent à être révisées.

Nous nous sommes enrichis. Nous ne vivons plus du fruit de notre travail. Nous sommes les héritiers, actionnaires, copropriétaires d'une immense fortune. Des villes entières avec leurs immeubles, leurs hôtels, leurs théâtres, des mines, des usines sont aujourd'hui notre propriété. Les marchés du monde regorgent de marchandises dont le transport est assuré par un nombre toujours croissant de bateaux. Les consommateurs sont là qui ne demandent qu'à en profiter.

Dressons un bilan : quelle est la part du revenu global qui devrait revenir à l'enfant légalement et non pas en tant qu'aumône? Vérifions honnêtement nos comptes pour voir ce que nous mettons à la disposition du peuple enfantin, de cette partie de la nation qui, pour n'avoir pas encore grandi, se trouve réduite à la condition de serfs. À combien se monte notre patrimoine? Comment a-t-il été divisé? Ne les avons-nous pas déshérités, nous, les tuteurs malhonnêtes? Ne les avons-nous pas expropriés?

Ils vivent à l'étroit, dans la pauvreté, dans l'austérité, dans l'ennui. Ils étouffent.

Nous avons introduit une scolarité obligatoire, imposé le travail intellectuel, mis au point des registres de noms et des convocations à domicile. Et voici l'enfant chargé de la dure obligation de concilier les intérêts contradictoires des deux autorités auxquelles il est simultanément soumis.

Les parents supportent mal les exigences de l'école et les conflits qui en découlent accablent l'enfant. Mais lorsque l'école accuse, les parents se solidarisent avec elle. Ils ne refusent que les devoirs qu'elle leur impose à eux.

Le service militaire, n'est-ce pas aussi pour un soldat une préparation pour le jour où il sera appelé à l'action? Pourtant, l'État pourvoit à tous ses besoins : il reçoit un toit, de la nourriture, un fusil et une solde. On lui fournit tout cela parce qu'il y a droit : ce n'est jamais une aumône.

Un enfant soumis à la scolarité obligatoire est réduit à mendier auprès de ses propres parents ou de la communauté.

Les législateurs genevois ont confondu les notions de droit

et de devoir : le ton de la Déclaration[1] relève de la prière et pas de l'exigence. C'est un appel aux bonnes volontés, une demande de compréhension.

L'école crée le rythme des heures, des journées, des années, et confie à ses bureaucrates le soin de pourvoir aux besoins de nos jeunes citoyens. Pourtant, l'enfant est un être doué d'intelligence qui connaît lui-même ses besoins, ses problèmes, ses difficultés. Pas besoin d'ordres despotiques, de rigueurs imposées, d'un contrôle méfiant. Ce qu'il faut, c'est du tact pour rendre l'entente possible, et une confiance en l'expérience, qui facilitera la cohabitation, la collaboration.

L'enfant n'est pas un sot : chez eux, les imbéciles ne sont pas plus nombreux que chez nous. Nous drapant dans notre dignité d'adultes, nous leur imposons cependant un nombre considérable de devoirs ineptes et de tâches irréalisables. Que de fois l'enfant ne s'arrête-t-il pas frappé de stupeur devant tant d'arrogance, tant d'agressivité, tant de bêtise de l'âge !

L'enfant possède un avenir, mais il possède aussi un passé fait de quelques événements marquants, de souvenirs, de méditations profondes et solitaires. Comme nous, il sait et il oublie, respecte et méprise, raisonne bien et se trompe quand il ne sait pas. Sage, il accorde sa confiance ou la refuse.

Il est comme un étranger dans une ville inconnue dont il ne connaît ni la langue, ni les coutumes, ni la direction des rues. Souvent, il préfère se débrouiller seul, mais si c'est trop compliqué, il demande conseil. Il a alors besoin d'un informateur poli.

Du respect pour son ignorance.

Un mauvais esprit, un coquin vont exploiter la naïveté de l'étranger en lui donnant une réponse incompréhensible afin de l'induire en erreur. Un goujat grommellera entre ses dents quelques mots peu aimables. Comme eux, au lieu de lui servir d'informateurs polis, nous aboyons grossièrement, nous accablons l'enfant de nos invectives, de nos apostrophes, de nos punitions.

Il serait bien pauvre, le savoir de l'enfant, s'il n'allait le puiser auprès d'un camarade ou ne nous le dérobait en écoutant aux portes et en surprenant nos conversations.

Du respect pour sa laborieuse quête du savoir.

Du respect pour ses échecs et pour ses larmes.

Un bas déchiré, un verre cassé signifient en même temps

---

1. Korczak parle ici de la Déclaration des droits de l'enfant, votée le 23 février 1923 par l'Union internationale de secours aux enfants, et ratifiée le 26 septembre 1923, lors de la Ve Session de la Ligue des nations à Genève. *(N.d.T.)*

un genou écorché, un doigt blessé ; chaque bleu, chaque bosse s'accompagne de douleur.

Une tache d'encre dans le cahier, ce n'est qu'un petit accident malheureux, mais c'est aussi pour lui un nouvel échec, une peine.

— Quand c'est papa qui renverse du thé, maman dit : ce n'est rien ; moi, je me fais toujours attraper.

Encore mal familiarisés avec la douleur et l'injustice, ils souffrent et pleurent plus souvent que nous. Mais nous nous moquons de leurs larmes, elles nous semblent sans gravité, nous agacent quelquefois.

— Pleurnichard, grognon, ronchon, braillard, Madeleine.

Voici quelques épithètes charmantes dont nous avons enrichi notre vocabulaire pour parler des enfants.

Quand il s'entête ou fait des caprices, ses larmes expriment son impuissance, sa révolte, son désespoir ; c'est l'appel au secours d'un être délaissé ou privé de liberté, subissant une contrainte injuste et cruelle. Ces larmes sont parfois signe d'une maladie et toujours celui d'une souffrance.

Du respect pour la propriété et le budget de l'enfant. Il participe aux soucis matériels de sa famille, ressent ses difficultés et, comparant sa situation à celle d'un camarade plus fortuné, il souffre à l'idée de soustraire au budget familial quelques sous péniblement gagnés. Il souffre de se sentir à la charge des siens.

Comment faire lorsqu'on a besoin d'acheter une casquette, un livre, un billet de cinéma ? Que faire lorsqu'on n'a plus de place dans l'ancien cahier ou lorsqu'on vient de perdre ou de se faire piquer un crayon ? Que faire lorsqu'on a envie d'offrir un cadeau à la personne qu'on aime, de prêter de l'argent à un ami, de s'acheter un gâteau ? Il y a tant de choses dont il est difficile de se passer, tant de désirs, tant de tentations autour de soi... et l'argent qui manque.

Le fait que les vols constituent le délit le plus fréquent chez les mineurs, n'est-ce pas un avertissement qui devrait nous inciter à une plus grande vigilance ? Les punitions n'y pourront rien : c'est la conséquence fâcheuse de notre manque d'intérêt pour le problème du budget de l'enfant.

Parmi tous ces objets obtenus par la mendicité et qui constituent la propriété de l'enfant, il ne faut pas voir un bric-à-brac sans valeur : ils représentent les matériaux et les outils de son travail, ses espoirs et ses souvenirs.

Toute cette amertume de ses jeunes années, tous ces soucis, ces inquiétudes, ces déceptions n'ont rien d'imaginaire ; ils sont authentiques.

Il grandit. Il vit avec plus d'intensité, sa respiration se fait plus rapide, son pouls bat plus vite ; il construit son être, prend de l'ampleur, s'enfonce plus profond dans la vie. Il grandit jour et nuit : pendant son sommeil, au milieu de ses jeux, rires et pleurs, et aussi quand il fait des bêtises, puis vient, tout penaud, vous demander pardon.

Au cours de sa croissance, il connaît des printemps de travail intense et des automnes de répit. Son cœur a du mal parfois à suivre, ses os grandissent, les glandes changent de chimie en s'atrophiant ou s'éveillant ; des carences ou des excès apparaissent, et des inquiétudes, et des surprises toujours nouvelles.

Tantôt, il voudrait courir, respirer le grand air, lutter, soulever des poids, remporter des victoires, tantôt il aimerait se cacher dans un coin, rêvasser, évoquer des souvenirs nostalgiques. Tour à tour, il aime la vie dure, l'effort et la tranquillité, la chaleur, le confort. Ses enthousiasmes et ses découragements se succèdent.

Des lassitudes subites, des rhumes, des indispositions s'enchaînent. Il a trop chaud, il tremble de froid, il a sommeil, il meurt de faim, de soif, se sent mal : tout cela, ce ne sont pas les grimaces ni les excuses du cancre.

Du respect pour les mystères et les à-coups de ce dur travail qu'est la croissance.

Du respect pour les minutes du temps présent. Comment saura-t-il se débrouiller demain si nous l'empêchons de vivre aujourd'hui une vie responsable ?

Ne pas piétiner, ne pas humilier, ne pas en faire un esclave du lendemain ; laisser vivre sans décourager, ni brusquer, ni presser.

Du respect pour chaque minute qui passe, car elle mourra et ne reviendra plus ; blessée, elle se mettra à saigner, assassinée, elle reviendra hanter vos nuits.

Laissons-le, confiant, boire la gaieté du matin. C'est ce qu'il veut. Un conte, une conversation avec le chien, une partie de ballon ne sont pas pour lui du temps perdu ; il ne se presse jamais en regardant une image, en recopiant une lettre. Il fait tout avec une charmante bonhomie. C'est lui qui a raison.

Nous avons une peur naïve de la mort parce que nous ignorons que la vie est un cortège de moments qui meurent et qui renaissent. Une année : à peine de quoi adapter l'éternité à l'usage de tous les jours. Un instant : le temps d'un sourire ou d'un soupir. Une mère désire élever son enfant. Elle ne le pourra pas. C'est sans cesse une femme différente qui quitte un homme pour en accueillir un autre, et c'est ainsi depuis toujours.

Nous attribuons à nos pauvres années des degrés différents de maturité. À tort : il n'y a pas de hiérarchie au niveau de l'âge, comme il n'y a pas de graduations au niveau des sentiments, qu'il s'agisse de la douleur, de la joie, de l'espoir, de la déception.

Lorsque je parle ou que je joue avec un enfant, un instant de ma vie s'unit à un instant de sa vie, et ces deux instants ont la même maturité. Si je suis au milieu d'un groupe, c'est un seul enfant que je salue du regard ou du sourire. Et si je me fâche, je ne détruis pas pour autant notre union, mais j'empoisonne un important moment de sa vie par un méchant et vindicatif moment de ma vie.

Renoncer au nom d'un futur incertain ? Que promet-il donc de si séduisant ? Nous le peignons de couleurs exagérément sombres puis le jour vient où nos prévisions s'accomplissent : la maison s'écroule puisqu'on a négligé la construction des fondations.

4

LE DROIT DE L'ENFANT
À ÊTRE CE QU'IL EST

Nous nous interrogeons avec anxiété :

— Qui deviendra-t-il, que fera-t-il dans la vie ?

Nous voulons que nos enfants soient mieux que nous ne sommes. Le futur homme parfait hante nos rêves.

Qu'est-ce que nous attendons pour nous prendre en flagrant délit de mensonge, pour clouer au pilori notre égoïsme dissimulé sous un lieu commun ? Notre dévouement n'est qu'une vulgaire escroquerie.

Nous avons pris un arrangement avec nous-mêmes, nous nous sommes pardonné nos fautes en nous dispensant de l'obligation de devenir meilleurs. On nous a mal élevés. C'est trop tard. Nos défauts, nos travers sont bien enracinés. Les enfants n'ont pas le droit de nous critiquer, et nous-mêmes, nous n'avons plus de raison de le faire.

Ainsi disculpés, nous renonçons pour toujours à lutter contre nous-mêmes. C'est aux enfants à affronter cette peine.

Ce point de vue, l'éducateur s'empresse de l'épouser : au lieu de se surveiller, il surveille les enfants et c'est leurs fautes qu'il enregistre et non les siennes.

Et voici l'enfant rendu coupable de ce qui dérange notre tranquillité, compromet notre confort, déçoit nos ambitions. Il nous expose aux désagréments de toute sorte, trouble nos habitudes, absorbe notre temps, notre pensée. À la source de tout manquement, il y a toujours une mauvaise volonté.

L'enfant ne sait pas, n'a pas entendu, a mal compris ou pas compris, s'est trompé, n'a pas réussi, n'arrive pas ? C'est sa faute. Ses insuccès, sa fatigue, tout moment pénible de sa vie sont autant de preuves de sa mauvaise volonté.

Un travail bâclé, trop lent, mal fait : c'est de la négligence, de l'étourderie, de la paresse, un manque d'intérêt visible.

Il oppose un refus à une exigence injuste ou irréalisable ? C'est un délit. Il devient l'objet d'un soupçon vexant dicté par la méchanceté ? Il n'y a pas de fumée sans feu. Nous lui en voulons pour tout : d'avoir éveillé nos craintes, nos doutes, même d'avoir tenté de s'améliorer.

— Tu vois, il suffit de vouloir pour pouvoir.

Nous trouvons toujours une raison de lui faire quelque reproche ; insatiables, nous lui demandons toujours plus d'efforts.

Lui donnons-nous au moins un bon exemple ? Facilitons-nous la coexistence avec lui en cédant avec tact, en évitant d'inutiles accrocs ? N'est-ce pas que nous sommes têtus, bougons, agressifs, capricieux ?

Ce n'est que lorsqu'il nous dérange et sème le désordre que l'enfant attire vraiment notre attention ; ce sont les seuls moments que nous apercevons et dont nous nous souvenons. Nous ne le voyons pas lorsqu'il est calme, sérieux, recueilli et restons indifférents face à ces instants sacrés où l'enfant s'entretient avec lui-même, avec le monde et avec Dieu. Contraint à taire ses désirs secrets et les élans de son cœur par peur d'être moqué ou rudoyé, il dissimule également son désir de réconciliation, ou d'une amélioration.

Il garde docilement pour lui ses observations judicieuses, ses étonnements, ses inquiétudes, cache soigneusement ses rancunes, ses colères, sa révolte. Nous voulons le voir sauter et taper des mains, il nous montre donc un visage souriant de bouffon.

Les mauvais enfants et leurs mauvaises actions font plus de bruit et recouvrent le murmure du bien, pourtant le bien est plus fort et plus résistant qu'on ne croit. Il est faux que corrompre soit plus facile qu'améliorer.

Toute notre attention se concentre sur le mal et nous dépensons des trésors d'invention à le dépister, le flairer, le prendre en flagrant délit, le deviner dans nos mauvais pressentiments et dans nos soupçons.

(Nous viendrait-il jamais à l'esprit de surveiller de la sorte des vieillards, de leur interdire de jouer au football ? Quelle abomination cette manie que nous avons de soupçonner partout l'onanisme chez les enfants !)

LE DROIT DE L'ENFANT AU RESPECT

En voilà encore un qui vient de sortir en claquant la porte et voici un lit qui n'a pas été fait, une tache d'encre dans le cahier, un manteau égaré : lorsque nous ne fulminons pas, nous passons notre temps à bougonner au lieu de nous réjouir que de tels cas soient isolés.

Leurs plaintes et querelles n'échappent jamais à notre attention, mais combien plus nombreux sont ceux qui pardonnent, cèdent, proposent leur aide, rendent des services, s'appliquent dans leur travail et exercent autour d'eux une influence salutaire. Même les plus mauvais, les plus insupportables d'entre eux sont capables de nous faire sourire après nous avoir fait pleurer.

Ce que nous aimerions au fond c'est que chacune des dix mille secondes d'une heure scolaire (faites le calcul) soit également facile pour notre paresse.

D'où vient qu'un même enfant puisse paraître mauvais à un éducateur et bon à un autre ? Nous aimerions les habiller tous d'un même uniforme de vertu taillé à notre goût et d'après un patron de notre invention.

Peut-on trouver dans l'histoire un autre exemple de pareille tyrannie ? La race des Néron a proliféré.

La santé ne va pas sans maladie ; aux qualités et aux vertus correspondent défauts et vices.

À côté d'un groupe peu nombreux d'enfants de la joie et de la fête, de ces enfants confiants et souriants dont la vie ressemble à un conte de fées ou à une légende édifiante, il en existe, en une écrasante majorité, à qui la vie apprend dès leur plus jeune âge ses dures vérités avec des mots qui ne sont pas tendres.

Les enfants de la misère, les victimes corrompues de la grossièreté et de l'ignorance, et les enfants du bien-être, les victimes corrompues d'une surabondance aux caresses raffinées.

Sales ou défiants, découragés par le monde des hommes mais pas mauvais.

Outre la maison, le vestibule, le couloir, la cour et la rue se chargent de l'éducation de l'enfant. Il parle avec les mots de son entourage, répète ses opinions, imite ses gestes, suit son exemple. L'enfant absolument pur n'existe pas : chacun, bien qu'à des degrés différents, se trouve déjà souillé.

Mais comme il fait vite pour se purifier ! Une souillure, cela ne se soigne pas, cela se lave et l'enfant y aide de son mieux : il attendait son bain avec impatience et le voilà qui te sourit à présent, qui se sourit à lui-même.

COMMENT AIMER UN ENFANT

Tout éducateur connaît ce genre de triomphes faciles sortis tout droit d'un conte moralisant sur le gentil orphelin : ils sont source d'illusions pour quelques moralistes naïfs qui peuvent ainsi conclure à la facilité de la tâche. De tels succès réjouissent toujours des incompétents, donnent aux orgueilleux matière à fierté et exaspèrent les impatients qui aimeraient les voir se généraliser. Les premiers chercheront à obtenir partout d'aussi bons résultats en forçant sur la persuasion, les autres – en exerçant une plus grande contrainte.

Il n'y a pas que des enfants souillés, beaucoup sont déjà estropiés ou blessés. Il y a des blessures qui guérissent d'elles-mêmes sous un pansement bien propre et ne laissent pas de cicatrices, il y en a d'autres qu'il faut soigner avec une extrême prudence et dont la cicatrisation est lente et douloureuse. Il y a des boutons et des abcès qui demandent encore plus de patience et de traitements minutieux.

« Toute chair se cicatrise », dit le peuple ; on aimerait ajouter : « Toute âme se cicatrise. »

Que d'égratignures, de maladies contagieuses dans une école ou un internat ; que de tentations, de chuchotements, d'instigations au mal ! Et pourtant, leur effet n'est que passager, inoffensif. Il ne faut pas craindre de grandes épidémies à l'intérieur d'un internat dont l'atmosphère est remplie d'ozone et de lumière. Il y règne une aura de santé.

Quelle sagesse dans le lent développement du miraculeux processus de la guérison ! Sang, sèves, cellules renferment des mystères qui forcent le respect. À la moindre perturbation, à la moindre blessure, l'organe menacé se mobilise afin de retrouver l'équilibre compromis et d'assurer sa fonction. Quel travail admirable que la croissance d'une plante et d'un homme ! Une émotion, un effort et déjà le cœur bat plus fort, le pouls se fait plus rapide.

C'est d'une même force, d'une même résistance qu'est douée l'âme enfantine. L'équilibre moral, la vigilance d'esprit sont une réalité. Il est faux que la contagion se propage plus facilement chez les enfants.

On ne peut qu'applaudir à l'idée de l'introduction de la pédologie [1] dans les programmes des écoles. Il est seulement dommage qu'elle soit si tardive. Sans comprendre l'harmonie

---

1. Pédologie : étude physiologique et psychologique de l'enfant courant qui, s'étant développé à la fin du XIXᵉ siècle, eut pour principaux représentants : H. Preyer, E. Claparéole en Pologne, J. M. Dawiol, J. Jokeyko. (N.d.T.)

du corps, on ne peut pas respecter les mystères de l'amélioration psychique.

Seule une incompétence grossière peut nous faire mettre dans un même sac, indistinctement, les enfants purs et sains (mais jugés difficiles parce que vifs, ambitieux ou doués d'esprit critique) à côté des enfants rancuniers, méfiants, bouders, des étourdis toujours prêts à suivre un mauvais exemple et de ceux qui se sont salis, qui ont succombé à la tentation. Un regard inexpérimenté, nonchalant, superficiel, les mélange tous et les confond avec quelques cas d'enfants dépravés ou porteurs de tares.

(Nous, les adultes, n'avons-nous pas rendu inoffensifs tous ces laissés-pour-compte de la vie et exploité avec ingéniosité le travail des déshérités ?)

Contraints à vivre avec ces derniers, les enfants sains en pâtissent doublement : ils sont à la fois abusés et entraînés au mal.

Mais nos accusations portent toujours sur l'ensemble des enfants ; avec une inconscience qui nous est propre, nous les chargeons d'une responsabilité collective.

— Voyez comment ils sont, de quoi ils peuvent être capables !

Et c'est peut-être cela la pire des injustices.

Les enfants d'ivrognes, toute cette progéniture du viol et de la folie. Leurs délits ne leur sont pas dictés du dehors : ils obéissent à des ordres intérieurs. Qu'il est sombre le moment où un tel enfant réalise qu'il n'est pas comme les autres et que c'est difficile d'être infirme ; bientôt, il sera maudit et chassé de partout. Viennent alors ses premières décisions de lutter avec cette force qui le pousse à mal agir, de livrer un combat sanglant pour obtenir ce que les autres ont reçu pour rien et si facilement... et qui paraît si banal, si futile au milieu de la claire journée de l'équilibre moral. Il cherche du secours. Si vous le mettez en confiance, c'est de lui-même qu'il viendra demander, exiger : « Sauvez-moi ! » Il vous confiera son secret : il voudrait changer une fois pour toutes, sur-le-champ, d'un effort de volonté suprême.

Au lieu de l'inciter à la prudence, de freiner cet élan impétueux et retarder le moment d'une décision aussi grave, nous l'attirons dans nos filets, lui tendons des pièges.

Alors qu'ils étalent au grand jour leurs désirs secrets, avec franchise, nous leur enseignons la dissimulation. Ils nous

379

offrent des journées entières de conduite irréprochable, et nous, pour un seul moment d'égarement, nous les rejetons sans pitié. Quel sens cela a-t-il?

Un enfant incontinent – il se mouillait tous les jours – s'est amélioré, puis recommence. Tant pis, ce n'est pas très grave. Un épileptique : ses attaques sont devenues plus espacées. Un phtisique : il tousse moins, sa température a baissé – ce n'est pas une vraie amélioration, mais pas d'aggravation non plus. Tout cela, un médecin peut l'inscrire au compte des succès de la cure. Ici, rien ne s'obtient par la force, impossible d'extorquer quoi que ce soit.

Désespérés, révoltés, méprisants à l'égard d'une vertu trop servile, tels sont ces enfants lorsqu'ils se retrouvent face à l'éducateur. Un reste de sainteté peut-être : leur dégoût de l'hypocrisie. Et c'est cette sainteté-là que nous nous acharnons à extirper, à piétiner. Oppresseurs sanguinaires, nous employons la torture et la faim pour casser, je ne dis pas leur résistance mais sa manifestation extérieure. Brutes inconscientes, nous ne faisons qu'attiser leur dégoût, leur haine pour la bonne conduite qu'ils associent à l'hypocrisie.

Nous ne les ferons pas renoncer à leur programme de vengeance; ils le remettront à plus tard en attendant le moment opportun. S'ils croient encore en la bonté, c'est en très grand secret qu'ils enfouiront cette nostalgie au plus profond de leur être.

— Pourquoi m'avez-vous laissé naître? Qui est-ce qui vous a demandé de me donner cette chienne de vie?

Ici, j'invoque la plus haute initiation, l'illumination la plus difficile. Si de petits manquements, des transgressions mineures se contentent d'une compréhension patiente et amicale, les jeunes délinquants ont besoin d'amour. La révolte de ces enfants est juste. Il faut repousser la vertu trop facile, faire alliance avec le délit solitaire du maudit. Quand, sinon maintenant, recevra-t-il la fleur d'un sourire?

Dans nos maisons de redressement, c'est encore le temps de l'inquisition, de la torture moyenâgeuse, de l'acharnement dans la vengeance. Ne voyez-vous pas que les meilleurs parmi les enfants plaignent sincèrement ceux qui passent pour les pires? Où est leur faute?

Il n'y a pas si longtemps encore, le médecin, humble et docile, donnait à ses malades d'écœurants sirops et des mixtures amères, les attachait en cas de fièvre, multipliait les saignées et condamnait à mourir de faim ceux qui échouaient dans ces sombres antichambres du cimetière qu'étaient les hôpitaux. Empressé à l'égard des riches, indifférent envers les pauvres.

Jusqu'au jour où il se mit à exiger.

Ce jour-là, il obtint pour les enfants de l'espace et du soleil et – honte sur nous – ordonna, tel un général [1], qu'on les laisse courir et vivre de joyeuses aventures au sein d'une communauté fraternelle, où l'on discute d'une vie plus honnête autour d'un feu sous un ciel étoilé.

Et nous, les éducateurs, quel sera notre champ d'action, quel rôle jouerons-nous ?

Gardiens des murs et des meubles, du silence dans la cour, de la propreté des oreilles et du plancher, distributeurs de culottes, de chaussures usagées et d'une maigre pitance, on nous a confié la protection des privilèges des adultes et l'exécution des caprices des dilettantes, et nous voilà responsables d'un troupeau dont il s'agit seulement d'empêcher qu'il commette des dégâts, et qu'il dérange le travail et le repos des adultes.

Pauvre commerce de craintes et de mises en garde, boutique de camelote morale, minable échoppe où se débite une science dénaturée qui intimide, embrouille et endort au lieu d'éveiller, d'animer, de réjouir. Représentants en vertu au rabais, nous avons pour devoir d'inculquer aux enfants l'humilité et le respect et d'attendrir les grandes personnes en chatouillant leurs beaux sentiments. Pour un traitement de misère, nous sommes censés construire pour le monde un avenir solide et tricher en dissimulant le fait que les enfants représentent en réalité le nombre, la force, la volonté et la loi.

Le médecin a arraché l'enfant à la mort ; notre devoir d'éducateurs est de lui permettre de vivre, de lui gagner le droit d'être un enfant.

Nos hommes de science nous déclarent que l'homme mûr agit par motivations et l'enfant par impulsions, que l'esprit d'un adulte est logique et celui de l'enfant fantasque et plein de rêves chimériques ; que le caractère et le profil moral de l'adulte sont bien définis alors que l'enfant se perd dans le labyrinthe de ses instincts et de ses désirs. Ils n'approchent jamais celui-ci dans sa différence mais voient chez lui une structure psychique inférieure, plus pauvre et plus faible que celle de l'adulte. Comparés à l'enfant, nous serions tous de savants érudits.

---

1. C'est, en effet, un général anglais, Robert Stephenson Baden-Powell (1857-1941) qui est le créateur du scoutisme. (*N.d.T.*)

Et que dites-vous de notre pagaille d'adultes, de l'étroitesse de nos opinions et de nos convictions, de notre psychologie grégaire avec ses préjugés et ses manies, de tous ces parents inconscients, de toute cette vie irresponsable d'un bout à l'autre ? Nonchalance, folie, excès d'ivrognes.

À côté de nous, comme un enfant paraît sage, raisonnable, équilibré ! Le sérieux de ses engagements, la somme d'expériences acquises, la richesse relative et la justesse de ses jugements et appréciations, la modération de ses exigences, la subtilité de ses sentiments, son infaillible sens de la justice.

Êtes-vous vraiment certain de pouvoir le battre aux échecs ?

Exigeons du respect pour ses yeux limpides, ses tempes lisses, ses efforts tout neufs, sa candeur. En quoi seraient donc plus vénérables nos regards éteints, nos fronts plissés, nos cheveux blancs et rêches, nos dos courbés par la résignation ?

Il y a un lever et un coucher de soleil, une prière du matin et du soir ; notre respiration est faite d'inspirations et d'expirations et, pour battre, notre cœur se contracte et se dilate.

Un soldat est toujours couvert de poussière, qu'il parte ou qu'il revienne de la guerre.

Comme une vague nouvelle, une jeune génération est en train de monter. Ils arrivent avec leurs défauts et leurs qualités : créez-leur des conditions pour qu'ils puissent devenir meilleurs.

Nous ne gagnerons pas contre le cercueil que sont les tares héréditaires ; nous ne dirons pas aux bleuets de se transformer en blé.

Nous ne sommes point des faiseurs de miracles et refusons le rôle de charlatans. Nous renonçons à l'hypocrite nostalgie de l'enfance parfaite.

Notre seule exigence : supprimer la faim, l'humidité, le manque d'air et d'espace, la promiscuité.

C'est vous qui engendrez des enfants malades et infirmes ; c'est vous qui créez un terrain propice à la révolte, à la contagion, vous, avec votre légèreté, votre sottise, votre désordre.

Attention : la vie moderne doit sa forme à une brute féroce, l'*Homo rapax*. C'est lui qui dicte ses lois. Les concessions qu'il fait aux faibles ne sont qu'un leurre, l'hommage qu'il rend aux vieillards, l'« émancipation » de la femme, la bienveillance dont

il fait montre à l'égard des enfants – des simulacres. Le sentiment erre sans toit, telle Cendrillon. Et ce sont justement les
enfants, ces poètes et ces penseurs, qui sont les princes du
cœur. Du respect, sinon de l'humilité, pour la blanche, la candide, l'immaculée, la sainte enfance.

Postface

ORIGINALITÉ ET ACTUALITÉ
DE L'ŒUVRE PÉDAGOGIQUE
DE JANUSZ KORCZAK

(Réunion internationale préparatoire du centenaire
de la naissance de Janusz Korczak – Paris, UNESCO,
28 mai 1977)

par S. Tomkiewicz

Je veux essayer très brièvement, juste pour vous donner envie de chercher, de réfléchir et de contribuer vous-mêmes à l'étude de Korczak, de vous dire pourquoi je considère que Korczak n'est pas seulement un précurseur, mais qu'il reste tout à fait actuel. Je vous dirai pourquoi je pense indispensable que ses œuvres soient traduites en français et figurent dans toutes les bibliothèques pour éducateurs, pour psychologues, pour enseignants, pour tous ceux qui veulent travailler avec des enfants.

Ce n'est pas ma formation universitaire qui m'autoriserait à aborder ce sujet difficile : J. Korczak professait toujours une grande indifférence, sinon même une irrévérence face à ces titres et envers ce qu'on appelle maintenant en France, le « mandarinat ». Ce qui comptait pour lui c'était toujours et avant tout, la pratique : or, j'ai la chance de travailler depuis dix-huit ans dans une communauté pour adolescents réputés caractériels, délinquants, difficiles... En fait, ce sont avant tout de jeunes malheureux, mal dans leur peau, neuf fois sur dix des fils de parents issus de la classe ouvrière et très souvent des enfants de pauvres. On pourrait dire d'eux qu'ils sont les frères aînés des enfants dont J. Korczak s'est occupé à Varsovie.

Ayant vécu avant 1939 en Pologne, j'ai connu J. Korczak uniquement en tant qu'écrivain pour enfants, et c'est comme tel que je l'ai admiré et que je l'ai aimé. J'avoue qu'à l'époque, je n'aurais jamais pensé que ce Monsieur, qui était tellement rigolo, qui rédigeait un journal pour enfants, où les enfants écrivaient pour d'autres enfants, un journal que je lisais attentivement tous les vendredis, un journal auquel je n'ai jamais eu le courage d'écrire parce que encore trop timide, eh bien! je n'aurais jamais pensé que ce Monsieur-là était également ce qu'on peut appeler un grand pédagogue, voire un grand savant. Je ne pensais pas que J. Korczak pouvait se prendre au sérieux et je crois encore aujourd'hui qu'un des apports les plus originaux et toujours actuels de J. Korczak à tous ceux qui sont censés s'occuper d'enfants et d'adolescents, c'est qu'il eut le courage de ne pas se prendre au sérieux.

Ce n'est que trente ans plus tard, devenu membre de l'Association des Amis du docteur J. Korczak, que j'ai pris connaissance de ses textes pour adultes, en particulier *Comment aimer un enfant* et *Le Droit de l'enfant au respect*. J'avoue mon étonnement devant cette rencontre d'un J. Korczak qui m'était inconnu. La lecture de ces œuvres pédagogiques et scientifiques m'a aussitôt montré que la mémoire de J. Korczak ne mérite pas seulement d'être honorée parce qu'il a été un martyr et un héros de la lutte antifasciste, parce qu'il a participé au martyre et à l'héroïsme du peuple polonais et du peuple juif : J. Korczak ne reste pas seulement vivant comme un grand praticien qui a su prendre en charge les orphelins les plus déshérités, ou comme un grand écrivain pour enfants. Il mérite d'être honoré, étudié et traduit en français, parce qu'il a apporté une contribution originale et extrêmement importante aux théories pédagogiques et orthopédagogiques : il a montré une manière, sinon la manière dont on devrait s'occuper des enfants et des adolescents lorsque l'on considère leur épanouissement comme but principal de son action.

J. Korczak apparaît comme un solitaire : il était en marge de toutes les idéologies et de tous les courants scientifiques qui régnaient en son temps en Europe – marxisme, psychanalyse, psychologie génétique. Il les connaissait et il cherchait à faire profiter les enfants qu'il avait en charge de tout ce qu'il croyait positif et utile dans ces théories : mais il ne subordonnait jamais les enfants, la pratique, aux présupposés théoriques.

C'est là, peut-être, une des raisons de sa méconnaissance dans les pays de langue française, où l'on tient tellement à la théorie et à la rationalisation : J. Korczak n'a forgé aucune théorie cohérente concernant par exemple l'affectivité de l'enfant, son évolution intellectuelle ou la pédagogie. On peut dire que ce refus de théorie participe aussi au fait qu'il reste toujours actuel et original. Ainsi, devant les étudiants d'aujourd'hui, cette absence de théories savantes, de dogmatisme, de tout appareil pédant se voulant scientifique, ce langage simple et direct, ces séries de questions qui font naître d'autres questions et qui laissent au lecteur le soin de trouver une réponse, tout cela donne à J. Korczak une jeunesse et une actualité : l'homme qui questionne émeut aujourd'hui plus qu'un homme qui croit avoir réponse à tout.

Cette liaison entre la théorie et la pratique s'allie chez J. Korczak à une communication libre et permanente entre la réalité et l'imaginaire, entre la science et la poésie. Il est le seul parmi tous les grands pédagogues du XXe siècle qui, à côté de sa pratique quotidienne avec les orphelins, ait trouvé le temps et l'inspiration pour écrire des livres pour enfants, des pièces de théâtre pour adultes, et qui a su organiser un hebdomadaire fait par les enfants pour les enfants.

Dans les pays de culture française on est surpris devant cette intrication de la théorie et de la pratique avec une très nette prééminence accordée à la pratique. Chez nous les grands pédagogues qui ont œuvré pour le bien des enfants ont été, avant tout, des théoriciens qui ont appliqué à la pratique les théories qu'ils ont forgées.

Ainsi, partant de l'étude de l'enfant déficient (Decroly, Montessori) et de l'enfant normal, est née la psychologie génétique qui a abouti à la grande œuvre de J. Piaget. Les méthodes pédagogiques nées de ces théories sont très intéressantes et positives. Et pourtant, on a, en les lisant, l'impression d'une certaine froideur : devant Piaget on est toujours plein d'admiration pour la rigueur de sa pensée, son honnêteté scientifique et ses vues si novatrices sur l'évolution intellectuelle de l'enfant. Mais derrière cette admiration pointe parfois un malaise — en rapport, peut-être, avec son refus explicite de prendre en compte l'affectivité — lorsqu'on cherche autour de soi cet enfant désincarné qui passe d'un stade à l'autre, qui assimile et qui accommode... parmi tous ces enfants qui font pipi ou caca dans leur culotte, qui sont sales, qui font du bruit et qui pleurent et qui rient. Makarenko serait un peu plus proche de J. Korczak. Il a accompli une œuvre importante de resocialisation des jeunes délinquants en se fondant non pas sur la psychologie génétique, mais plus ou moins sur le matérialisme dialectique. Parmi d'autres pionniers contemporains de J. Korczak, il faut parler d'Aichhorn qui était élève de Freud et qui, dans la Vienne affamée des années 1920, a eu à s'occuper de jeunes délinquants et de jeunes orphelins : il a essayé de fonder sa pratique sur les théories de Freud qui, à l'époque, gardaient encore un relent de soufre, d'enfer et de révolution. Dans la génération actuelle, tout le monde connaît Neill en Angleterre et Bettelheim aux États-Unis, tous deux psychanalystes assez peu orthodoxes, qui ont mis au point une pratique pédagogique et thérapeutique en accord avec leur approche théorique de l'enfant.

On peut dire qu'entre J. Korczak et tous ces grands pédagogues, il y a une certaine communauté d'idées : ils ont tous résolument rompu avec la pédagogie classique fondée sur le culte de l'autorité et de la hiérarchie, ils ont rompu avec l'école des jésuites, avec l'école laïque française de Jules Ferry, avec les lycéens en uniformes russes ou allemands. Je ne suis pas assez compétent en pédagogie pour savoir lequel d'entre tous a rompu plus ou moins avec cette vieille tendance autoritaire. Mais je sais gré à J. Korczak de ne pas avoir remplacé l'autorité par un laisser-aller complet. J. Korczak n'a jamais prôné l'école anomique où l'indifférence des adultes envers les enfants est cachée derrière des mots d'ordre démagogiques de pseudoliberté, d'attente, d'émergence du désir, d'autonomie immédiate, système qui aboutit à laisser les enfants se débrouiller complètement seuls dans l'angoisse et dans l'insécurité. Tout comme eux, J. Korczak a prôné, en théorie et en pratique, la nécessité d'une véritable collaboration entre enfants et adultes, une collaboration qui est d'ailleurs forcément toujours conflictuelle, une collaboration où les partenaires ne sont jamais d'accord d'emblée. J. Korczak a très bien compris qu'une maison d'enfants où rien ne se passe, où il n'y a pas de drame et où tout marche bien tout le temps, n'est pas une maison d'enfants, mais une prison ! Je pense qu'une maison d'enfants doit se croire toujours à la veille de la fermeture, qu'elle doit vivre dans des drames et dans des conflits, parce que le propre de l'enfant et de l'adolescent c'est l'évolution et toute évolution est conflictuelle. Quand on oublie ces vérités, quand on veut avoir des maisons tranquilles, on ne peut arriver qu'à briser les enfants et à en faire, quand ils auront quitté l'institution, des délinquants ou des soldats sans âme.

Il y a peut-être une différence entre J. Korczak et tous ces grands chercheurs : en les étudiant on a parfois l'impression qu'il suffirait de les imiter, d'appliquer la ou les théories qu'ils exposent pour en arriver aux mêmes résultats qu'eux, pour créer un lieu où il fasse bon vivre, pour œuvrer à l'épanouissement de ceux que la société ou les parents nous confient... Et puis, quand on essaye de faire comme l'un d'eux, on s'aperçoit que c'est très difficile, que l'application des théories ne suffit pas, que quelque chose, qui est peut-être essentiel, manque. D'ailleurs, en observant le sort des institutions après le départ ou la mort de leurs grands créateurs on s'aperçoit, hélas, de la pertinence des remarques de J.-P. Sartre : après le stade d'enthousiasme novateur et révolutionnaire, vient le stade de la grisaille bureaucratique... Et cela semble vrai aussi bien aux USA avec Bettelheim qu'en URSS après Makarenko ou qu'à Summerhill après Neill. On finit par se dire que ce qu'il y a de meilleur, même chez les plus grands théoriciens, c'est précisément ce qui reste au-delà des théories, c'est tout ce qu'ils n'ont pas écrit, c'est leur personnalité, leur charisme, c'est leur faculté d'entraîneurs d'hommes, c'est tout ce qu'ils donnent d'eux-mêmes. C'est dans ce contexte que J. Korczak trouve sa place parmi les plus grands, sans aucun complexe, sans aucune restriction. J. Korczak n'a jamais essayé d'ériger ou d'inventer une théorie rigide, cartésienne ou aristotélicienne de l'évolution de l'enfant, des facteurs sociaux ou psychologiques qui l'influencent. Il a su transmettre dans un style apologétique et poétique qui ressemble plus à celui d'un Nietzsche ou d'un Esope qu'à celui d'un ouvrage universitaire, non pas des recettes, mais des interrogations, des inquiétudes, des mises en cause personnelles qui nous concernent d'emblée, qui nous saisissent au cœur et qui nous prennent aux tripes dès que nous voulons nous occuper des enfants et des adolescents. Et c'est là encore une raison de mon amour et de mon respect pour lui : le « bon docteur », pour dire tout ce qu'il avait à dire, pour transmettre la richesse de ses réflexions et de sa pratique, a su sortir du langage scientifique, professionnel et obscur, du langage qui permet aux savants de s'adresser aux autres savants en laissant complètement de côté les masses, c'est-à-dire les individus considérés comme pouvant tout juste servir d'objets d'expériences. Dans son langage, dans ses écrits comme dans sa pratique, il a toujours su montrer – il était dans ce sens marxiste sans le savoir – la liaison dialectique profonde entre la pratique et la théorie, pas de théorie sans pratique et pas de pratique sans théorie.

Un des messages capitaux de J. Korczak nous parvient sous une forme, disons négative, sous forme d'un manque, d'une absence, d'un refus : dans toute son œuvre on chercherait en vain la moindre trace de la nosographie psychiatrique, botanique et si peu utile ! Vous ne trouverez jamais chez lui de descriptions compliquées de telle ou telle névrose, de telle ou telle psychose, de telle ou telle psychopathie de l'enfant. Je crois que ce parti pris n'est pas dû seulement à l'intuition ou à l'état où se trouvait, à l'époque, la psychiatrie infantile : je pense que c'était là un choix réfléchi. J. Korczak avait une formation médicale, il n'était pas autodidacte, il a étudié pas mal de nosographies et de classifications. S'il a refusé toute classification des enfants selon des catégories pseudo-médicales et pseudo-scientifiques, c'est parce qu'il croyait que ce n'était qu'un leurre, parce qu'il savait que ce sont des noms que les adultes, les techniciens, donnent aux enfants et aux adolescents dont ils ont peur. J. Korczak savait bien que les systèmes nosographiques sont un mur que nous nous construisons pour nous séparer des enfants, pour pouvoir considérer les êtres humains qui nous sont confiés comme des animaux, pour ne pas être impliqués dans le dialogue, dans la relation que l'on pourrait nouer avec eux.

Pas plus que de noms savants de maladies ou de syndromes, on ne trouve jamais dans l'œuvre de J. Korczak des tests si chers à la psychologie scientifique. C'est là encore une attitude de précurseur. En effet, on sait comment, dans tous les pays de l'Occident et actuellement, hélas, également dans les pays du tiers monde et socialistes, les pauvres enfants sont soumis à des examens prétendument scientifiques qui les traumatisent, les découpent en morceaux, qui les alignent le long d'un axe unique allant de zéro à cent quarante, comme si on pouvait enfermer toute la richesse d'un être humain dans un chiffre, qui tirent des conclusions souvent arbitraires des dessins, des planches, qui plongent les enfants dans des situations artificielles. On étudie ainsi ces enfants comme on étudie le comportement amoureux des cloportes ou comme on enferme des rats dans un labyrinthe. Dans quel but, tout cela ? Pour pouvoir discourir sur eux, pour les transformer en articles savants, en papier imprimé, pour qu'ils servent la notoriété et la position sociale de ceux qui les étudient. Je pense que ce refus total de J. Korczak de toute psychologie scientifique et différentielle, qui pourtant existait déjà en son temps, le rend toujours actuel, voire d'avant-garde.

Refus de la nosographie, refus des tests, mais aussi l'importance qu'il a donnée à ce que Freud a appelé le contre-transfert, font de J. Korczak un vrai thérapeute moderne. Il n'a jamais utilisé ce terme, plutôt par refus délibéré que par ignorance. Mais lorsqu'on lit ses œuvres, on sent tout le temps combien ce concept est capital pour lui, même s'il ne l'a jamais explicité. Il ne décrit jamais ce que fait ou dit un enfant d'une manière indépendante de ce qu'on ressent quand on le voit dire ou faire. Il ne se contente pas de décrire et de mettre en cause l'enfant avec ses troubles, son passé et ses malheurs : chaque fois il décrit et met en cause en même temps l'adulte qu'il appelle « éducateur », « parent », et qui est souvent lui-même.

Cette implication de l'adulte, pour ne pas dire du thérapeute, dans la description de la relation avec un enfant, reste encore exceptionnelle dans la littérature, plus d'un demi-siècle après que Freud eut décrit le contre-transfert. Ainsi, dans une revue de très haute qualité d'inspiration freudienne consacrée à la psychiatrie de l'enfant, il faut fouiller et chercher parmi les vingt et quelques volumes parus pour trouver un article où le psychiatre parle de ce qui se passe dans sa tête quand il se trouve devant un enfant qui l'embête. Les auteurs constatent et décrivent les troubles de l'enfant, c'est-à-dire qu'ils disent combien il est empoisonnant pour lui-même et pour les autres : ils cherchent et ils décrivent les causes de ces troubles chez les parents, ou dans leur absence, chez les professeurs, dans la société ou dans le cerveau : mais ils ne disent jamais combien et pourquoi cet enfant les embête, eux les psychiatres, les psychologues et les éducateurs. Ils ne disent jamais que tel ou tel enfant a une sale tête à leurs yeux et qu'ils ne veulent pas s'en occuper. Or, en réalité, on ne s'occupe bien des enfants que lorsqu'on les aime et on s'en occupe mal si on ne les aime pas. Je crois qu'avant de prendre en charge un enfant, il faut souvent se soumettre à une espèce de gymnastique spirituelle, à un auto-entraînement, à un véritable yoga de l'esprit et du corps, pour nous rendre aptes à le comprendre, à le tolérer et à l'aimer. Sans cela on ne fera jamais ni de vraie thérapie ni de vraie éducation : on fera du gardiennage ou de la science, mais les enfants n'y trouveront jamais leur compte.

J'ai cru un moment, et beaucoup de professionnels croient encore, qu'une cure psychanalytique personnelle peut donner à tout candidat éducateur ou thérapeute cette disposition d'esprit que j'appellerai « attitude authentiquement affective » face aux enfants qui lui sont confiés. Hélas ! la réalité est tout autre et nul ne connaît encore de recette pour devenir un bon thérapeute ou un bon éducateur : nous n'avons guère progressé depuis le charisme personnel de J. Korczak qui a souligné ce problème. L'importance attachée aux contre-attitudes ou au contre-transferts des adultes permet à J. Korczak d'aborder deux problèmes qui restent actuels tant dans les familles que dans les institutions ; celui de l'amour et celui de la psycho-thérapie institutionnelle.

Aujourd'hui, certains psychologues ou psychiatres d'une certaine école de psychanalyse semblent faire comme Goebbels, quand il entendait le mot « culture », et sortent leur revolver dès qu'ils entendent parler d'amour dans une relation thérapeutique ou pédagogique. Quand on leur dit qu'on aime les enfants, ils vous taxent aussitôt de curé, d'homosexuel, de retardé, de pervers : ils vous accusent d'avoir plein de motivations, de pulsions inconscientes et sombres. Le pire, c'est qu'ils n'ont pas tort : nous sommes tous homosexuels, pervers, pédophiles, et c'est heureux ainsi parce que si nous n'étions pas tout cela nous deviendrions rapidement des policiers et des bureaucrates qui ne pourraient jamais s'occuper des enfants.

Korczak, lui, n'a pas peur de ses sentiments, il n'a pas peur d'affirmer son amour : « Celui qui dit se sacrifier pour quelqu'un, ment. Un tel aime jouer aux cartes, tel autre aime les femmes, un autre encore ne rate pas une course (de chevaux) : moi, j'aime les enfants. Je ne me sacrifie pas, je ne le fais pas pour eux, mais pour moi. Cela m'est nécessaire. Il ne faut pas croire les paroles sur le sacrifice. Elles sont mensongères et hypocrites », dit-il.

Mais lorsque J. Korczak ose intituler un livre *Comment aimer un enfant*, il ne prend pas seulement position contre ceux qui disent : l'amour, connais pas, tout n'est que technique, tout n'est que science. Il dénonce également beaucoup d'entre nous qui disons ou qui pensons : « Moi je l'aime cet enfant, il faut donc que tout aille bien, moi je l'aime cet enfant, donc tout est réglé... » Quand nous pensons aimer quelqu'un, notre femme, notre mari, notre enfant, nous pensons du même coup qu'il nous doit tout et lorsqu'il refuse notre amour nous crions au scandale : nous ne nous demandons jamais si notre amour était vivifiant ou, au contraire, étouffant, nous ne nous demandons jamais si c'était un amour qui apporte la vie ou un amour qui apporte la mort. Et pourtant on sait qu'il y a autant d'amours qui donnent la mort que de ceux qui donnent la vie. Dans son livre J. Korczak essaie de nous faire comprendre comment aimer un enfant, si on veut qu'il vive, qu'il respire et qu'il grandisse : il ne donne pas de conseils, il ne raisonne pas d'une manière universitaire ou dogmatique, non. C'est avec de petites phrases qu'il transmet son savoir, avec de petites phrases littéraires, insinuantes et poétiques. Mais la poésie n'est-elle pas un moyen pédagogique toujours actuel et de très

POSTFACE

haute qualité qu'on oublie trop souvent ? J. Korczak montre en même temps qu'il est nécessaire d'aimer et qu'il ne suffit pas d'aimer, qu'il faut savoir et sentir comment aimer un enfant pour lui permettre de faire l'acte le plus douloureux pour nous, parents, pour lui permettre de nous quitter. Certes, il est dur, pour nous adultes, de savoir que mieux nous aimons cet enfant, plus facilement il nous quittera et plus nous l'aimons de manière étouffante, plus il aura de difficultés à nous quitter et plus il enrichira les psychiatres et les psychologues. Ainsi, on trouve dans l'œuvre de J. Korczak des idées modernes, devenues célèbres grâce à l'école antipsychiatrique anglaise, grâce à Bettelheim.

L'accent mis sur le contre-transfert montre que J. Korczak peut être considéré comme un père méconnu de ce qu'on appelle la psychothérapie institutionnelle : quand il décrit le fonctionnement de ses orphelinats, en refusant toute nosographie et tout étiquetage pseudo-scientifique, il nous fait comprendre d'une manière très concrète comment l'enfant peut devenir heureux ou malheureux, bête ou intelligent, caractériel ou gentil, obéissant ou contestataire, selon la manière dont nous organisons l'institution, la maison où il doit vivre. J. Korczak a très bien compris l'absurdité qu'il y a à parler des enfants institutionnalisés, sans parler de l'institution, à parler de ces enfants comme des malades ou comme des psychopathes, sans dire que c'est l'institution qui est malade. Comme il parle du contre-transfert personnel, il a pu décrire sans le nommer le contre-transfert institutionnel et cela lui confère beaucoup d'actualité.

S. TOMKIEWICZ

CHRONOLOGIE[1]

1878 (ou 1879)   22 juillet : naissance de Henryk Goldszmit dans une famille juive aisée, libérale, liée à la culture et aux traditions polonaises. Son père, Jozef Goldszmit (1846-1896), est un avocat connu ; sa mère, Cecylia, née Gebicka (morte en 1920), vient d'une famille de tradition progressiste. Henryk a une sœur, Anne.

1896   Mort du père, des suites d'une longue maladie mentale qui avait englouti toutes les réserves pécuniaires de la famille, Henryk donne des leçons particulières pour aider sa mère.

Élève de la dernière classe du lycée russe (Varsovie se trouvait sous l'occupation de la Russie), il publie son premier écrit : « Wezel Gordyjski » (Le Nœud gordien) dans la revue humoristique *Kolce* (Epines), sous le pseudonyme Hen.

1899   Henryk commence des études de médecine à l'université de Varsovie. Il participe à un concours littéraire, organisé par *Kurier Warszawski* (Le Courrier de Varsovie) et envoie un drame en quatre actes *Kto-*

---

1. Cette chronologie a été établie d'après le *Kalendarium de la vie, des activités et de l'œuvre de Janusz Korczak*, édité par l'Institut de recherches pédagogiques du ministère de l'Enseignement et de l'Éducation ; l'Établissement de recherches de systèmes d'éducation ; le Laboratoire Janusz Korczak, Varsovie 1978.

redy ? (Par où ?), signé Janusz Korczak (nom du héros
d'un roman historique de J. I. Kraszewski, écrivain
polonais du xixe siècle). Le drame obtient une men-
tion honorable.
   Henryk Goldszmit devient membre de la Société
des bibliothèques gratuites, destinées aux enfants et
aux jeunes ouvriers.

1900   Korczak se lie d'amitié avec Ludwik Licinski,
jeune poète et ethnographe ; ensemble, ils visitent des
quartiers pauvres de Varsovie et s'intéressent aux
conditions matérielles et morales de la vie des
enfants. Le reportage de Korczak : *Nedza Warszawy*
(La Misère de Varsovie) présente ses observations et
ses réflexions.
   La revue *Wedrowiec* (Voyageur) publie un cycle de
sept articles de Korczak : « Dzieci i Wychowanie »
(Enfants et éducation), où sont ébauchés certains
principes qu'il développera plus tard. (« L'enfant est
reconnu comme un homme, un être avec lequel il
faut compter et que l'on ne doit pas tenir en
laisse... »)

1901   Parution du premier roman-feuilleton de Korc-
zak : *Dzieci Ulicy* (Enfants de la rue), dans la revue
Bibliothèque pour tous.
   Été 1901 : il fait un voyage à Zurich pour appro-
fondir la connaissance de l'œuvre pédagogique de
Pestalozzi.

1904   Korczak assure le poste d'interne à l'Hôpital pour
enfants de Berson et Bauman, tout en continuant ses
études de médecine.
   Publication de son roman-feuilleton *Dziecko
Salonu* (L'Enfant de salon) dans la revue scientifique
et littéraire *Glos* (La Voix) qui réunit des écrivains et
sociologues proches des idées socialistes (Zeromski,
Nalkowski, Krzywicki et autres).

1905   Ayant obtenu son diplôme de médecin, Korczak
est mobilisé dans l'armée russe, en guerre contre le
Japon, et envoyé en Extrême-Orient. Il s'occupe de
l'évacuation des malades de Kharbin à Khabarovsk,

s'intéresse au système scolaire et à la situation de la population civile. Ses correspondances sont publiées par *Glos*, jusqu'à l'interdiction de cette revue par la censure russe (31 décembre 1905).

Un recueil d'articles de Korczak parus dans *Glos* est édité sous le titre « Koszalki-Opalki » (Broutilles).

1906-1908

Après son retour à Varsovie, Korczak collabore à la revue *Krytyka Lekarska* (Critique médicale) – il signe ses articles Henryk Goldszmit – et continue son travail littéraire et pédagogique. L'édition de son roman *L'Enfant de salon*, en livre, lui apporte la célébrité. Il devient un médecin recherché et « à la mode ».

Il poursuit sa réflexion sur l'école et le rôle de l'éducateur.

Publication de son roman-feuilleton : *Feralny Tydzień* (Une semaine de guigne), qui contient une critique de l'école traditionnelle, et de l'article « Szkola Zycia » (L'école de la vie) où il trace les principes d'une école servant « les buts de toute l'humanité, et non pas seulement les intérêts d'une classe » (*Przeglad Spoleczny* – La Revue sociale).

Le travail d'éducateur, dans une colonie de vacances pour enfants juifs, au village Michalowka, lui fournit un nouveau terrain d'observation et donne lieu au livre *Joski, Moszki et Srule* (Prénoms juifs) ;

En 1908, après un séjour dans une colonie de vacances pour enfants catholiques, à Wilhelmowka, il écrit *Jozki, Jaski et Franki* (Prénoms polonais). Ces deux ouvrages, publiés d'abord sous forme d'articles, seront ensuite complétés et imprimés en romans-feuilletons et, plus tard, édités en livres (en 1910 et 1911).

1909

Korczak est arrêté et passe une courte période dans la même cellule qu'un éminent sociologue socialiste polonais, Ludwik Krzywicki.

Il entre en contact avec la société Aide aux orphelins qui s'occupe des orphelins juifs à Varsovie. Il devient membre de la direction de cette société et un des promoteurs de la construction d'un orphelinat modèle.

1911
    26 mai : le plan de construction de l'orphelinat est approuvé. Il obéit aux principes sociaux et pédagogiques modernes. Korczak veille à ce que les besoins individuels des enfants soient satisfaits et que la possibilité de liens étroits entre la vie intérieure et le milieu extérieur (contacts avec des enfants de la ville, des membres de la famille des anciens pupilles) soit assurée.

    C'est probablement au cours de la même année que Korczak visite des établissements pédagogiques et un orphelinat à Londres. Il prend alors la décision de ne pas fonder son propre foyer : « Un esclave n'a pas le droit d'avoir des enfants. Moi, juif polonais sous l'occupation tsariste... J'ai choisi l'idée de servir l'enfant et sa cause... » (Lettre à M. Zybertal, du 30 mars 1937.)

1912
    Korczak quitte l'hôpital où il avait travaillé pendant sept ans, et devient directeur de la Maison de l'orphelin. *7 octobre* : Korczak, Stefania Wilczyńska – éducatrice en chef – et les pupilles s'établissent dans leur nouvelle maison, 92, rue Krochmalna. Korczak et Wilczyńska ne touchent aucune rémunération pour leurs services. Dès ce moment, leur vie sera liée pour toujours à la Maison de l'orphelin. Pour le meilleur et pour le pire. Jusqu'à la fin.

1913
    27 février : inauguration solennelle de la Maison de l'orphelin. Korczak transforme graduellement l'orphelinat en une société d'enfants, organisée d'après les principes de justice, de fraternité, d'égalité en droits et obligations. Il crée un système d'éducation où chaque enfant devient « maître de la maison, travailleur et dirigeant à la fois » (*Jak kochac dziecko*, paru en français, sous le titre : *Comment aimer un enfant*, éd. R. Laffont).

    Parution de *Slawa* (Gloire), un livre pour enfants.

1914
    Publication d'un nouveau livre contenant trois récits : *Bobo, Feralny Tydzień, Spowiedz Motyla* (Bébé, Une semaine de guigne, Confession d'un papillon).

    Lors du déclenchement de la Première Guerre mondiale, Korczak part pour le front, comme médecin-chef adjoint de l'hôpital divisionnaire. C'est Stefania Wilczyñska qui se charge de la direction de la Maison de l'orphelin. Malgré de grandes difficultés matérielles, elle continue l'œuvre éducative de Korczak.

1915-1917   Korczak travaille dans les hospices ukrainiens pour enfants, près de Kiev. Il recueille des observations concernant l'enfant à l'école maternelle et pendant les premières années du primaire.

En 1915, lors d'une courte permission, Korczak participe à la vie d'un internat pour garçons polonais à Kiev, dirigé par Maryna Falska, avec qui il collaborera plus tard en Pologne.

1918   Année de l'indépendance de la Pologne. Après son retour, Korczak reprend ses activités pédagogiques et littéraires. Il rapporte du front le manuscrit de son œuvre pédagogique fondamentale : *Jak kochac dziecko* (Comment aimer un enfant), écrit « dans le fracas des canons ».

1919   À nouveau mobilisé, il travaille à l'hôpital des maladies infectieuses à Lodz. Cette fois, il porte l'uniforme d'officier de l'armée polonaise.

Novembre. Inauguration à Pruszkow (près de Varsovie) de Notre Maison, un orphelinat pour les enfants ouvriers des quartiers les plus pauvres de Varsovie, dirigé par Maryna Falska. Korczak y introduit son système d'éducation. En même temps, il dirige la Maison de l'orphelin de la rue Krochmalna.

Il publie des articles dans la revue *W Sloñcu* (Au soleil), destinée aux enfants et aux éducateurs.

1920   Mort de la mère de Korczak. Elle a contracté le typhus exanthématique en soignant son fils, lui-même ayant été frappé par cette maladie à l'hôpital, lors d'une épidémie. La mort de sa mère affecte douloureusement Korczak.

1921   Korczak publie une brochure, *O Gazetce Szkolnej* (Le Journal mural à l'école), fondée sur ses propres expériences : il s'occupe du journal mural à la Maison de l'orphelin, dans les colonies d'été et dans Notre Maison.

Un rêve de Korczak se réalise : la société Aide aux orphelins bénéficie du don d'un terrain à Goclawek, près de Varsovie, dont les bâtiments seront transformés en un centre de vacances destiné aux pupilles de la Maison de l'orphelin et aux enfants d'autres établissements éducatifs. Cette colonie de vacances sera nommée Rozyczka (Petite Rose). On y établira aussi une colonie d'hiver pour une cinquantaine d'enfants d'âge préscolaire.

1922   D'accord avec une proposition de Korczak, la société Aide aux orphelins prend en fermage un terrain en friche près de la Maison de l'orphelin et y établit une exploitation agricole, où les pupilles apprendront le jardinage et l'agriculture. Certains anciens pupilles y trouveront du travail.

Korczak organise des cours pour les éducateurs, les mères, les jardinières des écoles maternelles et les moniteurs de colonies de vacances. Il collabore avec l'Institut national de pédagogie spéciale, où il donne des cours jusqu'au commencement de la Seconde Guerre mondiale.

Publication d'un livre de Korczak dédié à ses parents : *Sam na sam z Bogiem. Modlitwy tych, ktorzy sie nie modla* (Seul à seul avec Dieu. Prières de ceux qui ne prient pas).

1923   Une pension est organisée à la Maison de l'orphelin pour les anciens pupilles (au-dessus de 14 ans) afin de leur faciliter l'achèvement de la période scolaire ou l'apprentissage d'un métier. Plus tard, la Maison de l'orphelin acceptera aussi des étudiants en pédagogie qui seront logés et nourris et, en échange, travailleront avec les enfants pendant trois heures par jour. Sous la direction de Korczak seront ainsi formés de futurs éducateurs. Ce système fonctionnera jusqu'en 1937.

Dans une série d'articles, Korczak commente des problèmes peu connus des pédagogues de cette époque : les enfants qui « se mouillent » la nuit, l'importance de la coupe des cheveux, la pratique d'une prise du poids hebdomadaire, etc.

Dans l'article « Wystepna Kara » (Punition criminelle) il s'oppose aux châtiments corporels et à la privation de nourriture, très souvent appliqués dans les internats.

Publication de ses deux romans pour enfants : *Krol Macius Pierwszy* (Le Roi Mathias Ier) et *Krol Macius na Wyspie Bezludnej* (Le Roi Mathias sur une île déserte).

1924   Parution de son nouveau livre pour enfants : *Bankructwo Malego Dzeka* (La Banqueroute du petit Jack), ainsi que d'un roman pour enfants et adultes : *Kiedy Znow Bede Maly* (Quand je redeviendrai petit).

1926   Une idée de Korczak prend corps : il veut créer une revue écrite par les enfants et qui leur est destinée : *Maly Przeglad* (Petite Revue) publiée en forme de supplément hebdomadaire par *Nasz Przeglad* (Notre Revue) – journal écrit en polonais représentant une partie de la société juive. En 1930, Korczak cède la rédaction de la *Petite Revue* à son secrétaire et ami, l'écrivain Igor Newerly. Korczak participe aux activités de la *Petite Revue*, assiste aux réunions de jeunes rédacteurs et aux travaux des jurys de concours littéraires organisés par la rédaction.

Publication de son livre : *Bezwstydnie Krotkie Humoreski* (Impudemment courts récits humoristiques).

Son article « Kino-Radio-Program dla Dzieci » (Le cinéma, la radio, programme pour enfants) marque le commencement de la collaboration de Korczak à la radio polonaise.

1927   La société Notre Maison entreprend la construction d'un bâtiment dans les champs de Bielany, à Varsovie, destiné aux cent vingt enfants. Korczak prend part à l'élaboration des plans comme membre de la Commission de construction,

Il assume une nouvelle fonction : celle d'expert en problèmes d'enfants près du Tribunal de district.

1928   Les pupilles de Notre Maison emménagent dans leur nouveau foyer, à Bielany. Korczak continue à collaborer avec Maryna Falska et les éducateurs.

1929

Publication de la brochure : *Prawo Dziecka do Sza-cunku* (Le Droit de l'enfant au respect). C'est la déclaration des droits de l'enfant, dans l'esprit de Korczak.

Korczak devient chargé de cours à la Section pédagogique de l'université libre polonaise. Son cours porte le titre : « La société d'enfants ».

1930

Korczak est invité à collaborer à l'Institut national de formation d'instituteurs. Il y donne des cours et dirige des travaux pratiques jusqu'en 1935, c'est-à-dire jusqu'au moment où la directrice, Maria Grzegorzewska, est suspendue dans ses fonctions par le ministère (comme élément « destructif »).

Publication d'un nouveau livre de Korczak : *Prawidla Zycia* (Les Règles de la vie), qu'il considère comme un ouvrage scientifique.

1931

Le théâtre Ateneum représente une pièce satirique de Korczak : *Sénat Szaleñcow* (Le Sénat des fous) avec le prestigieux acteur Stefan Jaracz dans le rôle principal. Cette pièce ne sera éditée qu'en 1958, d'après le scénario conservé par le metteur en scène, Stanislawa Perzanowska. Ce n'est qu'en 1978 que la pièce sera de nouveau jouée à Varsovie.

1933

Une nouvelle pièce de Korczak, destinée cette fois aux enfants, *Dzieci Podworka* (Les Gosses de la cour), est représentée par l'ensemble du ballet de T. Wysocka. Le texte de cette pièce a disparu.

À l'occasion du vingt-cinquième anniversaire de la société Aide aux orphelins, Korczak publie dans le recueil du jubilé « Le règlement de la Maison de l'orphelin », une sorte de Constitution de droits et obligations des pupilles et des éducateurs. (« Le directeur et l'éducatrice en chef sont responsables devant les enfants de l'accomplissement strict des lois en vigueur », déclare, entre autres, le règlement.)

Publication, dans la *Revue mensuelle juive*, d'une dissertation, « L'enfant juif, opinion d'un expert », où Korczak condamne « la psychose qui consiste à rechercher des différences ».

1934   La situation matérielle de la Maison de l'orphelin devient difficile. On est obligé de limiter les activités de l'internat à Goclawek et de réduire le budget. Korczak lance un appel aux bonnes volontés pour soutenir la société Aide aux orphelins.

Publication d'un nouveau roman fantastique pour enfants : *Kajtus Czarodziej* (Jojo le sorcier).

Juillet 1934 : Korczak part pour trois semaines en Palestine, afin de rendre visite à ses anciens pupilles et collaborateurs qui y sont établis. Il est impressionné par « le dynamisme et l'organisation de la vie des membres des coopératives agricoles ».

Korczak fait ses débuts à la radio. Ses émissions s'appellent « Les petites causeries du vieux docteur »; il raconte des histoires, répond aux confidences, commente et discute des problèmes intéressant les jeunes, les éducateurs, les parents. Il reçoit une multitude de lettres et publie ses réponses dans la revue *L'Antenne.*

1936   Second voyage en Palestine. À son retour, Korczak constate que la situation de la Maison de l'orphelin devient de plus en plus précaire.

Ses émissions à la radio polonaise sont suspendues. En même temps, les différends concernant certains problèmes pédagogiques entre lui et Maryna Falska s'accentuent, ce qui met fin à leur longue et étroite collaboration. Korczak se sent inutile. Il envisage de partir pour la Palestine, mais finalement décide de rester.

La rédaction du *Jeune Coopérateur* l'invite à écrire dans la revue, dont le but est d'éveiller l'intérêt des jeunes pour le mouvement coopératif. Korczak accepte et prend part au travail de rédaction.

1937   Korczak continue la lutte pour sauver la Maison de l'orphelin. Il publie dans *Notre Revue* un appel : « Pour sauver les enfants ».

4 novembre : l'Académie polonaise de littérature lui attribue le Laurier d'or pour l'ensemble de son œuvre.

1938   La radio polonaise reprend la collaboration avec Korczak. Il présente un cycle : « Conversations avec

un ami » qui sera publié ensuite dans *L'Antenne*
(« La solitude de l'enfant; la solitude de la jeunesse;
la solitude de la vieillesse »).

Publication de son nouveau livre : *Uparty Chlo-
pied. Zycie Ludwika Pasteura* (Un garçon obstiné. La
vie de Louis Pasteur).

La Bibliothèque palestinienne pour enfants publie
son livre : *Ludzie sa dobrzy* (Les Hommes sont bons),
puis en 1939 : *Trzy Wyprawy Herszka* (Trois Expédi-
tions de Herszek).

Publication d'un recueil de textes radiophoniques
du « vieux docteur » : *Pedagogika Zartobliwa* (Pédagogie avec humour).

1939   *Juillet :* il travaille comme éducateur dans une
colonie de vacances.

1er septembre : commencement de la guerre. Korczak prend la décision de rester avec ses pupilles dans
leur maison commune.

Étant de garde, il monte sur le toit de la Maison de
l'orphelin pour éteindre les bombes incendiaires.

Il est très actif à la radio : il prononce un appel au
calme et aide à organiser un service d'information
destiné aux personnes ayant besoin d'aide. Il déploie
une action énergique pour assurer le fonctionnement
de la Maison de l'orphelin.

1940   *Juin :* Korczak accompagne ses pupilles, ainsi que
les enfants de trois autres internats juifs, à Goclawek,
à la Petite Rose.

Octobre : les nazis ordonnent la création du ghetto
pour la population juive. Malgré les efforts désespérés
de Korczak, les orphelins sont transférés à l'ancienne
école de commerce, 33, rue Chlodna, bâtiment ina-
dapté à un internat de cent cinquante enfants. On
organise l'enseignement scolaire sur place, les enfants
éditent un journal mural, travaillent dans différentes
sections. Le Tribunal des pairs et le système d'autogestion continuent à fonctionner.

Arrêté par les Allemands et enfermé dans la terrible prison de Pawiak (pour avoir exigé la restitution
d'une cargaison de pommes de terre, destinée aux
enfants), Korczak est libéré sous caution, payée par
ses amis.

Il consacre des journées entières à recueillir des dons afin d'assurer la survie de la Maison de l'orphelin.

1941

Le territoire du ghetto ayant été réduit, l'orphelinat est obligé de déménager de nouveau. On lui attribue le bâtiment de l'ancien Club de commerçants, 9, rue Sliska, beaucoup trop petit pour loger les enfants (leur nombre a augmenté jusqu'à deux cents). Korczak et Stefania Wilczyńska y organisent pourtant la vie, l'enseignement et les jeux de leurs pupilles. Korczak rejette les propositions de ses amis (Maryna Falska et Newerly) qui veulent lui trouver une cachette du côté « aryen » de Varsovie.

1942

Il est arrêté encore une fois pour avoir refusé de porter le brassard distinguant les Juifs. Libéré grâce aux efforts d'un ami influent, il persiste dans sa décision de ne jamais porter le brassard.

Malade et épuisé, il se charge pourtant d'un autre orphelinat, 39, rue Dzielna, où près de six cents enfants sont menacés de mort par suite de maladies et de manque de nourriture (« une maison préfunéraire pour enfants », comme il l'appelle). Korczak réussit à rendre l'atmosphère moins pénible, à atténuer la faim et à assurer un peu d'hygiène, tout en luttant contre la démoralisation du personnel. Il habite toujours dans la Maison de l'orphelin, rue Sliska.

À partir de mai 1942, il écrit la nuit son *Journal* (qui sera publié après la guerre), document autobiographique bouleversant, témoignage sobre et irréfutable des atrocités nazies.

8 juin : cérémonie de consécration du drapeau vert (couleur de l'espoir, couleur de la nature) de la Maison de l'orphelin. Les enfants prêtent serment de « cultiver l'amour pour les êtres humains, pour la justice, la vérité et le travail ».

18 juillet : la Maison de l'orphelin donne une représentation théâtrale. Les enfants jouent le drame *Le Courrier* de Rabindranath Tagore, interdit par la censure nazie. Interrogé sur le choix de cette pièce (représentant un enfant malade, enfermé dans sa chambre et qui meurt en rêvant de courir par les champs), Korczak répond qu'il est nécessaire d'apprendre à accepter la mort avec sérénité.

CHRONOLOGIE

22 juillet : l'anniversaire de Korczak coïncide avec la première journée de « liquidation » du ghetto. Les rafles commencent dans les rues ; trois fois Korczak est pris et emporté par « la charrette de la mort ». Chaque fois, il est renvoyé à son domicile.

4 août : Korczak, Stefania Wilczyńska, les éducateurs et deux cents orphelins sont amenés à la « Place de transbordement » (d'où partent des trains pour les camps de la mort). On les enferme dans des wagons. Ils sont transportés au camp d'extermination de Treblinka.

TABLE

Dépôt légal : avril 1988